PROFESSOR

CATEGORIA PROFISSIONAL DIFERENCIADA

JULPIANO CHAVES CORTEZ
Advogado

PROFESSOR

CATEGORIA PROFISSIONAL DIFERENCIADA

EDITORA LTDA.

© Todos os direitos reservados

Rua Jaguaribe, 571
CEP 01224-001
São Paulo, SP — Brasil
Fone (11) 2167-1101
www.ltr.com.br

LTr 5033.0
Setembro, 2014

Dados Internacionais de Catalogação na Publicação (CIP)
(Câmara Brasileira do Livro, SP, Brasil)

Cortez, Julpiano Chaves

    Professor : categoria profissional diferenciada / Julpiano Chaves Cortez. — São Paulo : LTr, 2014.

Bibliografia.
ISBN 978-85-361-3066-8

    1. Direito do trabalho 2. Professores — Brasil I. Título.

14-01949   CDU-34:331:371.12(81)(094)

Índice para catálogo sistemático:

1. Brasil : Leis : Professores : Direito do
    trabalho   34:331:371.12(81)(094)
2. Leis : Professores : Brasil : Direito
    do trabalho   34:331:371.12(81)(094)

Sumário

Capítulo I
PROFESSOR E A LEGISLAÇÃO CORRESPONDENTE

1. Professor e a legislação educacional 15
2. Conceito doutrinário 16
3. Normas trabalhistas aplicáveis 16
4. Jurisprudência 17

Capítulo II
SINDICATO — ORGANIZAÇÃO SINDICAL BRASILEIRA

1. Sindicato — Definição — Natureza jurídica — Unicidade 19
   1.1. Sindicato 19
   1.2. Definição de sindicato 19
   1.3. Natureza jurídica do sindicato 20
   1.4. Unicidade sindical 20
2. Organização sindical brasileira — Enquadramento sindical — Sistema confederativo — Centrais sindicais — Anexo — Jurisprudência 20
   2.1. Organização sindical brasileira 20
   2.2. Enquadramento sindical — Categoria diferenciada 20
      2.2.1. Enquadramento sindical 20
      2.2.2. Categoria diferenciada — Aplicação de instrumento coletivo 22
         2.2.2.1. Categoria diferenciada 22
         2.2.2.2. Aplicação dos instrumentos coletivos 22
   2.3. Sistema confederativo 23
   2.4. Centrais sindicais 23
   2.5. Anexo 24
   2.6. Jurisprudência Uniformizada — Enquadramento 26
      2.6.1. Jurisprudência Uniformizada 26
      2.6.2. Enquadramento sindical/Categoria diferenciada 26

Capítulo III
NOÇÕES SOBRE CONTRATO DE EMPREGO

1. Contrato de trabalho — Contrato de emprego — Contrato de emprego do professor 31
   1.1. Contrato de trabalho 31
   1.2. Contrato de emprego — Denominação — Definição legal — Conceituação — Classificação — Acumulação 31

	1.2.1.	Contrato de emprego		31
	1.2.2.	Denominação		32
	1.2.3.	Definição legal		32
	1.2.4.	Conceituação		32
	1.2.5.	Classificação — Limite — Experiência — Prorrogação — Sucessão		32
		1.2.5.1. Classificação legal — Quanto à forma — Quanto à duração		32
			1.2.5.1.1. Classificação legal	32
				1.2.5.1.1.1. Contrato de emprego quanto à forma ... 32
				1.2.5.1.1.2. Contrato de emprego quanto à duração ... 33
		1.2.5.2. Limite à determinação do prazo — Jurisprudência		33
			1.2.5.2.1. Limite à determinação do prazo	33
			1.2.5.2.2. Jurisprudência	33
		1.2.5.3. Contrato de experiência — Jurisprudência		33
			1.2.5.3.1. Contrato de experiência	33
			1.2.5.3.2. Jurisprudência	34
		1.2.5.4. Prorrogação de contrato — Jurisprudência		34
			1.2.5.4.1. Prorrogação de contrato	34
			1.2.5.4.2. Jurisprudência	34
		1.2.5.5. Sucessão de contratos — Jurisprudência		34
			1.2.5.5.1. Sucessão de contratos	34
			1.2.5.5.2. Jurisprudência	35
	1.2.6.	Acumulação — Jurisprudência		36
		1.2.6.1. Acumulação de empregos		36
		1.2.6.2. Jurisprudência		36
1.3.	Contrato de emprego do professor — Acumulação — Normas especiais			36
	1.3.1.	Contrato de emprego do professor		36
	1.3.2.	Pluralidade de empregos		37
	1.3.3.	Normas especiais de tutela do trabalho do professor		37

Capítulo IV
PROFESSOR — HABILITAÇÃO LEGAL — EXERCÍCIO DE ATIVIDADE PROFISSIONAL CORRESPONDENTE À ATIVIDADE ECONÔMICA DE ENSINO

CLT — Art. 317

1.	Exercício remunerado do magistério	39
2.	Estabelecimento particular de ensino	39
3.	Requisitos básicos — Habilitação — Exercício da atividade profissional correspondente à atividade econômica de ensino	40
	3.1. Requisitos básicos	40
	3.2. Habilitação legal — Falta de habilitação	40
	3.2.1. Habilitação legal	40
	3.2.2. Falta de habilitação legal	41
	3.3. Exercício de atividade profissional correspondente à atividade econômica de ensino	41
4.	Jurisprudência	41

Capítulo V
JORNADA DE TRABALHO — INTERVALO — DURAÇÃO DA AULA — REGISTRO

CLT — Art. 318

1.	Estabelecimento de ensino como empregador	45
2.	Jornada de trabalho — Duração da aula	45
	2.1. Jornada de trabalho	45
	2.2. Duração da aula	46
3.	Intervalo intrajornada	47
4.	Intervalo interjornadas	48
5.	Registro da jornada de trabalho	49
6.	Jurisprudência	49

Capítulo VI
REPOUSO SEMANAL REMUNERADO — FALTAS — INTERVALO DE 35 HORAS

CLT — Art. 319

1.	Repouso semanal remunerado	57
2.	Faltas injustificadas	58
3.	Questão das 35 horas de intervalo	58
4.	Cálculo do RSR	58
5.	Repouso em dobro	59
6.	Aulas extras habituais	59
7.	Posicionamento administrativo	59
8.	Jurisprudência	59

Capítulo VII
REMUNERAÇÃO OU SALÁRIO — CARACTERES — COMPOSIÇÃO — PAGAMENTO — SALÁRIO COMPLESSIVO — ALTERAÇÃO — PRAZO — DESCONTOS — REGIMES DE TRABALHO

CLT — Art. 320

1.	Remuneração ou salário — Caracteres — Composição	64
	1.1. Remuneração ou salário	64
	1.2. Caracteres da remuneração ou salário	64
	1.3. Composição do salário	64
2.	Percentagens — Adicionais	65
	2.1. Percentagens	65
	2.2. Adicionais — Horas extras — Noturno — Diversos	65
	2.2.1. Adicionais	65
	2.2.2. Adicional de horas extras	65
	2.2.3. Adicional noturno	65
	2.2.4. Adicionais diversos	66
3.	Gratificações — Gratificação de Natal	67
	3.1. Gratificações ajustadas	67
	3.2. Gratificação de Natal — Pagamento na constância do contrato — Parcelamento — Pagamento na cessação do contrato	67

	3.2.1. Gratificação de Natal	67
	3.2.2. Pagamento na constância do contrato	67
	3.2.3. Parcelamento	68
	3.2.4. Pagamento na cessação do contrato	68
4.	Forma de pagamento — Salário complessivo — Alteração — Prazo para pagamento	69
	4.1. Forma de pagamento do salário	69
	4.2. Salário complessivo	69
	4.3. Alteração contratual — Irredutibilidade do salário	69
	4.3.1. Alteração contratual	69
	4.3.2. Irredutibilidade do salário	70
	4.4. Prazo para pagamento do salário	70
5.	Descontos — Faltas injustificadas — Faltas legais	71
	5.1. Descontos no salário	71
	5.2. Faltas ilegais ou injustificadas	72
	5.3. Faltas legais ou justificadas	72
6.	Regimes de trabalho	73
7.	Jurisprudência	74

Capítulo VIII
AULAS EXTRAS — TEMPO À DISPOSIÇÃO DO EMPREGADOR — ATIVIDADES COMPLEMENTARES

CLT — Art. 321

1.	Aulas suplementares ou extras	81
2.	Tempo à disposição do empregador	81
3.	Atividades complementares	81
4.	Jurisprudência	82

Capítulo IX
PERÍODO DE EXAMES E DE FÉRIAS ESCOLARES — REMUNERAÇÃO — HORAS SUPLEMENTARES — FÉRIAS INDIVIDUAIS E COLETIVAS — DISPENSA SEM JUSTA CAUSA AO TÉRMINO DO ANO LETIVO OU NO CURSO DAS FÉRIAS ESCOLARES

CLT — Art. 322

1.	Remuneração no período de exames — Horas suplementares	86
	1.1. Remuneração no período de exames	86
	1.2. Horas suplementares	86
2.	Período de férias escolares — Férias anuais	86
	2.1. Período de férias escolares	86
	2.2. Férias anuais — Fundamentos — Direito — Duração — Concessão — Comunicação — Férias coletivas — Remuneração — Abono — Prazo de pagamento — Cessação do contrato	87
	2.2.1. Férias anuais	87
	2.2.2. Fundamentos	87
	2.2.3. Direito a férias	87
	2.2.4. Duração das férias	87
	2.2.5. Sem direito a férias	88

	2.2.6. Concessão e fracionamento das férias	88
	2.2.7. Comunicação e anotação	89
	2.2.8. Férias coletivas — Conceito — Parcelamento — Aviso	89
	2.2.8.1. Conceito de férias coletivas	89
	2.2.8.2. Parcelamento das férias coletivas	89
	2.2.8.3. Aviso das férias coletivas	89
	2.2.9. Valor da remuneração — Cálculo	89
	2.2.9.1. Valor da remuneração	89
	2.2.9.2. Cálculo	90
	2.2.10. Abono de férias — Requerimento	90
	2.2.10.1. Abono de férias	90
	2.2.10.2. Requerimento	90
	2.2.11. Prazo de pagamento	90
	2.2.12. Efeitos da cessação do contrato com duração superior a um ano — Contrato com duração inferior a um ano	91
	2.2.12.1. Adquiridas — Proporcionais	91
	2.2.12.1.1. Férias adquiridas (simples ou em dobro)	91
	2.2.12.1.2. Férias proporcionais	91
	2.2.12.2. Contrato com duração inferior a um ano	91
3.	Dispensa sem justa causa	91
4.	Jurisprudência	92

Capítulo X
VALORIZAÇÃO DO PROFESSOR — REMUNERAÇÃO CONDIGNA — MORA SALARIAL

CLT — Art. 323

1.	Valorização do professor	97
2.	Remuneração condigna	97
3.	Mora salarial	98
4.	Jurisprudência	98

Capítulo XI
O AVISO-PRÉVIO E AS FÉRIAS ESCOLARES

1.	Legislação sobre aviso-prévio	99
2.	Conceito de aviso-prévio	99
3.	Finalidade do aviso-prévio	100
4.	Aviso-prévio na despedida indireta	100
5.	Prazo do aviso-prévio	100
6.	Falta de aviso do empregador	100
7.	Falta de aviso do empregado	100
8.	Valor do aviso-prévio indenizado	100
9.	Aviso-prévio e as férias escolares	100
10.	Exemplo prático	100
11.	Jurisprudência	101

Capítulo XII
PROFESSORA — PROTEÇÃO À MATERNIDADE

1. Considerações 103
2. Proteção à maternidade e duração da licença à gestante.. 103
3. Direito ao emprego... 103
4. Duração e prorrogação da licença-maternidade — Mãe adotiva — Incentivo fiscal.... 104
    4.1. Duração e prorrogação da licença-maternidade 104
    4.2. Mãe adotiva 104
    4.3. Incentivo fiscal 105
5. Direito ao salário-maternidade — Encargo previdenciário — Pagamento e reembolso 106
    5.1. Direito ao salário-maternidade 106
    5.2. Encargo previdenciário.. 106
    5.3. Pagamento pelo empregador e forma de compensação................................... 106
6. Rompimento do contrato de trabalho 107
7. Aborto não criminoso 107
8. Acumulação de empregos... 107
9. Empregada casada ou solteira 107
10. Parto antecipado 107
11. Falecimento do filho 107
12. Períodos para amamentação... 108
13. Atestado de gravidez e outras práticas discriminatórias 109

Capítulo XIII
PROFESSOR E A ESTABILIDADE NO EMPREGO

1. Origem.. 111
2. Classificação 111
3. Desaparecimento da estabilidade definitiva 112
4. Estabilidade transitória ou provisória — Conceito — Espécies 112
    4.1. Estabilidade transitória ou provisória 112
    4.2. Conceito de estabilidade provisória 112
    4.3. Espécies de estabilidade provisória — Dirigente sindical — Dirigentes de cooperativa — Cipeiro — Gestante — Membros do Conselho Curador do FGTS — Representantes dos empregados no CNPS — Acidentado — Trabalhador reabilitado ou deficiente habilitado — Aidético — Eleitoral — Membros da Comissão de Conciliação Prévia — Professor universitário — Por liberalidade ou negociação coletiva 112
        4.3.1. Espécies de estabilidade provisória 112
        4.3.2. Dirigente ou representante sindical.. 112
        4.3.3. Dirigentes de cooperativa de empregados.. 113
        4.3.4. Cipeiro 113
        4.3.5. Gestante.. 114
        4.3.6. Representantes dos trabalhadores no Conselho Curador do FGTS 114
        4.3.7. Representantes dos empregados no CNPS 115
        4.3.8. Acidentado 115
        4.3.9. Trabalhador reabilitado ou deficiente habilitado................................. 115
        4.3.10. Aidético 116
        4.3.11. Eleitoral.. 117

	4.3.12. Representantes dos empregados membros da Comissão de Conciliação Prévia	117
	4.3.13. Professor universitário	118
	4.3.14. Por liberalidade ou negociação coletiva	119
5.	Estabilidade provisória e o contrato a termo	119
6.	Estabilidade provisória e o aviso-prévio	120
7.	Estabilidade provisória e a extinção da empresa ou de estabelecimento	121
8.	Estabilidade provisória e a reintegração	122
9.	Estabilidade provisória e a renúncia	122

Capítulo XIV
PROFESSOR E OS DIREITOS FUNDAMENTAIS

1. Direitos fundamentais — Conceito — Dignidade da pessoa humana — Princípio da dignidade da pessoa humana ... 125
   1.1. Direitos fundamentais ... 125
   1.2. Conceito de direitos fundamentais ... 126
   1.3. Conceito de dignidade da pessoa humana ... 126
   1.4. Princípio da dignidade da pessoa humana ... 126
2. Dano — Conceito — Indenização ... 126
   2.1. Dano ... 126
   2.2. Conceito de dano moral ... 126
   2.3. Indenização — Valor ... 127
      2.3.1. Indenização ... 127
      2.3.2. Valor da Indenização ... 127
3. Responsabilidade civil — Conceito — Formas — Fundamentação legal ... 127
   3.1. Responsabilidade civil ... 127
   3.2. Conceito ... 127
   3.3. Formas de responsabilidade civil — Subjetiva — Objetiva ... 128
      3.3.1. Formas de responsabilidade civil ... 128
      3.3.2. Responsabilidade subjetiva ... 128
      3.3.3. Responsabilidade objetiva ... 128
   3.4. Fundamentação legal ... 129
4. Responsabilidade trabalhista — Resolução do contrato ... 130
   4.1. Responsabilidade trabalhista ... 130
   4.2. Resolução do contrato de emprego ... 130
5. Enunciados — Jurisprudência ... 130
   5.1. Enunciados ... 130
   5.2. Jurisprudência ... 131

Capítulo XV
PROFESSOR E A TERCEIRIZAÇÃO — COOPERATIVAS DE TRABALHO

1. Terceirização ... 155
   1.1. Origem e finalidade ... 155
   1.2. Definição ... 156
   1.3. Lei especial sobre terceirização ... 157
   1.4. Modalidades de terceirização ... 157
   1.5. Classificação ... 157

		1.5.1.	Terceirização legal ou lícita	157
		1.5.2.	Terceirização ilegal ou ilícita	158
	1.6.	Efeitos jurídicos da terceirização		158
	1.7.	Jurisprudência		158
2.	Cooperativas de trabalho			161
	2.1.	Considerações		161
	2.2.	Cooperativas de trabalho — Conceito — Requisitos — Princípios — Tipos — Proibição de intermediação de mão de obra — Cooperativa de professores — Jurisprudência		162
		2.2.1.	Cooperativas de trabalho	162
		2.2.2.	Conceito	162
		2.2.3.	Requisitos básicos	162
		2.2.4.	Princípios	162
		2.2.5.	Tipos de cooperativas de trabalho	162
		2.2.6.	Proibição de intermediação de mão de obra	163
		2.2.7.	Cooperativa de professores	163
		2.2.8.	Jurisprudência	163

Capítulo XVI
PROFESSOR E A CESSAÇÃO DO CONTRATO DE EMPREGO

1.	Denominação				167
2.	Classificação — Cessação normal — Cessação anormal				167
	2.1.	Classificação			167
	2.2.	Cessação ou extinção normal do contrato			167
	2.3.	Cessação ou extinção anormal do contrato — Resilição — Resolução — Caducidade — Rescisão			168
		2.3.1.	Cessação ou extinção anormal do contrato		168
		2.3.2.	Resilição do contrato de emprego — Dispensa sem justa causa — Demissão — Distrato		168
			2.3.2.1.	Resilição do contrato de emprego	168
			2.3.2.2.	Dispensa ou despedida do empregado sem justa causa — Situações equiparadas	168
				2.3.2.2.1. Dispensa ou despedida do empregado sem justa causa	168
				2.3.2.2.2. Situações equiparadas à dispensa sem justa causa	169
			2.3.2.3.	Demissão (pedido de desligamento)	170
			2.3.2.4.	Distrato ou acordo das partes	170
		2.3.3.	Resolução do contrato de emprego — Culpa do empregado — Culpa do empregador — Culpa recíproca		171
			2.3.3.1.	Resolução do contrato de emprego	171
			2.3.3.2.	Cessação do contrato por culpa do empregado (dispensa por justa causa)	171
			2.3.3.3.	Cessação do contrato por culpa do empregador (rescisão indireta)	171
			2.3.3.4.	Culpa recíproca	172
		2.3.4.	Caducidade — Morte do empregado — Força maior		173
			2.3.4.1.	Caducidade	173
			2.3.4.2.	Morte do empregado	173
			2.3.4.3.	Força maior	173
		2.3.5.	Rescisão		174

Capítulo XVII
PROFESSOR E A HOMOLOGAÇÃO NA RESCISÃO DO CONTRATO DE EMPREGO

1. Homologação — Finalidade 175
   1.1. Homologação 175
   1.2. Finalidade da homologação 175
2. Rescisão do contrato de emprego 176
3. Recibo de quitação — Eficácia da quitação — Validade do recibo de quitação — Necessidade de homologação — Competência para homologar 176
   3.1. Recibo de quitação 176
   3.2. Eficácia da quitação 177
   3.3. Validade do recibo de quitação 178
   3.4. Necessidade de homologação — Dispensa de homologação 178
      3.4.1. Necessidade de homologação 178
      3.4.2. Dispensa de homologação 179
   3.5. Competência para homologar 179
4. Recusa na homologação 180
5. As partes na homologação 180
6. Formas de pagamento na homologação — Parcelamento — Desconto 181
   6.1. Formas de pagamento na homologação 181
   6.2. Parcelamento na homologação 182
   6.3. Desconto ou compensação na homologação 182
7. Prazo para pagamento das parcelas rescisórias — Inexistência de prazo para homologação — Multas 183
   7.1. Prazo para pagamento das parcelas rescisórias 183
   7.2. Inexistência de prazo para homologação 184
   7.3. Multas por falta de pagamento no prazo legal 185
8. Gratuidade da homologação 186

Referências Bibliográficas 187

Capítulo I
PROFESSOR E A LEGISLAÇÃO CORRESPONDENTE

1. Professor e a legislação educacional. 2. Conceito doutrinário. 3. Normas trabalhistas aplicáveis. 4. Jurisprudência.

1. PROFESSOR E A LEGISLAÇÃO EDUCACIONAL

Professor, segundo o dicionário *Houaiss*, é aquele que professa uma crença, uma religião; aquele que ensina, ministra aulas (em escola, colégio, universidade, curso ou particularmente); mestre; em sentido figurado, indivíduo muito versado ou perito em (alguma coisa).[1]

Como mostra *Houaiss*, a palavra professor pode ser usada no sentido figurado, como são chamados instrutores, monitores ou pessoas versadas em alguma coisa.

Exemplificando: em uma academia de esporte, o instrutor sem a devida formação e habilitação, mas que orienta outras pessoas, é chamado de professor; em uma oficina mecânica, o indivíduo mais versado em consertos de motores, normalmente, é tratado como professor, e assim por diante.

Pela legislação educacional, professor é a pessoa que exerce o magistério, com formação em curso reconhecido e que esteja devidamente habilitada ou autorizada pelo Ministério da Educação e Cultura — MEC.

A Lei n. 9.394, de 20 de dezembro de 1996, que estabelece as diretrizes e bases da educação nacional, preceitua que a educação abrange os processos formativos que se desenvolvem na vida familiar, na convivência humana, no trabalho, nas instituições de ensino e pesquisa, nos movimentos sociais e em organizações da sociedade civil e nas manifestações culturais (art. 1º).

A mencionada lei dispõe que a educação escolar compreende: educação básica, formada pela educação infantil e pelos ensinos fundamental e médio; e educação superior (art. 21, I e II).

A Lei n. 9.394/1996, com redação dada pela Lei n. 12.014/2009, estabelece os requisitos para formação e habilitação do professor.

> Art. 61. Consideram-se profissionais da educação escolar básica os que, nela estando em efetivo exercício e tendo sido formados em cursos reconhecidos, são:
> I — professores habilitados em nível médio ou superior para a docência na educação infantil e nos ensinos fundamental e médio;
> II — trabalhadores em educação portadores de diploma de pedagogia, com habilitação em administração, planejamento, supervisão, inspeção e orientação educacional, bem como com títulos de mestrado ou doutorado nas mesmas áreas;
> III — trabalhadores em educação, portadores de diploma de curso técnico ou superior em área pedagógica ou afim.

---
(1) HOUAISS, Antônio; VILLAR, Mauro de Salles e FRANCO, Francisco Manoel de Mello. *Dicionário Houaiss da Língua Portuguesa*. Rio de Janeiro: Objetiva, 2009.

Parágrafo único. A formação dos profissionais da educação, de modo a atender às especificidades do exercício de suas atividades, bem como aos objetivos das diferentes etapas e modalidades da educação básica, terá como fundamentos:

I — a presença de sólida formação básica, que propicie o conhecimento dos fundamentos científicos e sociais de suas competências de trabalho;

II — a associação entre teorias e práticas, mediante estágios supervisionados e capacitação em serviço;

III — o aproveitamento da formação e experiências anteriores, em instituições de ensino e em outras atividades.

Art. 62. A formação de docentes para atuar na educação básica far-se-á em nível superior, em curso de licenciatura, de graduação plena, em universidades e institutos superiores de educação, admitida, como formação mínima para o exercício do magistério na educação infantil e nas quatro primeiras séries do ensino fundamental, a oferecida em nível médio, na modalidade Normal. (Regulamento)

§§ (...)

(...)

Art. 65. A formação docente, exceto para a educação superior, incluirá prática de ensino de, no mínimo, trezentas horas.

Art. 66. A preparação para o exercício do magistério superior far-se-á em nível de pós-graduação, prioritariamente em programas de mestrado e doutorado.

Parágrafo único. O notório saber, reconhecido por universidade com curso de doutorado em área afim, poderá suprir a exigência de título acadêmico.

Art. 67. (...)

§ 1º (...)

§ 2º Para os efeitos do disposto no § 5º do art. 40 e no § 8º do art. 201 da Constituição Federal, são consideradas funções de magistério as exercidas por professores e especialistas em educação no desempenho de atividades educativas, quando exercidas em estabelecimento de educação básica em seus diversos níveis e modalidades, incluídas, além do exercício da docência, as de direção de unidade escolar e as de coordenação e assessoramento pedagógico.[2] (Incluído pela Lei n. 11.301, de 2006)

2. CONCEITO DOUTRINÁRIO

O saudoso *Emílio Gonçalves* pondera que, em sua forma mais conhecida e organizada, o ensino é ministrado nas escolas e confiado a pessoas especializadas que recebem a denominação de professores. Dedicam-se os professores ao complexo e delicado mister de ensinar artes, letras e ciências aos alunos, devendo ser pessoas habilitadas para o exercício desse importante ofício: o magistério.

Professor é, pois, a pessoa habilitada, nos termos da lei, que profissionalmente exerce o magistério.[3]

A respeito do conceito de professor, *João José Sady* faz as seguintes colocações:

a) não existe um conceito *legal* para definir o exercente do magistério, razão pela qual tal espaço é preenchido pelas regras da experiência e através das cláusulas normativas de normas coletivas;

b) básico em tal matéria é entender o professor como o indivíduo que ministra conhecimentos, exigindo-se sua habilitação apenas quando leciona em empresa que fornece curso para o qual a lei exige autorização dos órgãos públicos;

c) para a incidência das normas celetistas é preciso que se cuide de professor que exerce o magistério remunerado *em estabelecimento particular de ensino*.[4]

Por sua vez, *Alice Monteiro de Barros* entende como professor o profissional habilitado ou autorizado que, por meio das atividades inerentes ao magistério, forma as gerações do País, propiciando-lhes a educação básica e superior, ou complementando-lhes a formação em cursos de especialização, técnico, preparatório ou profissionalizante, realizados em estabelecimento de ensino público, particular, livre, ou ainda em outro estabelecimento que, embora não específico, proporcione essa formação.[5]

3. NORMAS TRABALHISTAS APLICÁVEIS

A CLT estatui as normas aplicáveis aos empregados e considera como tal toda pessoa física que prestar serviços de natureza não eventual a

---

(2) A mencionada equiparação é apenas para efeitos previdenciários, como contagem de tempo para aposentadoria.

(3) GONÇALVES, Emílio. *O magistério particular e as leis trabalhistas*. 2. ed. São Paulo: LTr, 1975. p. 29.

(4) SADY, João José. *Direito do trabalho do professor*. São Paulo: LTr, 1996. p. 17/18.

(5) BARROS, Alice Monteiro de. *Contratos e regulamentações especiais de trabalho — peculiaridades, aspectos controvertidos e tendências*. São Paulo: LTr, 2001. p. 296.

empregador, sob dependência deste e mediante salário (art. 3º).

Os preceitos do Capítulo II, do Título I, da CLT (Duração do Trabalho — arts. 57 a 75) aplicam-se a todas as atividades, salvo as expressamente excluídas, constituindo exceções as disposições especiais, concernentes estritamente a peculiaridades profissionais constantes do Capítulo I do Título III (art. 57).

Ao professor empregado, em vista das peculiaridades de sua atividade profissional, além da regra geral emergente das normas celetistas, aplicam-se com prevalência as disposições especiais de tutela do trabalho.

O Título III da CLT cuida das disposições especiais de tutela do trabalho, sendo que o Capítulo I, na Seção XII, arts. 317 a 323, trata dos professores.

O presente estudo tem por objeto principal a análise das normas especiais da CLT (arts. 317 a 323) aplicáveis aos professores, profissionais da educação, habilitados junto ao Ministério da Educação, sujeitos ao regime celetista, constituídos em categoria diferenciada e que exercem atividades profissionais correspondentes às atividades econômicas de ensino regular.

Os professores, reiteramos, como categoria diferenciada, gozam de regulamentação especial (CLT, arts. 317 a 323), sem prejuízo da aplicação das normas gerais da CLT, no que for compatível.

Ainda, aos professores, além da legislação do ensino, são aplicáveis as normas resultantes de negociação coletiva (convenção e/ou acordo coletivo), as denominadas normas autônomas, estabelecidas pelas próprias partes (empregados e empregador), por meio de suas entidades sindicais.

Para melhor compreensão da figura do professor, há necessidade de se demonstrar, ainda que superficialmente, como funciona a organização sindical brasileira, o que será feito a seguir, lembrando, desde já, que a CLT apresenta duas espécies de categorias profissionais (§§ 2º e 3º do art. 511) e que estão relacionadas no quadro anexo ao art. 577 da CLT.

Após esses esclarecimentos, nos capítulos seguintes, serão analisados os dispositivos especiais da CLT aplicáveis aos professores empregados, sem esquecer, dentro do possível, as normas gerais pertinentes.

4. JURISPRUDÊNCIA

Professora. Habilitação. Necessidade

Ementa: Professora: Habilitação — Necessidade. O reconhecimento do exercício da profissão de professora não dispensa a habilitação profissional, nos termos da lei (art. 317/CLT). [TRT 3ª Região — (1ª T.) — RO 12.612/98 — Rel. Juiz Washington Maia Fernandes — DJMG 7.5.99, p. 13 — Revista de Direito Trabalhista. Brasília. Junho de 99, p. 67 — Apud BARROS (2001:298)]

Professor. Categoria diferenciada

Ementa: Professor. Categoria diferenciada. Se é certo que o ensino e os que nele militam devem, neste novo milênio, merecer a maior relevância e proteção, não se pode afastar, em nome desse interesse, dos princípios exigidos para aplicação de normas favoráveis da categoria diferenciada de professor. E, para caracterização desta nobre profissão, é necessária, além da obrigatoriedade de habilitação em curso de magistério e registro no Ministério da Educação, que o exercício da atividade seja prestado em estabelecimento de ensino.[6] *[TRT 2ª Reg. — RO 01 20000381513 — (Ac. 20010415216, 10ª T.) — Relª Vera Marta Público Dias — j. 10.7.2001 — DOE/SP, 3.8.2001 — Apud ALMEIDA 2009:153)*

Professor. Enquadramento sindical

Ementa: Professor. Instrutor de esportes. Clube de lazer. Enquadramento sindical como professor. Impossibilidade. CLT, art. 317. Não há como enquadrar como professor instrutor de esporte que presta serviço em clube de lazer, pois, no caso, a atividade por ele exercida não compõe o currículo de instituição de ensino, mas constitui método tendente a desenvolver e aprimorar a capacidade física dos associados. (...) Não há como enquadrar o reclamante como professor na medida em que a atividade por ele exercida não compõe o currículo de instituição de ensino, mas constitui método tendente a desenvolver e aprimorar a capacidade física dos associados do clube recorrente. Outra não é a lição de Alice Monteiro de Barros, nos seguintes termos: Não nos parece possam ser enquadrados como professores os instrutores de natação, ginástica, voleibol, musculação, futebol de salão, dança e outros do mesmo gênero, contratados pelos clubes de lazer para, nos finais de semana, treinar os associados, utilizando-se de métodos e técnicas destinadas a restaurar, desenvolver e conservar a capacidade física dos frequentadores. Embora esta nos pareça a corrente jurisprudencial dominante, a matéria também é controvertida, comportando interpretação diversa. Evidentemente que não se exclui a possibilidade de um instrutor de ginástica, judô, caratê vir a ser enquadrado no art. 317 da CLT, mas para isso é mister que a atividade integre a disciplina de Educação Física incluída como componente curricular da Educação Básica, constituindo um complemento do ensino ministrado; é, aliás, o que prevê o art. 26 § 3º, da Lei de Diretrizes e Bases — n. 9.394, de 1996 — (Contratos e Regulamentações espe-

---

(6) A exigência do registro foi revogada pela Lei n. 9.394/1996.

ciais de trabalho. 2. ed. São Paulo: LTr, 2002. p. 345-346). (...) (Juíza Lília Leonor Abreu) (TRT-12ª Reg. — RO 410 — Rel. Juíza Lília Leonor Abreu — DJ 7.8.2003).[7]

Professor. Não caracterização

Ementa: Professor. Não caracterização. Não basta que o profissional seja licenciado para exercer o magistério, mas que efetivamente ministre aulas para classes regulares de aluno e desenvolva demais atividades inerentes ao trabalho docente. Não estando as atividades do autor coerentes com tais características, não há como reconhecê-lo como integrante da categoria profissional dos professores. [TRT 3ª Reg. — RO 1.782/1997 — (4ª T.) — Relª Juíza Deoclécia Amorelli Dias — DJMG 15.8.1997 — Apud MARQUES (2009:44)

Professor de curso preparatório para concursos públicos. Alto grau de liberdade catedrática e nível remuneratório diferenciado. Configuração

Ementa: Vínculo de emprego. Configuração. Professor de curso preparatório para concursos públicos. Alto grau de liberdade catedrática e nível remuneratório diferenciado. 1) O liame empregatício afigura-se presente quando os elementos fático-jurídicos configuradores, consistentes na prestação de serviços por pessoa física a outrem, com pessoalidade, onerosidade, não eventualidade e subordinação, encontram-se reunidos. 2) Professores de curso preparatório para concurso público atuam nessa cadeira em face da capacitação técnica e experiência que possuem em determinada área de conhecimento e, com grande frequência, como parte de uma atividade profissional múltipla, concomitantemente, portanto, à uma carreira advocatícia, médica, encargo público, etc. 3) Essas características conduzem, inevitavelmente, a uma modalidade de subordinação celetista não usual, aferida sobretudo pela própria inserção do docente na estrutura de ensino (atividade-fim da escola preparatória). 4) Nesse contexto, a autonomia para programar o conteúdo a ser ministrado em sala de aula — sendo os professores os próprios autores de seus materiais didáticos de acordo com a especificidade de suas disciplinas — e na escolha dos horários de aulas, consoante as disponibilidades pessoais, são todos fatores que acarretam a pouca ingerência patronal em sala e na elaboração dos dias e horários das turmas, mas sem o condão de obstar o reconhecimento da figura empregatícia, se presentes todos os requisitos necessários para a sua formação e não comprovados os fatos modificativos, impeditivos ou extintivos de direito alegados em defesa, pela natureza da relação sócio-jurídica estabelecida. 5) Recurso patronal não provido, no particular. [TRT 24ª Reg. — RO-0000289-82.2013.5.24.0001 – (Ac. 1ª T.) — Red. Des. Márcio V. Thibau de Almeida – DEJT/TRT 23ª Reg. n. 1413/14, 11.2.14, p. 35/6 — In: LTr Sup. Jurisp. 15/2014, p. 120]

---

(7) *Apud* MARQUES, Gérson. *O professor no direito brasileiro.* São Paulo: Método, 2009. p. 44/45.

Capítulo II

SINDICATO — ORGANIZAÇÃO SINDICAL BRASILEIRA

1. Sindicato — Definição — Natureza jurídica — Unicidade. 1.1. Sindicato. 1.2. Definição de sindicato. 1.3. Natureza jurídica do sindicato. 1.4. Unicidade sindical. 2. Organização sindical brasileira — Enquadramento sindical — Sistema confederativo — Centrais sindicais — Anexo — Jurisprudência. 2.1. Organização sindical brasileira. 2.2. Enquadramento sindical — Categoria diferenciada. 2.2.1. Enquadramento sindical. 2.2.2. Categoria diferenciada — Aplicação de instrumento coletivo. 2.2.2.1. Categoria diferenciada. 2.2.2.2. Aplicação dos instrumentos coletivos. 2.3. Sistema confederativo. 2.4. Centrais sindicais. 2.5. Anexo. 2.6. Jurisprudência Uniformizada — Enquadramento. 2.6.1. Jurisprudência Uniformizada. 2.6.2 Enquadramento sindical/Categoria diferenciada.

1. SINDICATO — DEFINIÇÃO — NATUREZA JURÍDICA — UNICIDADE

1.1. SINDICATO

A CF/1988 estabelece:

Art. 8º É livre a associação profissional ou sindical, observado o seguinte:

I — a lei não poderá exigir autorização do Estado para a fundação de sindicato, ressalvado o registro no órgão competente, vedadas ao Poder Público a interferência e a intervenção na organização sindical;

II — é vedada a criação de mais de uma organização sindical, em qualquer grau, representativa de categoria profissional ou econômica, na mesma base territorial, que será definida pelos trabalhadores ou empregadores interessados, não podendo ser inferior à área de um Município;

III — ao sindicato cabe a defesa dos direitos e interesses coletivos ou individuais da categoria, inclusive em questões judiciais ou administrativas;

IV — a assembleia geral fixará a contribuição que, em se tratando de categoria profissional, será descontada em folha, para custeio do sistema confederativo da representação sindical respectiva, independentemente da contribuição prevista em lei;

V — ninguém será obrigado a filiar-se ou a manter-se filiado a sindicato;

VI — é obrigatória a participação dos sindicatos nas negociações coletivas de trabalho;

VII — o aposentado filiado tem direito a votar e ser votado nas organizações sindicais;

VIII — é vedada a dispensa do empregado sindicalizado a partir do registro da candidatura a cargo de direção ou representação sindical e, se eleito, ainda que suplente, até um ano após o final do mandato, salvo se cometer falta grave nos termos da lei.

Parágrafo único. As disposições deste artigo aplicam-se à organização de sindicatos rurais e de colônias de pescadores, atendidas as condições que a lei estabelecer.

Como se vê, é livre a associação profissional ou sindical, observado o seguinte: a lei não poderá exigir autorização do Estado para a fundação de sindicato, ressalvado o registro no órgão competente, vedadas ao Poder Público a interferência e a intervenção na organização sindical (CF/1988, art. 8º, I).

1.2. DEFINIÇÃO DE SINDICATO

A CLT assegura que é lícita a associação sindical para fins de estudo, defesa e coordenação de interesses econômicos ou profissionais de todos os que, como empregadores, empregados, agentes ou trabalhadores autônomos, ou profissionais liberais, exerçam, respectivamente, a mesma atividade ou profissão ou atividades ou profissões similares ou conexas (art. 511).

Na doutrina, destacam-se as definições:

Amauri Mascaro Nascimento

Sindicato é uma organização social constituída para, segundo um princípio de autonomia privada coletiva, defender os interesses trabalhistas e econômicos nas relações coletivas entre os grupos sociais.[1]

Roberto Barreto Prado

Sindicato é a associação que tem por objeto a representação e defesa dos interesses gerais da correspondente categoria profissional ou econômica e, supletivamente, dos interesses individuais dos seus membros.[2]

Octavio Bueno Magano

Sindicato é a associação de pessoas físicas ou jurídicas, que exercem atividade profissional ou econômica, para a defesa dos respectivos interesses.[3]

1.3. NATUREZA JURÍDICA DO SINDICATO

No Brasil, a natureza jurídica do sindicato já foi objeto de muita discussão; atualmente, é tranquilo o entendimento de que se trata de pessoa jurídica de direito privado.

O sindicato é uma associação e nos termos do Código Civil (Lei n. 10.406/2002) é pessoa jurídica de direito privado (art. 44, I).

Os sindicatos são, frise-se, fruto da vontade dos indivíduos que compõem grupos, cujos interesses são iguais, similares ou conexos, congregando determinada categoria econômica, profissional, de trabalhadores autônomos ou profissionais liberais, daí sua natureza jurídica de direito privado.[4]

1.4. UNICIDADE SINDICAL

A CF/1988 preceitua que é vedada a criação de mais de uma organização sindical, em qualquer grau, representativa de categoria profissional ou econômica, na mesma base territorial, que será definida pelos trabalhadores ou empregadores interessados, não podendo ser inferior à área de um Município (art. 8º, II).

Apesar da mencionada autonomia sindical, impera no sistema sindical brasileiro o princípio da unicidade sindical e a jurisdição (base territorial de atuação) do sindicato não poderá ser inferior à área de um município, podendo a mesma ser municipal, intermunicipal, estadual, interestadual e nacional.

2. ORGANIZAÇÃO SINDICAL BRASILEIRA — ENQUADRAMENTO SINDICAL — SISTEMA CONFEDERATIVO — CENTRAIS SINDICAIS — ANEXO — JURISPRUDÊNCIA

2.1. ORGANIZAÇÃO SINDICAL BRASILEIRA

A organização sindical brasileira é constituída por sindicatos (categorias de primeiro grau) e por entidades sindicais de grau superior, que são as federações e as confederações, conforme mostrado a seguir, no item que trata do sistema confederativo.

2.2. ENQUADRAMENTO SINDICAL[5] — CATEGORIA DIFERENCIADA

2.2.1. Enquadramento sindical

Enquadramento sindical consiste na adequação de sindicatos, empresas e trabalhadores em cate-

---

(1) NASCIMENTO, Amauri Mascaro. *Curso de direito do trabalho.* 19. ed., São Paulo: Saraiva, 2004, p. 1041.
(2) PRADO, Roberto Barreto. *Curso de direito sindical.* 2. ed. São Paulo: LTr, 1985.
(3) MAGANO, Octavio Bueno. *Dicionário jurídico-econômico das relações de trabalho.* São Paulo: Saraiva, 2002, p. 204.
(4) BARROS, Alice Monteiro de. *Curso de Direito do Trabalho.* São Paulo: LTr, 2005, p. 1.165.
(5) Extraído, em parte, do livro: CORTEZ, Julpiano Chaves. *Direito do trabalho aplicado.* 2. ed. São Paulo: LTr, 2004.

gorias e grupos de atividades e profissões, a que se refere o art. 577 da CLT.

O sistema sindical brasileiro é organizado por categorias econômicas[6] e profissionais.[7]

A categoria profissional do empregado é determinada pela atividade preponderante do empregador, excetuando-se as categorias profissionais diferenciadas e os profissionais liberais.

O sindicato que representa a categoria econômica é o dos empregadores e o que representa a categoria profissional é o dos empregados.

A toda entidade sindical da categoria econômica corresponde outra da categoria profissional. É a aplicação do princípio da correspondência sindical ou bipolaridade sindical (paralelismo simétrico), em que o enquadramento sindical dos trabalhadores corresponde ao dos empregadores, de conformidade com a discriminação do quadro das atividades e profissões, anexo à CLT.

Exemplificando: ao sindicato dos banqueiros corresponde o dos bancários; ao sindicato dos comerciantes corresponde o dos comerciários, e assim por diante.

Essa organização sindical por categorias econômicas e profissionais, disciplinada pela CLT,[8] foi mantida pela CF/1988, ou melhor, a Constituição de 1988 adotou a categoria como núcleo ao estabelecer no art. 8º, inciso II: "é vedada a criação de mais de uma organização sindical, em qualquer grau, representativa de categoria profissional ou econômica, na mesma base territorial, que será definida pelos trabalhadores ou empregadores interessados, não podendo ser inferior à área de um Município". Ainda, os incisos III e IV, do art. 8º da CF/88, reiteram que a organização sindical brasileira estrutura-se por categorias econômicas e profissionais.

O art. 577 da CLT estabelece o quadro de atividades e profissões, fixando o plano básico do enquadramento sindical.

Com o advento da CF/1988, o art. 577 da CLT, apesar de não ter sido revogado, perdeu a sua eficácia e o mencionado quadro de atividades e profissões deixou de vigorar; entretanto, continua servindo de modelo e/ou consulta, para efeito de enquadramento sindical do empregador, empregado ou trabalhador autônomo.

Anteriormente à CF/1988, em caso de dúvida a respeito do enquadramento, cabia a uma Comissão de Enquadramento Sindical do Ministério do Trabalho solucionar a questão.

Essa Comissão de Enquadramento Sindical desapareceu com o advento da Constituição de 1988 que proibiu a interferência e a intervenção do Poder Público na organização sindical (art. 8º, I e II).

Quando uma empresa desenvolver duas ou mais atividades econômicas correspondentes a categorias distintas, para efeito de enquadramento sindical, deverá ser representada pelo sindicato da atividade preponderante.[9]

Antonio Nicácio escreveu que, "em se tratando de categoria econômica, há as genéricas como a indústria, o comércio, a agricultura e o transporte. Dentro de cada categoria genérica, no comércio, por exemplo, estão as categorias específicas como: comércio de gêneros alimentícios, comércio de ferragens, comércio de pneumáticos etc. Cada uma dessas categorias específicas, se criado o sindicato respectivo, passa a representar todas as empresas do ramo, sejam pequenas, médias ou grandes. Se assim não fosse, o sindicato não representaria toda a categoria".[10]

---

(6) A solidariedade de interesses econômicos dos que empreendem atividades idênticas, similares ou conexas constitui o vínculo social básico que se denomina categoria econômica (CLT, art. 511, § 1º).

(7) A similitude de condições de vida oriunda da profissão ou trabalho em comum, em situação de emprego na mesma atividade econômica ou em atividades econômicas similares ou conexas, compõe a expressão social elementar compreendida como categoria profissional (CLT, art. 511, § 2º).

(8) Art. 570. Os sindicatos constituir-se-ão, normalmente, por categorias econômicas ou profissionais, específicas, na conformidade da discriminação do quadro das atividades e profissões a que se refere o art. 577 ou segundo as subdivisões que, sob proposta da Comissão do Enquadramento Sindical, de que trata o art. 576, forem criadas pelo ministro do Trabalho, Indústria e Comércio.
Parágrafo único — Quando os exercentes de quaisquer atividades ou profissões se constituírem, seja pelo número reduzido, seja pela natureza mesma dessas atividades ou profissões, seja pelas afinidades existentes entre elas, em condições tais que não se possam sindicalizar eficientemente pelo critério de especificidade de categoria, é-lhes permitido sindicalizar-se pelo critério de categorias similares ou conexas, entendendo-se como tais as que se acham compreendidas nos limites de cada grupo constante do Quadro de Atividades e Profissões.

(9) Entende-se por atividade preponderante a que caracterizar a unidade de produto, operação ou objetivo final, para cuja obtenção todas as demais atividades convirjam, exclusivamente, em regime de conexão funcional (CLT, art. 581, § 2º).

(10) NICÁCIO, Antonio. Sindicato, categorias econômicas — aparente conflito de competência para julgar se o sindicato representa ou não determinada categoria —, competência da justiça do trabalho. São Paulo: LTr, *Suplemento Trabalhista*, 1998, n. 195, p. 935.

2.2.2. Categoria diferenciada — Aplicação de instrumento coletivo

2.2.2.1. Categoria diferenciada

Como exceção do enquadramento exposto anteriormente, existem as categorias diferenciadas formadas pelos empregados que exercem profissões ou funções diferenciadas por força de estatuto profissional especial ou em consequência de condições de vida singulares.[11]

Neste caso, a categoria é formada a partir da própria função exercida pelo trabalhador, como demonstra a parte final da transcrição a seguir do quadro de atividades e profissões, agrupando-as de forma específica.

Segundo *Valentin Carrion,* categoria profissional diferenciada "é a que tem regulamentação específica do trabalho diferente da dos demais empregados da mesma empresa, o que lhes faculta convenções ou acordos coletivos próprios, diferentes dos que possam corresponder à atividade preponderante do empregador, que é regra geral".[12]

Süssekind ensina que a definição de categoria diferenciada, para efeito de sindicalização, independe da natureza da atividade econômica empreendida pela empresa de que sejam empregados.[13]

Para *João José Sady,* a categoria diferenciada é aquela cujo traço integrativo reside na atividade profissional exercida, e não na atividade econômica da empresa.

Não é a natureza do estabelecimento que emprega o obreiro que serve de referencial para estabelecer qual a categoria profissional a que este pertence, mas a natureza da atividade profissional exercida pelo empregado, independentemente daquela exercida pelo empregador.[14]

Exemplos de categorias diferenciadas: aeronautas, jornalistas profissionais, advogados, *professores* etc.

No caso específico do professor empregado, matéria do presente estudo, o exercício da função diferenciada exige habilitação legal, na área de sua competência, junto ao Ministério da Educação (Lei n. 9.394/1996), e a execução da atividade profissional correspondente às atividades econômicas de ensino regular.

2.2.2.2. Aplicação dos instrumentos coletivos

Por meio de negociação coletiva (convenção[15] ou acordo coletivo[16]), as partes do contrato de emprego, através de suas entidades sindicais, atendidos certos requisitos, podem, regra geral, estabelecer as suas próprias leis trabalhistas, não necessitando da ingerência do Estado.

As normas estabelecidas dessa forma são chamadas de normas autônomas, ao contrário das heterônomas, que emanam do Estado.

As normas estabelecidas na convenção ou no acordo coletivo, sobre condições de trabalho, transmudam-se para os contratos dos empregados da correspondente categoria de forma definitiva, segundo o último entendimento da Súmula n. 277 do TST:

> *Convenção de trabalho ou acordo coletivo de trabalho. Eficácia. Ultratividade. As cláusulas normativas dos acordos coletivos ou convenções coletivas integram os contratos individuais de trabalho e somente poderão ser modificadas ou suprimidas mediante negociação coletiva de trabalho. (Res. n. 185/2012, DEJT divulgado em 25, 26 e 27.9.2012)*

Esses instrumentos coletivos funcionam como base legal de suprimento das insuficiências dos contratos individuais de trabalho, tendo como fundamento a teoria da autonomia privada coletiva. Portanto, os contratos individuais de trabalho estão subordinados à lei do Estado e à lei das partes (convenção ou acordo coletivo).

Os empregados de uma empresa que pertencem a uma categoria diferenciada podem ter acordo coletivo próprio e específico, diferentemente do convênio coletivo dos demais empregados da empresa.

---

(11) CLT, art. 511, § 3º.
(12) CARRION, Valentin. *Comentários à Consolidação das Leis do Trabalho*. São Paulo: Saraiva, 1998. p. 423.
(13) SÜSSEKIND, Arnaldo. *Curso de direito do trabalho*. Rio de Janeiro: Renovar, 2002. p. 532.
(14) SADY (1996:24).
(15) Convenção Coletiva de Trabalho é o acordo de caráter normativo pelo qual dois ou mais sindicatos representativos de categorias econômicas e profissionais estipulam condições de trabalho aplicáveis, no âmbito das respectivas representações, às relações individuais de trabalho (CLT — art. 611, *caput*).
(16) É facultado aos sindicatos representativos de categorias profissionais celebrar Acordos Coletivos com uma ou mais empresas da correspondente categoria econômica, que estipulem condições de trabalho, aplicáveis no âmbito da empresa ou das empresas acordantes às respectivas relações de trabalho (CLT — art. 611, § 1º).

Exemplificando: os professores constituem uma categoria diferenciada; caso uma empresa do ramo da construção civil contrate alguns deles, para ministrar cursos na empresa, a estes aplica-se o convênio coletivo da sua categoria (professor), e não o dos empregados da empresa construtora, desde que esta tenha participado ou tenha sido representada na negociação coletiva.

Esse é o entendimento da Súmula n. 374 do TST: *Empregado integrante de categoria profissional diferenciada não tem o direito de haver de seu empregador vantagens previstas em instrumento coletivo no qual a empresa não foi representada por órgão de classe de sua categoria.* (ex-OJ n. 55 da SBDI-1)

Na lição da professora *Alice Monteiro de Barros*, não há dúvida de que o professor pertence à categoria diferenciada por força de estatuto profissional especial e em consequência de condições de vida singulares. Logo, o enquadramento dos empregados que exercem esta função em uma empresa, cuja atividade preponderante não seja o magistério, faz-se pela categoria diferenciada, desprezando a regra da preponderância da categoria econômica a que pertence a empresa. Isso significa que numa empresa comercial, para a qual trabalha um professor como empregado, deverão ser-lhe aplicadas as vantagens advindas da convenção coletiva firmada com o Sindicato dos Professores, e não dos comerciários; mas para tal é necessário que a empresa comercial tenha participado da referida norma coletiva, ainda que por intermédio de seu sindicato ou da federação a que este pertença.[17]

2.3. SISTEMA CONFEDERATIVO

A CLT prevê que, além dos sindicatos (associações de primeiro grau) por categoria, podem ser constituídas entidades sindicais de grau superior, que são as federações e as confederações.

Na organização sindical brasileira, há uma hierarquia entre as entidades sindicais: sindicato, federação e confederação. Cada federação será formada pela reunião de cinco sindicatos da mesma categoria, sendo que três federações formam uma confederação.[18]

O sistema confederativo de representação sindical brasileiro apresenta uma forma piramidal, estando na base o sindicato, no centro as federações e no ápice as confederações.[19]

2.4. CENTRAIS SINDICAIS

As centrais sindicais não fazem parte da organização sindical brasileira, por isso não possuem legitimidade sindical. Em outras palavras, as centrais sindicais não podem ser partes em uma negociação coletiva, apenas o sindicato detém a legitimidade sindical.

As centrais sindicais não integram o sistema confederativo, são associações civis, políticas, com personalidade jurídica de direito privado.

Não existia lei disciplinando a criação das centrais sindicais; o que havia era a Portaria n. 3.337/78 do Ministério do Trabalho, vedando a sua criação, revogada pela Portaria n. 3.100/85.

Entretanto, havia o reconhecimento legal das centrais sindicais por meio das Leis ns. 7.998/90, 8.036/90 e 8.213/91. Esses diplomas legais determinam, respectivamente, que os representantes dos trabalhadores no Conselho Deliberativo do FAT (art. 18, § 3º), no Conselho Curador do FGTS (art. 3º, § 3º) e no Conselho Nacional de Previdência Social (art. 3º, § 2º) serão indicados pelas centrais e pelas confederações nacionais.

A Medida Provisória n. 293, de 8 de maio de 2006 (DOU 9.5.06), dispõe sobre o reconhecimento das centrais sindicais. Ela considera central sindical a entidade associativa de direito privado, composta por organizações sindicais de trabalhadores. Ainda que a central sindical é entidade de representação geral dos trabalhadores, constituída em âmbito nacional, tendo as seguintes atribuições e prerrogativas: exercer a representação dos trabalhadores, por meio das organizações sindicais a ela filiadas; e participar de negociações em fóruns, colegiados de órgãos públicos e demais espaços de diálogo social que possuam composição tripartite, nos quais estejam em discussão assuntos de interesse geral dos trabalhadores (art. 1º, parágrafo único). Essa Medida Provisória foi rejeitada pelo Ato CD s/n, de 4.9.2006 (DOU 5.9.2006).

---

(17) BARROS (2001:305-306)
(18) CLT, arts. 533 a 535.
(19) ARAÚJO JÚNIOR, Francisco Milton. Organização sindical no Brasil. *Revista Síntese Trabalhista* n. 165, p. 41.

O governo encaminhou ao Congresso Nacional o Projeto de Lei n. 1990, que foi convertido na Lei n. 11.648, de 31 de março de 2008 (DOU 31.3.08), que dispõe sobre o reconhecimento formal das centrais sindicais para os fins que especifica.

A Portaria n. 194, de 17 de abril de 2008 (DOU 22.4.08), aprova instruções para a aferição dos requisitos de representatividade das centrais sindicais, exigidos pela Lei n. 11.648, de 31 de março de 2008.

Pela Lei n. 11.648/2008, as centrais sindicais são entidades associativas de direito privado, compostas por organizações sindicais de trabalhadores (parágrafo único do art. 1º).

As centrais sindicais não fazem parte da organização sindical e não estão obrigadas ao registro no Cadastro Nacional das Entidades Sindicais, mas terão que preencher os requisitos de representatividade que serão aferidos pelo Ministério do Trabalho e Emprego (MTE).

As centrais sindicais só terão acesso aos recursos da contribuição sindical oficial (10%), da Conta Especial Emprego e Salário, se preencherem os requisitos de representatividade que serão aferidos pelo MTE, como visto anteriormente.

A constitucionalidade desse pagamento às centrais sindicais foi questionada, sendo que o processo, atualmente, está suspenso, devido ao pedido de vista feito por um dos Ministros do STF.[20]

A Lei n. 11.648/2008 não deu legitimidade sindical às centrais sindicais; elas não podem ser partes em uma negociação coletiva (convenção e/ou acordo coletivo), apenas os sindicatos e, à sua falta, as federações e confederações.

As centrais sindicais não detêm legitimidade sindical, são associações de caráter político-institucional, podendo participar de negociações trabalhistas tripartites, envolvendo órgãos governamentais, empresas e trabalhadores.

Em síntese, os sindicatos representam os interesses dos trabalhadores e dos empregadores. As federações coordenam os interesses dos sindicatos e as confederações, os das federações.

2.5. ANEXO

A seguir, com o objetivo de facilitar a compreensão do que foi exposto, reproduz-se parte do quadro a que se refere o art. 577 da CLT, no qual se destacam os professores, como integrantes de categoria diferenciada, devidamente habilitados e exercentes de atividades profissionais correspondentes às atividades econômicas de ensino, enquadradas no 1º Grupo dos Estabelecimentos de Ensino, no Plano da Confederação Nacional de Educação e Cultura, conforme dispõe o art. 570 da CLT.

Em síntese conclui-se, como regra geral, que o professor empregado deve atender a dois requisitos básicos: a) integrar a categoria diferenciada (possuir habilitação legal); e, b) exercer atividade profissional correspondente à atividade econômica de ensino regular.

ANEXO

CONFEDERAÇÃO NACIONAL DE EDUCAÇÃO E CULTURA	CONFEDERAÇÃO NACIONAL DOS TRABALHADORES EM ESTABELECIMENTOS DE EDUCAÇÃO E CULTURA
1º GRUPO — ESTABELECIMENTOS DE ENSINO	1º GRUPO — TRABALHADORES EM ESTABELECIMENTOS DE ENSINO
Atividades ou categorias econômicas	Categorias profissionais
Entidades mantenedoras de estabelecimentos de ensino superior Estabelecimentos de ensino de artes Estabelecimentos de ensino de 1º e 2º graus Estabelecimentos de ensino técnico-profissional	Professores (diferenciada) Auxiliares de administração escolar (empregados de estabelecimentos de ensino)

---

(20) Folha de São Paulo, de 15 de setembro de 2013, **poder** A10.

2º GRUPO — EMPRESAS DE DIFUSÃO CULTURAL E ARTÍSTICA Atividades ou categorias econômicas	2º GRUPO — TRABALHADORES EM EMPRESAS DE DIFUSÃO CULTURAL E ARTÍSTICA Categorias profissionais
Empresas editoras de livros e publicações culturais Empresas teatrais Empresas circenses Empresas exibidoras cinematográficas Empresas distribuidoras cinematográficas Bibliotecas Empresas de gravação de discos e fitas Museus e laboratórios de pesquisas tecnológicas e científicas Empresas de orquestras Empresas de artes plásticas Empresas de artes fotográficas Desenhistas (trabalhadores autônomos) Entidades culturais, recreativas, de assistência social, de orientação e formação profissional Técnicos autônomos em reparos de rádios e televisão	Empregados de empresas editoras de livros e publicações culturais Empregados de empresas teatrais Artistas e técnicos em espetáculos de diversões (cenógrafos e cenotécnicos, atores teatrais, inclusive corpos corais e bailados, atores cinematográficos e trabalhadores circenses, manequins e modelos) Operadores cinematográficos Empregados das empresas distribuidoras cinematográficas Empregados de bibliotecas Empregados em empresas de gravação de discos e fitas Empregados de museus e laboratórios de pesquisas tecnológicas e científicas Músicos profissionais (diferenciada) Artistas plásticos profissionais Fotógrafos profissionais Empregados desenhistas técnicos, artísticos, industriais, copistas, projetistas técnicos e auxiliares (diferenciada) Empregados em entidades culturais, recreativas, de assistência social, de orientação e formação profissional
3º GRUPO — ESTABELECIMENTOS DE CULTURA FÍSICA Atividades ou categorias econômicas	3º GRUPO — TRABALHADORES EM ESTABELECIMENTOS DE CULTURA FÍSICA Categorias profissionais
Estabelecimentos de esportes terrestres Estabelecimentos de esportes aquáticos Estabelecimentos de esportes aéreos	Atletas profissionais Empregados de clubes esportivos Árbitros profissionais Empregados de federações e confederações esportivas Treinadores profissionais
4º GRUPO — ESTABELECIMENTOS HÍPICOS Atividades ou categorias econômicas	4º GRUPO — TRABALHADORES EM ESTABELECIMENTOS HÍPICOS Categorias profissionais
Clubes de hipismo e similares Coudelarias, proprietários de cavalos de corrida e similares	Tratadores, jóqueis e aprendizes Empregados em estabelecimentos hípicos, cavalariços e similares

CATEGORIAS DIFERENCIADAS	
Aeronautas. Aeroviários. Agenciadores de publicidade. Artistas e técnicos em espetáculos de diversões (cenógrafos e cenotécnicos), atores teatrais, inclusive corpos corais e bailados, atores cinematográficos. Cabineiros (ascensoristas). Carpinteiros Navais. Classificadores de produtos de origem vegetal. Condutores de veículos rodoviários (motoristas). Empregados desenhistas técnicos, artísticos, industriais, copistas, projetistas técnicos e auxiliares. Jornalistas profissionais (redatores, repórteres, revisores, fotógrafos etc.) Maquinistas e foguistas (de geradores termoelétricos e congêneres, exclusive marítimos).	Práticos de farmácia. Professores. Profissionais de enfermagem, técnicos, duchistas, massagistas e empregados em hospitais e casas de saúde. Profissionais de relações públicas. Propagandistas de produtos farmacêuticos (propagandistas vendedores e vendedores de produtos farmacêuticos). Publicitários. Secretárias. Técnicos de segurança do trabalho. Trabalhadores em agências de propaganda. Trabalhadores na movimentação de mercadorias em geral. Trabalhadores em atividades subaquáticas e afins. Trabalhadores em serviços de segurança do trabalho — técnicos de segurança do trabalho.

CATEGORIAS DIFERENCIADAS	
Jornalistas profissionais (redatores, repórteres, revisores, fotógrafos etc.). Músicos profissionais. Oficiais de radiocomunicações da Marinha Mercante. Oficiais gráficos. Operadores de mesas telefônicas (telefonistas em geral).	Tratoristas (excetuados os rurais). Vendedores e viajantes do comércio.

2.6. JURISPRUDÊNCIA UNIFORMIZADA — ENQUADRAMENTO

2.6.1. Jurisprudência Uniformizada

Súmulas do TST

117. Bancário — Categoria diferenciada
Não se beneficiam do regime legal relativo aos bancários os empregados de estabelecimentos de crédito pertencentes a categorias profissionais diferenciadas.

277. Convenção de trabalho ou acordo coletivo de trabalho. Eficácia. Ultratividade.
As cláusulas normativas dos acordos coletivos ou convenções coletivas integram os contratos individuais de trabalho e somente poderão ser modificadas ou suprimidas mediante negociação coletiva de trabalho. (Res. n. 185/2012, DEJT divulgado em 25, 26 e 27.9.2012)

374. Norma coletiva — Categoria diferenciada — Abrangência
Empregado integrante de categoria profissional diferenciada não tem o direito de haver de seu empregador vantagens previstas em instrumento coletivo no qual a empresa não foi representada por órgão de classe de sua categoria (ex-OJ n. 55 da SBDI-1 — Inserida em 25.11.1996)

Orientação Jurisprudencial da SDC-TST

22. Legitimidade "ad causam' do sindicato — Correspondência entre as atividades exercidas pelos setores profissional e econômico envolvidos no conflito — Necessidade
É necessária a correspondência entre as atividades exercidas pelos setores profissional e econômico, a fim de legitimar os envolvidos no conflito a ser solucionado pela via do dissídio coletivo.

2.6.2. Enquadramento sindical/Categoria diferenciada

Sentenças normativas. Categoria diferenciada
Ementa: Embargos. Cabimento. Sentenças normativas. Categoria diferenciada.
O entendimento predominante da notória, atual e iterativa jurisprudência deste E. Tribunal revela-se no sentido de que não se deve admitir a incidência de instrumento coletivo negociado por categorias profissionais e econômicas distintas, do qual não participou, diretamente ou mediante representação (sindicato patronal), o empregador acionado em sede de dissídio individual. O simples fato de o trabalhador ser integrante de uma categoria diferenciada não basta, por si só, para gerar obrigações a uma empresa que não foi suscitada em dissídio coletivo pelo sindicato profissional. Tem-se que os acordos e as convenções coletivas vinculam as partes signatárias e que a sentença normativa, resultante de julgamento de dissídio coletivo, obriga apenas os integrantes da relação processual, em face do princípio da legalidade previsto constitucionalmente. Recurso de Embargo conhecido e provido. [TST-SBDI-1 — Proc. E-RR-201145/95 — Rel. Min. Leonaldo Silva — DJ n. 176/97 — Apud BARROS (2001:306)]

Instrutor de ensino profissionalizante. Enquadramento na categoria diferenciada de professor
Ementa: Não se caracteriza como professor o instrutor de ensino profissionalizante, cuja atividades são votadas para o ensino teórico e prático no campo industrial e comercial, dando ênfase à prática profissional, quando os requisitos legais exigidos para o enquadramento na categoria diferenciada de professor não forem preenchidos. Recurso provido, para julgar improcedente a ação. [TST RR 271021/96.8 — (Ac. 4ª T., 17.6.98) — Rel. Min. Wagner Pimenta — Apud Revista LTr 62-10/1377]

Enquadramento sindical
Ementa: Não se tratando o presente caso de categoria diferenciada, deve-se enquadrar o trabalhador na categoria profissional correspondente à atividade fundamental da empresa a que está vinculado, no caso, os comerciários, por se tratar de vendedor de consórcio. [TST, RR n. 380.791/1997-0 — (Ac. 4ª T.) — 5ª Reg. — Rel. Min. Galba Velloso — DJU de 5.3.99, p. 174 — Apud LTr Sup. Trab. 081/99-448)

Professor. Aplicação de norma coletiva da categoria. Não enquadramento da reclamante. Reclamada cuja categoria não foi representada na negociação coletiva
Ementa: Professor. Aplicação de norma coletiva da categoria. Não enquadramento da reclamante. Reclamada cuja categoria não foi representada na negociação coletiva. Orientação Jurisprudencial n. 55 da SDI do C. TST.[21] Não demonstrado que a reclamante se ativasse em funções de magistério, mas sim que executava atividades e exercícios para o entretenimento e o desenvolvimento da coordenação motora de crianças na faixa etária dos cinco anos, não há como ser considerada efetivamente como professora, para efeito de enquadramento em categoria profis-

---
[21] Convertida na Súmula n. 374 do TST.

sional. Tratando-se a reclamada de empresa cujo objetivo social é o ramo de hotel para crianças e recreação infantil, conforme aliás consta de sua denominação social, não pode ser enquadrada como estabelecimento de ensino e, tampouco, ser considerada como representada em negociação coletiva levada a efeito pelo Sindicato dos Estabelecimentos de Ensino. Sendo assim, não pode a empregada pretender haver vantagens previstas em instrumento coletivo no qual a empresa não foi representada por órgão de classe de sua categoria, conforme entendimento constante da Orientação Jurisprudencial n. 55 da SDI do C. TST. [TRT 15ª Reg. — RO 10.561/2000 — (Ac. 023485/2001) — SEP — Seção Especializada (Comp. Recursal) — Rel. Carlos Alberto Moreira Xavier — j. 4.6.2001 — DOE/SP, 4.6.2001 — Apud ALMEIDA (2009:153)]

Enquadramento. Professor instrutor de musculação e de futebol de salão

Ementa: Enquadramento. Professor instrutor de musculação e de futebol de salão. Encarada a educação em sentido estrito, professor é aquele que forma as gerações do país através de cursos realizados em estabelecimentos de ensino público, particular ou livre. Na hipótese dos autos, o reclamante atuava como instrutor de musculação e de futebol de salão. Tal atividade identifica-se com a categoria dos fisioterapeutas e não com a de professores, já que o autor executava métodos e técnicas destinadas a restaurar, desenvolver e conservar a capacidade física dos frequentadores da reclamada. [TRT 3ª Reg. — RO 14.942/2000 — (3ª T.) — Relª Juíza Adriana Goulart de Sena — j. 18.12.2000 — DJMG 20.2.2001 — Apud ALMEIDA (2009:153)]

Enquadramento sindical. Regra básica

Ementa: Norma coletiva. A regra básica é que o enquadramento sindical de um trabalhador está vinculado à categoria econômica a que pertence a empresa em que trabalha, independentemente da sua função, salvo se exercer função que o enquadre em categoria profissional diferenciada (570 e 511, § 3º, da CLT). Porém, não se tratando de categoria diferenciada, não há como impor ao empregador o cumprimento de normas coletivas decorrentes de instrumento normativo pertinente à categoria econômica diversa de sua atividade preponderante. [TRT 3ª Reg. — RO n. 16/02 — (5ª T.) — Relª Juíza Gisele de Cassia V. Dias Macedo — DJMG 2.3.02 — Apud Revista Síntese Trabalhista n. 155, p. 68, ementa 17942)

Enquadramento sindical. Atividade preponderante da empresa

Ementa: Enquadramento sindical. O enquadramento sindical, em regra, é ditado pela atividade preponderante da empresa. Quando a empresa realizar diversas atividades econômicas, sem que nenhuma delas seja preponderante, cada uma dessas atividades será incorporada à respectiva categoria econômica (art. 581, § 1º, da Consolidação das Lei do trabalho). (TRT, 18ª Reg., Proc. ROS n. 00122-2003-005-18-00-0 — Rel. Juiz Aldon do Vale Alves Taglialegna — DJGO n. 14.058, de 4.7.03, p. 109)

Enquadramento sindical. Atividade preponderante do empregador

Ementa: Enquadramento sindical — Em nosso ordenamento jurídico, o enquadramento sindical se faz por categorias econômicas e profissionais (CLT art. 570). A categoria econômica é definida em razão da atividade preponderante da empresa (CLT, art. 511, § 1º). A categoria profissional, por sua vez, é definida em razão do trabalho do empregado em favor de empresa de determinada categoria econômica (CLT, art. 511, § 2º), exceto em se tratando de categoria profissional diferenciada, que se forma dos empregados que exercem profissões ou funções diferenciadas por força de estatuto profissional especial ou em consequência de condições de vida singulares (CLT, art. 511, § 3º), e que são aquelas definidas pelas leis que instituem os seus estatutos ou por atos do Ministério do Trabalho e do Emprego. Isso implica dizer que, em regra, a categoria profissional do empregado é determinada pela atividade preponderante do empregador, excetuando-se as categorias profissionais diferenciadas, cujo enquadramento é determinado pela atividade do trabalhador. [TRT, 15ª Reg. (Campinas/SP), ROPS n. 01.996-1999-038-15-00-5 (Ac. 5ª T. 13.334/2003-PATR) — Rel. Juiz Ricardo Regis Laraia, DJSP 23.5.03, pág. 90 — Apud LTr Sup. Jurisp. 33/2003, p. 252]

Enquadramento sindical. Transferência

Ementa: Enquadramento sindical — Transferência. Havendo transferência do local de trabalho, de um município para outro, cessa o direito aos benefícios previstos no instrumento normativo do Sindicato da base de origem, devendo o empregado sujeitar-se às regras pactuadas pelo Sindicato de sua categoria do local para onde foi transferido, não havendo que se falar em redução salarial ilícita se algumas verbas foram suprimidas com a mudança. [TRT, 15ª R. — Proc. n. 2.555/03 — (24.380/02 — PATR) — (4ª T.) — Rel. Juiz Manuel Soares Ferreira Carradita — DOESP 22.8.03 — Apud Revista Síntese Trabalhista n. 175, p. 96, ementa n. 20159]

Enquadramento sindical na categoria da entidade tomadora dos serviços. Impossibilidade

Ementa: Enquadramento sindical na categoria da entidade tomadora dos serviços. Impossibilidade. O enquadramento sindical é feito, em regra, com base na atividade preponderante do empregador, não havendo autorização legal para que tal ato seja realizado levando em consideração a atividade desenvolvida pela entidade tomadora dos serviços. Logo, não tendo sido sequer formulada a pretensão de reconhecimento de vínculo de emprego com a tomadora dos serviços, revela-se desprovido de amparo jurídico o pleito concernente ao reenquadramento sindical. Recurso de revista conhecido e desprovido. [TST-RR-466368/1998.9 — (1ª T.) — Rel. Juiz Convocado Aloysio Corrêa da Veiga — DJU 5.3.2004 — Apud Revista do TST, vol. 70, n. 1, p. 404)

Formação de novas categorias econômicas e profissionais — Possibilidade- Enquadramento

Ementa: Formação de novas categorias econômicas e profissionais — Possibilidade — Enquadramento — Em *razão do disposto no artigo 8º, I, da CF/88, que veda ao Poder Público a interferência e a intervenção na organização sindical, o quadro de atividades e profissões de que trata o art. 577 da CLT, embora não revogado, passou a ser considerado apenas como modelo, já que não abrange as novas categorias resultantes da evolução socioeconômica e tecnológica ocorrida no país nas últimas décadas. Assim, nada impede a formação de novos grupos de empregadores e trabalhadores, bastando apenas que observem as regras gerais a respeito do que vem a ser categoria econômica, profissional e diferenciada, e que o novo sindicato 'ofereça possibilidade de vida associativa regular e de ação sindical eficiente', como ressalta o artigo 571 da CLT. Assim, enquadrando-se a atividade preponderante da empregadora em uma nova categoria regularmente constituída, aplicam-se aos seus empregados as normas coletivas firmadas pelo sindicato profissional correspondente. [TRT 3ª Reg. RO 00131-2004-074-03-00-9 — (Ac. 8ª T.) — Relª. Juíza Denise Alves Horta. DJMG 27.11.04, p. 16 — Apud LTr Sup. Jurisp., 02/2005, p. 12]*

Enquadramento sindical. Atividade preponderante

Ementa: Enquadramento sindical — Atividade preponderante — A regra geral é que o enquadramento sindical do empregado seja determinado pela atividade preponderante da empresa, pois a cada categoria profissional de empregados corresponde uma atividade econômica da empregadora. A exceção diz respeito aos empregados pertencentes às categorias diferenciadas, conforme dispõe o parágrafo 3º do art. 511 da CLT. Por outro lado, a empregadora somente se obriga a cumprir as normas autônomas das quais participou, através do sindicato que a representa. Em uma palavra, ainda que o empregado seja pertencente à categoria diferenciada, a doutrina e a jurisprudência são assentes no sentido de que a empregadora não está sujeita às normas coletivas advindas de acordo ou convenção coletiva, instituídas sem a sua participação direta ou pela via da representatividade sindical. Portanto, não havendo a empresa participado das Convenções Coletivas, os respectivos conteúdos não lhe são aplicáveis, sendo irrelevante o fato de a empresa recolher imposto sindical ou de promover homologação de rescisão contratual em outro sindicato. Nada disso firma direito nem supre a obrigatoriedade de participação direta ou pela via sindical representativa, na elaboração da norma jurídica autônoma. Neste mesmo sentido, a Súmula n. 374/TST: Norma coletiva. Categoria diferenciada. Abrangência. (conversão da Orientação Jurisprudencial n. 55 da SDI-1) — Res. 129/2005 — DJ 20.04.05 — Empregado integrante de categoria profissional diferenciada não tem o direito de haver de seu empregador vantagens previstas em instrumento coletivo no qual a empresa não foi representada por órgão de classe de sua categoria (ex-OJ n. 55 — Inserida em 25.11.1996). [TRT 3ª Reg. RO 00984-2007-135-03-00-9 — (Ac. 4ª T.) — Des. Luiz Otávio Linhares Renault. DJMG 15.3.08, p. 9 — Apud LTr Sup. Jurisp. 23/2008, p. 181]

Enquadramento sindical. Grupo econômico. Diversidade de categoria econômica. Efeitos

Ementa: Grupo econômico. Diversidade de categoria econômica. Enquadramento sindical. **1.** *O reconhecimento da existência de grupo empresarial não gera presunção de que todos os empregados das diversas empresas pertençam à mesma categoria profissional, pois o § 2º do art. 2º da CLT apenas prevê a responsabilidade solidária das empresas, preservando cada uma delas suas respectivas personalidades jurídicas e, por conseguinte, suas próprias categorias.* **2.** *Na forma do art. 581, § 2º, da CLT, o enquadramento sindical é definido pela atividade econômica preponderante do empregador, e não de empresa diversa, ainda que pertença ao mesmo grupo econômico. [TRT 24ª Reg. — RO-1695-09.2011.5.24.0002 — (Ac. 2ª T.) — Rel. Des. Nicanor de Araújo Lima — DJe/TRT 24ª Reg. n. 1.187/13, 18.3.13, p. 22 — Apud LTr Sup. Jurisp. 19/2013, p. 147]*

Enquadramento sindical. Categoria diferenciada. Instrutores x Professores

Ementa: Enquadramento sindical. Categoria diferenciada. Instrutores x Professores. O SINPRO/RS não comprova o preenchimento dos requisitos necessários para o enquadramento dos substituídos na categoria profissional diferenciada dos professores, conforme art. 317 da CLT, não se aplicando a eles, portanto, as normas coletivas juntadas com a inicial. Recurso ao qual se nega provimento. [TRT 4ª Reg. — RO 00300-2007-661-04-00-0 — (Ac. 4ª Turma) — Relª Denise Pacheco — Data de Publicação: 23.4.2009].

Professor de curso livre de idiomas. Enquadramento sindical

Ementa: Professor de curso livre de idiomas. Enquadramento sindical. Professor de curso livre de idiomas, aberto a alunos do colégio e a terceiros, não se beneficia das vantagens previstas em normas coletivas firmadas entre a categoria econômica dos estabelecimentos de ensino e a categoria profissional diferenciada dos professores, com abrangência restrita a docentes de cursos de educação infantil; ensino fundamental, médio, pré-vestibular; normal e cursos técnicos profissionalizantes. [TRT 2ª Região — RO 00576-2007-361-02-00-5 — (Ac. 2ª Turma) — Relª Rosa Maria Zuccaro — Data de Publicação: 10.3.2009].

Instrutor de curso livre. CCT dos professores. Inaplicável

Ementa: Instrutor de curso livre. CCT dos professores. Inaplicável — Não há como pretender a autora, na qualidade de instrutora de curso livre, a observância dos instrumentos normativos firmados entre o Sindicato dos Professores do Estado de Minas Gerais e o Sindicato das Escolas Particulares de Minas Gerais. Primeiro, porque tais convenções foram firmadas sem a participação do órgão de classe representativo da reclamada (Súmula n. 374/TST). Segundo, porque o mero exercício da função de instrutora de curso livre não autoriza o enquadramento da demandante na categoria profissional diferenciada de professor, na medida em que a lei é clara ao exigir deste, habilitação técnica própria e específica, além do registro no Ministério da Educação e Cultura — MEC (art. 317 da CLT), inexistindo, nos autos, qualquer indício de observância de tais requisitos. [TRT 3ª Reg. — RO 0000382-34.2010.5.03.0066 — (Ac. 8ª Turma) — Relator: Rogério Valle Ferreira — Data de Publicação: 28.10.2010].

Instrutor técnico do SENAI. Enquadramento sindical

Ementa: Recurso de revista. Instrutor técnico do SENAI. Enquadramento sindical. As finalidades e os objetivos específicos das entidades que compõem o Sistema "S", entre elas, o Serviço Nacional de Aprendizagem Industrial — SENAI (nos termos das legislações pertinentes, inclusive da Lei n. 9.394/1996), não se confundem com aqueles da educação regular, aspecto esse que enquadra as referidas entidades no 2º Grupo das Empresas de Difusão Cultural e Artística, no Plano da Confederação Nacional de Educação e Cultura, e não no 1º Grupo dos Estabelecimentos de Ensino, a teor do que dispõe o art. 570 da CLT. Por sua vez, os instrutores de ensino profissionalizante das referidas entidades são profissionais qualificados para o treinamento e o aperfeiçoamento profissional — em se tratando do SENAI, no campo industrial — não se incluindo na categoria diferenciada dos professores, mormente se não atendem aos requisitos do art. 317 da CLT. Nesse contexto, e em face do paralelismo simétrico que deve existir entre as categorias econômica e profissional, conforme o quadro das atividades e profissões a que se refere o art. 577 consolidado, a representatividade dos instrutores do SENAI e de outras entidades similares cabe aos sindicatos dos trabalhadores em entidades culturais, recreativas, de assistência social, de orientação e formação profissional das respectivas localidades. Recurso de revista conhecido e não provido. [TST-RR- 158000-57.2008.5.12.0035 — (8ª Turma) — Relª Minª Dora Maria da Costa — Julgamento: 1.6.2011 — Publicação: DEJT 3.6.2011]

Enquadramento sindical. Aplicação do art. 511, da CLT

Ementa: Recurso ordinário do reclamante. Enquadramento sindical. Art. 511, da CLT. Nos termos do art. 511 da CLT, o empregado compõe a categoria profissional correspondente à categoria econômica a que pertence o empregador, pois o sistema sindical brasileiro tem como alicerces a unicidade e a representação por categoria, que não foram rompidos com o vigente sistema constitucional. Mantida, dessa forma, a parametricidade entre categoria econômica e categoria profissional. Recurso ordinário do reclamante conhecido e parcialmente provido. [TRT 1ª Reg. — RO 01719007420085010242 — (Ac. 2ª T.) — Relª Márcia Leite Nery — Data de publicação 13.5.13 — Apud LTr Sup. Jurisp. 24/2013, p. 188]

Capítulo III

NOÇÕES SOBRE CONTRATO DE EMPREGO

1. Contrato de trabalho — Contrato de emprego — Contrato de emprego do professor. 1.1. Contrato de trabalho. 1.2. Contrato de emprego — Denominação — Definição legal — Conceituação — Classificação — Acumulação. 1.2.1. Contrato de emprego. 1.2.2. Denominação. 1.2.3. Definição legal. 1.2.4. Conceituação. 1.2.5. Classificação — Limite — Experiência — Prorrogação — Sucessão. 1.2.5.1. Classificação legal — Quanto à forma — Quanto à duração. 1.2.5.1.1. Classificação legal. 1.2.5.1.1.1. Contrato de emprego quanto à forma. 1.2.5.1.1.2. Contrato de emprego quanto à duração. 1.2.5.2. Limite à determinação do prazo — Jurisprudência. 1.2.5.2.1. Limite à determinação do prazo. 1.2.5.2.2. Jurisprudência. 1.2.5.3. Contrato de experiência — Jurisprudência. 1.2.5.3.1. Contrato de experiência. 1.2.5.3.2. Jurisprudência. 1.2.5.4. Prorrogação de contrato — Jurisprudência. 1.2.5.4.1. Prorrogação de contrato. 1.2.5.4.2. Jurisprudência. 1.2.5.5. Sucessão de contratos — Jurisprudência. 1.2.5.5.1. Sucessão de contratos. 1.2.5.5.2. Jurisprudência. 1.2.6. Acumulação — Jurisprudência. 1.2.6.1. Acumulação de empregos. 1.2.6.2. Jurisprudência. 1.3. Contrato de emprego do professor — Acumulação — Normas especiais. 1.3.1. Contrato de emprego do professor. 1.3.2. Pluralidade de empregos. 1.3.3. Normas especiais de tutela do trabalho do professor.

1. CONTRATO DE TRABALHO — CONTRATO DE EMPREGO — CONTRATO DE EMPREGO DO PROFESSOR

Já foi explicitado que o presente estudo tem por objeto principal a análise das normas especiais da CLT (arts. 317 a 323) aplicáveis aos professores; e, para tanto, visando a uma melhor compreensão, é necessário que se faça, ainda que superficialmente, uma abordagem sobre o contrato individual de trabalho.[1]

---

(1) Os subsídios para este item, em parte, foram extraídos de CORTEZ, Julpiano Chaves. *Direito do trabalho aplicado*. 2. ed. São Paulo: LTr, 2004.

1.1. CONTRATO DE TRABALHO

O contrato de trabalho tem sentido abrangente, é gênero, com domínio absoluto da relação de trabalho. São espécies do gênero contrato de trabalho: o contrato feito com trabalhador autônomo, avulso, eventual, voluntário, empregado etc.

1.2. CONTRATO DE EMPREGO — DENOMINAÇÃO — DEFINIÇÃO LEGAL — CONCEITUAÇÃO — CLASSIFICAÇÃO — ACUMULAÇÃO

1.2.1. Contrato de emprego

No contrato de emprego, espécie do gênero contrato de trabalho, convivem harmonicamente a relação de trabalho e a relação de emprego.

1.2.2. Denominação

Contrato individual de trabalho, contrato de emprego ou contrato de trabalho no sentido estrito de relação de emprego é o contrato em que a obrigação de prestar serviço é contraída individualmente pelo empregado.

Há divergência quanto à sua denominação: a CLT (Título IV) adota a denominação *contrato individual de trabalho*. O saudoso professor *José Martins Catharino* defendia a denominação *contrato de emprego*, enquanto a maioria das pessoas, simplesmente, consideram como *contrato de trabalho*, que é a denominação usada popularmente, devendo ser entendida no sentido estrito de relação de emprego.

1.2.3. Definição legal

Contrato individual de trabalho é o acordo tácito ou expresso, correspondente à relação de emprego (CLT — art. 442, *caput*).

A definição de contrato individual de trabalho, dada pela CLT, é pouco esclarecedora e tem merecido críticas.

1.2.4. Conceituação

O jurista *Délio Maranhão* conceitua:

> Contrato individual de trabalho, em sentido estrito, é o negócio jurídico de direito privado pelo qual uma pessoa física (empregado) se obriga à prestação pessoal, subordinada e não eventual de serviço, colocando sua força de trabalho à disposição de outra pessoa, física ou jurídica, que assume os riscos de um empreendimento econômico (empregador) ou de quem é a este, legalmente, equiparado, e que se obriga a uma contraprestação (salário).[2]

Pela conceituação acima, verifica-se que o contrato de trabalho, como negócio jurídico, é fonte de direitos e obrigações do empregado e do empregador.

---

(2) MARANHÃO, Délio. *Direito do trabalho*. 16. ed. Rio de Janeiro: FGV, 1992. p. 40/37.

1.2.5. Classificação — Limite — Experiência — Prorrogação — Sucessão

1.2.5.1. Classificação legal — Quanto à forma — Quanto à duração

1.2.5.1.1. Classificação legal

O contrato individual de trabalho poderá ser acordado tácita ou expressamente, verbalmente ou por escrito e por prazo determinado ou indeterminado (CLT — art. 443, *caput*).

Assim, o contrato individual de trabalho (contrato de emprego) pode ser classificado:

a) quanto à forma adotada: *tácito* e *expresso* (*verbal* e *escrito*);
b) quanto à duração: *por prazo determinado* e *por prazo indeterminado*.

1.2.5.1.1.1. Contrato de emprego quanto à forma

O contrato é considerado *tácito* quando as partes o realizam sem discutir as condições de trabalho.

É considerado *expresso* quando as partes o efetuam depois de discutir as condições de trabalho.

O contrato é *expresso verbal* quando as partes o efetivam após discutir as condições de trabalho, sem instrumentalizá-lo de forma escrita.

O contrato é *expresso escrito* quando as partes o efetivam após discutir as condições de trabalho e, em seguida, instrumentalizam o que foi combinado, elaborando por escrito as condições contratuais acertadas.

Nos termos de nossa legislação trabalhista, a forma do contrato individual de trabalho (contrato de emprego) é livre. Na prática predomina o uso do contrato expresso verbal.

Para certos tipos de contrato de trabalho, a lei exige forma escrita; como o de atleta profissional, o de artista, o de aprendizagem etc.

Para os contratos por prazo determinado, regra geral, a lei não exige forma escrita, mas é aconselhável que sejam feitos desta forma, para evitar certos transtornos, especialmente ao empregador.

A forma do contrato de trabalho é livre, mas a CLT exige que, realizado o contrato por prazo determinado ou indeterminado, o empregado seja registrado e seja anotada a sua CTPS.

1.2.5.1.1.2. Contrato de emprego quanto à duração

Quanto à duração, o contrato pode ser por prazo (tempo) determinado ou por prazo (tempo) indeterminado. A presença da *condição resolutiva* ou do *termo final* no contrato de trabalho serve para distinguir o contrato de trabalho por prazo determinado, do contrato por prazo indeterminado.

A regra geral, em face do princípio da continuidade, é a de o contrato de trabalho ser por prazo indeterminado. A exceção é o contrato a termo.

O contrato por tempo determinado deve ser provado pelo interessado; por isso, é aconselhável a adoção da forma escrita.

Os contratos por tempo determinado não podem ser feitos à vontade; a CLT (art. 443, §§ 1º e 2º) prevê os tipos e as condições justificadoras dos contratos por prazo determinado, *verbis*:

> § 1º Considera-se como de prazo determinado o contrato de trabalho cuja vigência dependa de termo prefixado ou da execução de serviços especificados ou ainda da realização de certo acontecimento suscetível e previsão aproximada.
>
> § 2º O contrato por prazo determinado só será válido em se tratando:
> a) de serviço cuja natureza ou transitoriedade justifique a predeterminação do prazo;
> b) de atividades empresariais de caráter transitório;
> c) de contrato de experiência.

Exemplos ilustrativos:

Contrato por prazo determinado. Validade
Contrato por prazo determinado. Validade. A possibilidade de o empregador contratar por prazo determinado está disciplinada no art. 433, § 2º, da CLT. Quando a lei fala em serviço, cuja natureza justifique a contratação por prazo determinado, está se referindo àquela hipótese de trabalho em atividades sazonais, como plantações e colheitas (contrato de safra), o trabalho para atender à demanda de turistas em estações de inverno e de verão etc. Já a transitoriedade está intimamente ligada à atividade empresarial, ou seja, trabalho prestado a empresas que promovam eventos e que necessitam, temporariamente, de mão de obra suplementar para atender a demanda. Agravo de instrumento não provido. [TST AIRR n. 721.582/01.2 — (Ac. 4ª T.) — 9ª Reg. — Rel. Min. Milton de Moura França — DJU 18.10.02, p. 604 — *Apud* LTr Sup. Jurisp. 02/03, p. 12]

Professor. Contrato por prazo determinado
Ementa: Não tem validade a contratação de professor por prazo determinado para atividades permanentes de ensino. [TRT 11ª Reg. R-EX-Of 118/83 — (Ac. 254/83, 23.8.83 — Rel. Juiz Eduardo Barbosa Penna Ribeiro — *Apud* Revista LTr 47-10/1.261]

1.2.5.2.   Limite à determinação do prazo — Jurisprudência

1.2.5.2.1.   Limite à determinação do prazo

O contrato de trabalho por prazo determinado não poderá ser estipulado por mais de 2 anos, com uma prorrogação, e o contrato de experiência não poderá exceder de 90 dias, também com uma prorrogação (CLT, art. 445 e parágrafo único).

1.2.5.2.2.   Jurisprudência

Contrato por prazo determinado. Transmudação em indeterminado. Prazo
Ementa: Contrato por prazo determinado — Transmudação em indeterminado — Prazo — O princípio da continuidade conduz à presunção da indeterminação do prazo de vigência do contrato de trabalho, premissa confirmada pelo rígido balizamento das hipóteses em que possível a celebração do contrato a termo (art. 443 da CLT). As proibições pertinentes à celebração, considerado período superior a dois anos (caput do art. 455) e mais de uma prorrogação (art. 451) são perquiridas de forma cumulativa, ou seja, ainda que existente uma única prorrogação há que se indagar se foi observada ou não a vigência máxima de dois anos. Prorroga-se o existente e, portanto, tem-se mera dilatação do prazo de vigência, permanecendo uno o ajuste firmado. (TST, 1ª T., Proc. RR n. 1.205/86, Rel. Min. Marco Aurélio, DJ n. 164/87)

Contrato de prova. Prazo. Prorrogação. Limite
Ementa: Contrato de prova. Prazo. Prorrogação. Limite. Correta exegese da norma consolidada. O contrato de experiência ou de prova, a teor do § 2º do art. 443, da CLT, pode ser prorrogado uma única vez, respeitado o limite máximo de 90 (noventa) dias. Assim, se a empresa contratante pretende ver prorrogado o prazo, deve procedê-lo até a data de seu termo. Deixando ultrapassar, como in casu, três dias para operar-se a respectiva prorrogação, o contrato se transforma em indeterminado. Recurso a que se nega provimento. (TRT — 3ª Região, 2ª T. — RO 1794/90 — Relª.: Juíza Alice Monteiro de Barros — julgado em 5.3.91)

1.2.5.3.   Contrato de experiência — Jurisprudência

1.2.5.3.1.   Contrato de experiência

O contrato de experiência, também denominado contrato de prova, é um contrato por prazo determinado e serve para avaliação de aptidões técnicas, qualidades e caráter do empregado; e, por parte deste, a avaliação do ambiente e das condições de trabalho oferecidas pelo empregador.

O contrato de experiência tem por objetivo primordial proporcionar às partes (empregador e empregado) mútuo conhecimento, profissional e pessoal.

O contrato de experiência deve ser feito por escrito, apesar de a forma ser livre e anotado na CTPS do empregado, inclusive a prorrogação, caso haja.

Após o vencimento do prazo do contrato de experiência, incluída a prorrogação, se o empregado continuar trabalhando, automaticamente, sem exigência de nenhuma formalidade, o contrato se transforma em contrato por prazo indeterminado.

1.2.5.3.2. Jurisprudência

Súmula do TST

188. Contrato de trabalho. Experiência. Prorrogação
O contrato de experiência pode ser prorrogado, respeitado o limite máximo de 90 (noventa) dias.

Contrato de experiência. Anotação na CTPS
Ementa: Contrato de experiência. Anotação na CTPS. Tratando-se de contrato especial, pelo objeto e pela determinação do prazo de vigência, o contrato de experiência, se não celebrado por instrumento escrito, deverá ser anotado na Carteira de Trabalho do empregado (art. 29 da CLT), como "condição especial". [TST, RR n. 91.782/93.4 — (Ac. 3ª T. 5.419/94, 23.11.94) — Rel. Min. Manoel Mendes de Freitas — Apud Revista LTr 59-04/540]

Contrato de experiência. Desnecessidade de justificativa por parte do empregador
Ementa: Contrato de experiência. Desnecessidade de justificativa por parte do empregador que não aproveitou o empregado em seus quadros funcionais. A legislação não contém qualquer dispositivo que exija por parte do empregador a justificativa de seu arbítrio de poder agir livremente na avaliação do desempenho da função do contratado. Também não exige prova por parte do empregador das razões pelas quais o Autor não foi aproveitado em seu quadro de empregados. O que a lei não prevê, não cabe ao julgador fazê-lo. Recurso da reclamada a que se dá provimento para declarar válido o contrato de experiência. [TRT 9ª Reg. Proc. 56416-2003-009-09-00-1 — (Ac. 4ª T. 28068/04) — Rel. Juiz Arnor Lima Neto. DJPR 03.12.04, p. 504 — Apud LTr Sup. Jurisp. 04/2005, p. 29]

Contrato de experiência. Prorrogação previamente ajustada. Validade
Ementa: Contrato de experiência. Prorrogação previamente ajustada. Validade. A prorrogação do contrato de experiência pode ser expressa ou tácita (art. 451 da CLT), bastando, para ser válida, que seja realizada uma única vez, que a soma dos dois períodos contratuais não ultrapasse o prazo máximo de 90 dias e, por fim, que a hipótese de sua ocorrência conste do conteúdo contratual originário. Apenas é necessária uma manifestação expressa das partes nessa direção (assinatura de um adendo contratual, por exemplo), se a hipótese de prorrogação não constar do conteúdo contratual originário. Assim, não há óbice à prorrogação do contrato de experiência previamente ajustada por ocasião da assinatura de tal contrato. [TRT 9ª Reg. RO-15590/2008-009-09-00.9 — (Ac. 4ª T.) — Rel. Luiz Celso Napp — DJe/TRT 9ª Reg. n. 494/10, 7.6.10, p. 91 — Apud LTr Sup. Jurisp. 38/2010, p. 298/299]

1.2.5.4. Prorrogação de contrato — Jurisprudência

1.2.5.4.1. Prorrogação de contrato

O contrato de trabalho por prazo determinado que, tácita ou expressamente, for prorrogado por mais de uma vez, passará a vigorar sem determinação de prazo (CLT, art. 451).

1.2.5.4.2. Jurisprudência

Contrato por prazo determinado. Transmudação em indeterminado. Prazo
Ementa: Contrato por prazo determinado. Transmudação em indeterminado. Prazo. O princípio da continuidade conduz à presunção da indeterminação do prazo de vigência do contrato de trabalho, premissa confirmada pelo rígido balizamento das hipóteses em que possível a celebração do contrato a termo (art. 443 da CLT). As proibições pertinentes à celebração, considerado período superior a dois anos (caput do art. 455) e mais de uma prorrogação (art. 451) são perquiridas de forma cumulativa, ou seja, ainda que existente uma única prorrogação há que se indagar se foi observada ou não a vigência máxima de dois anos. Prorroga-se o existente e, portanto, tem-se mera dilatação do prazo de vigência, permanecendo uno o ajuste firmado. (TST, 1ª T., Proc. RR n. 1.205/86, Rel. Min. Marco Aurélio, DJ n. 164/87)

Contrato a prazo. Prorrogação
Ementa: Trabalho de reforma e ampliação de instalações, de caráter nitidamente temporário, autoriza a contratação a prazo certo, nos termos do art. 443, §§ 1º e 2º, da CLT, não restando descaracterizado pela prorrogação, por uma vez, a teor do art. 451 consolidado. (TRT, 9ª Reg., 2ª T., Proc. RO n. 890/87, Rel. Juiz Euclides Rocha, BJ n. 08.87)

1.2.5.5. Sucessão de contratos — Jurisprudência

1.2.5.5.1. Sucessão de contratos

Considera-se por prazo indeterminado todo contrato que suceder, dentro de 6 meses, a outro contrato por prazo determinado, salvo se a expiração deste dependeu da execução de serviços especializados ou da realização de certos acontecimentos (CLT, art. 452).

Ainda, o contrato por prazo determinado será considerado por prazo indeterminado quando:

a) descumpridas as condições estabelecidas nos parágrafos do art. 443 da CLT;

b) atendidos os requisitos previstos no art. 481[(3)] da CLT.

A respeito da sucessão de contratos, o saudoso professor *Octavio Bueno Magano* entende que a legislação brasileira proíbe que o contrato de prazo determinado seja sucedido por outro da mesma natureza, sem a observância do interregno de seis meses, salvo se a expiação do primeiro dependeu da execução de serviços especializados ou da realização de certos acontecimentos. Aqui não se trata de prorrogação, isto é, extensão de um mesmo contrato, mas de sucessão, quer dizer, celebração de novo contrato, o que supõe objeto diverso. A exigência do interregno decorre da necessidade de se assegurar ao empregado toda liberdade na deliberação sobre a conveniência de celebrar novo contrato, liberdade essa que não teria se continuasse vinculado ao empregador. Observado o interregno, nada obsta a que o novo contrato tenha a duração máxima de dois anos e seja uma vez prorrogado. Mas é mister que se trate realmente de novo contrato, correspondente à nova situação de fato, quer dizer, outro serviço de natureza transitória, e não o mesmo, que ainda esteja em continuação. Quando o primeiro contrato teve como objeto serviços especializados ou cujo término dependa da realização de acontecimentos de previsão aproximada, o segundo pode ser desde logo pactuado, sem observância do interregno em foco. É o que sucede, por exemplo, quando se trata de contratação de um técnico, cujos serviços são necessários na construção de uma obra; ou, então, de um safrista, que, terminada a safra, é, ato contínuo, contratado para substituir empregado efetivo.[(4)]

Segundo *Aluysio Sampaio*, o contrato de safra não comporta prorrogação, pois depende da realização de serviço especificado; realizado o serviço, realiza-se o próprio contrato. Entretanto, o contrato de safra poderá ser sucessivamente renovado, sem que se transforme em contrato por prazo indeterminado, por ser exceção (realização de certos acontecimentos) à regra geral prevista no art. 452 da CLT.[(5)]

1.2.5.5.2. Jurisprudência

Sucessivos contratos por prazo determinado. Impossibilidade

Ementa: As duas exceções constantes do art. 452 da CLT não tem aplicação quando aqueles contratos especiais, considerados por prazo determinado, se sucedem indefinidamente. Impossível sucessivos contratos. [TST-RR n. 6164/65 — (3ª T. — Ac. de 24.5.1966) — Rel. Min. Hildebrando Bisglia — Apud SAMPAIO (1973:78)]

Contrato de experiência. Direito rescisório recíproco

Ementa: Embora denominada de experiência, não perde a avença as características de contrato a prazo certo e, se contém a cláusula, exercida, de direito rescisório recíproco antes do término do prazo, cabe a aplicação do art. 481 da CLT. Embargos rejeitados. [TST-RR 5.859/63 — (Ac. de 31.3.1965 — Pleno) — Rel. Min. Hildebrando Bisaglia — Apud SAMPAIO (1973:73)]

O contrato de experiência. Cláusula assecuratória de direito de rescisão recíproca

Ementa: Os contratos de experiência com cláusula assecuratória de direito de rescisão recíproca passam a reger-se pelas normas de contratos por prazo indeterminado, se tal cláusula é utilizada. [TST-RR n. 3.102/63 — (1ª T — Ac. de 4.5.1964) — Rel. Min. Júlio Barata — Apud SAMPAIO (1973:74)]

Contrato por prazo determinado. Sucessivos contratos. Invalidade

Ementa: Contrato por prazo determinado. Sucessivos contratos. Invalidade. No Direito do Trabalho, prevalece como regra geral a contratação de trabalhadores por prazo indeterminado, as contratações por prazo determinado são excepcionais e apenas podem ocorrer nas hipóteses taxativamente previstas na legislação como o contrato de experiência, bem como nos contratos por prazo determinado para atender serviços especificados ou a realização de certo acontecimento suscetível de previsão aproximada. Essa modalidade de contratação não pode ser utilizada com o objetivo de sonegar direitos trabalhistas, como o pagamento do aviso-prévio. No presente caso, as contratações sucessivas de trabalhadores (contratava um para substituir outro) na modalidade de contrato por prazo determinado, em atividades essenciais ao empreendimento,

---

(3) Art. 481. Aos contratos por prazo determinado, que contiverem cláusula assecuratória do direito recíproco de rescisão antes de expirado o termo ajustado, aplicam-se, caso seja exercido tal direito por qualquer das partes, os princípios que regem a rescisão dos contratos por prazo indeterminado.

(4) MAGANO, Octavio Bueno. Contrato de prazo determinado. São Paulo: Saraiva, 1984. p. 85/86.

(5) Apud SAMPAIO, Aluysio. Contrato de trabalho por prazo determinado. São Paulo: RT, 1973. p. 57.

em interstícios inferiores a 6 meses, demonstra que a reclamada utilizava-se dessa modalidade de contratação para deixar de pagar o aviso-prévio indenizado. [TRT 3ª Reg.- RO 0000232-87.2011.5.03.0108 — (2ª T.) — Relª Juíza Conv. Sabrina de Faria F. Leão]

1.2.6. Acumulação — Jurisprudência

1.2.6.1. Acumulação de empregos

A CF/88 preceitua que ninguém sera obrigado a fazer ou deixar de fazer alguma coisa senão em virtude da lei (art. 5º, II).

Por sua vez, a CLT prescreve que as relações contratuais de trabalho podem ser objeto de livre estipulação das partes interessadas em tudo quanto não contravenha às disposições de proteção ao trabalho, aos contratos coletivos que lhes sejam aplicáveis e às decisões das autoridades competentes (art. 444).

Não há qualquer dispositivo legal proibindo o empregado de ter dois ou mais empregos.

O que existe na CLT são artigos sinalizando a sua possibilidade, como o art. 138, que preceitua: durante as férias, o empregado não poderá prestar serviços a outro empregador, salvo se estiver obrigado a fazê-lo em virtude de contrato de trabalho regularmente mantido com aquele.

Já o art. 414 estabelece: quando o menor de 18 anos for empregado em mais de um estabelecimento, as horas de trabalho em cada um serão totalizadas.

Como se vê, o empregado poderá ter dois ou mais empregos, desde que haja compatibilidade de horários de trabalho, sendo que no caso de menor de idade o somatório das jornadas não poderá ultrapassar a jornada normal de trabalho prevista no art. 7º, inciso XIII (duração do trabalho normal não superior a oito horas diárias e quarenta e quatro semanais).

Assim, é possível a duplicidade contratual, inclusive com o mesmo empregador. Neste caso, devem ser observadas certas cautelas, como exercício de funções diferentes, em horário de trabalho distinto e remuneração diferenciada pelo desempenho das atividades exercidas, de forma que fique bem claro tratar-se de contratos independentes.

1.2.6.2. Jurisprudência

Contratos de empregos simultâneos

Ementa: Nada impede que o empregado mantenha simultaneamente dois vínculos empregatícios com o mesmo empregador, relacionados a exercício de funções completamente diferentes e autônomos, prestados em local e horário diversificados e em atividades empresariais distintas. (Ac. TRT, 3ª Reg. — 2ª T. — Proc. 2.265/69 — Rel. Juiz Amaury dos Santos — Apud Calheiros Bonfim, 971)

Contratos de trabalho simultâneos. Mesmo empregador. Possibilidade

Ementa: Contratos de trabalho simultâneos — Mesmo empregador — Possibilidade. Inexiste vedação legal de celebração de contratos de trabalho simultâneos com o mesmo empregador, em horários distintos, ainda que a soma das jornadas de trabalho dos contratos ultrapasse as quarenta e quatro horas semanais. E, tendo havido contratação formal da Empregada para trabalhar como professora no turno da manhã e como assistente de alunos no período da tarde, com o pagamento dos salários correspondentes às funções exercidas, e não tendo sido reconhecida a existência de fraude na hipótese, não há que se falar em horas extras, cuja pretensão não encontra guarida nos arts. 58 e 59 da CLT e 7º, XIII, da Constituição da República. Por outro lado, a Súmula n. 129 do TST não estabelece vedação de celebração de dois contratos de trabalho simultâneos com o mesmo empregador, mas consigna que, salvo ajuste em contrário, a prestação de serviços para mais de uma empresa do mesmo grupo econômico e no mesmo horário não caracteriza a coexistência de mais de um contrato de trabalho. Nesse aspecto, a revista não prospera, por ausência de demonstração de ofensa à lei ou de contrariedade com a Súmula desta Corte. Recurso de revista não conhecido. [TST-RR-614093/99.2 — (Ac. 4ª T.) — 3ª Reg. — Rel. Min. Ives Gandra martins Filho. DJU 16.5.03, p. 674 — Apud LTr Sup. Jurisp. 31/2003, p. 235]

Duplicidade contratual. Mesmo empregador. Reconhecimento

Ementa: Duplicidade contratual — Mesmo empregador — Reconhecimento — À luz do que dispõem os arts. 442, 443 e 444, da Consolidação das Leis do Trabalho, há que se concluir que não há nenhum óbice legal à vigência de dois contratos distintos, ainda que para a mesma empregadora, quando se verifica que o empregado exerce tarefas distintas, em horários distintos e recebendo remuneração diferenciada para cada uma das tarefas realizadas. Provado que a obreira exerce o cargo de Professora e de Coordenadora pedagógica, atividades completamente diferentes, recebendo salários individualizados para cada uma das tarefas, não há como não reconhecer a existência de dois contratos distintos. Recurso ao qual se dá provimento. [TRT 23ª Reg. RO 00046.2006.041.23.00.2 — (Sessão 11/06) — Rel. Juiz Bruno Weiler. DJE/TRT 23ª Reg. n. 108/06, 18.10.06, p. 13 — Apud LTr Sup. Jurisp. 49/2006, p. 387]

1.3. CONTRATO DE EMPREGO DO PROFESSOR — ACUMULAÇÃO — NORMAS ESPECIAIS

1.3.1. Contrato de emprego do professor

O professor empregado, em princípio, pode ser contratado a título de experiência, por prazo determinado (contrato de prova), como visto anteriormente.

Na prática, regra geral, a contratação dos docentes ocorre por prazo indeterminado e de forma expressa verbal, sendo aconselhável a celebração do contrato por instrumento escrito.

Em qualquer das situações adotadas, o professor deve ser registrado e ter anotada a sua Carteira de Trabalho e Previdência Social — CTPS.

Com exceção do contrato de experiência, os demais tipos de contrato por prazo determinado são de uso limitado, não podem ser feitos à vontade, apenas em certas situações, e dependem da ocorrência de determinadas condições justificadoras, previstas no art. 443, §§ 1º e 2º da CLT.

O contrato de trabalho do professor é por prazo indeterminado. Nada existe que lhe justifique a predeterminação do prazo, ensina *Emílio Gonçalves* (1975:37), o que só excepcionalmente pode ocorrer, por exemplo, em se tratando de curso de duração breve, ministrado em caráter extraordinário pelo estabelecimento.

Como ilustração, o autor transcreve a ementa:

> *Professor. Contrato por prazo determinado. Burla. Não vale, perante a lei, contratar o professor apenas para os períodos de aula, deixando em branco os de férias escolares. É burla. A alegada contratação por períodos certos, além de não ter sido devidamente comprovada, constituiria uma burla à lei trabalhista. Com o estranho sistema, o réu, como empregador, livrar-se-ia das obrigações legais que lhe são pertinentes, como férias, indenização e de outros institutos que tais. (TRT 1ª Reg. — Proc. n. 269/62 — Ementário Forense, dez. 1967, n. 229)*

Por sua vez, *João José Sady* assegura que a Lei do Trabalho estabelece que contratos a termo somente podem ser estipulados para serviços cuja natureza ou transitoriedade justifique a predeterminação do contrato.

A esse respeito podemos verificar que a natureza do trabalho de ensino é incompatível com a ideia de transitoriedade. A doutrina, portanto, fixou-se no sentido de que não é lícito o ajuste a prazo determinado para a contratação de professores.[6]

Quanto aos regimes de trabalho, regra geral, os professores são admitidos em regime horista, mas podem ser contratados em regime de dedicação integral e/ou parcial, como mostrado no Capítulo VII, item 6.

1.3.2. Pluralidade de empregos

Como visto anteriormente, não há qualquer dispositivo legal proibindo o empregado de ter dois ou mais empregos, desde que haja compatibilidade de horários de trabalho.

O mesmo ocorre em relação ao professor empregado. Aliás, o art. 318 da CLT preceitua que "num mesmo estabelecimento de ensino não poderá o professor dar, por dia, mais de 4 (quatro) aulas consecutivas, nem mais de 6 (seis), intercaladas", deixando claro a possibilidade de o professor desenvolver, cumulativamente, a sua atividade em mais de um estabelecimento de ensino.

1.3.3. Normas especiais de tutela do trabalho do professor

No Capítulo I, item 3, ainda que superficialmente, mostrou-se o campo de aplicação das normas trabalhistas em relação aos professores.

A seguir, são transcritos os dispositivos especiais de tutela do trabalho dos docentes; nos capítulos seguintes, será efetuada a análise de artigo por artigo.

A CLT, no Título III, cuida das disposições especiais de tutela do trabalho, sendo que o Capítulo I, na Seção XII, arts. 317 a 323, trata dos professores, *verbis*:

> Art. 317. O exercício remunerado do magistério, em estabelecimentos particulares de ensino, exigirá apenas habilitação legal e registro no Ministério da Educação. *(Redação dada pela Lei n. 7.855, de 24.10.1989)*
>
> Art. 318. Num mesmo estabelecimento de ensino não poderá o professor dar, por dia, mais de 4 (quatro) aulas consecutivas, nem mais de 6 (seis), intercaladas.
>
> Art. 319. Aos professores é vedado, aos domingos, a regência de aulas e o trabalho em exames.
>
> Art. 320. A remuneração dos professores será fixada pelo número de aulas semanais, na conformidade dos horários.
>
> § 1º O pagamento far-se-á mensalmente, considerando-se para este efeito cada mês constituído de quatro semanas e meia.
>
> § 2º Vencido cada mês, será descontada, na remuneração dos professores, a importância correspondente ao número de aulas a que tiverem faltado.

---
(6) SADY (1996:32).

§ 3º Não serão descontadas, no decurso de 9 (nove) dias, as faltas verificadas por motivo de gala ou de luto em consequência de falecimento do cônjuge, do pai ou mãe, ou de filho.

Art. 321. Sempre que o estabelecimento de ensino tiver necessidade de aumentar o número de aulas marcado nos horários, remunerará o professor, findo cada mês, com uma importância correspondente ao número de aulas excedentes.

Art. 322. No período de exames e no de férias escolares, é assegurado aos professores o pagamento, na mesma periodicidade contratual, da remuneração por eles percebida, na conformidade dos horários, durante o período de aulas. *(Redação dada pela Lei n. 9.013, de 30.3.1995)*

§ 1º Não se exigirá dos professores, no período de exames, a prestação de mais de 8 (oito) horas de trabalho diário, salvo mediante o pagamento complementar de cada hora excedente pelo preço correspondente ao de uma aula.

§ 2º No período de férias, não se poderá exigir dos professores outro serviço senão o relacionado com a realização de exames.

§ 3º Na hipótese de dispensa sem justa causa, ao término do ano letivo ou no curso das férias escolares, é assegurado ao professor o pagamento a que se refere o *caput* deste artigo. *(Incluído pela Lei n. 9.013, de 30.3.1995)*

Art. 323. Não será permitido o funcionamento do estabelecimento particular de ensino que não remunere condignamente os seus professores, ou não lhes pague pontualmente a remuneração de cada mês.

Parágrafo único. Compete ao Ministério da Educação e Cultura fixar os critérios para a determinação da condigna remuneração devida aos professores bem como assegurar a execução do preceito estabelecido no presente artigo.

Capítulo IV

PROFESSOR — HABILITAÇÃO LEGAL — EXERCÍCIO DE ATIVIDADE PROFISSIONAL CORRESPONDENTE À ATIVIDADE ECONÔMICA DE ENSINO

CLT — Art. 317

Art. 317. O exercício remunerado do magistério, em estabelecimentos particulares de ensino, exigirá apenas habilitação legal e registro no Ministério da Educação. *(Redação dada pela Lei n. 7.855, de 24.10.1989)*

1. Exercício remunerado do magistério. 2. Estabelecimento particular de ensino. 3. Requisitos básicos — Habilitação — Exercício da atividade profissional correspondente à atividade econômica de ensino. 3.1. Requisitos básicos. 3.2. Habilitação legal — Falta de habilitação. 3.2.1. Habilitação legal. 3.2.2. Falta de habilitação legal. 3.3. Exercício de atividade profissional correspondente à atividade econômica de ensino. 4. Jurisprudência.

1. EXERCÍCIO REMUNERADO DO MAGISTÉRIO

Considera-se empregado toda pessoa física que prestar serviços de natureza não eventual a empregador, sob a dependência deste e mediante salário (CLT, art. 3º).

A remuneração é um dos pressupostos objetivos da relação de emprego.

Portanto, para o professor ser considerado empregado, o exercício do magistério, em estabelecimentos particulares de ensino, deve ser remunerado.

2. ESTABELECIMENTO PARTICULAR DE ENSINO

Segundo *Vólia Bomfim Cassar*, entende-se por "estabelecimento de ensino particular" aquele em que a educação ministrada está regulada e controlada pelo MEC, isto é, os ensinos: básico (infantil, fundamental, médio), superior, especial etc., estando excluídos os cursos livres, como os de natação, dança, línguas, artes, academias de ginástica, cursos preparatórios de direito etc.[1]

A CLT está voltada para a proteção do exercício remunerado do magistério, *em estabelecimentos particulares de ensino*, excluindo de sua tutela os estabelecimentos públicos de ensino, em que os professores estão sujeitos ao regime estatutário.

A EC n. 19/1998 alterou o art. 39 da CF/88 e extinguiu o regime único de pessoal do serviço público, possibilitando a adoção do regime estatutário e/ou do celetista.

---

(1) CASSAR, Vólia Bomfim. *Direito do trabalho*. 3. ed. Niterói: Impetus, 2009. p. 441, nota de rodapé n.32.

A Lei n. 9.962, de 22 de fevereiro de 2000 (DOU 23.2.00), disciplina o regime de emprego público do pessoal da administração federal direta, autárquica e fundacional, estabelecendo:

> O pessoal admitido para emprego público na administração federal direta, autárquica e fundacional terá sua relação de trabalho regida pela Consolidação das Leis do Trabalho, aprovada pelo Decreto-lei n. 5.452, de 1º de maio de 1943, e legislação trabalhista correlata, naquilo que a lei não dispuser em contrário (art. 1º).

Na lição de *Francisco Antonio de Oliveira*, os professores admitidos por estabelecimentos de ensino público, se não forem estatutários ou se não gozarem de situação análoga, mediante lei especial, serão regidos pela Consolidação das Leis do Trabalho.[2]

3. REQUISITOS BÁSICOS — HABILITAÇÃO — EXERCÍCIO DA ATIVIDADE PROFISSIONAL CORRESPONDENTE À ATIVIDADE ECONÔMICA DE ENSINO

3.1. REQUISITOS BÁSICOS

O professor empregado deve atender a dois pressupostos básicos: a) possuir habilitação legal; e, b) exercer atividade profissional correspondente à atividade econômica de ensino regular.

Esses pressupostos são extraídos do art. 317 (com redação da Lei n. 7.855/1989) da CLT, como se verá a seguir.

3.2. HABILITAÇÃO LEGAL — FALTA DE HABILITAÇÃO

3.2.1. Habilitação legal

O artigo em análise exige para o exercício do magistério: "habilitação legal e registro no Ministério da Educação".

O registro no Ministério da Educação era uma exigência da antiga Lei de Diretrizes e Bases (Lei n. 5.692/1971[3]); como ela foi revogada pela atual Lei n. 9.394/1996, que exige apenas habilitação legal[4], foi abolido o registro ministerial, ainda presente na redação do art. 317 da CLT, o que tem levado ao desacerto de certas interpretações restritivas.

Com a mencionada alteração, o art. 317 deve ser lido: "*o exercício remunerado do magistério, em estabelecimentos particulares de ensino, exigirá apenas habilitação legal*", com exclusão da parte final: "*e registrado no Ministério da Educação*".

O professor João José Sady bate na tecla de que o art. 317 da Consolidação das Leis do Trabalho tem que ser lido sem a parte final: "e registrado no Ministério da Educação". Com efeito, a CLT não pode exigir do professor um registro que já não existe desde 1996. Os anos vão passando, contudo o TST caminha no sentido contrário, exigindo com rigor cada vez maior que o professor comprove um registro profissional que é impossível, já que inexistente na ordem jurídica.

Para exemplificar, o mencionado autor transcreve várias ementas e, dentre elas, destaca-se:

> Consoante estabelece o art. 317 da CLT, o exercício remunerado do magistério, em estabelecimentos particulares de ensino, exige a habilitação legal e o registro no Ministério da Educação. No caso, é incontroverso que o Reclamante, apesar de dar aulas de informática, ensinando o uso de programas e manuseio de computadores aos alunos da reclamada, o fazia sem preencher os requisitos estabelecidos em lei para o exercício da função de professor. Assim, inviável o enquadramento na categoria profissional dos professores. (TST-RR-284/2003-085-15-00.3 — Relator Ministro Ives Gandra Martins Filho)[5]

A exigência de habilitação legal constitui um dos requisitos exigidos do empregado professor para o exercício do magistério, como se infere do artigo em questão.

---

(2) OLIVEIRA, Francisco Antonio de. *Consolidação das Leis do Trabalho*. 2. ed. São Paulo: RT, 2000. p. 324.
(3) Art. 40. Será condição para exercício do magistério ou especialidade pedagógica o registro profissional, em órgão do Ministério da Educação e Cultura, dos títulos sujeitos à formação de grau superior.
(4) Habilitação legal é a capacidade técnico-científica que confere ao indivíduo a possibilidade do exercício da profissão.
(5) SADY, João José. *Reflexões sobre a parte final do art. 313 da CLT*. In: PEREIRA, José Luciano de Castilho (coord.). Professores: *Direitos trabalhistas e previdenciários dos trabalhadores no ensino privado*. São Paulo: LTr, 2008. p. 199.

O Decreto n. 5.773/2006 dispõe sobre o exercício das funções de regulação, supervisão e avaliação de instituições de educação superior e cursos superiores de graduação e sequenciais, no sistema federal de ensino:

> O exercício de atividade docente na educação superior não se sujeita à inscrição do professor em órgão de regulamentação profissional (art. 69, caput).

Como já visto, o exercício da função diferenciada do professor exige apenas habilitação legal, na área de sua competência, junto ao Ministério da Educação (Lei n. 9.394/1996).

3.2.2. Falta de habilitação legal

Conforme a regra geral, o professor empregado deve atender a dois requisitos básicos: a) possuir habilitação legal; e, b) exercer atividade profissional correspondente à atividade econômica de ensino regular.

Entretanto, para efeito de reconhecimento de direitos, há uma exceção; como no caso de a pessoa não pertencer à categoria diferenciada dos professores, não possuir habilitação legal, ainda assim determinado estabelecimento de ensino, conhecedor da situação, a contrata para a função de professor e, às vezes, com salário menor do que o correspondente da categoria.

Neste caso, apesar de a pessoa não possuir habilitação legal, mas exercer, de fato (exercício ilegal da profissão), a função de professor, sem recorrer a qualquer meio ardiloso, deve receber todos os direitos trabalhistas da categoria, com fundamento nos seguintes princípios:

> a) *risco do empreendimento* — é do empregador o risco do empreendimento, cabendo-lhe a responsabilidade pelo não cumprimento correto da legislação;
>
> b) *primazia da realidade* — o contrato de emprego é um contrato realidade, com valorização do fato real, como afirma *Américo Plá Rodriguez*, "(...) em caso de discordância entre o que ocorre na prática e o que emerge de documentos ou acordos, deve-se dar preferência ao primeiro, isto é, ao que sucede no terreno dos fatos;"[6]

> c) *boa-fé* — em que deve imperar o propósito de não prejudicar ou obter vantagens indevidas;
>
> d) *enriquecimento ilícito ou enriquecimento sem causa* — quando ocorre de uma pessoa se beneficiar da força de trabalho de outra, sem o devido e correto pagamento do valor correspondente.

De forma reiterada, o professor empregado deve atender a dois requisitos: possuir autorização ou habilitação legal e exercer atividade profissional correspondente à atividade econômica de ensino regular.

Na falta de autorização ou habilitação legal, o professor de fato, contratado por iniciativa exclusiva do estabelecimento de ensino, faz jus a todos os direitos e benefícios da categoria.

As situações apontadas são ilustradas pelas ementas selecionadas e transcritas a seguir.

3.3. EXERCÍCIO DA ATIVIDADE PROFISSIONAL CORRESPONDENTE À ATIVIDADE ECONÔMICA DE ENSINO

Na reprodução da parte do quadro a que se refere o art. 577 da CLT, Anexo (Capítulo II, item 2.5), ficou explicitado que os professores empregados, além de integrarem categoria diferenciada (detentores de habilitação legal), devem exercer atividades profissionais correspondentes às atividades econômicas de ensino, enquadradas no 1º Grupo dos Estabelecimentos de Ensino, no Plano da Confederação Nacional de Educação e Cultura.

O art. 317 da CLT, em questão, exige *o exercício remunerado do magistério, em estabelecimentos particulares de ensino*; em outras palavras, exige o exercício da atividade profissional correspondente à atividade econômica de ensino.

4. JURISPRUDÊNCIA

Professor. Não habilitado. Salário

Ementa: O contrato de trabalho é eminentemente fático e se o professor exerce o magistério na qualidade de titular, mesmo não tendo habilitação, faz jus aos salários da titulação, pois, do contrário, haveria enriquecimento ilícito por parte do empregador que conhecia o despreparo do contratado. [TRT 1ª Reg. — RO-7.323/82 — (Ac. 3ª T. 2.514/83, 21.9.83) — Rel. Juiz Lyad de Almeida — Apud Revista LTr 48-7/835]

---

(6) RODRIGUEZ, Américo Plá. *Princípios de direito do trabalho*. São Paulo: LTr, 1978. p. 210.

Professor. Caracterização

Ementa: *Professor. Caracterização. O instrutor de natação, de clube recreativo, que não tem o ensino regular como finalidade essencial ou mesmo eventual, mas apenas visa proporcionar entretenimento e laqzer útil aos seus sócios, impropriamente chamado de professor, não caracteriza o profissional do esino, categoria diferenciada, sujeito às normas coletivas especiais que o Sondicato dos Professores firma com os estabelecimentos regulares de ensino. [TRT 3ª Reg. — RO 6.250/88 — (Ac. 2ª T.) — Rel. Juiz Paulo Araújo — Apud Repertório IOB de Jurisprudência n. 20/89, p. 292]*

Instrutor de academia de ginástica. Professor

Ementa: *Instrutor de academia de ginástica. Professor. O Instrutor de academia de ginásica não é professor, pois não transmite conhecimento, mas apenas acompanha, avalia e fiscaliza o cumprimento dos exercícios físicos indicados. Rec. conhecido e desprovido. [TST-RR16734/90.1 — (1ª Turma — Ac.3518/91) — Rel. Min. Cnéa C. Moreira — DJ 14.11.91 — Apud Barros (2001:302 — Nota de rodapé)]*

Professor. Definição

Ementa: *Professor. Definição. Se o recorrente tinha como função ministrar aulas, ainda que de judô, sendo reconhecido como responsável pelo curso conforme robusta prova oral e documental, sendo certo que tais aulas integravam o elenco das matérias oferecidas pelo educandário aos seus alunos, suas atividades estavam inegavelmente ligadas às atividades-fim do recorrido, não se aplicando a ele a convenção coletiva dos auxiliares de adminstração escolar e sim a dos professores. [TRT 3ª Região — RO 13.300/94 — (4ª T.) — Rel. Juiz Márcio Flávio Salem Vidigal — MG 3.12.94 — Apud Barros. (2001:303 — Nota de rodapé)]*

Categoria diferenciada. Instrutor de voleibol

Ementa: *Categoria diferenciada. Instrutor de voleibol. À luz do art. 317 da CLT e da cláusula II da sentença normativa proferida por este Tribunal nos autos do DC 14.8.90, não se enquadra na categoria diferenciada dos professores o intrutos de voleibol contratado por clube de lazer para, apenas aos sábados e feriados, treinar seus associados a nível não profissional e sem frequência obrigatória, sem executar atividades extraclasse e sem ter concluído seu curso superior de Educação Física. [TRT 3ª Reg. — RO 18014/94 — (2ª T.) — Rel. Juiz José Roberto F. Pimenta — MG 10.3.95 — Revista TRT 3ª Reg., n. 54, p. 550 — Apud Barros (2001:302/303 — Nota de rodapé)]*

Professora. Falta de habilitação

Ementa: *Professora — Art. 317/CLT — A confissão judicial da preposta sobre o efetivo exercício das funções, confirma o direito da trabalhadora à remuneração respectiva, pelo piso da categoria, nada obstante a ausência de habilitação. [TRT 2ª Reg. 02950281251 — Proc. n. '02930499316 — (Ac. 6ª Turma) — Rel. Juiz Carlos F. Berardo — DOE de 31.7.1995, p. 63 — Apud SADY (1996:29)]*

Professor de ginástica, musculação ou dança

Ementa: *O professor de ginástica, musculação ou dança não exerce o magistério no senido técnico do vacábulo, não se qualificando como docente entre as atividade de ensino representadas pelo SINEPE — SC. [TRT 12ª Reg. — RO 004969/94 — (Ac. 1ª T.) — Rel. (designado) Juiz Dilnei Ângelo Belíssimo — DJ/SC 18.1.96, p. 25 — Apud Barros (2001:303 — Nota de rodapé)]*

Função de professor. Descaracterização

Ementa: *Função de professor. Descaracterização. Não é professor o empregado contratado como maestro, em atividade não curricular, encarregado do coral composto de alunos das várias escolas pertencentes à empresa reclamada. [TRT 3ª Região — RO 12.258/95 — (2ª T.) — Rel. Juiz Eduardo Augusto Lobato — MG 26.1.96 — Apud Barros (2001:304 — Nota de rodapé)]*

Instrutor. Academia de ginástica. Instrutores de natação e ginástica

Ementa: *Instrutor. Academia de ginástica. Instrutores de natação e ginástica. Instrutores de natação e ginástica, de simples academias, não são professores porque, dentre outras razões, não têm por escopo o verdadeiro magistério, que é a preparação adequada do indivíduo, bascando o seu desenvolvimento harmonioso, nas esferas física e mental, individual e coletiva. [TRT 3ª Região — RO 17942/96 — (1ª Turma) — Rel.JuiZ Fernando Antônio de Menezes Lopes — MG 16.5.97 — Boletim TRT, 3ª Região, v. 18, abril/junho de 97, p. 289 — Apud Barros (2001:302 — Nota de rodapé)]*

Professor. Instrutor de musculação e de futebol de salão

Ementa: *Enquadramento. Professor. Instrutor de musculação e de futebol de salão. Encarada a educação no seu sentido estrito, professor é aquele que forma as gerações do país através de cursos realizados em estabelecimentos de ensino público, particular ou livre. Na hipótese dos autos, o reclamente atuava como instrutor de musculação e de futebol de salão. Tal atividade identifica-se com a categoria dos fisoterapeutas e não com a dos professores, já que o autor executava métodos e técnicas destinadas a restaurar, desevolver e conservar a capacidade física dos frequentadores da reclamada. [TRT 3ª Reg. — RO 8392/97 — (2ª T.) — Rel. Juíza Alice Monteiro de Barros — Julgado em 9.12.97 — Apud Barros (2001:303 — Nota de rodapé)]*

Instrutora de idioma. Professora

Ementa: *Instrutora de idioma. Professora. Artigo 317 da CLT. O desrespeito à norma legal, in casu, artigo 317 da CLT, é responsabilidade do empregador, que, inobstante ciente que a autora não preenchia os requisitos legais para o exercício da função de professora, a utilizou durante todo pacto laboral em atividades ontologicamente ligadas ao magistério. Recurso provido em parte. [TRT 1ª Reg. — (2ª T.) — RO-4285/97 — Rel. Juiz Aloysio Santos — DJRJ 18.1.2000, p. 101 — Jornal Trabalhista. Brasília: Consulex, ano XVII, n. 806, 3.4.2000 — Apud Barros (2001:297 — Nota de rodapé)]*

Professor. Curso livre. Categoria diferenciada

Ementa: *Professor. Curso livre. Categoria diferenciada. O instrutor de ensino direcionado a alunos de cursos de informática, ainda que rotulado de "professor", com este não seconfunde, pois ao primeiro, não é exigido necessa-*

riamente, habilitação legal e registro no Ministério da Educação (art. 317/CLT), ou seja, seu mister não se confunde com atividade docente, capaz de enquadrá-lo na categoria profissional diferenciada. [TRT 3ª Região — (4ª Turma) — RO 1427/98 — Rel. Juiz Fernando Eustáquio Peixoto de Magalhães — DJ de 17.10.98 — Apud Barros (2001:296/297 — Nota de rodapé)]

Instrutor do SENAI. Enquadramento como professor

Ementa: Instrutor do SENAI. Enquadramento como professor. Instrutores de ensino do SENAI não podem ser enquadrados como professores, por força do artigo 317 da CLT, pois não atendem aos requisitos para o exercício daquela profissão. E não sendo "professores", como está essa categoria profissional diferenciada definida em lei, não gozam de jornada especial, improcedendo o pedido de horas extras. Revista conhecida e provida. [TST- RR 394.850/97 — (3ª T.) — Rel. Min.Antônio Fábio Ribeiro — DJ de 18.12.1998 — Apud Barros (2001:302)]

Creche. Professor. Descaracterização

Ementa: Creche. Professor. Descaracterização. O profissional que exerce o seu mister em creches, cuidando de crianças apenas no tocante ao seu aspecto físico e higiênico, não pode possuir o status de professor que tem como funções precípuas ministrar aulas, com aferição de presença por meio de chamadas, avaliações, seleção de candidatos e emissão de certificados, atividades características do magistério. [TRT 3ª Reg. — RO 15008/92 — (3ª Turma) — Rel. Juiz Antônio Álvares da Silva- MG 24.3.98 — Apud Barros (2001:304 — Nota de rodapé)]

Instrutor de natação. Enquadramento

Ementa: Instrutor de natação. Enquadramento. Categoria profissional diferenciada. Instrutor de natação de clube recreativo não se enquadra na categoria diferenciada dos professores. Recurso de Revista que se dá provimento. [TST-RR n. 308163/96-9 — (5ª T.) — Rel. Min. Gelson de Azevedo — DJ 16.4.99 — Revista de Direito Trabalhista — maio de 99 — Apud Barros (2001:302 — Nota de rodapé)]

Curso livre. Professor não habilitado na forma da lei

Ementa: Curso livre. Professor não habilitado na forma da lei. Instrumentos coletivos da categoria profissional dos professores. Entendeu a douta Maioria da Egrégia Turma que o empregado que leciona em curso livre durante anos, mesmo sem habilitação e regular registro no Ministério da Educação, tem direito às vantagens previstas nos instrumentos normativos da categoria dos professores, tendo em vista a realidade fática do exercício da função. [TRT 3ª Reg. — Proc. n. 13143/2001 — publicado in DJMG 15.12.2001, p. 25 — Relator Márcio FlávioSalem Vidigal — Apud Sady (2008:202)]

Instrutor de SENAI. Enquadramento na categoria diferenciada de professor

Ementa: Horas extras. Instrutor de formação profissional do SENAI. Enquadramento na categoria diferenciada de professor. O insrutor de formação profissional do SENAI, cujas atividades são voltadas para o ensimento teórico e prático no camo industrial e comercial, dando ênfase à prática profissioanl, não pode ser enquadrado na categoria de professsor, porque, além de o reclamado não se classificar, a rigor, como estabelecimento de ensino, o obreiro não atende os requisistos específicos para o exercício do magistério, não se lhes aplicando, igualmente, as normas coletivas firmadas pela referida categria. Uma vez que o reclamante não está enquadrado na categoria diferenciada a que aludem os arts. 317 a 324 da CLT, não goza de jornada especial, improcedendo, por conseguinte, o pedido de horas extras e do respectivo adicional. [TST-RR-381531/1997.8 — Rel. Min. Ronaldo Lopes Leal — (1ª Turma) — DJ de 15.2.2002]

Categoria diferenciada. Professores. Instrutor do SENAI. Inaplicabilidade

Ementa: Reajustes salariais. Convenção coletiva. Categoria diferenciada. Professores. Instrutor do SENAI. Inaplicabilidade. Os instrutores do SENAI são profissionais qualificados para o treinamento e o aperfeiçoamento profissional nos campos industriais e comerciais, não se confundindo com os professores que exercem a docência, nos moldes do art. 317 da CLT. Por conseguinte, não se aplicam aos instrutores profissionalizantes do SENAI as normas coletivas firmadas pela categoria diferenciada dos professores. Aplicação da Orientação Jurisprudencial 55 da SBDI-1 desta Corte. [RR-475200-32.1998.5.03.5555 — (Ac. 5ª Turma) — Rel. Min. João Batista Brito Pereira — DJ, de 23.5.2003]

Professor. Falta de habilitação. Irrelevância

Ementa: Professor — Falta de habilitação — Irrelevância. O fato de ser a reclamante mera estudante de Magistério não lhe retira o direito às normas coletivas da categoria dos professores se restou incontroverso nos autos que, exercia a função de professora, face às características do contrato realidade que rege o conceito celetista da relação de emprego. [Proc. TRT/SP n. 02970112617 — (7ª Turma) — Relator Gualdo Fórmica — Apud Sady (2008:202)]

Monitor de informática. Enquadramento como professor. Ausência de habilitação legal

Ementa: Monitor de informática — Enquadramento como professor — Ausência de habilitação legal e registro no Ministério da Educação — art. 317 da CLT. Consoante estabelece o art. 317 da CLT, o exercício remunerado do magistério, em estabelecimentos particulares de ensino, exige a habilitação legal e o registro no Ministério da Educação. No caso, as instâncias ordinárias, responsáveis pela análise fático-probatória, evidenciaram não haver prova da habilitação do Reclamante junto ao Ministério da Educação. Assim, ausente o requisito estabelecido em lei, não há como enquadrar na categoria profissional pretendida o Empregado contratado como monitor de informática. Recurso conhecido e desprovido. [TST-RR-28400-19.2003.5.15.0085 — (4ª Turma) — Rel. Min. Ives Gandra Martins Filho — DJ DE 9.2.2007]

Instrutor. Enquadramento

Ementa: Instrutor. Enquadramento. Hipótese em que o autor, na condição de instrutor, não é alcançado pelas vantagens asseguradas pelas normas coletivas juntadas com a inicial, pois não preenche os requisitos do art. 317 CLT. Nem se pode considerá-lo, por isso mesmo, integrante de *categoria diferenciada, ou seja, não há estender as normas coletivas dos professores do Estado ao reclamante.* [TRT 4ª Reg. — RO 01258-2003-020-04-00-7 — (Ac. 5ª T.) — Rel. Juiz Paulo José da Rocha — DOERS. 21.11.2007]

Professor. Escola de idiomas. Categoria diferenciada

Ementa: Professor. Escola de idiomas. Categoria diferenciada. Incontroverso que a reclamante atuava como autêntica professora, ministrando aulas de inglês para alunos matriculados junto à empresa reclamada, escola de idiomas e não será o argumento meramente formal — falta de habilitação legal, prevista no art. 317, da CLT —, que irá impedir o reconhecimento desta função, eis que a ré, durante a fluência do contrato de trabalho, jamais exigiu, como pressuposto essencial ao exercício da atividade, formação específica na área de magistério ou registro junto ao MEC. Lembre-se que sob a luz do Direito do Trabalho impera o princípio de primazia da realidade. A conclusão, por lógica, caminha no sentido de que à autora serão devidos direitos e vantagens estabelecidas nas normas coletivas de trabalho aplicáveis aos professores. Recurso a que se nega provimento. [TRT 3ª Reg. — RO 00559-2007-035-03-00.1 — (Ac. 4ª T.) — Rel. Juiz Conv. José Eduardo de R. C. Júnior — DJMG 20.10.2007]

Professora. Trabalho em creches e pré-escolas. Cerceamento do direito de prova. Caracterização

Ementa: Professora. Trabalho em creches e pré-escolas. Cerceamento do direito de prova. Caracterização. A mera circunstância de labutar alguém, com habilitação para a docência, em creches, pré-escolas e equivalentes, não obsta a que seja reconhecido o seu labor como professor, o que apenas o mourejar num berçário poderia provocar; daí a necessidade da instrução probatória, para se definir a quaestio. [TRT 15ª Reg. — RO 1763-2005-091-15-00.0 — (Ac. 5ª C.) — Rel. Francisco Alberto da Motta Peixoto Giordani — DOE 24.8.2007]

Professor. Ausência dos requisitos contidos no art. 317 da CLT. Caracterização. Possibilidade

Ementa: Professor. Ausência dos requisitos contidos no art. 317 da CLT. Caracterização. Possibilidade. Se a Reclamante executou as atividades de professora, deverá receber os direitos inerentes ao efetivo exercício desta função; a ausência dos requisitos constantes do art. 317 da CLT, em parte revogado pelas disposições contidas na lei de diretrizes e bases (Lei n. 9.394/96), se por si só não interferiu no exercício efetivo da função, não poderá constituir obstáculo à percepção das vantagens correspondentes, salvo se o empregado se utilizou de meio ardil, capaz de induzir o credor de trabalho a erro, o que não se verifica no caso concreto. Entendimento contrário implicaria enriquecimento ilícito do empregador, que se beneficiou da força de trabalho da empregada e não lhe pagou o valor correspondente. Ademais, estar-se-ia premiando o empregador que concorreu com culpa "in eligendo" na contratação de uma pessoa, em tese sem habilitação, para o cargo que ocupou. Recurso patronal a que se nega provimento. [TRT 2ª Reg. — RO-01349-2007-052-02-00.1 — (Ac. 5ª T.) — Rel.ª Anelia Li Chum — DOE 29.4.2008]

Professor de academia de ginástica. Enquadramento. Categoria profissional diferenciada

Ementa: Professor de academia de ginástica. Enquadramento. Categoria profissional diferenciada. Não se enquadra na categoria diferenciada de professor, o instrutor de ginástica em academia, pois nessa função, o trabalhador não exerce o magistério, não sendo exigíveis nem a habilitação legal, nem o registro no Ministério da Educação, requisitos inarredáveis para esse enquadramento, conforme art. 317 da CLT. [TRT 17ª Reg. RO-00346.2006.010.17.00.6 — (Ac. 2ª T.) — Rel.ª Juíza Cláudia Cardoso de Souza — DOES 15.7.2008]

Instrutor de idiomas. Enquadramento sindical. Aplicação de normas coletivas da categoria dos professores. Prevalência do princípio da primazia da realidade

Ementa: Embargos anteriores à vigência da Lei n. 11.496/2007. Instrutor de idiomas. Enquadramento sindical. Aplicação de normas coletivas da categoria dos professores. Prevalência do princípio da primazia da realidade. Discute-se, no caso, se, para o reconhecimento do enquadramento do empregado como professor e consequente aplicação das normas coletivas da categoria dos professores, seria imprescindível a habilitação legal e o registro no Ministério da Educação. No caso dos autos, ficou expressamente consignado que a reclamante lecionava inglês no curso de idiomas reclamado, mas não tinha habilitação legal para desempenhar a profissão de professora de inglês nem registro no Ministério da Educação. A não observância de mera exigência formal para o exercício da profissão de professor, no entanto, não afasta o enquadramento pretendido pela reclamante. A primazia da realidade constitui princípio basilar do Direito do Trabalho. Ao contrário dos contratos civis, o contrato trabalhista tem como pressuposto de existência a situação real em que o trabalhador se encontra, devendo ser desconsideradas as cláusulas contratuais que não se coadunam com a realidade da prestação de serviço. De acordo com os ensinamentos de Américo Plá Rodriguez, o princípio da primazia da realidade está amparado em quatro fundamentos: o princípio da boa-fé; a dignidade da atividade humana; a desigualdade entre as partes contratantes; e a interpretação racional da vontade das partes. Destaca-se, aqui, a boa-fé objetiva, prevista expressamente no artigo 422 do Código Civil, que deve ser observada em qualquer tipo de contrato, segundo a qual os contratantes devem agir com probidade, honestidade e lealdade nas relações sociais e jurídicas. E, ainda, a interpretação racional da vontade das partes, em que a alteração da forma de cumprimento do contrato laboral, quando esse é colocado em prática, constitui forma de consentimento tácito quanto à modificação de determinada estipulação contratual. Diante disso, tem-se que, no caso dos autos, não se pode admitir, como pressuposto necessário e impeditivo para o enquadramento do empregado na profissão de professor, a habilitação legal e o prévio registro no Ministério da Educação. Evidenciado, portanto, na hipótese dos autos, que a reclamante, efetivamente, exerce a função de professora, não é possível admitir que mera exigência formal, referente à habilitação e ao registro no Ministério da Educação, seja óbice para que se reconheçam a reclamante os direitos inerentes à categoria de professor. Embargos conhecidos e providos. [TST-E-RR-8000-71.2003.5.10.0004 — (Ac. SBDI-1) — Rel. Min. Renato de Lacerda Paiva — Dje/TST n. 1.240/13, 6.6.13, p. 80/81 — Apud LTr Sup. Jurisp. 26/2013, p. 204/203]

Capítulo V

JORNADA DE TRABALHO — INTERVALO — DURAÇÃO DA AULA — REGISTRO

CLT — Art. 318

Art. 318. Num mesmo estabelecimento de ensino não poderá o professor dar, por dia, mais de 4 (quatro) aulas consecutivas, nem mais de 6 (seis), intercaladas.

1. Estabelecimento de ensino como empregador. 2. Jornada de trabalho — Duração da aula. 2.1. Jornada de trabalho. 2.2. Duração da aula. 3. Intervalo intrajornada. 4. Intervalo interjornadas. 5. Registro da jornada de trabalho. 6. Jurisprudência.

1. ESTABELECIMENTO DE ENSINO COMO EMPREGADOR

Considera-se empregador a empresa, individual ou coletiva, que, assumindo os riscos da atividade econômica, admite, assalaria e dirige a prestação pessoal de serviços (CLT, art. 2º, *caput*).

Ensina *Amador Paes de Almeida* que empresa é a organização econômica destinada à produção ou circulação de bens ou serviços. A atividade é seu elemento funcional, a que se acrescentam outros elementos: o subjetivo (o empresário), o objetivo (o estabelecimento) e o corporativo (os empregados).[1]

Estabelecimento é o local onde a empresa se instala (se estabelece) para alcançar o seu objetivo[2]. A empresa tem um ou vários estabelecimentos, que compreendem a matriz, a agência, a filial, a sucursal etc.

Exemplo: o Banco do Brasil é uma empresa que tem milhares de estabelecimentos espalhados por este País imenso.[3]

Como se vê, há diferença entre estabelecimento e empresa; entretanto, o artigo em análise usou a expressão *estabelecimento de ensino* no sentido de empresa, de empregador.

Não poderia ser diferente, sob pena de se prejudicar a quem o dispositivo legal pretende proteger, no que se refere à saúde física e psíquica do empregado, contra uma jornada exaustiva; o que poderia ocorrer se uma empresa, com três estabelecimentos de ensino, contratasse um professor para dar, por dia, quatro aulas em cada um deles.

2. JORNADA DE TRABALHO — DURAÇÃO DA AULA

2.1. JORNADA DE TRABALHO

Jornada de trabalho é o tempo diário em que o empregado fica à disposição do empregador,

---

(1) ALMEIDA, Amador Paes de. *Manual das sociedades comerciais — Direito de empresa*. 13. ed. São Paulo: Saraiva, 2003. p. 23.
(2) Considera-se estabelecimento todo complexo de bens organizado, para exercício da empresa, por empresário ou por sociedade empresária (CC/2002, art. 1.142).

(3) CORTEZ (2004:135).

executando ou aguardando ordens, não se confunde com horário de trabalho, que é o espaço de tempo entre o início e o término da jornada de trabalho.

A CF/1988 estabelece a duração do trabalho normal não superior a oito horas diárias e quarenta e quatro semanais (art. 7º, XIII).

Por sua vez, a CLT, como regra geral, preceitua que a jornada normal de trabalho, para os empregados em qualquer atividade privada, não excederá de oito horas diárias, desde que não seja fixado expressamente outro limite (art. 58, *caput*).

Na parte da CLT que trata das normas especiais de tutela e em certas leis trabalhistas não consolidadas, para determinados tipos de atividade, há previsão de jornada reduzida de trabalho.

A busca de uma melhor eficiência do ensino e a proteção da saúde física e psíquica do professor são fatores determinantes para a redução da sua jornada de trabalho.

Por isso a CLT, considerando as peculiaridades específicas, o trabalho desgastante e estressante do professor, preceitua que num mesmo estabelecimento de ensino não poderá o professor dar, por dia, mais de quatro aulas consecutivas, nem mais de seis, intercaladas (art. 318).

Esse dispositivo legal não se aplica na situação de pluralidade de empregos; isto é, se o professor lecionar, no mesmo dia, em estabelecimentos de ensino (empregadores) distintos, não há proibição legal de ultrapassar jornada prevista no artigo em análise. A respeito de acumulação de empregos, consultar no Capítulo III, item 1.2.6.1.

Na observação de Emílio Gonçalves, a proibição legal, entretanto, refere-se ao mesmo estabelecimento de ensino, o que não impede que o professor lecione em outros estabelecimentos no mesmo dia, ministrando aulas diárias em número total superior ao previsto em lei, com o que se frustra o objetivo visado pelo legislador. É, aliás, o que ocorre na generalidade dos casos, pois o professor, para aumentar os módicos vencimentos que aufere, leciona em vários estabelecimentos, chegando a ministrar doze ou mais aulas por dia, o que, sem dúvida, conduz à estafa e à doença, além de contribuir, como é evidente, para que o nível das aulas seja o mais baixo possível.[4]

---

(4) GONÇALVES (1975:44).

2.2. DURAÇÃO DA AULA

O dispositivo legal, em análise, fala em número de aulas por dia, sem fazer referência à sua duração.

Portanto, na jornada de trabalho do professor deve-se considerar o número de aulas, e não o de horas.

A CLT foi omissa quanto à duração da aula do professor. O Ministério da Educação e Cultura (MEC) procurou sanar a omissão da lei, por meio das Portarias Ministeriais (204/1945, 522/1952 e 887/1952), fixando a duração da aula em 50 e 45 minutos, nos períodos diurno e noturno, respectivamente.

Com o advento da CF/1946, o MEC perdeu a competência para fixar a remuneração dos professores e, consequentemente, as mencionadas Portarias, neste aspecto, são juridicamente inválidas.

A fixação da duração da aula do professor, desde que não ultrapasse a 60 minutos (uma hora), como visto acima (CF/1988, 7º, XIII e CLT, art. 58, *caput*), fica a critério da regulamentação da própria instituição de ensino e em atenção ao seu plano ou projeto pedagógico; ou, podendo ser fixada por meio de negociação coletiva (convenção ou acordo coletivo de trabalho), o que é mais comum.

Neste sentido, o MEC, por meio do Parecer CNE/CES n. 261/2006, conclui: "Convenções coletivas e acordos sindicais, de diferentes unidades da federação, costumam estipular a duração da hora-aula diurna e noturna para o exercício da função docente".

Assim, a aula poderá ter duração de 40, 45, 50, 55 e até de 60 minutos, sendo denominada de hora-aula (tempo de atividade do docente).

Logo, existe hora-aula de 45', hora-aula de 50' e até de 60 minutos (uma hora).

A unidade hora-aula deve ser entendida como padrão de labor e base de cálculo do salário do docente.[5]

---

(5) A respeito da distinção entre "hora" e "hora-aula", o parecer do MEC (CNE/CES n. 261/2006) disciplina: "É importante se ter consciência de que 'hora' e 'hora-aula' não são sinônimos. Hora é um segmento de tempo equivalente ao período de 60 (sessenta) minutos. Hora-aula é o mesmo que hora de atividade ou de trabalho escolar efetivo, sendo esse, portanto, um conceito estritamente acadêmico, ao contrário daquele, que é uma unidade de tempo. (...). Reafirme-se que a distinção entre hora e hora-aula não enseja conflito, embora ambas mensurem

Segundo *José Alcimar de Oliveira Cruz*, "existe uma distinção entre 'hora normal' e 'hora-aula' para o direito do trabalho e para efeitos de ensino. Aquela é o período de 60 minutos. Esta, por sua vez, é uma ficção fático-jurídica de unidade de tempo/labor destinada à mensuração do labor dos professores. Podem ser de 40, 45 e 60 minutos".[6]

Para *Vólia Bomfim Cassar* (2009:530), é importante frisar que *hora* e *hora-aula* não são termos sinônimos. Hora é um segmento de tempo equivalente ao período de 60 (sessenta) minutos. Hora-aula corresponde a hora de atividade ou de trabalho escolar efetivo, sendo esse, portanto, um conceito estritamente acadêmico, ao contrário daquele, que é uma unidade de tempo. Quando a LDB fixa que para o ensino médio e fundamental, por exemplo, "o efetivo trabalho letivo se constituirá em 800 horas por ano de 60 minutos", refere-se a um direito do aluno, e não à jornada do professor. Se, todavia, a instituição de ensino quiser converter as 800 horas em aulas de 45 minutos, deverá que calcular quantas aulas terá que ministrar para chegar às mesmas 800 horas de relógio.

3. INTERVALO INTRAJORNADA

Os intervalos para repouso têm como finalidade propiciar um melhor rendimento do trabalho e a proteção à saúde do trabalhador, com preocupações de ordem higiênica, psicológica e social que visam integrar o homem não apenas no complexo de atividades laborais, mas igualmente num contexto eminentemente social.[7]

A CLT, como regra geral, estabelece:

> Art. 71. Em qualquer trabalho contínuo, cuja duração exceda de 6 (seis) horas, é obrigatória a concessão de um intervalo para repouso ou alimentação, o qual será, no mínimo, de 1 (uma) hora e, salvo acordo escrito ou contrato coletivo em contrário, não poderá exceder de 2 (duas) horas.
> § 1º Não excedendo de 6 (seis) horas o trabalho, será, entretanto, obrigatório um intervalo de 15 (quinze) minutos quando a duração ultrapassar 4 (quatro) horas.
> § 2º Os intervalos de descanso não serão computados na duração do trabalho.
> § 3º O limite mínimo de uma hora para repouso ou refeição poderá ser reduzido por ato do Ministro do Trabalho, quando ouvido o Departamento Nacional de Higiene e Segurança do Trabalho (DNHST) (atualmente Secretaria de Segurança e Medicina do Trabalho — SSMT), se verificar que o estabelecimento atende integralmente às exigências concernentes à organização dos refeitórios e quando os respectivos empregados não estiverem sob regime de trabalho prorrogado a horas suplementares. *(Redação DL n. 229/1967)*
> § 4º Quando o intervalo para repouso e alimentação, previsto neste artigo, não for concedido pelo empregador, este ficará obrigado a remunerar o período correspondente com um acréscimo de no mínimo 50% (cinquenta por cento) sobre o valor da remuneração da hora normal de trabalho. *(Incluído pela Lei n. 8.923, de 27.7.1994)*

O art. 318 da CLT, ao tratar da jornada de trabalho do professor, foi omisso em relação ao disciplinamento do intervalo intrajornada.

---

atividades distintas. A primeira refere-se à quantidade de trabalho a que o aluno deve se dedicar ao longo de seu curso para se titular, tendo-se o discente e seu processo de aprendizado como referências. A segunda é uma necessidade de natureza acadêmica, ou uma convenção trabalhista, sobre a maneira como se estrutura o trabalho docente, ou seja, tem como foco o professor em suas obrigações, especialmente quanto à jornada de trabalho, constituindo ainda base de cálculo para sua remuneração. Nesse sentido, hora-aula pode ser convencionada e pactuada, seja nos projetos de curso, seja nos acordos coletivos, conforme entendimento das partes envolvidas. Já hora é uma dimensão absoluta de tempo relacionado à carga de trabalho do aluno, manifestando uma quantificação do conteúdo a ser apreendido. A inadequada compreensão da distinção entre hora e hora-aula e a concepção restrita desta última, como sendo apenas atividade de preleção em sala, têm originado algumas confusões e interpretações equivocadas. A Secretaria de Educação Profissional e Tecnológica (SETEC), por exemplo, utiliza nos seus formulários de avaliação o conceito de 'horacurrículo', com duração fixada em 'hora de 60 minutos', que se constitui na unidade de mensuração das estruturas curriculares dos cursos tecnológicos avaliados, nos processos de autorização e reconhecimento. Entende a Comissão que a questão precisa ser resolvida estritamente sob o foco educacional, o que não significa desconsiderar a existência de outros componentes como econômico, corporativo profissional, trabalhista. No país, ainda predomina o entendimento equivocado de que o processo educacional se restringe ao ensino em sala de aula, um viés explicável pela própria origem de nosso ensino superior, onde prevalecia a figura do lente catedrático que concentrava em si o domínio da cadeira ministrada. Tal perspectiva reducionista conduziu, por assim dizer, à 'aulificação' do saber, isto é, à mensuração do processo educacional em termos de carga horária despendida em sala de aula, por meio de atividades de preleção. Experiências internacionais indicam a necessidade de se transferir o entendimento do processo educacional antes concentrado na ótica docente — ensino desenvolvido através de horas em sala de aula — para a do discente — carga de trabalho necessário para aquisição de saber. Em outros termos, deve-se pensar o processo educacional como sendo um volume de conhecimento a ser apreendido pelo estudante, o que pode ocorrer mediante formas variadas de transmissão, de acordo com a especificidade do curso e em conformidade com seu projeto pedagógico".
(6) CRUZ, José Alcimar de Oliveira. *Direito do trabalho* — Profissões regulamentadas sistematizado. São Paulo: LTr, 2012. p. 131.

(7) FERRAZ, Sérgio. *Duração do trabalho e repouso remunerado.* São Paulo: RT, 1977. p. 106.

O mencionado dispositivo estabelece um intervalo intrajornada especial (intervalo intercalar), ao preceituar que num mesmo estabelecimento de ensino não poderá o professor dar, por dia, mais de 4 (quatro) aulas consecutivas, nem mais de 6 (seis), intercaladas.

O dispositivo legal não fala sobre o momento da concessão e da duração desse intervalo intercalar, devendo ser no mínimo de uma hora e ser concedido de forma que as aulas consecutivas e as complementares das seis intercaladas fiquem em turnos diferentes da jornada de trabalho.

Exemplificando: se o professor ministrar 4 aulas consecutivas no turno da manhã, as outras 2 serão ministradas no turno vespertino ou noturno; se ministrar 3 aulas consecutivas no turno matutino, as outras 3 serão ministradas nos outros turnos (vespertino ou noturno), e assim por diante.

Neste sentido, são as ementas selecionadas e transcritas a seguir, no item 6, reservado à Jurisprudência.

Quando o intervalo obrigatório não for concedido pelo empregador, este ficará obrigado a remunerar o período correspondente, com um acréscimo de no mínimo 50% (cinquenta por cento) sobre o valor da remuneração da hora normal de trabalho (art. 71, § 4º), além de o empregador ficar sujeito a ser autuado pela fiscalização do trabalho, pelo não cumprimento da legislação.

Na prática, normalmente, os estabelecimentos de ensino, por liberalidade, concedem entre as aulas um intervalo de 5 (cinco) a 10 (dez) minutos e entre a segunda e terceira aula, um intervalo maior de 15 (quinze) a 20 (vinte) minutos.

Estes intervalos representam tempo à disposição do empregador, nos termos da Súmula n. 118 do TST:

> *Jornada de trabalho. Horas extras. Os intervalos concedidos pelo empregador na jornada de trabalho, não previstos em lei, representam tempo à disposição da empresa, remunerados como serviço extraordinário, se acrescidos ao final da jornada.*

O TST entende que *possui natureza salarial a parcela prevista no art. 71, § 4º, da CLT, com redação introduzida pela Lei n. 8.923, de 27 de julho de 1994, quando não concedido ou reduzido pelo empregador o intervalo mínimo intrajornada para repouso e alimentação, repercutindo, assim, no cálculo de outras parcelas salariais* (Súmula n. 437, III).

Como já explicitado em livro de nossa autoria, entendemos que o pagamento pela não concessão do intervalo para repouso e/ou alimentação não tem natureza salarial (não é contraprestação por serviço prestado), e sim indenizatória.

A não concessão do intervalo obrigatório representa conduta ilícita, violadora do princípio da dignidade da pessoa humana. Se o empregador não concede o intervalo intrajornada devido, viola direito da personalidade do empregado, direito à saúde, atingindo o princípio da dignidade da pessoa humana, ficando sujeito à reparação (indenização) pelo dano causado. O direito ao intervalo obrigatório é direito fundamental do trabalhador; se desrespeitado pelo empregador, causa dano moral ao empregado, que deve ser indenizado (art. 927, *caput*, do CCB, c/c art. 5º, X, da CF/1988). Desta forma, a natureza jurídica do pagamento correspondente ao período do intervalo não concedido é indenizatória, sendo que o § 4º, do art. 71, da CLT, apenas fixa os parâmetros para o estabelecimento do valor da indenização pela inobservância da concessão do intervalo.[8]

4. INTERVALO INTERJORNADAS

Entre duas jornadas de trabalho haverá um período mínimo de onze horas consecutivas para descanso (CLT, art. 66).

No artigo anteriormente transcrito, a CLT estabelece a regra geral, disciplinando que, entre a jornada de um dia e a do dia seguinte, haverá um intervalo mínimo de 11 horas consecutivas para descanso, tendo o empregado um período maior para recompor as energias.

O desrespeito ao intervalo mínimo de 11 horas resulta em pagamento de horas extras, conforme entendimento da OJ n. 355, da SBDI-1, do TST:

> *Intervalo interjornadas. Inobservância. Horas extras. Período pago como sobrejornada. Art. 66 da CLT. Aplicação analógica do § 4º do art. 71 da CLT. O desrespeito ao intervalo mínimo interjornadas previsto no art. 66 da CLT acarreta, por analogia, os mesmos efeitos previstos no § 4º do art. 71 da CLT e na Súmula n. 110, do TST, devendo-se pagar a integralidade das horas que foram subtraídas do intervalo, acrescidas do respectivo adicional.*

---
(8) CORTEZ, Julpiano Chaves. *Prática trabalhista — cálculos*. 16. ed. São Paulo: LTr, 2013. p. 63.

Por sua vez, o Precedente Administrativo n. 84 da SIT/MTE orienta:

> *Jornada. Intervalo interjornadas de 11 horas e descanso semanal de 24 horas. O intervalo interjornada corresponde ao lapso temporal de 11 horas consecutivas que deve separar uma jornada e outra de trabalho. Tal intervalo não se confunde ou se compensa com o descanso semanal remunerado, de 24 horas consecutivas. Entre módulos semanais somam-se os dois intervalos: 11 horas (entre dias) e 24 horas (entre semanas), totalizando, pois, 35 horas. (Referência normativa: arts. 66 e 67 da CLT)*

A respeito da natureza jurídica do pagamento do intervalo intrajornadas, reportamo-nos ao nosso posicionamento externado no item anterior.

Como o art. 318 da CLT foi omisso a respeito do intervalo interjornadas, aplica-se aos professores a regra geral do art. 66 que procura assegurar não apenas a saúde (física e mental) e a segurança do trabalhador, mas também a sua integração à família e à sociedade.

Exemplificando: em um mesmo estabelecimento de ensino, se a jornada de trabalho do professor findar às 22 horas de um dia, para que ele usufrua do intervalo interjornadas de 11 horas, a sua jornada, no dia seguinte, deverá ter início às 9 horas. Não respeitado o intervalo mínimo de 11 horas, segundo a OJ n. 355 da SBDI-1, o professor fará jus às horas que foram suprimidas do intervalo, como horas extras.

5. REGISTRO DA JORNADA DE TRABALHO

A CLT, como regra geral, exige que para os estabelecimentos com mais de dez empregados será obrigatória a anotação da hora de entrada e de saída, em registro manual (livro de ponto, folha de presença etc.), mecânico (cartão de ponto) ou eletrônico (cartão magnético), conforme instruções do MTb, devendo haver pré-assinalação do período de repouso (§ 2º, art. 74 da CLT).

As normas especiais de tutela do professor não tratam do sistema de controle da jornada de trabalho, aplicando-se a regra geral prevista no § 2º do art. 74 da CLT.

Portanto, em todo estabelecimento de ensino com mais de dez empregados, será obrigatória a anotação da hora de entrada e saída, em registro manual, mecânico ou eletrônico.

No caso específico do professor empregado, o registro manual pode ser o próprio "diário de classe", que é assinado pelo docente e onde constam os nomes dos alunos, para efeito de chamada, e o professor lança a matéria ministrada do dia e, às vezes, as notas de averiguação de aprendizagem.

Por último, lembramos que o estabelecimento de ensino, como qualquer empregador, está sujeito à fiscalização do Ministério do Trabalho e Emprego.

Portanto, os professores, ao serem admitidos, devem possuir a Carteira de Trabalho e Previdência Social (CTPS), em que são feitas as devidas anotações; os docentes devem ser registrados em livros próprios, fichas ou sistema eletrônico.

Em síntese, o estabelecimento de ensino deve cumprir todas as formalidades administrativas pertinentes e necessárias, sob pena de ser autuado pela fiscalização trabalhista.

Precedente Administrativo n. 42 da SIT/MTE
Jornada. Obrigatoriedade de controle
Os empregadores não sujeitos à obrigação legal de manter sistema de controle de jornada de seus empregados, mas que deles se utilizam, devem zelar para que os mesmos obedeçam à regulamentação específica eventualmente existente para a modalidade que adotarem. Caso o auditor fiscal do trabalho tenha acesso a tal controle, poderá dele extrair elementos de convicção para autuação por infrações, já que o documento existe e é meio de prova hábil a contribuir na sua convicção.

6. JURISPRUDÊNCIA

Súmulas do TST[9]

110. Jornada de trabalho. Intervalo
No regime de revezamento, as horas trabalhadas em seguida ao repouso semanal de 24 horas, com prejuízo do intervalo mínimo de 11 horas consecutivas para descanso entre jornadas, devem ser remuneradas como extraordinárias, inclusive com o respectivo adicional.

118. Intervalos concedidos por liberalidade. Horas extras
Os intervalos concedidos pelo empregador na jornada de trabalho, não previstos em lei, representam tempo à disposição da empresa, remunerados como serviço extraordinário, se acrescidos ao final da jornada.

---

(9) COSTA, Armando Casimiro. MARTINS, Melchíades Rodrigues. CLARO, Sonia Regina da S. *CLT — LTr*. 41. ed. São Paulo: LTr, 2013, vol. II — Jurisprudência.

338. Jornada de trabalho. Registro. Ônus da prova (incorporadas as Orientações Jurisprudenciais ns. 234 e 306 da SBDI-1) — Res. n. 129/2005, DJ 20, 22 e 25.4.2005

I — *É ônus do empregador que conta com mais de 10 (dez) empregados o registro da jornada de trabalho na forma do art. 74, § 2º, da CLT. A não-apresentação injustificada dos controles de frequência gera presunção relativa de veracidade da jornada de trabalho, a qual pode ser elidida por prova em contrário. (ex-Súmula n. 338 — alterada pela Res. n. 121/2003, DJ 21.11.2003)*

II — *A presunção de veracidade da jornada de trabalho, ainda que prevista em instrumento normativo, pode ser elidida por prova em contrário. (ex-OJ n. 234 da SBDI-1 — inserida em 20.6.2001)*

III — *Os cartões de ponto que demonstram horários de entrada e saída uniformes são inválidos como meio de prova, invertendo-se o ônus da prova, relativo às horas extras, que passa a ser do empregador, prevalecendo a jornada da inicial se dele não se desincumbir. (ex-OJ n. 306 da SBDI-1 — DJ 11.8.2003)*

437. Intervalo intrajornada para repouso e alimentação. Aplicação do art. 71 da CLT (conversão das Orientações Jurisprudenciais ns. 307, 342, 354, 380 e 381 da SBDI-1) — Res. n. 185/2012, DEJT divulgado em 25, 26 e 27.9.2012

I — *Após a edição da Lei n. 8.923/94, a não concessão ou a concessão parcial do intervalo intrajornada mínimo, para repouso e alimentação, a empregados urbanos e rurais, implica o pagamento total do período correspondente, e não apenas daquele suprimido, com acréscimo de, no mínimo, 50% sobre o valor da remuneração da hora normal de trabalho (art. 71 da CLT), sem prejuízo do cômputo da efetiva jornada de labor para efeito de remuneração.*

II — *É inválida cláusula de acordo ou convenção coletiva de trabalho contemplando a supressão ou redução do intervalo intrajornada porque este constitui medida de higiene, saúde e segurança do trabalho, garantido por norma de ordem pública (art. 71 da CLT e art. 7º, XXII, da CF/1988), infenso à negociação coletiva.*

III — *Possui natureza salarial a parcela prevista no art. 71, § 4º, da CLT, com redação introduzida pela Lei n. 8.923, de 27 de julho de 1994, quando não concedido ou reduzido pelo empregador o intervalo mínimo intrajornada para repouso e alimentação, repercutindo, assim, no cálculo de outras parcelas salariais.*

IV — *Ultrapassada habitualmente a jornada de seis horas de trabalho, é devido o gozo do intervalo intrajornada mínimo de uma hora, obrigando o empregador a remunerar o período para descanso e alimentação não usufruído como extra, acrescido do respectivo adicional, na forma prevista no art. 71, caput e § 4º da CLT.*

Orientações Jurisprudenciais da SBDI-1-TST

206. Professor. Horas extras. Adicional de 50%. Excedida a jornada máxima (art. 318 da CLT), as horas excedentes devem ser remuneradas com o adicional de, no mínimo, 50% (art. 7º, XVI, CF/1988). *(Inserida em 8.11.00)*

342. Intervalo intrajornada para repouso e alimentação. Não concessão ou redução. Previsão em norma coletiva. Invalidade. Exceção aos condutores de veículos rodoviários, empregados em empresas de transporte coletivo urbano (cancelada. Convertido o item I no item II da Súmula n. 437) — Res. n. 186/2012, DEJT divulgado em 25, 26 e 27.9.2012).

I — *É inválida cláusula de acordo ou convenção coletiva de trabalho contemplando a supressão ou redução do intervalo intrajornada porque este constitui medida de higiene, saúde e segurança do trabalho, garantido por norma de ordem pública (art. 71 da CLT e art. 7º, XXII, da CF/1988), infenso à negociação coletiva.*

II — *Ante a natureza do serviço e em virtude das condições especiais de trabalho a que são submetidos estritamente os condutores e cobradores de veículos rodoviários, empregados em empresas de transporte público coletivo urbano, é válida cláusula de acordo ou convenção coletiva de trabalho contemplando a redução do intervalo intrajornada, desde que garantida a redução da jornada para, no mínimo, sete horas diárias ou quarenta e duas semanais, não prorrogada, mantida a mesma remuneração e concedidos intervalos para descanso menores e fracionados ao final de cada viagem, não descontados da jornada.*

355. Intervalo interjornadas. Inobservância. Horas extras. Período pago como sobrejornada. Art. 66 da CLT. Aplicação analógica do § 4º do art. 71 da CLT. O desrespeito ao intervalo mínimo interjornadas previsto no art. 66 da CLT acarreta, por analogia, os mesmos efeitos previstos no § 4º do art. 71 da CLT e na Súmula n. 110, do TST, devendo-se pagar a integralidade das horas que foram subtraídas do intervalo, acrescidas do respectivo adicional.

393. Professor. Jornada de trabalho especial. Art. 318 da CLT. Salário mínimo. Proporcionalidade. (DEJT divulgado em 09, 10 e 11.6.2010). A contraprestação mensal devida ao professor, que trabalha no limite máximo da jornada prevista no art. 318 da CLT, é de um salário mínimo integral, não se cogitando do pagamento proporcional em relação a jornada prevista no art. 7º, XIII, da Constituição Federal.

394. Repouso semanal remunerado — RSM. Integração das horas extras. Não repercussão no cálculo das férias, do décimo terceiro salário, do aviso-prévio e dos depósitos do FGTS. (DEJT divulgado em 09, 10 e 11.6.2010). A majoração do valor do repouso semanal remunerado, em razão da integração das horas extras habitualmente prestadas, não repercute no cálculo das férias, da gratificação natalina, do aviso-prévio e do FGTS, sob pena de caracterização de *bis in idem*.

Ementas diversas

Jornada do professor

Ementa: A jornada do professor compreende quatro horas-aula consecutivas, ou seis, intercaladas (art. 318). O que exceder é serviço extraordinário. Constatado que a reclamante prestava horas-aula intercaladas, tendo recebido pagamento por todas, é devido apenas o adicional sobre as horas-aula excedentes da 6ª diária. [TRT 9ª Reg. — RO 0112/91 — (Ac. 1ª T. 6337/92) — Rel. Juiz Luiz Fernando Zornig Filho — DJPR, 21.8.92, p. 123]

Jornada do professor

Ementa: A jornada do professor está limitada ao máximo de 4 (quatro) aulas consecutivas ou 6 (seis) intercaladas. O que exceder desse limite é serviço extraordinário que deve ter remuneração superior, no mínimo, em 50% (cinquenta por cento) à do normal, sob pena de ofensa ao princípio da isonomia. [TST-RR 221.992/95.6 — (4ª T.) — Rel. Min. Leonaldo Silva — Apud CARRION (2001:322)]

Professor. Jornada de trabalho

Ementa: A jornada de trabalho do professor está limitada ao máximo de quatro aulas consecutivas ou seis intercaladas — art. 318 da CLT. O que exceder desse limite é serviço extraordinário que, por força do disposto no art. 7º, item XVI da Carta Magna, deve ter remuneração superior, no mínimo, em cinquenta porcento à do normal. Não se pode deixar de aplicar essa norma constitucional ao professor sem grave ofensa ao princípio da isonomia insculpida no art. 5º, caput: todos são iguais perante a lei, sem distinção de qualquer natureza. [TRT 3ª Reg. — RO 08259/89 — Rel. Sebastião G. Oliveira — DJ/MG de 21.2.1995, p. 48 — Apud SADY (1996:41)]

Professor. Hora extra. Jornada de oito horas diárias

Ementa: O professor tem jornada legal definida pelo artigo 318 consolidado. Significando que o mesmo somente pode ministrar quatro horas/aulas diárias consecutivas ou seis horas/aulas diárias escalonadas. Entretanto, nenhum óbice legal encontra a contratação deste profissional para que realize, em favor do mesmo empregador afazeres outros, tais como confecção de trabalho de pesquisa em apoio a outros professores, tendo então sua jornada legal regida pela norma comum, inciso XIII do artigo 7º da Carta política, de oito horas diárias, nestas incluída a jornada laborada no magistério. Imperioso que tal mister não se constitua de atividades extra classe — aquelas destinadas a complementar o trabalho desenvolvido pelo professor em sala de aula, sob pena de que este labor seja considerado extraordinário. [TRT 9ª Reg. — PR-RO 6679/95 — (Ac. 5ª T. 07420/96, 15.2.96) — Rel. Juiz José Canisso — Apud Revista LTr 60-07/974]

Professor. Jornada extraordinária de trabalho. Adicional

Ementa: Havendo a prestação de horas excedentes, sem qualquer acréscimo na remuneração da jornada de trabalho do professor, não há dúvida quanto à incidência de regra geral, incerta no art. 7º, XVI, da Carta. E o adicional sobre as horas excedentes neste caso é devido, na forma do art. 59 da CLT, já que a forma de remuneração dos professores, previsto nos arts. 318 e 321 da CLT, relaciona-se às aulas excedentes ao número contratualmente ajustado. Ademais, o pagamento do adicional visa desestimular a prática da prestação de serviços além do limite fixado. Recurso de Revista conhecido e provido. [TST RR 233541/95.5 — (Ac. 2ª T., 5.8.98) — Rel. Min. José Luciano de Castilho Pereira — Apud Revista LTr 62-09/1230]

Jornada do professor

Ementa: Jornada do professor — Diferenças salariais. Da exegese do artigo 318 da CLT, depreende-se que inexiste o limite máximo de seis horas de trabalho para o professor, mas sim de seis horas-aula, num mesmo estabelecimento de ensino, o que leva à conclusão que a jornada de trabalho do professor é de, no máximo, seis horas-aula diárias. [TST-RR-251.342/96 — (2ª T.) — Rel. Min. Moacyr Roberto Tesch Auersvald — DJU, 20.11.1998, p. 185 — Apud ALMEIDA (2009:151)]

Horas extras. Intervalo intrajornadas

Ementa: Não se confundem horas extras, que são deferidas em razão do labor extraordinário, com o pagamento do intervalo intrajornadas não concedido pelo reclamado, cuja previsão é encontrada no § 4º, do art. 71, da CLT, acrescentado pela Lei n. 8.923, de 17.7.1994. Assim, havendo fatos geradores diversos, não há que se falar em bis in idem. (TRT-18ª Reg., RO 0026/97, Rel. Juiz Breno Medeiros — DJGO, n. 12.554, de 14.5.1997, p. 75)

Jornada de trabalho do professor. Limitação. Nulidade

Ementa: Jornada de trabalho do professor — Limitação — Nulidade — A jornada do professor está limitada ao máximo de 04 (quatro) aulas consecutivas ou 06 (seis) intercaladas, na forma do preconizado pelo art. 318 da CLT. O que exceder desse limite é serviço extraordinário que, por força do art. 7º, inciso XVI, da Carta Magna, deve ter remuneração superior, no mínimo em 50% (cinquenta por cento) à do normal, sob pena de ofensa ao princípio da isonomia, insculpido no art. 5º, "caput", da CF/88. Como a lei fixa a jornada do professor em tais regramentos não é lícito estipular ajustes de outro modo, sendo tais pactos nulos de pleno direito e, a remuneração pactuada corresponderá à jornada normal fixada pelo art. 318 da CLT. [TRT 2ª Reg. — RO 02980576675 — (Ac. 19990578128 — 4ª T.) — Rel. Juiz Hideki Hirashima — Julgamento: 26.10.1999 — Publicação: 12.11.1999]

Professor. Adicional de hora extra

Ementa: Havendo descumprimento da jornada máxima consignada pela Lei Consolidada, deve o empregador sujeitar-se ao pagamento do adicional pelo trabalho suplementar. Entendimento contrário, tornaria letra morta o contexto legal pertinente à matéria em epígrafe, porquanto a remuneração do trabalho extraordinário de forma superior ao normal virá, exatamente, desestimular a prática reiterada de exigir do professor a prestação de serviços além do limite fixado. Recurso não provido. [TST-E-RR 221.992/95.6 — (Ac . SBDI-1, 22.2.99 — Rel. Min. José Luiz Vasconcellos — Apud Revista LTr 63-03/354]

Professor. Critério de apuração do salário-hora

Ementa: Professor. Critério de apuração do salário-hora para os professores. Da interpretação do artigo 318 da CLT extrai-se que não existe limite máximo de 06 (seis) *horas de trabalho para os professores, mas a proibição de o professor, no mesmo estabelecimento, dar, por dia, mais de quatro aulas consecutivas, ou mais de seis, intercaladas. Assim, não há que se falar em jornada especial do professor, limitada ao máximo de 06 horas-aula por dia, devendo ser mantida a decisão do Regional que indeferiu o pedido de pagamento de diferenças salariais a partir de julho e agosto/93, pela aplicação da regra de cálculo do salário-hora preconizada na Lei n. 8.542/92 (artigo 6º, §§ 1º e 2º). Recurso de Revista desprovido. [TST-RR 504.777, de 1998, j. 3.10.2001 — (3ª T.) — Rel. Min. Carlos Alberto Reis de Paula — DJ, 19.10.2001 — Apud ALMEIDA (2009:153)]*

Professor. Horas extras. Intervalo para recreio

Ementa: Professor. Horas extras. Intervalo para recreio. Conforme disposição expressa no art. 318 da CLT, o número de aulas em um mesmo estabelecimento de ensino não poderá ultrapassar o limite de quatro aulas consecutivas ou seis intercaladas. Resta evidenciado na hipótese dos autos que o professor ministrou aulas excedentes à sua carga horária normal, pois a concessão de intervalo para recreio não tem condão para descaracterizar a continuidade das aulas prestadas, pelo que impõe-se a reforma da sentença para que seja deferido o pagamento de horas extras sobre as aulas excedentes à jornada estabelecida na lei. [TRT 10ª Reg. — RO 01026-2004-008-10-00-3 — (Ac. 3ª T.) — Rel. Juiz Braz Henriques de Oliveira — Publicado em 29.4.2005]

Professor. Aulas intercaladas. Horas extras

Ementa: Professor. Aulas intercaladas. Horas extras. No art. 318, CLT, a previsão de aulas intercaladas não contém determinação sobre a forma em que elas ocorreriam. Esse aspecto, relativo ao limite da jornada de trabalho do professor, tem caráter nitidamente interpretativo, a reclamar o cotejo de teses, mediante transcrição de arestos em que consignado entendimento diverso do adotado pelo eg. Tribunal Regional, exigência que não foi observada pela reclamada. Agravo de instrumento a que se nega provimento. (TST-AIRR-1065140-46.2003.5.09.0013 — (1ª T.) — Relª Juíza Convocada: Maria do Perpétuo Socorro Wanderley de Castro — DJ 22.9.2006]

Professor. Prestação de horas extras

Ementa: Professor. Prestação de horas extras. O art. 318 da CLT dispõe que a jornada de trabalho do professor limita-se a 04 (quatro) horas aulas consecutivas ou 06 (seis) intercaladas, em um mesmo estabelecimento de ensino. Evidenciado o acréscimo de 02 (duas) horas diárias, remuneradas de forma simples, tem-se por caracterizado o trabalho extraordinário, impondo-se o pagamento do adicional de horas extras de 50% (cinquenta por cento) sobre as excedentes da 6ª (sexta) diária. Recurso ordinário do Reclamante a que se dá parcial provimento. [TRT 9ª Reg. — RO 20798-2004-007-09-00-3 — (Ac. 23034-2008 — 1ª T.) — Rel. Ubirajara Carlos Mendes — DPJR 4.7.2008]

Professor. Intervalo intrajornada

(...) Adicional de horas extras. A concessão de intervalo de 20 minutos, destinado ao descanso do professor, é insuficiente para a configuração da quebra da consecutividade, que reclama a existência de um tempo mínimo de uma hora-aula, salvo havendo previsão em norma coletiva. 3. Recurso ordinário conhecido e parcialmente provido. [TRT 10ª Reg. RO-01275-2007-017-10-00-2 — (Ac. 2ª T.) — Rel. Juiz Gilberto Augusto Leitão Martins — DJU 2.5.2008]

Ensino fundamental infantil. Jornada do professor inaplicabilidade do art. 318 da CLT

Ementa: Ensino fundamental infantil. Jornada do professor inaplicabilidade do art. 318 da CLT. O ensino fundamental possui no primeiro de seus espectros a educação infantil, cuja natureza não se coaduna com o conceito de número de aulas previsto no art. 318 da CLT, para efeito de delimitação da jornada de trabalho do professor. Interpretação esta em melhor consonância com o espírito da lei que, com certeza, não foi o de inflingir ao ensino infantil o prejuízo educacional de sucessivas trocas de professores, em detrimento da melhor formação e aprendizagem dos alunos, que em tenra idade iniciam a formação escolar, em preparo à cidadania. [TRT 2ª Reg. — RO 00360-2007-491-02-00-0 — (6ª T. — Ac. 20080492422) — Rel. Valdir Florindo — Publicação: 13.6.2008]

Professor. Intervalo interjornada

Ementa: Intervalo interjornada. Professor. O art. 66 da CLT determina o período mínimo de 11 horas consecutivas para descanso entre duas jornadas de trabalho. O desrespeito a esse intervalo mínimo afronta diretamente a norma de proteção ao trabalhador, sendo devido, nesse caso, o pagamento de horas extras, correspondentes ao tempo suprimido do intervalo, mesmo em se tratando de professor, porquanto as normas trabalhistas gerais se aplicam às categorias diferenciadas e regulamentadas, naquilo em que não lhes contradizem. [TRT 3ª Reg. — RO 00461-2008-090-03-00-7 — (2ª Turma) — Rel. Des. Anemar Pereira Amaral — DJU 18.5.2009, p. 156]

Professor. Intervalo. Inaplicabilidade do art. 71 da CLT

Ementa: Professor. Intervalo. Inaplicabilidade do art. 71 da CLT. A jornada de trabalho do professor está regulada no art. 318 da CLT, que estabelece que o número de aulas não pode ultrapassar o limite fixado de quatro consecutivas ou seis intercaladas. Inaplicável o art. 71 da CLT, portanto, porque a mencionada disposição é incompatível com a norma inscrita no art. 318 da CLT.[TRT 9ª Reg. — RO 15582.2005.010.09.00-0 — (AC.26403/08 — 5ª T.) — Rel. Dirceu Pinto Júnior — DJPR, 22.7.2008]

Professores. Registros das jornadas

Ementa: Professores. Registros das jornadas. As disposições específicas constantes da Seção XII, Capítulo I, Título III ("Das normas especiais de tutela do trabalho") da CLT não excepcionam os professores das regras gerais, concernentes aos registros de horários, previstas no artigo 74, § 2º, da CLT. Os artigos 318 a 324 da CLT disciplinam apenas circunstâncias relativas à duração do trabalho do professor, e não tratam do registro das jornadas.

Portanto, à exceção das disposições especiais quanto à duração do trabalho — mais benéficas aos professores — prevalecem os preceitos do Capítulo II da CLT quanto aos registros das jornadas também para essa categoria. [TRT 9ª Reg. — RO 00368-2005-023-09-00-5 — (Ac. 23934 — 4ª Turma) — Relª Desª Márcia Domingues — DJPR 8.7.2008]

Professor. Valor da hora-aula. Carga horária

Ementa: Professor. Valor da hora-aula. Carga horária — A "duração" da hora-aula (50 minutos) do professor não pode ser confundida com a "remuneração" daquela mesma hora-aula, a qual indubitavelmente deve considerar sempre a hora de 60 minutos. Em momento algum a lei ou a norma coletiva estipula que todas as 40 horas semanais a serem cumpridas pelo professor em regime de dedicação integral devem ser, cada uma, de 50 minutos. Uma hora é uma hora e tem 60 minutos em qualquer lugar, excetuando-se a ficção do artigo 73 da CLT, que não vem ao caso. Em outras palavras, em momento algum a lei ou a norma coletiva fixaram a hora do professor em 50 minutos, o que elas fazem é apenas determinar que cada aula ministrada deve ter 50 minutos, o que é bem diferente. Não compete ao Judiciário, ao arrepio da lei ou da norma coletiva, estipular jornada reduzida específica para o professor. [TRT 3ª Reg. — RO 00498-2008-059-03-00.3 — (8ª T.) — Relª Desª Cleube de Freitas Pereira — Publicação: 21.2.2009]

Professor. Intervalo intrajornada. Horas extraordinárias

Ementa: Intervalo intrajornada — Professor — Horas extraordinárias — Art. 318 da CLT — Quatro aulas consecutivas ou seis intercaladas — Recreio — Tempo à disposição. O art. 318 da CLT prevê a impossibilidade de o professor ministrar, por dia, mais de quatro aulas consecutivas ou seis intercaladas, hipóteses nas quais restaria configurado o direito à percepção de horas extraordinárias. Não prospera, assim, nenhum argumento no sentido de que as aulas prestadas após intervalo de apenas quinze minutos devem ser tidas como intercaladas, e não consecutivas, pois tal entendimento tornaria inócua a segunda parte do dispositivo legal em questão, já que tal lapso, por tão exíguo, impede que o professor se dedique a outros afazeres fora do ambiente de trabalho. Tal intervalo, nacionalmente conhecido como recreio, não pode ser contado como interrupção de jornada, e sim como efetivo horário de trabalho para fins de contagem das quatro horas a que se refere o art. 318 da CLT. Assim, se a duração da hora aula do professor no período diurno é de cinquenta minutos, conforme o art. 4º da Portaria n. 204/45 do Ministério da Educação, e o intervalo de recreio dos alunos é tempo à disposição para o professor, computando-se na jornada, deverá ser considerada como extraordinária a remuneração das aulas a partir da quarta consecutiva, e não a partir da sexta intercalada diária, como fixado na decisão recorrida, em observância à norma do art. 318 da CLT. Recurso de revista conhecido e provido. [TST-RR-64800-39.2006.5.15.0081 — (1ª T.) — Rel. Min. Luiz Philippe Vieira de Mello Filho — DEJT 6.11.2009]

Professor. Horas extras. Intercalação. Recreio

Ementa: Professor. Horas extras. Intercalação. Recreio. Nos termos do art. 318 da CLT, o professor, em um mesmo estabelecimento de ensino, não poderá ministrar, por dia, quatro aulas consecutivas, nem mais de seis, intercaladas, sendo que o intervalo para recreio, por não permitir o desenvolvimento pelo professor das demais atividades curriculares, não descaracteriza a jornada consecutiva, devendo, portanto, serem remuneradas como extras as aulas a partir da quarta consecutiva. Recurso de revista conhecido e não provido. [TST-RR — 2276800-08.1999.5.09.0003 — (2ª T.) — Rel. Min.: Vantuil Abdala — DEJT 5.2.2010]

Professor. Horas extras

Ementa: Município de cruz machado. Professor. Exigência de jornada compl. horas extras. O art. 318 da CLT dispõe que a jornada de trabalho do professor limita-se a 04 (quatro) horas aulas consecutivas ou 06 (seis) intercaladas, em um mesmo estabelecimento de ensino. Evidenciado o acréscimo de horas diárias de maneira habitual, remuneradas de forma simples ao fundamento de substituição temporária que não restou demonstrada, tem-se por caracterizado o trabalho extraordinário, impondo-se o pagamento das horas excedentes da 4ª diária e 20ª semanal, de forma não cumulativa. Recurso do Reclamado a que se nega provimento, no particular. [TRT 9ª Reg. — RO 00660-2008-026-09-00-0 — (Ac. 23276-2009 — 1ª T.) — Rel. Ubirajara Carlos Mendes — DJPR em 21.7.2009]

Professor. Horas extras. Intervalo para recreio

Ementa: Professor. Horas extras. Intervalo para recreio. Art. 318 da CLT. O art. 318 da Consolidação das Leis do Trabalho não define, em sua literalidade, qual o lapso necessário a caracterizar as aulas intercaladas, não cabendo, pois, a alegação, com fundamento em tal dispositivo, de que o intervalo, mais conhecido como "recreio", descaracterize a jornada consecutiva. Precedentes. Agravo de Instrumento a que se nega provimento. [TST-AIRR 53640-58.2007.5.10.0004 — (Ac. 3ª T.) — Rel. Min. Horácio Raymundo de Senna Pires]

Professores. Intervalo interjornada

Ementa: Professores — Intervalo interjornada — O regramento próprio atinente à categoria profissional dos docentes — arts. 317 a 324, da CLT — não contém disposição que exclua do professor o direito ao intervalo interjornada, previsto no artigo 66 consolidado. [TRT 3ª Reg. — RO 0001460-38.2010.5.03.0139 — (9ª Turma) — Relª Ana Maria Espi Cavalcanti — Data de Publicação: 13.7.2011]

Professor. Intervalo interjornadas

Ementa: Professor. Intervalo interjornada. É ressabido que a CLT, nos seus arts. 317 a 324, estabelece regras próprias à categoria dos professores, inclusive em relação à jornada máxima e remuneração. Entrementes, tais dispositivos nada regulam, especificamente, quanto ao intervalo interjornadas, o que torna forçoso concluir que à categoria também se aplica a regra do regime geral contido no Capítulo II, seção III, da CLT, até por força da isonomia constitucional. Neste contexto, os professores fazem jus ao intervalo interjornadas previsto no art. 66 da CLT, sendo que eventual descumprimento do dispositivo celetista acarreta o pagamento, como extra, das horas sonegadas. Ademais, a norma visa a proteção da saúde do trabalhador e se aplica perfeitamente à citada categoria diferenciada por não contradizer com as normas específicas aplicáveis aos professores. Nesse sentido, tem decidido o C. TST. [TRT 3ª Reg. — RO 00646-2010-013-03-00-7 — (7ª T.) — Rel. Juiz Conv. Mauro Cesar Silva — Julgamento: 22.8.2011 — Publicação: 1º.9.2011]

Intervalo interjornada. Professor

Ementa: Intervalo interjornada — Professor. Embora a categoria dos professores tenha normas próprias relativas à remuneração e à jornada de trabalho (arts. 317/324 da CLT) não existem normas específicas que regulam o intervalo entre duas jornadas, o que implica na aplicação das regras gerais relativas aos períodos de descanso interjornada estabelecido no art. 66 da CLT, mesmo porque a exceção do art. 57 da CLT não afasta a incidência das disposições referentes aos períodos de descanso à categoria dos professores. [TRT 3ª Reg. — RO 0001318-42.2010.5.03.0104 — (4ª T.) — Rel. Conv. Paulo Maurício Ribeiro Pires — Julgamento: 22.6.2011 — Publicação: 4.7.2011]

Horas extras. Professor. Empregado horista. Registros da jornada

Ementa: Horas extras. Professor. Empregado horista. Registros da jornada. A forma de pagamento do salário do empregado, por hora ao invés de por mês, não exime o empregador de manter os registros de controle da jornada, nos termos do art. 74, § 2º, da CLT, e pagar as horas extras realizadas, com fundamento, no caso, no art. 318 da CLT. Aplica-se a Súmula n. 338, itens I e II, do TST, presumindo-se verdadeira a jornada indicada na inicial no aspecto em que não afastada pela prova testemunhal. [TRT 4ª Reg. — RO 0000984-54.2010.5.04.0403 — (6ª T.) — Data de Julgamento: 21.9.2011]

Professor. Complementação da carga horária. Horas extras verificadas

Ementa: Professor. Complementação da carga horária. Horas extras verificadas. Adicional de 50% devido. Comprovado nos autos o pagamento de horas laboradas além da carga horária admitida pelo reclamado, devido o adicional de 50% sobre tais parcelas porquanto tratar-se, na realidade, de horas extraordinárias mascaradas sob o título de "horas de complementação da carga horária". [TRT 10ª Reg. — RO 01710-2010-016-10-00-8 — (2ª T.) — Relª Desª Maria Piedade Bueno Teixeira — Julgamento: 9.12.2011]

Intervalo interjornada. Subtração. Indenização devida. Horas extras

Ementa: Intervalo interjornada. Subtração. Indenização devida. Considerando que os próprios controles de frequência apresentados pelo reclamado registram que os horários cumpridos pela reclamante implicavam na redução de duas horas do intervalo interjornada, devido o pagamento das horas subtraídas como extras. Recurso do reclamado não provido. TRT 10ª Reg. — RO 01710-2010-016-10-00-8 — (2ª T.) — Relª Desª Maria Piedade Bueno Teixeira — Julgamento: 9.12.2011]

Professor. Atividade extra-classe. Horas extras

Ementa: Professor. Atividade extra-classe. A atividade do professor não está adstrita à aplicação de aulas. Assim, as tarefas atinentes aos lançamentos de notas e faltas de alunos nos sistemas de registros do reclamado estão compreendidas no contrato de trabalho do professor, porquanto ínsitas à referida função. Logo, as horas laboradas em razão de registro de notas e faltas são remuneradas nos termos do art. 320, caput/CLT. Recurso da reclamante não provido. [TRT 10ª Reg. — RO 01710-2010-016-10-00-8 — (2ª T.) — Relª Desª Maria Piedade Bueno Teixeira — Julgamento: 9.12.2011]

Intervalo de quinze minutos, por turno trabalhado, previsto em convenção coletiva de trabalho. Ausência de concessão. Pagamento devido

Ementa: (...) 2. Intervalo de quinze minutos, por turno trabalhado, previsto em convenção coletiva de trabalho. Ausência de concessão. Pagamento devido. 2.1. Hipótese em que a Reclamante pleiteia o pagamento do intervalo de quinze minutos, por turno trabalhado, descrito em norma coletiva. 2.2. Acordo firmado entre as partes no sentido de que os quinze minutos sejam gozados ao final do turno configura desrespeito à norma coletiva, porquanto a redução da jornada laboral não se confunde com a pausa descrita no instrumento coletivo, tanto mais quando se trata de direito gravado de indisponibilidade absoluta — norma de proteção à segurança e medicina do trabalho —, o qual não pode ser transacionado em nível individual ou coletivo. 2.3. Inexistindo prova do gozo regular do intervalo, deve prevalecer a versão inicial de ausência de concessão do direito. Recurso conhecido e provido. [TRT 10ª Reg. — RO 00534-2011-101-10-00-7 — (3ª T.) — Rel. Douglas Alencar Rodrigues — Julgamento: 4.7.2011]

Intervalo interjornada. Professor

Ementa: Intervalo interjornada — Professor. Embora a categoria dos professores tenha normas próprias relativas à remuneração e à jornada de trabalho (arts. 317/324 da CLT) não existem normas específicas que regulam o intervalo entre duas jornadas, o que implica na aplicação das regras gerais relativas aos períodos de descanso interjornada estabelecido no art. 66 da CLT, mesmo porque a exceção do art. 57 da CLT não afasta a incidência das disposições referentes aos períodos de descanso à categoria dos professores. [TRT 3ª Reg. — RO 0001318-42.2010.5.03.0104 — (4ª T.) — Rel. Juiz Conv. Paulo Maurício Ribeiro Pires — Julgamento: 22/06/2011 — Publicação: 4.7.2011]

Professor. Jornada

Ementa: Professor. Jornada. A jornada de trabalho diária do professor, em cada estabelecimento de ensino, é limitada a, no máximo, 4 (quatro) aulas consecutivas ou 6 (seis) intercaladas, podendo, entretanto, lecionar em vários estabelecimentos no mesmo dia (CLT, art. 318). *[TRT 5ª Reg. — RO 0000771-21.2010.5.05.0015 — (1ª T. — Ac. 106948/2012 — Relª Juíza Marama Carneiro — Julgamento: 20.8.2012 — Publicação: 20.9.2012]*

Professora. Jornada de trabalho

Ementa: Professora. Jornada de trabalho. A jornada máxima de trabalho do professor, estabelecida no texto consolidado em razão da sujeição da categoria profissional às normas especiais de tutela, é de quatro horas consecutivas, e seis intercaladas, fazendo jus ao salário mínimo integral. [TRT 7ª Reg. — RO 0001513-56.2010.5.07.0026 — (1ª T.) — Julgamento: 26.4.2012 — DEJT 11.5.2012]

Professor. Jornada reduzida. Direito ao salário mínimo

Ementa: Professor. Jornada reduzida. Direito ao salário mínimo. A jornada especial do professor é considerada dia normal de trabalho, para todos os fins, inclusive o do artigo 76 da CLT. Se sujeito a quatro horas contínuas ou seis intercaladas de trabalho diário, faz jus o profissional à percepção integral do salário mínimo. [TRT 7ª Reg. — RO 0000145-75.2011.5.07.0026 — (1ª T.) — Rel. Antonio Marques Cavalcante Filho — Julgamento: 9.4.2012 — DEJT 17.4.2012]

Horas extraordinárias. Intervalo interjornada. Professor

Ementa: Agravo de instrumento. Horas extraordinárias. Intervalo interjornada. Professor. De conformidade com a jurisprudência desta Corte, o desrespeito ao intervalo mínimo interjornada previsto no artigo 66 da CLT implica pagamento das horas subtraídas, como extraordinárias, com o respectivo adicional, aplicando-se, por analogia, o disposto no artigo 71, § 4º, da CLT e na Súmula n. 110. Ademais, as normas contidas nos artigos 317 a 323 da CLT, ao tratarem da jornada especial de professores, não excluem dessa categoria o direito ao intervalo interjornada mínimo, de 11 horas, sendo-lhes, pois, aplicável a previsão contida no artigo 66 desse mesmo diploma legal. Inteligência da Orientação Jurisprudencial n. 355 da SBDI-1. Precedentes. Agravo de instrumento a que se nega provimento. [TST- AIRR 9015020105030020 901-50.2010.5.03.0020 — Rel. Guilherme Augusto Caputo Bastos — (2ª T.) — Julgamento: 9.5.2012 — DEJT 18.5.2012]

Professor. Intervalo interjornada

Ementa: Professor. Intervalo interjornada. O entendimento desta Corte é de que o desrespeito ao intervalo mínimo interjornadas previsto no art. 66 da CLT, aplicável à categoria dos professores, acarreta, por analogia, os mesmos efeitos previstos no § 4º do art. 71 da CLT e na Súmula n. 110 do TST, devendo-se pagar integralmente as horas que foram subtraídas do intervalo, acrescidas do respectivo adicional. Recurso de revista de que não se conhece. [TST-RR 10973820105030014 1097-38.2010.5.03.0014 — (6ª T.) — Relª Kátia Magalhães Arruda — Julgamento: 29.8.2012 — DEJT 31.8.2012]

Intervalo interjornada. Professor

Ementa: Intervalo interjornada. Professor. As disposições relativas à categoria profissional dos docentes (artigos 317 a 324 da CLT) não têm disposição que exclua do professor o direito ao intervalo interjornada, previsto no artigo 66 da CLT e que constitui norma básica de saúde e segurança do trabalhador. [TRT 3ª Reg. — RO 0001579-58.2011.5.03.0108 — Juíza Relatora Convocada — Sabrina de Faria Fróes Leão — Julgamento: 13.8.2013]

Professor. Intervalo intrajornada

Ementa: Intervalo intrajornada. Tempo à disposição. Os intervalos concedidos entre as aulas ministradas caracterizam tempo à disposição do empregador, nos termos do art. 4º da CLT, que assim dispõe: "Considera-se como de serviço efetivo o período em que o empregado esteja à disposição do empregador, aguardando ou executando ordens, salvo disposição especial expressamente consignada." Recurso de revista conhecido e provido. [TST-RR 1498500-39.2005.5.09.0011 — (6ª Turma) — Rel. Min. Maurício Godinho Delgado — DEJT 16.12.2011]

Professor. Intervalo intrajornada. Tempo efetivo de serviço

Ementa: Professor. Recreio. Cômputo do intervalo na jornada de trabalho. Tempo à disposição do empregador. O intervalo, nacionalmente conhecido como recreio, não pode ser contado como interrupção de jornada, já que tal lapso, por tão exíguo, impede que o professor se dedique a outros afazeres fora do ambiente de trabalho. Assim, constitui, para o professor, tempo à disposição do empregador, devendo ser computado como tempo efetivo de serviço, nos termos do art. 4º da CLT. [TST — RR 60-87.2011.5.09.0041 - (7ª Turma) — Rel. Min. Luiz Philippe Vieira de Mello Filho — DJET 25.10.2013]

Professor. Intervalo interjornada

Ementa: Professor. Intervalo interjornada de 11 horas. Art. 66 da CLT. A CLT, ao regular o trabalho dos professores (Título III, Capítulo I, Seção XII), não tratou do intervalo interjornada, valendo a regra geral prevista no art. 66. A inobservância do intervalo de 11 horas entre jornadas não configura mero ilícito administrativo, sendo tais horas devidas como extraordinárias. [TRT 2ª Reg. — Proc. 00014769720125020446 – (20131052556) – Rel. Manoel Antonio Ariano — Dje 4.10.2013 — In: Revista Síntese Trabalhista e Previdenciária n. 295, p. 168, ementa 31438]

Capítulo VI

REPOUSO SEMANAL REMUNERADO — FALTAS — INTERVALO DE 35 HORAS

CLT — Art. 319

Art. 319. Aos professores é vedado, aos domingos, a regência de aulas e o trabalho em exames.

1. Repouso semanal remunerado. 2. Faltas injustificadas. 3. Questão das 35 horas de intervalo. 4. Cálculo do RSR. 5. Repouso em dobro. 6. Aulas extras habituais. 7. Posicionamento administrativo. 8. Jurisprudência.

1. REPOUSO SEMANAL REMUNERADO

A CF/1988 preceitua que é direito dos trabalhadores urbanos e rurais, além de outros que visem à melhoria de sua condição social, repouso semanal remunerado, preferencialmente aos domingos (art. 7º, XV).

Segundo o art. 319 da CLT, fica assegurado aos professores o repouso semanal[1] aos domingos, e não em outro dia da semana.[2]

O artigo em questão não fala em pagamento do repouso semanal, apenas assegura o repouso semanal aos domingos, lembrando que a sua redação é original da CLT, de 1943.

A CLT (Decreto-lei n. 5.452/1943), como regra geral, disciplina o assunto nos arts. 67 a 70, estabelecendo a obrigatoriedade da concessão do repouso semanal e nos feriados, mas não determinando o seu pagamento.[3]

---

(1) Repouso semanal, também designado como descanso semanal, descanso hebdomadário, repouso ou folga semanal e outras tantas denominações.

(2) A explicação para que o repouso semanal seja aos domingos é de ordem religiosa, pela influência do cristianismo, devido o domingo ser considerado o dia da ressurreição de Jesus Cristo. Segundo Geoffrey Blainey, a prática rígida dos judeus era trabalhar seis dias na semana e, no sétimo dia, praticar sua religião e descansar. Esse sétimo dia, de acordo com sua crença, era o sábado. (*Uma breve história do mundo*. 2. ed. São Paulo: Fundamento, 2009. p. 97)

(3) Art. 67. Será assegurado a todo empregado um descanso semanal de 24 (vinte e quatro) horas consecutivas, o qual, salvo motivo de conveniência pública ou necessidade imperiosa do serviço, deverá coincidir com o domingo, no todo ou em parte.
Parágrafo único. Nos serviços que exijam trabalho aos domingos, com exceção quanto aos elencos teatrais, será estabelecida escala de revezamento, mensalmente organizada e constando de quadro sujeito à fiscalização.
Art. 68. O trabalho em domingo, seja total ou parcial, na forma do art. 67, será sempre subordinado à permissão prévia da autoridade competente em matéria de trabalho.
Parágrafo único. A permissão será concedida a título permanente nas atividades que, por sua natureza ou pela conveniência pública, devem ser exercidas aos domingos, cabendo ao Ministro do Trabalho, Indústria e Comércio, expedir instruções em que sejam especificadas tais atividades. Nos demais casos, ela será dada sob forma transitória, com discriminação do período autorizado, o qual, de cada vez, não excederá de 60 (sessenta) dias.
Art. 69. Na regulamentação do funcionamento de atividades sujeitas ao regime deste Capítulo, os municípios atenderão aos preceitos nele estabelecidos, e as regras que venham a fixar não poderão contrariar

A obrigatoriedade legal do pagamento do repouso semanal só veio com a Constituição de 1946 e foi regulamentada pela Lei n. 605, de 5 de janeiro de 1949, que dispôs sobre o repouso semanal remunerado e o pagamento de salário nos dias de feriados civis e religiosos. Essa lei foi regulamentada pelo Decreto n. 27.048, de 12 de agosto de 1949.

Assim, como regra geral, todo empregado tem direito ao repouso semanal remunerado de 24 horas consecutivas, preferencialmente aos domingos, nos feriados civis e nos religiosos, nos termos da lei, desde que tenha trabalhado toda a semana, cumprindo integralmente o seu horário de trabalho (Lei n. 605/1949, arts. 1º e 6º, *caput*).

A Lei n. 605/1949 estabelece que a remuneração do repouso semanal corresponderá: (...) para os que trabalham por tarefa ou peça, o equivalente ao salário correspondente às tarefas ou peças feitas durante a semana, no horário normal de trabalho, dividido pelos dias de serviço efetivamente prestado ao empregador (art. 7º, letra *c*).

O professor que recebe salário mensal à base de hora-aula tem direito ao repouso semanal aos domingos, sendo remunerado com o acréscimo de 1/6, conforme dispõe a Súmula n. 351 do TST, transcrita a seguir (item 8).

Se o professor recebe salário fixo mensal, normalmente já vem embutido o valor dos repousos semanais e dos feriados legais.[4]

2. FALTAS INJUSTIFICADAS

As faltas legais ou justificadas são remuneradas e não prejudicam a remuneração do repouso semanal.

A Lei n. 605/1949 estabelece que não será devida a remuneração quando, sem motivo justificado, o empregado não tiver trabalhado durante toda a semana anterior, cumprindo integralmente o seu horário de trabalho (art. 6º, *caput*).

Por sua vez, o regulamento da Lei n. 605/1949 (Dec. n. 27.048) preceitua que perderá a remuneração do dia de repouso o trabalhador que, sem motivo justificado ou em virtude de punição disciplinar, não tiver trabalhado durante toda a semana, cumprindo integralmente o seu horário de trabalho (art. 11, *caput*).

Portanto, o professor que, sem motivo justificado, não trabalhar toda a semana, cumprindo integralmente a sua jornada de trabalho, perde a remuneração da(s) hora(s)-aula não trabalhada(s) e a remuneração do repouso semanal e do(s) feriado(s) da semana.[5]

As faltas legais são aquelas justificadas por lei, são ausências legais e que não podem ser descontadas da remuneração ou do salário, tampouco podem ser consideradas para qualquer efeito legal (repouso semanal remunerado, férias, 13º salário etc.).

A respeito de faltas legais, consultar o art. 6º, § 1º, da Lei n. 605/1949 e o item 5.3 do Capítulo VII.

3. QUESTÃO DAS 35 HORAS DE INTERVALO

A duração do repouso semanal e dos feriados será de 24 horas consecutivas, que, somadas às 11 horas do intervalo entre duas jornadas de trabalho (CLT, art. 66), totalizará 35 horas consecutivas de intervalo de descanso. Consultar a Súmula n. 110 do TST transcrita a seguir.

4. CÁLCULO DO RSR

Para o professor que ganha por hora-aula, o cálculo do valor do repouso semanal remunerado (RSR) pode ser efetuado da seguinte forma:

a) semanalista = salário semanal/6;

b) mensalista = salário mensal/6.

Exemplificando:

a) Professor que recebe por semana e dá 12 aulas, sendo o valor da hora-aula = R$ 120,00. O valor do RSR = (12 x 120,00) : 6 = R$ 240,00;

b) professor mensalista que dá 54 aulas no mês, sendo o valor da hora-aula = R$ 120,00. O valor do RSR = (54 x 120) : 6 = R$ 1.080,00.

---

tais preceitos nem as instruções que, para seu cumprimento, forem expedidas pelas autoridades competentes em matéria de trabalho.
Art. 70. Salvo o disposto nos artigos 68 e 69, é vedado o trabalho em dias de feriados nacionais e feriados religiosos, nos termos da legislação própria. (Redação dada pelo Decreto-lei n. 229, de 28.2.1967.)
(4) Repouso remunerado compreende o repouso semanal remunerado e os feriados legais.

(5) Semana é o período de dias que vai de domingo a sábado.

5. REPOUSO EM DOBRO

O art. 318, em questão, determina a obrigatoriedade do repouso semanal do professor no domingo, não podendo ser compensado por outro dia.

Quanto aos feriados, o artigo foi omisso, por razões já explicitadas. A Lei n. 605/1949, de aplicação analógica, preceitua: *Nas atividades que não for possível, em virtude das exigências técnicas das empresas, a suspensão do trabalho nos dias feriados civis e religiosos, a remuneração será paga em dobro, salvo se o empregador determinar outro dia de folga* (art. 9º).

A Súmula n. 146 do TST preceitua que o trabalho prestado em domingos e feriados, não compensado, deve ser pago em dobro, sem prejuízo da remuneração relativa ao repouso semanal.

Por sua vez, a Súmula n. 461 do STF determina: é duplo, e não triplo, o pagamento do salário nos dias destinados a descanso.

A OJ n. 410 da SDI-1 do TST entende que viola o art. 7º, XV, da CF a concessão de repouso semanal remunerado após o sétimo dia consecutivo de trabalho, importando no seu pagamento em dobro.

6. AULAS EXTRAS HABITUAIS

O valor das aulas extras habituais integra os repousos semanais remunerados e os feriados (RSR/F) e o cálculo se faz por uma das fórmulas:

a) semanal = (média das aulas extras nos dias úteis da semana) x (n. RSR/F da semana);

b) mensal = (média das aulas extras nos dias úteis do mês) x (n. RSR/F do mês).

A respeito consultar: Lei n. 605/1949 (art. 7º, *b*) e súmula n. 172 do TST transcrita abaixo.

7. POSICIONAMENTO ADMINISTRATIVO

Ementa Normativa n. 26 da SRT/MTE
Homologação. Rescisão de contrato de trabalho. Descanso semanal remunerado. Nos contratos por prazo indeterminado, será devido o pagamento do descanso semanal remunerado por ocasião da rescisão do contrato de trabalho nas seguintes hipóteses: quando o descanso for aos domingos e a carga horária semanal tiver sido cumprida integralmente; quando o prazo do aviso-prévio terminar em sábado ou sexta-feira e o sábado for compensado; quando existir escala de revezamento e o prazo do aviso-prévio se encerrar no dia anterior ao do descanso previsto.

Precedente Administrativo n. 41 da SIT/MTE
Remuneração. Repouso semanal remunerado. Incidência do adicional noturno. I — Cabível a repercussão do adicional noturno nos cálculos do repouso semanal remunerado de empregado que tem salário pago na base da unidade dia ou mensalistas e quinzenalistas cujo trabalho não seja exclusivamente noturno. II — Para os empregados mensalistas ou quinzenalistas que cumprem jornada exclusivamente noturna, o salário acrescido do adicional de 20% já inclui a remuneração do repouso.

8. JURISPRUDÊNCIA

Súmula do TST

110. Jornada de trabalho. Intervalo
No regime de revezamento, as horas trabalhadas em seguida ao repouso semanal de 24 horas, com prejuízo do intervalo mínimo de 11 horas consecutivas para descanso entre jornadas, devem ser remuneradas como extraordinárias, inclusive com o respectivo adicional.

146. Trabalho em domingos e feriados, não compensado
O trabalho prestado em domingos e feriados, não compensado, deve ser pago em dobro, sem prejuízo da remuneração relativa ao repouso semanal.

172. Repouso remunerado. Horas extras. Cálculo
Computam-se no cálculo do repouso remunerado as horas extras habitualmente prestadas. (ex-Prejulgado n. 52)

351. Professor. Repouso semanal remunerado. Art. 7º, § 2º, da Lei n. 605, de 5.1.1949 e art. 320 da CLT
O professor que recebe salário mensal à base de hora-aula tem direito ao acréscimo de 1/6 a título de repouso semanal remunerado, considerando-se para esse fim o mês de quatro semanas e meia.

Orientação Jurisprudencial da SDI-1-TST

394. Repouso semanal remunerado — RSR. Integração das horas extras. Não repercussão no cálculo das férias, do décimo terceiro salário, do aviso-prévio e dos depósitos do FGTS. (DEJT divulgado em 9, 10 e 11.6.2010). A majoração do valor do repouso semanal remunerado, em razão da integração das horas extras habitualmente prestadas, não repercute no cálculo das férias, da gratificação natalina, do aviso-prévio e do FGTS, sob pena de caracterização de *bis in idem*.

410. Repouso semanal remunerado. Concessão após o sétimo dia consecutivo de trabalho. Art. 7º, XV, da CF. Violação. (DEJT divulgado em 22, 25 e 26.10.2010)

Viola o art. 7º, XV, da CF a concessão de repouso semanal remunerado após o sétimo dia consecutivo de trabalho, importando no seu pagamento em dobro.

Ementas diversas

Repouso remunerado. Mensalista

Ementa: Em alcançando o salário do mensalista a remuneração dos trinta dias do mês — art. 7º, § 2º, da Lei n. 605, tem-se como pertinente o disposto no art. 6º, segundo o qual a falta injustificada no correr da semana torna indevido o pagamento do repouso, autorizando, portanto, o desconto não só do dia da ausência como também daquele destinado ao repouso. Entendimento diverso leva ao estabelecimento de verdadeiro privilégio, com a manutenção, em relação aos mensalistas, do direito ao repouso, independentemente da assiduidade durante a semana. [TST-E-RR-4.019/79 — (Ac. TP 26/1983, 2.2.83) — Rel. Min. Marco Aurélio Mendes de Farias Mello — Apud Revista LTr 47-3/334]

Professor. Repouso semanal

Ementa: Professor — Repouso semanal remunerado é devido ao professor o pagamento do repouso semanal remunerado, eis que a forma peculiar de cálculo do seu salário, por meio do n. de aulas tendo o mês 4 semanas e meia, não afronta a lei n. 605 de 1949, aplicável a todos empregados em geral. No caso específico as faltas são descontadas pelo n. de aulas não dadas. Recurso provido. [TRT 1ª Reg. — RO 09750-84 — (3ª Turma) Julgado em: 27/06/84 — Data de Publicação: DORJ, III, DE 24/07/84 — Rel. Juiz MANOEL CORREA GARCIA DALE]

Professor. Repouso semanal remunerado

Ementa: O pagamento faz-se mensalmente, considerando-se para esse efeito cada mês constituído de quatro semanas e meia, acrescida cada uma delas de mais 1/6 de seu valor como repouso semanal remunerado, de acordo com o disposto na Lei n. 605 de 5.1.49. [TST-DC-05-86/8 — (Ac. TP n. 2328/86) — Apud SADY (1996:63)]

Professores. Remuneração por horas-aula. Repouso semanal

Ementa: O professor remuneração por horas-aula ministradas tem direito à remuneração dos repousos semanais, pois o salário computado à base de quatro semanas e meia apenas retribui as horas de trabalho durante o mês. [TRT 12ª Reg. — RO 1271/85 — (Ac. 797/86, 2.7.86) — Rel. Juiz J. F. Câmara Rufino — Apud Revista LTr 51-1/93]

Professor. Repouso semanal remunerado

Ementa: Professor. Repouso semanal remunerado. Pagamento. A questão do pagamento do repouso semanal remunerado do empregado professor sempre foi bastante polêmica, tanto na doutrina como na jurisprudência, prevalecendo a corrente majoritária de entendimento, como bem esclarece Valentin Carrion, no sentido de que "o descanso semanal remunerado não está incluído no pagamento mensal de quatro semanas e meia". Empregado mensalista, ao final do mês, percebe remuneração equivalente aos trinta dias do período, daí por que o seu repouso semanal já se encontra incluído na unidade de tempo do mês (art. 7º, § 2º, da Lei n. 605/49). Já o empregado professor, ao final do mês, percebe remuneração equivalente ao número de aulas semanais prestadas nesse mesmo mês (art. 320 da CLT), ou seja, no período de quatro semanas e meia, razão pela qual não se encontra remunerado o seu descanso semanal, até pela impossibilidade de se ministrar aulas descansando. A situação do professor, assim, se assemelha à do empregado horista, até porque ganha por hora-aula, e como tal não tem o seu repouso semanal pago pela simples remuneração dessas horas normais laboradas ao final das quatro semanas e meia, sendo-lhe inaplicável a exceção do supracitado § 2º do art. 7º da Lei n. 605/49. Recurso provido, no particular. [TRT 10ª Reg. — RO 0748/94 — (Ac. 3ª T.) — Rel. Juiz Bertholdo Satyr — DJU-3 7.4.95, p. 4.415/6 — Apud Repertório IOB de Jurisprudência n. 11/95, p. 138]

Professor. Adicional noturno

Ementa: Professor. Adicional noturno. Por aplicação do art. 7º da Constituição Federal, faz jus o professor ao pagamento do adicional noturno. O fato de a duração da hora-aula ser em tal período menor, não obstaculiza o direito, vez que a redução de poucos minutos não é suficiente para reparar o desgaste físico e mental sofrido por tal profissional. (Ac. un. da 2ª T. do TRT da 9ª R., RO 15.367/93, Rel. Juiz Airton Paulo Costa, j. 13.9.94, DJ-PR 2.12.94, p. 256). Revista conhecido e provida, porque os professores não estão excluídos do direito de ter uma remuneração pelo trabalho noturno, maior que a do diurno. [TST, 1ª T., RR 3.237/80, Rel. Min. Alves de Almeida, DJ 3.8.81)[6]

Integrações de horas extras e adicional noturno sobre descanso semanal remunerado

Ementa: Descanso semanal remunerado — Integrações de horas extras e adicional noturno sobre descanso semanal remunerado. Empregado mensalista. Cabível. Recebendo o empregado salário mensal, tem remunerado o descanso semanal remunerado considerando apenas o trabalho normal. Cumprindo jornada extraordinária e noturna, recebe acréscimo de salário, o que torna mais caro o DSR, sobre o qual devem incidir as parcelas extras habitualmente percebidas. É o que dispõe a Lei n. 605/1949, havendo, pois, legislação a embasar a condenação da empregadora. [TRT 2ª Reg. — RO 35378200290202000 (2003006483) — 3ª T. — Relª Juíza Mércia Tomazinho — DOESP 28.2.2003 — Apud Revista Síntese Trabalhista n. 167, ementa n. 19.268, p. 71]

Descontos do dia da falta e do repouso remunerado

Ementa: Descontos da remuneração de empregado, com falta injustificada, relativamente ao dia da falta e ao do repouso remunerado. A falta injustificada ao serviço no correr da semana torna indevido o pagamento da remuneração relativa ao dia da falta e ao do repouso compulsório, de conformidade com o art. 6º da Lei n. 605/1949, que

---

(6) MARTINS, Sérgio Pinto. Comentários à CLT. São Paulo: Atlas, 1998. p. 281.

se refere a empregado, sem distinção, quanto a horista, diarista, semanalista, mensalista, tarefeiro ou comissionista. Apelação provida, para conceder a segurança, face à ilegitimidade da atuação fiscal pretendida. [TFR-AMS 101.158/PA 3.481.956 — (Ac. 5ª T. 14.12.1983) — Rel. Min. Geraldo Sobral — Apud Revista LTr 48-4/427]

Salário complessivo. Conceituação. Ilicitude

Ementa: Repouso remunerado — Salário comissional. É ilícito o pagamento de repouso semanal remunerado embutido em valor comissional fixo, pois caracteriza salário complessivo, vedado por lei. (TRT-2ª Reg., RO 02900084410, Ac. 1ª T., Relª Dora Vaz Treviño — DJSP 10.1.1992, p. 72 — Apud OT n. 4/92, p. 215)

Professor. Repouso semanal remunerado

Ementa: Repouso semanal remunerado. Professor. A Lei n. 605/49, que regulamentou disposição da Constituição de 1946, é posterior à vigência do art. 320, § 1º, da CLT. A fixação da remuneração do professor em razão do número de aulas (art. 320), levou à adoção da média de quatro semanas e meia parra o cálculo de sua remuneração mensal (§ 1º), sendo devida, em consequência e em separado, o equivalente à remuneração do repouso semanal remunerado. [TST-RR-152-246/94.2 — (3ª T.) — DJU de 16.5.97, p. 20333](7)

Professor. Descanso semanal

Ementa: Devido ao professor o pagamento do descanso semanal obrigatório por não estar compreendido na remuneração calculada nos termos do art. 320 da CLT. [TST-RR n. 143.454/94.0 — (Ac. 8.221/94 — 4ª T.) — Rel. Min. Leonaldo Silva — DJU 18.6.1995]

Repouso semanal remunerado. Professor

Ementa: Repouso semanal remunerado. Professor. CLT, art. 320. Lei 605/1949. Independentemente da forma de cálculo do salário, seja mensal, seja por hora-aula, o professor faz jus ao repouso semanal remunerado, pois o art. 320 da CLT não considerou a remuneração do RSR, instituída posteriormente pela CF/1946 e pela Lei 605/1949. [TST-RR 158.105/2/95 — (Ac. 2ª T.) — Rel. Min. Ângelo Mário — DJ 28.11.1977 — Apud MARQUES (2009:184), nota de rodapé n. 10]

Professor. Salário mensal e repouso semanal remunerado

Ementa: Professor. Salário mensal e repouso semanal remunerado. Em se tratando de professor, não se aplica o disposto no art. 7º da Lei 605/49, visto que tal profissional encontra-se protegido pelas normas especiais de tutela do trabalho previsto em legislação federal, dentre elas as contidas no art. 320 da CLT, que estabelece que a remuneração do professor é definida em razão do número de horas-aulas ministradas, ainda que seja paga mensalmente, calculado o mês como constituído de quatro semanas e meia, o que, obviamente, não inclui o repouso semanal. Assim, nos termos do art. 9º da CLT, é nulo de pleno direito os atos ou normas municipais que impeçam a aplicação dos preceitos contidos no art. 320 da CLT. Decisão regional, que se encontra em consonância com a Súmula 351 do TST que deu interpretação aos arts. 7º, § 2º, da Lei 605/49 e 320 da CLT. ("Professor. Repouso semanal remunerado. Art. 7º, § 2º, da Lei n. 605, de 5.1.1949 e art. 320 da CLT. O professor que recebe salário mensal à base de hora-aula tem direito ao acréscimo de 1/6 a título de repouso semanal remunerado, considerando-se para esse fim o mês de quatro semanas e meia."). Recurso de Revista não conhecido. [TST-RR-347/2002-669-09-00.3 — (Ac. 2ª T.) — Rel. Min. José Simpliciano Fontes de F. Fernandes — DJU 22.2.2008]

Descansos semanais remunerados. Professor. Forma de cálculo

Ementa: Recurso ordinário do reclamante. Descansos semanais remunerados. Professor. Forma de cálculo. A forma de cálculo dos DSR's manejada pelo empregador está em confronto com o entendimento já sedimentado pela Súmula n. 351 do C. TST, segundo o qual o professor que recebe salário mensal à base de hora-aula tem direito ao acréscimo de 1/6 a título de repouso semanal remunerado, considerando-se para esse fim o mês de quatro semanas e meia. Reformo. [TRT 2ª Reg. — Proc. 01129-2009-064-02-00-0 — (10ª T. — Ac. 20100510218) — Publicação: 8.6.2010 — Relª Juíza Marta Casadei Momezzo]

Adicional noturno. Professor. Cabimento

Ementa: Adicional noturno. Professor. Cabimento. As normas especiais que tratam das condições especiais de trabalho dos professores (artigos 317 a 324 da CLT) não derrogaram o artigo 73 da CLT, visto que não contêm previsões incompatíveis com esta norma, devendo, portanto, prevalecer a regra geral. (TRT 3ª Reg. — RO 0000716-64.2010.5.03.0132 — Rel. Juiz José Miguel de Campos — Data de Publicação: 19/05/2011 — Data de Julgamento: 10.5.2011)

Professor. Repouso semanal remunerado

Ementa: Repouso semanal remunerado — Salário de professor — Artigo 320 da CLT — Conforme previsão do artigo 320 da CLT, "a remuneração dos professores será fixada pelo número de aulas semanais, na conformidade dos horários", a se concluir que o repouso semanal remunerado deve ser calculado sobre o número de horas-aula semanais ministradas ainda que o pagamento do salário seja mensal. [TRT 3ª Reg. — RO 0121400-62.2009.5.03.0064 — (9ª Turma) — Rel. Antônio Fernando Guimarães — Data de Publicação: 10.1.2011 — Data de Julgamento: 14.12.2010]

Repouso semanal remunerado. Professor

Ementa: Agravo de instrumento. Recurso de revista. Repouso semanal remunerado. Professor. Constatado pelo Eg. Regional que a Reclamante, professora do Município Reclamado, não recebia salário por hora-aula, não há falar em pagamento de RSR referente àquele período. Com efeito, o acréscimo salarial diferenciado a título de repouso semanal remunerado, nos termos da Súmula

---

(7) SAAD, Eduardo Gabriel. CLT Comentada. 31. ed. São Paulo: LTr, 1999. p. 231.

n. 351/TST, é aplicável ao professor que recebe salário mensal à base de hora-aula. Agravo desprovido. (TST-AIRR-1304-54.2010.5.15.0062 — Data de Publicação: 10.8.2012 — Data de Julgamento: 7.8.2012 — Rel. Min. Mauricio Godinho Delgado)

Professor. Repouso semanal remunerado
Ementa: Recurso de revista. Professor. Repouso semanal remunerado. Súmula n. 351 do TST. Segundo a jurisprudência desta Corte, consubstanciada na Súmula n. 351, o professor que recebe salário mensal à base de hora-aula tem direito ao acréscimo de 1/6 a título de repouso semanal remunerado, considerando-se para esse fim o mês de quatro semanas e meia. Decisão recorrida contrária à Súmula n. 351 do TST. Recurso de revista de que se conhece e a que se dá provimento. (TST-RR — 2000-04.2008.5.15.0081 — Data de Publicação: 6.7.2012 — Data de Julgamento: 27.6.2012 — Relª Minª Kátia Magalhães Arruda)

Repouso semanal remunerado. Professor
Ementa: Agravo de instrumento em recurso de revista. Repouso semanal remunerado. Professor. Decisão regional proferida em harmonia com a Súmula n. 351 do TST, segundo a qual — O professor que recebe salário mensal à base de hora-aula tem direito ao acréscimo de 1/6 a título de repouso semanal remunerado, considerando-se para esse fim o mês de quatro semanas e meia —. Incidência da Súmula n. 333 desta Corte e do artigo 896, § 4º, da CLT. Agravo de instrumento conhecido e não provido. (TST-AIRR-1300-17.2010.5.15.0062 — Data de Publicação: 29.6.2012 — Data de Julgamento: 27.6.2012 — Relª Minª Dora Maria da Costa)

Professor. Repouso semanal remunerado
Ementa: Agravo de instrumento em recurso de revista — Professor — Repouso semanal remunerado — Art. 7º, § 2º, da Lei n. 605/49 e art. 320 da CLT. O professor que recebe salário mensal à base de hora-aula tem direito ao acréscimo de 1/6 a título de repouso semanal remunerado, considerando-se para esse fim o mês de quatro semanas e meia (Súmula n. 351 desta Corte). Agravo de instrumento desprovido. (TST-AIRR-177600-20.2008.5.15.0055 — Data de Publicação: 3.4.2012 — Data de Julgamento: 21.3.2012 Rel. Min. Luiz Philippe Vieira de Mello Filho)

Professor. Repouso semanal remunerado
Ementa: Professor. Repouso semanal remunerado. Nos termos da Súmula n. 351 do TST, "o professor que recebe salário mensal à base de hora-aula tem direito ao acréscimo de 1/6 a título de repouso semanal remunerado, considerando-se para esse fim o mês de quatro semanas e meia". [TRT 5ª Reg. — RO 0000738-85.2011.5.05.0018 — (Ac. 121258/2012 — 1ª T.) — Rel. Marama Carneiro — Julgamento: 29.10.2012 — Publicação: 31.10.2012]

Professor. Remuneração por hora-aula. Descanso semanal remunerado. Acréscimo de 1/6. Cabimento
Ementa: Agravo de instrumento em recurso de revista. Professor. Remuneração por hora-aula. Descanso semanal remunerado. O acórdão regional está em consonância com a Súmula 351 do TST, segundo a qual "O professor que recebe salário mensal à base de hora-aula tem direito ao acréscimo de 1/6 a título de repouso semanal remunerado, considerando-se para esse fim o mês de quatro semanas e meia". Incidência do art. 896, § 4º, da CLT e da Súmula n. 333 do TST. Agravo de instrumento conhecido e não provido. [TST — AIRR 6-90.2011.5.15.0159 — (8ª T.) — Relª Minª Dora Maria da Costa — Dje 3.6.2013 — Apud Revista Síntese Trabalhista e Previdenciária, n. 289, p. 156, ementa 30972]

Capítulo VII

REMUNERAÇÃO OU SALÁRIO — CARACTERES — COMPOSIÇÃO — PAGAMENTO — SALÁRIO COMPLESSIVO — ALTERAÇÃO — PRAZO — DESCONTOS — REGIMES DE TRABALHO

CLT— Art. 320

Art. 320. A remuneração dos professores será fixada pelo número de aulas semanais, na conformidade dos horários.

§ 1º O pagamento far-se-á mensalmente, considerando-se para este efeito cada mês constituído de quatro semanas e meia.

§ 2º Vencido cada mês, será descontada, na remuneração dos professores, a importância correspondente ao número de aulas a que tiverem faltado.

§ 3º Não serão descontadas, no decurso de 9 (nove) dias, as faltas verificadas por motivo de gala ou de luto em consequência de falecimento do cônjuge, do pai ou mãe, ou de filho.

1. Remuneração ou salário — Caracteres — Composição. 1.1. Remuneração ou salário. 1.2. Caracteres da remuneração ou salário. 1.3. Composição do salário. 2. Percentagens — Adicionais. 2.1. Percentagens. 2.2. Adicionais — Horas extras — Noturno — Diversos. 2.2.1. Adicionais. 2.2.2. Adicional de horas extras. 2.2.3. Adicional noturno. 2.2.4. Adicionais diversos. 3. Gratificações — Gratificação de Natal. 3.1. Gratificações ajustadas. 3.2. Gratificação de Natal — Pagamento na constância do contrato — Parcelamento — Pagamento na cessação do contrato. 3.2.1. Gratificação de Natal. 3.2.2. Pagamento na constância do contrato. 3.2.3. Parcelamento. 3.2.4. Pagamento na cessação do contrato. 4. Forma de pagamento — Salário complessivo — Alteração — Prazo para pagamento. 4.1. Forma de pagamento do salário. 4.2. Salário complessivo. 4.3. Alteração contratual — Irredutibilidade do salário. 4.3.1. Alteração contratual. 4.3.2. Irredutibilidade do salário. 4.4. Prazo para pagamento do salário. 5. Descontos — Faltas injustificadas — Faltas legais. 5.1. Descontos no salário. 5.2. Faltas ilegais ou injustificadas. 5.3. Faltas legais ou justificadas. 6. Regimes de trabalho. 7. Jurisprudência.

1. REMUNERAÇÃO OU SALÁRIO — CARACTERES — COMPOSIÇÃO

1.1. REMUNERAÇÃO OU SALÁRIO

A CLT preceitua que compreendem-se na remuneração do empregado, para todos os efeitos legais, além do salário devido e pago diretamente pelo empregador, como contraprestação do serviço, as gorjetas que receber (art. 457, *caput*).

A doutrina procura estabelecer a distinção entre remuneração e salário e o faz com base em três correntes distintas.

As normas especiais de tutela do trabalho do professor não entram na questão, não fazem distinção entre remuneração e salário, aliás só usam o termo *remuneração*.

Na lição de *Amauri Mascaro Nascimento*, salário e remuneração são sinônimos. Salário tem um sentido estrito e um sentido amplo, este último confundindo-se com remuneração. Pode-se falar também em salário-base ou amplo.[1]

A remuneração do professor, regra geral, é por unidade de tempo (hora-aula), sendo paga, em razão do tempo em que fica à disposição do estabelecimento de ensino, sem consideração da produção realizada.

1.2. CARACTERES DA REMUNERAÇÃO OU SALÁRIO

São considerados elementos da remuneração ou salário: habitualidade, periodicidade, quantificação, essencialidade e reciprocidade.

a) *Habitualidade*. A habitualidade é uma característica que determina se certas verbas trabalhistas constituem ou não salário. Exemplo: horas extras, adicional noturno, pagos com habitualidade, integram o salário do empregado para todos os efeitos.

b) *Periodicidade*. O pagamento efetua-se após a prestação do trabalho pelo empregado, não sendo imediato. É periódico, devendo obedecer aos prazos estabelecidos em lei. Exemplos: o pagamento do salário mensal deve ser efetuado até o quinto dia útil do mês subsequente ao vencido (CLT, art. 459, parágrafo único); o 13º salário deve ser pago até o dia 20 de dezembro de cada ano (Lei n. 4.749/65) etc.

c) *Quantificação*. A remuneração ou salário deve ser quantificável; isto é, o empregado deve saber, antecipadamente, quanto irá perceber por hora, dia, semana, quinzena ou mês. A CLT prevê que, na falta de estipulação do salário ou não havendo prova sobre a importância ajustada, o empregado terá direito a perceber salário igual ao daquele que, na mesma empresa, fizer serviço equivalente, ou do que for habitualmente pago para serviço semelhante (art. 460).

d) *Essencialidade*. A remuneração ou salário é característica essencial do contrato de emprego. Salário é o que o empregado ganha do empregador como contraprestação pelo serviço prestado. Não há contrato de emprego gratuito, ele é sempre oneroso. Salário significa alimentação do trabalhador e de sua família; razão de sua natureza alimentar. Entre os requisitos da relação de emprego (CLT, art. 3º) está o salário.

e) *Reciprocidade*. A reciprocidade de obrigações das partes (empregado e empregador) constitui característica do contrato de emprego. O empregado tem o dever de cumprir as suas funções (trabalhar) e o empregador, a obrigação de pagar-lhe o salário. Havendo, portanto, reciprocidade de obrigações. Por isso, se diz que o contrato de trabalho é sinalagmático.[2]

1.3. COMPOSIÇÃO DO SALÁRIO

A CLT preceitua que integram o salário não só a importância fixa estipulada, como também comissões, percentagens, gratificações ajustadas, diárias para viagem e abonos pagos pelo empregador (art. 457, § 1º).

Pela redação do parágrafo, o salário será sempre constituído de uma parte básica e que poderá ter uma outra complementar. Havendo, portanto, salário-base e os complementos salariais.

No caso dos professores, além do salário-base (hora-aula), pode haver complementos salariais (adicionais de horas extras, noturno etc.).

Essas parcelas complementares habituais integram o salário-base (hora-aula), sem contudo nele

---

(1) NASCIMENTO, Amauri Mascaro. *Teoria jurídica do salário*. São Paulo: LTr, 1994. p. 66.

(2) CORTEZ (2004:259/260).

se diluir, como mostrado no item 4.2 (salário complessivo).

2. PERCENTAGENS — ADICIONAIS

2.1. PERCENTAGENS

No gênero percentagens, que integra o salário, compreendem as várias espécies de adicionais, que são acréscimos do salário (sobre-salário) relacionados a uma condição especial, geralmente ocasional ou transitória, em que o trabalho é prestado, ou uma situação especial em que se encontre o empregado.[3]

2.2. ADICIONAIS — HORAS EXTRAS — NOTURNO — DIVERSOS

2.2.1. Adicionais

Os adicionais, regra geral, têm natureza de salário-condição e, normalmente, são calculados em forma de percentual incidentes sobre um determinado parâmetro salarial e quando habituais integram o salário para todos os efeitos.

2.2.2. Adicional de horas extras

A CF/1988 estabelece: remuneração do serviço extraordinário superior, no mínimo, em cinquenta por cento à do normal (art. 7º, XVI).

Por sua vez, a CLT preceitua:

> Art. 59. A duração normal do trabalho poderá ser acrescida de horas suplementares, em número não excedente de 2 (duas), mediante acordo escrito entre empregador e empregado, ou mediante contrato coletivo de trabalho.
> § 1º Do acordo ou do contrato coletivo de trabalho deverá constar, obrigatoriamente, a importância da remuneração da hora suplementar, que será, pelo menos, 50% (cinquenta por cento) superior à da hora normal. (Adicional conforme a CF, art. 7º, XVI).
> (...)

O adicional de horas extras poderá ser superior a 50% da hora normal, podendo ser instituído por liberalidade do empregador, por previsão do regulamento da empresa ou por negociação coletiva (convenção ou acordo coletivo).

---

(3) MARANHÃO (1982:178).

No caso dos professores, a aula extra ou extraordinária, também denominada de suplementar, é a que ultrapassa a sua jornada normal de trabalho, devendo ser remunerada com o adicional de, no mínimo, 50% (CF/1988).

Para se calcular o valor da aula extra, basta proceder da seguinte forma: valor da aula extra = valor da aula x 1,5, sendo que o fator 1,5 corresponde ao valor da aula acrescido do adicional de 50%. Assim: 1 + 50% = 1 + 0,5 = 1,5. Se o adicional for 70%, o fator será 1,7; 80%, será 1,8; 90% será 1,9, e assim por diante.

Exemplificando: um professor ganha por aula R$ 60,00 e, em determinado mês, ministrou 8 aulas extras; sendo o adicional por aula suplementar de 80%, conforme instrumento coletivo de sua categoria, quanto receberá pelas 8 aulas extras?

Aplicando a fórmula acima, pelas 8 aulas extras receberá **R$ 864,00** (60,00 x 8 x 1,8).

No caso do professor, com jornada de 6 aulas e salário mensal de R$ 7.560,00, e que em determinado mês, ministrou 20 aulas extras, quanto receberá pelas aulas suplementares?

R$ 7.560,00 : 180 = R$ 42,00 x 1,5 x 20 = **R$ 1.260,00**.

Explicação:

1) R$ 7.560,00 — valor do salário mensal;

2) 180 — divisor para se achar o valor da aula e que é obtido do art. 318 da CLT: "Num mesmo estabelecimento de ensino não poderá o professor dar, por dia, mais de 4 (quatro) aulas consecutivas, nem mais de 6 (seis), intercaladas" (6 x 30 = 180);

3) R$ 42,00 — valor da aula normal;

4) 1,5 — como na questão nada foi dito a respeito do adicional por aula extra, toma-se o adicional de 50% (CF/1988, art. 7º, XVI);

5) 20 — número de aulas extras ministradas;

6) **R$ 1.260,00** — valor das 20 aulas extras ou suplementares.

2.2.3. Adicional noturno

A CF/1988 assegura ao trabalhador empregado, remuneração do trabalho noturno superior à do diurno (art. 7º, IX).

A CLT estabelece: (...) o trabalho noturno terá remuneração superior à do diurno e, para esse efeito, sua remuneração terá um acréscimo de 20% (vinte por cento), pelo menos, sobre a hora diurna (art. 73, *caput*).

A hora do trabalho noturno será computada como de 52 minutos e 30 segundos. Considera-se noturno, para os efeitos deste artigo, o trabalho executado entre as 22 horas de um dia e as 5 horas do dia seguinte (art. 73, §§ 1º e 2º).

O empregado urbano que se ativa no período noturno (22 às 5 horas) goza de duas vantagens: hora reduzida (52'30") e acréscimo de 20% sobre a hora diurna.

Para o empregado rural, o período noturno depende do tipo de atividade (lavoura das 21 às 5 horas e pecuária das 20 às 4 horas), a duração da hora continua de 60 minutos, mas o valor do adicional noturno será de 25% sobre o da hora diurna (Lei n. 5.889/1973, art. 7º).

A CLT (art. 73, *caput*) estabelece o percentual mínimo do adicional noturno (20%), podendo esse acréscimo ser superior por deliberação do empregador, regulamento da empresa ou por meio de negociação coletiva (convenção e/ou acordo coletivo de trabalho).

O art. 73 da CLT, como regra geral e por não haver incompatibilidade, aplica-se aos professores, observando-se que a duração do período do trabalho noturno pode ser alterada por instrumento coletivo (convenção ou acordo coletivo de trabalho), desde que seja mais benéfica aos docentes.

Exemplificando: estabelecimento do período noturno das 18 às 6 horas do dia seguinte, e não das 22 às 5 horas, como determina a CLT; fixação do valor do adicional noturno em 50%, em vez de 20%, como previsto na CLT, e assim por diante.

Em relação ao trabalho noturno do professor, deve-se observar a duração da sua hora-aula (Capítulo V, item 2.2); caso ela seja superior a 52'30" será reduzida para esse parâmetro (art. 73, § 1º), sem prejuízo do acréscimo do adicional noturno.

Entretanto, se a duração da hora-aula for inferior a 52'30", o docente não terá a sua redução, mas fará jus ao adicional noturno.

O valor do adicional noturno, pago com habitualidade, integra o salário para todos os efeitos legais (repouso semanal remunerado, feriados, 13º salário, férias, aviso-prévio, FGTS etc.), como determina a súmula n. 60 do TST transcrita no item 7 (Jurisprudência), a seguir:

Cálculo do adicional noturno — Exemplo:

Professor que ministra 20 aulas por semana, ganha R$ 60,00 por aula de 45', sendo que em dois dias da semana a sua jornada normal se encerra às 22h30min. Calcular o valor da remuneração mensal.

$$R = \text{salário} + \text{adicional noturno} = 6.300,00 + 84,00 = R\$\ 6.384,00$$

Cálculo

a) salário mensal = 20 x 60,00 x 5,25 = **R$ 6.300,00** (v. item 4.1);

b) adicional noturno = 7 x 12,00 = **R$ 84,00**.

Explicação

7 — corresponde ao número mensal de aulas de 45' ministradas após as 22 horas (5,25 x 60' = 315' : 45' = 7); isso porque, se na semana o professor faz 1 hora noturna (60'), no mês faz 5,25 horas (4,5 + 1/6), com integração do RSR (v. item 4.1); na questão, o valor dessas aulas (7) já se encontra embutido no salário mensal, faltando calcular apenas o valor do adicional noturno;

12,00 — valor do adicional noturno da hora-aula (60,00 x 20%);

R$ 84,00 — valor mensal do adicional das 7 horas-aula noturnas;

R$ 6.384,00 = 6.300,00 + 84,00 — valor total da remuneração mensal (v. abaixo, o item 4.2).

2.2.4. *Adicionais diversos*

Existem outros adicionais previstos legalmente, como nos casos de acumulação de funções de vendedor (Lei n. 3.207/1957) e de empregado radialista (Lei n. 6.615/1978); bem como adicionais estabelecidos em contrato de trabalho, em regulamento da empresa e por negociação coletiva (convenção ou acordo coletivo de trabalho), como ocorre com os adicionais por acúmulo de função e por tempo de serviço (anuênio, biênio, triênio etc.).

Os estabelecimentos de ensino, geralmente, por meio de negociação coletiva, admitem o adicional proporcional ao tempo de magistério do docente e que passam a integrar o salário para todos os efeitos legais.

Pode acontecer de a hora extra ocorrer no período noturno, quando incidirão dois adicionais. Assim: sobre o adicional de hora extra (50%) incide o adicional noturno (20%), totalizando 80% (1,50 x 1,20 = 1,80).

Se a jornada é extra e noturna há dois adicionais, um aplicado sobre o outro, cumulativamente, de modo que sobre a remuneração da hora normal, acrescida do adicional de horas extras, incide o adicional noturno. Outra seria a solução, se houvesse regra explícita no direito do trabalho brasileiro definindo o cálculo não cumulativo e se outra fosse a jurisprudência.[4]

3. GRATIFICAÇÕES — GRATIFICAÇÃO DE NATAL

3.1. GRATIFICAÇÕES AJUSTADAS

As gratificações, quando ajustadas, integram o salário. As gratificações ajustadas são parcelas salariais que têm como finalidade recompensar o empregado pela maior responsabilidade no desempenho da sua função, pelo seu tempo de serviço ou pelo sucesso alcançado pelo empreendimento empresarial.

As gratificações pagas por liberalidade não integram o salário, apenas as gratificações ajustadas, sendo que o ajuste, a exemplo do próprio contrato de trabalho, poderá ser tácito ou expresso. O ajuste tácito se caracteriza pela habitualidade, periodicidade e uniformidade com que as gratificações sejam concedidas. O ajuste expresso poderá ser verbal ou escrito.

As gratificações podem ser instituídas através de um valor fixo (*v. g.* R$ 500,00 por mês), independentemente do salário contratual ou por meio de um percentual incidente sobre o salário do empregado (*v. g.* 5% do salário). No primeiro caso, toda vez que houver reajuste do salário, haverá necessidade de se reajustar da mesma forma a gratificação, o que não ocorrerá no segundo caso, devido à gratificação corresponder a um percentual do salário já reajustado.

Para efeito de cálculo, quando a gratificação for instituída por meio de um percentual incidente sobre o salário contratual, devem ser consideradas as parcelas salariais habituais, como horas extras e os adicionais trabalhistas.

Além das gratificações por liberalidade, que não constituem salário, existem as gratificações ajustadas (gratificação de função, gratificação de balanço ou lucratividade, gratificação por tempo de serviço etc.) e as previstas em lei (gratificação de natal).[5]

3.2. GRATIFICAÇÃO DE NATAL — PAGAMENTO NA CONSTÂNCIA DO CONTRATO — PARCELAMENTO — PAGAMENTO NA CESSAÇÃO DO CONTRATO

3.2.1. Gratificação de Natal

A gratificação de Natal foi disciplinada por lei, ficando conhecida por 13º salário, denominação consagrada pela atual Constituição Federal de 1988.

Legislação:

a) CF/88, art. 7º, VIII: "décimo terceiro salário com base na remuneração integral ou no valor da aposentadoria";

b) Lei n. 4.090, de 13 de julho de 1962 (DOU 26.7.62), institui a gratificação de Natal para os trabalhadores;

c) Lei n. 4.749, de 12 de agosto de 1965 (DOU 13.8.65), dispõe sobre o pagamento da gratificação prevista na Lei n. 4.090/62;

d) Decreto n. 57.155, de 3 de novembro de 1965 (DOU 4.11.65), expede nova regulamentação da Lei n. 4.090/62, que instituiu a Gratificação de Natal para os trabalhadores, com as alterações introduzidas pela Lei n. 4.749/65.

3.2.2. Pagamento na constância do contrato

O pagamento da gratificação de Natal (13º salário) na constância do contrato será efetuado até o dia 20 (vinte) de dezembro de cada ano e seu valor corresponderá a 1/12 (um doze) avos da remuneração de dezembro, por mês de serviço,

---

(4) NASCIMENTO (1994:234).

(5) CORTEZ (2004:264/265).

sendo que a fração igual ou superior a 15 (quinze) dias de trabalho será havida como mês integral.

O Precedente Administrativo n. 25 da SIT/MTE orienta:

> Gratificação natalina. Prazo. A lei dispõe que o prazo para pagamento da gratificação natalina é o dia 20 de dezembro de cada ano. Recaindo o dia 20 em domingo ou feriado, o pagamento deve ser antecipado. Não há que se falar em prorrogação para o primeiro dia útil subsequente.

Exemplificando: professor, admitido no dia 20 de fevereiro, ganha R$ 50,00 por aula e ministra 24 aulas por semana. No final do ano, quanto receberá a título de 13º salario?

O valor do salário mensal (Sm) = 24 x 50,00 x 5,25 = R$ 6.300,00 (v. abaixo, o item 4.1).

O mês de admissão (fevereiro) não será considerado, devido o professor ter trabalhado menos de 15 dias.

Assim, o valor do 13º salário do ano = 10/12 x 6.300,00 = **R$ 5.250,00**.

3.2.3. Parcelamento

A Lei n. 4.749/65 parcelou o pagamento do 13º salário. Pela referida lei, o empregador é obrigado a pagar a gratificação de Natal em duas parcelas. A primeira parcela será paga, a título de adiantamento, entre os meses de fevereiro e novembro de cada ano ou por ocasião das férias do empregado, sempre que este o requerer no mês de janeiro do correspondente ano. O empregador não está obrigado a pagar o adiantamento (1ª parcela) do 13º salário no mesmo mês a todos os seus empregados.

O valor do adiantamento do 13º salário será igual à metade do salário recebido pelo respectivo empregado no mês anterior.

Exemplificando: professor ganha R$ 60,00 por aula e ministra 18 aulas por semana. Em agosto receberá a 1ª parcela do 13º salário. Qual o valor dessa parcela?

Sm = 18 x 60,00 x 5,25 = 5.670,00 : 2 = R$ 2.835,00 (valor da 1ª parcela do 13º salário).

O valor que o professor receber, a título de adiantamento (1ª parcela), será compensado do valor da gratificação natalina devida e que será paga até o dia 20 de dezembro ou por ocasião da cessação do contrato de trabalho, se esta ocorrer antes daquela data.

Por ocasião da compensação do adiantamento, este não sofrerá nenhuma correção. A dedução corresponderá ao valor da 1ª parcela do 13º salário que o docente recebeu na época do pagamento. A legislação não determina que seja corrigido o referido adiantamento.

3.2.4. Pagamento na cessação do contrato

Na cessação do contrato de trabalho, salvo por justa causa, o empregado fará jus à gratificação de Natal (13º salário), cujo valor corresponderá a 1/12 (um doze) avos da remuneração do mês do término do contrato, por mês de serviço, sendo que a fração igual ou superior a 15 (quinze) dias de trabalho será havida como mês integral.

No caso da cessação do contrato por culpa recíproca, o empregado tem direito a 50% (cinquenta por cento) do valor do décimo terceiro salário (súmula n. 14 do TST).

Exemplificando: professor admitido no dia 2 de janeiro ganhava R$ 80,00 por aula e ministrava 24 aulas por semana, mas teve seu contrato de trabalho dissolvido, a pedido, no dia 14 de outubro do mesmo ano. O docente recebeu a 1ª parcela do 13º salário no mês de abril. No mês de maio, o valor da aula passou para 90,00. Quanto deverá receber a título de diferença do 13º salário na cessação do contrato de trabalho?

a) R$ 10.080,00 (24 x 80,00 x 5,25), valor do salário mensal, por ocasião do adiantamento da primeira parcela do 13º (mês de abril);

b) R$ 5.040,00 (10.080,00 : 2), valor da primeira parcela do 13º salário, pago no mês de abril.

c) R$ 11.340,00 (24 x 90,00 x 5,25), valor do salário mensal no mês da cessação do contrato (outubro);

d) R$ 8.505,00 (9/12 x 11.340,00), valor do 13º salário proporcional na cessação do contrato; o mês de outubro não foi considerado por não ter alcançado 15 dias de trabalho;

e) R$ 8.505,00, o que o professor tem direito a título de 13º salário; como já recebeu o adiantamento (1ª parcela) de R$ 5.040,00, faz jus à diferença de R$ 3.465,00 (8.505,00 — 5.040,00).

Em caso de dispensa do empregado por justa causa, ele não tem direito ao 13º salário proporcional e, se houve adiantamento da 1ª parcela, o empregador poderá descontá-la de qualquer verba rescisória trabalhista.

4. FORMA DE PAGAMENTO — SALÁRIO COMPLESSIVO — ALTERAÇÃO — PRAZO PARA PAGAMENTO

4.1. FORMA DE PAGAMENTO DO SALÁRIO

O pagamento da remuneração ou salário pode ser por dia, semana, quinzena ou mês.

Em relação ao professor, geralmente, o pagamento far-se-á mensalmente, considerando-se para este efeito cada mês constituído de quatro semanas e meia (art. 320, § 1º), sendo que, num mesmo estabelecimento, o docente não poderá dar, por dia, mais de 4 aulas consecutivas, nem mais de 6, intercaladas (art. 318).

No valor do salário mensal deve estar embutido o do repouso semanal remunerado, em que o cálculo foi mostrado no Capítulo VI, item 4.

O professor que ganha por aula, o valor do salário mensal, incluído o repouso semanal remunerado, pode ser calculado mediante a fórmula:

Salário mensal (Sm) = n. de aulas semanais x valor da aula x 5,25, sendo que o fator 5,25 corresponde às 4,5 semanas do mês, acrescidas do repouso semanal remunerado (1/6). Assim: 4,5 + 1/6 = 4,5 + 0,75 = 5,25.

Exemplo: professor que ministra 24 aulas por semana e ganha R$ 50,00 por aula. Quanto receberá no final do mês, incluído o RSR?

Sm = 24 x 50,0 x 5,25 = **R$ 6.300,00**

Precedente Administrativo n. 86 da SIT/MTE

Salário. Pagamento por depósito bancário
Se o salário é depositado em conta bancária, o comprovante de depósito substitui o recibo de pagamento. A empresa fica obrigada, apenas, a entregar ao trabalhador um contracheque ou demonstrativo de pagamento, em que se discriminem as parcelas salariais.

4.2. SALÁRIO COMPLESSIVO

Na confecção da folha ou do recibo de pagamento, devem ser discriminados os valores pagos a título de salário, repouso semanal remunerado e feriados, adicionais, gratificações etc., evitando-se o denominado salário complessivo (pagamento de várias parcelas em uma só rubrica), o que não tem sido admitido, conforme preceitua a súmula n. 91 do TST: *Nula é a cláusula contratual que fixa determinada importância ou percentagem para atender englobadamente vários direitos legais ou contratuais do trabalhador.*

4.3. ALTERAÇÃO CONTRATUAL — IRREDUTIBILIDADE DO SALÁRIO

4.3.1. Alteração contratual

Nos contratos individuais de trabalho só é lícita a alteração das respectivas condições, por mútuo consentimento, e, ainda assim, desde que não resultem, direta ou indiretamente, prejuízos ao empregado, sob pena de nulidade de cláusula infringente desta garantia (CLT, art. 468).

O artigo em questão encerra o princípio da alteração consentida e não prejudicial ao empregado, também conhecido como princípio da inalterabilidade do contrato de trabalho.

Exemplos:

1) o estabelecimento de ensino só poderá mudar o professor de cadeira (matéria lecionada) com o seu consentimento, sob pena de ocorrer alteração ilícita;

2) bem como no caso de alterações no horário e/ou dos dias em que o professor ministra as aulas.

Entretanto, pode haver alteração lícita, facultativa e de forma unilateral, compreendida como toda alteração do contrato de trabalho resultante da vontade exclusiva de um dos seus sujeitos. Esse tipo de alteração importa na imposição de uma parte à outra, não havendo mútuo consentimento.

A CLT estabelece que o risco do empreendimento é da empresa e que o empregado está subordinado jurídica e hierarquicamente ao empregador. Ao empregador é reservado o poder de comando sobre os seus empregados, podendo realizar pequenas alterações nas condições do contrato de trabalho, de forma que não o altere significativamente nem importem prejuízo ao trabalhador.

O que levou *Wagner D. Giglio* a observar "que são lícitas as alterações impostas pelo empregador, desde que compreendidas em seu poder de comando. Afirma-se, então, que o empregador goza de um *jus variandi*, isto é, de uma certa liberdade de variar as condições em que os serviços contratados devem ser prestados. São essas pequenas variações que permitem o deslocamento do empregado de uma para outra seção, a mudança ou acréscimo de atribuições, a alteração do horário de trabalho, do local de serviço etc.".

A CF/1988 modificou, consideravelmente, o princípio da inalterabilidade do contrato de trabalho insculpido no art. 468 da CLT, o que motivou *Irany Ferrari* a observar que o art. 468 consolidado é claro, não perdeu sua vigência; contudo, sua eficácia, de absoluta que era, tornou-se restrita.[6]

4.3.2. Irredutibilidade do salário

A atual Constituição Federal assegura, como direito dos trabalhadores, a "irredutibilidade do salário, salvo o disposto em convenção ou acordo coletivo" (art. 7º, VI).

A CF/88 (art. 7º, VI) combinada com a CLT (art. 468) asseguram a irredutibilidade do valor nominal do salário do empregado, e não do seu valor real.

Antes da CF/88, em caso de força maior, prejuízos ou conjuntura econômica desfavorável, devidamente comprovados, o empregador poderia reduzir o salário dos empregados até 25%, conforme previam a CLT, art. 503 e a Lei n. 4.923/65, art. 2º.

Atualmente, a redução do salário do empregado só será possível por negociação coletiva (convenção ou acordo coletivo), o que exige a presença do sindicato da sua categoria.

A redução do salário do empregado, não atendidos certos pressupostos legais, poderá acarretar a cessação do contrato de trabalho, através da chamada rescisão indireta (CLT, art. 483, letras *d* e *g*).

A respeito de irredutibilidade salarial, *Mauricio Godinho Delgado* ensina que a noção de irredutibilidade busca combater duas modalidades centrais de diminuição de salários: a *redução salarial direta* (diminuição nominal de salários) e a *redução salarial indireta* (redução da jornada ou do serviço, com consequente redução salarial). Como enfatizado, tais modalidades de redução são, em princípio, vedadas pela ordem jurídica (notadamente se não previstas em norma coletiva negociada), podendo ensejar, conforme o caso, até mesmo a rescisão do contrato por culpa empresarial (art. 483, "d" e "g", CLT).[7]

O contrato de trabalho realizado entre o estabelecimento de ensino e o professor, geralmente, prevê o valor da hora-aula, sem fazer menção ao número de aulas a serem ministradas, tampouco ao número de turmas.

O valor nominal da hora-aula não pode sofrer redução. É irredutível, como visto anteriormente.

Em princípio, também o número de aulas ou de turmas, se previsto no contrato, não pode ser reduzido.

Entretanto, o número de aulas, especialmente quando não previsto no contrato, poderá sofrer variação de um ano para outro, conforme a ocorrência de situações que justifiquem e que sejam alheias à vontade do empregador, acarretando pequena diminuição de turmas. É o que ocorre no caso de diminuição do número de alunos e, consequentemente, de turmas.

Segundo *Valentin Carrion*, a irredutibilidade salarial é norma legal genérica, que se aplica também ao professor, mas o intérprete não pode ignorar a habitual variabilidade do número de aulas ministradas, às vezes por interesse do próprio mestre junto a outros estabelecimentos de ensino ou outras ocupações; certas circunstâncias podem assim determinar que pequenas variações não sejam levadas em consideração de ano para ano e que, ao medir a possível redução injusta, não se escolha determinado ano letivo, mas período superior que a prudência aconselha se fixe nos últimos dois anos.[8]

A Orientação Jurisprudencial n. 244 da SDI-1 do TST preceitua que a redução da carga horária do professor, em virtude da diminuição do número de alunos, não constitui alteração contratual, uma vez que não implica redução do valor da hora-aula.

4.4. PRAZO PARA PAGAMENTO DO SALÁRIO

Como regra geral, o pagamento do salário deverá ser efetuado até o quinto dia útil do mês

---

(6) FERRARI, Irany. *Convenção e/ou Acordo Coletivo de Trabalho. Alteração Contratual*. São Paulo: LTr. Suplemento Trabalhista, 1977, n. 036, p. 175.

(7) DELGADO, Mauricio Godinho. *Curso de direito do trabalho*. São Paulo: LTr, 2002. p. 734.

(8) CARRION, Valentin. *Comentários à Consolidação das Leis do Trabalho*. 26. ed. São Paulo: Saraiva, 2001. p. 322.

seguinte ao trabalhado. Quando se tratar de empregados vendedores viajantes ou pracistas, há possibilidade, dependendo de negociação, da realização do pagamento das comissões e percentagens se dilatar até por 3 meses, contados da aceitação do negócio (Lei n. 3.207/57, art. 4º).

O não cumprimento do pagamento do salário no prazo legal, por culpa do empregador, poderá acarretar a cessação do contrato de trabalho. É o que se chama de rescisão indireta, por iniciativa do empregado, devido ao empregador não cumprir as obrigações do contrato (CLT, art. 483, letra *d*).

O atraso ou sonegação de salários devidos aos empregados, por período igual ou superior a 3 meses, sem motivo grave e relevante, caracteriza o que se considera mora contumaz, produzindo sérias consequências ao empregador, podendo acarretar até detenção de 1 mês a 1 ano aos diretores, sócios, gerentes etc. (Decreto-lei n. 368/1968.)

A CLT estabelece:

> Art. 459. O pagamento do salário, qualquer que seja a modalidade do trabalho, não deve ser estipulado por período superior a um mês, salvo o que concerne a comissões, percentagens e gratificações.
> Parágrafo único. Quando o pagamento houver sido estipulado por mês, deverá ser efetuado, o mais tardar, até o quinto dia útil do mês subsequente ao vencido.

Em relação aos professores, como o artigo em análise (art. 320, § 1º) determina que o pagamento deve ser feito mensalmente e sendo omisso quanto ao prazo para o seu pagamento, aplica-se a regra geral prevista no parágrafo do art. 459 da CLT. (*Quando o pagamento houver sido estipulado por mês, deverá ser efetuado, o mais tardar, até o quinto dia útil do mês subsequente ao vencido.*)

Precedente Administrativo n. 35 da SIT/MTE

Salário. Pagamento fora do prazo legal. Dificuldades econômicas
Dificuldades econômicas do empregador, decorrentes de inadimplemento contratual de clientes, retração de mercado ou de outros transtornos inerentes à atividade empreendedora, não autorizam o atraso no pagamento de salários, uma vez que, salvo exceções expressamente previstas em lei, os riscos do negócio devem ser suportados exclusivamente pelo empregador.

5. DESCONTOS — FALTAS INJUSTIFICADAS — FALTAS LEGAIS

A CF/88 estabelece: (...) proteção do salário na forma da lei, constituindo crime a sua retenção dolosa (art. 7º, X).

A Convenção n. 95/49 da OIT prevê:

> Art. 8º 1. Descontos em salários não serão autorizados, senão sob condições e limites prescritos pela legislação nacional ou fixados por convenção ou sentença arbitral.
> 2. Os trabalhadores deverão ser informados, da maneira que a autoridade competente considerar mais apropriada, sobre condições e limites nos quais tais descontos puderem ser efetuados.
> Art. 9º Fica proibido qualquer desconto dos salários cuja finalidade seja assegurar pagamento direto ou indireto do trabalhador ao empregador, a representante deste ou a qualquer intermediário (tal como um agente encarregado de recrutar a mão de obra), com o fim de obter ou conservar um emprego.

O salário é meio de subsistência do trabalhador e de sua família. Por isso, recebeu do legislador proteção no sentido de serem evitados possíveis abusos por parte do empregador. Uma dessas formas de proteção foi disciplinar os descontos que podem ser feitos no salário do empregado.

A respeito, a CLT estabelece:

> Art. 462. Ao empregador é vedado efetuar qualquer desconto nos salários do empregado, salvo quando este resultar de adiantamentos, de dispositivos de lei ou de contrato coletivo (atualmente convenção coletiva).
> § 1º Em caso de dano causado pelo empregado, o desconto será lícito, desde que esta possibilidade tenha sido acordada ou na ocorrência de dolo do empregado.

5.1. DESCONTOS NO SALÁRIO

O art. 320 da CLT preceitua:

> (...)
> § 2º Vencido cada mês, será descontada, na remuneração dos professores, a importância correspondente ao número de aulas a que tiverem faltado.
> § 3º Não serão descontadas, no decurso de 9 (nove) dias, as faltas verificadas por motivo de gala ou de luto em consequência de falecimento do cônjuge, do pai ou mãe, ou de filho.

O dispositivo, ao determinar que, vencido cada mês, será descontada, na remuneração dos professores, a importância correspondente ao número de aulas a que tiverem faltado, com exceção dos motivos de gala ou de luto, não fez distinção entre faltas ilegais ou injustificadas e faltas legais ou justificadas. O que será mostrado a seguir.

5.2. FALTAS ILEGAIS OU INJUSTIFICADAS

Faltas ilegais ou injustificadas são faltas cometidas, sem previsão legal e sem justificativa, podendo ser descontadas da remuneração ou salário e com reflexos em outros institutos jurídicos (repouso semanal remunerado e feriados, férias, 13º salário etc.).

Exemplo: ausência do professor ao estabelecimento de ensino, deixando de ministrar as suas aulas, sem justificativa, para atender interesses particulares.

5.3. FALTAS LEGAIS OU JUSTIFICADAS

As faltas legais são aquelas justificadas pela lei, são ausências legais e que não podem ser descontadas da remuneração ou salário, tampouco podem ser consideradas para qualquer efeito legal.

O próprio dispositivo em questão dá como exemplo de faltas legais do professor: ausência de 9 dias, por motivo de luto ou casamento, ou em consequência de falecimento do cônjuge, do pai ou mãe, ou de filho (CLT, art. 320, § 3º); fugindo à regra geral que, para as mesmas situações, prevê 2 e 3 dias, respectivamente (CLT, art. 473, I e II).

Como regra geral, das faltas legais que qualquer empregado pode cometer, destacam-se:

I — Situações enumeradas no art. 473 da CLT:

a) até 2 dias consecutivos, em caso de falecimento do cônjuge, ascendente, descendente, irmão ou pessoa que, declarada em sua Carteira de Trabalho e Previdência Social, viva sob sua dependência econômica;

b) até 3 dias consecutivos, em virtude de casamento;

c) por 1 dia, em caso de nascimento de filho, no decorrer da primeira semana; a atual Constituição criou a licença-paternidade, que é de 5 dias (art. 7º, XIX, e art. 10, § 1º das Disposições Transitórias); a Instrução Normativa da SRT/MTb n. 1/88 disciplinou que "A licença-paternidade deve-se entender como ampliação da falta legal por motivo de nascimento do filho, de 1 (um) para 5 (cinco) dias (CLT, art. 473, III), até o advento de legislação posterior"; todavia, há entendimento de que o empregado terá direito a 1 dia remunerado, conforme a CLT, e mais 5 dias não remunerados, nos termos da CF/88, que não determina que estes sejam pagos pelo empregador;

d) por 1 dia em cada 12 meses de trabalho, em caso de doação voluntária de sangue, devidamente comprovada;

e) até 2 dias, consecutivos ou não, para fim de alistamento eleitoral, nos termos da lei respectiva;

f) nos dias em que estiver comprovadamente realizando provas de exame vestibular para ingresso em estabelecimento de ensino superior;

g) pelo tempo que se fizer necessário, quando tiver que comparecer a juízo [acrescentado pela Lei n. 9.853, de 27.10.99 (DOU 28.10.99)].

II — Os dias de paralisação do serviço por conveniência do empregador (v. CLT, art. 4º).

III — As faltas do empregado ao serviço para comparecimento a tribunal, como testemunha ou parte (CLT, art. 822; CPC, art. 419, *parágrafo único*, e Súmula n. 155 do TST).

IV — As faltas do empregado ao serviço quando for jurado (CPP, art. 430).

V — O afastamento do empregado, convocado para atuar como conciliador em Comissão de Conciliação Prévia (CLT, art. 625-B, § 2º — introduzido pela Lei n. 9.958, de 12.1.00).

VI — Outras faltas do empregado ao serviço previstas em lei, em regulamento da empresa, convenção ou acordo coletivo de trabalho e/ou justificadas pelo empregador.

6. REGIMES DE TRABALHO

A seguir são mostrados os regimes de trabalho dos professores e como se obtém, em algumas situações, o valor da remuneração.

No que se refere aos estabelecimentos de ensino, especificamente os de nível superior, os professores, geralmente, são contratados em regime horista. Entretanto, há professores que são contratados ou admitidos em regime de tempo integral ou parcial, como diretores, chefes de departamentos, de planejamento, para efeito de pesquisas, orientação de alunos e outros tantos.

O professor pode acumular a função de magistério com outras funções administrativas/escolares, desde que a atividade docente, ministrando aulas, não ultrapasse a jornada de 4 aulas consecutivas ou 6 intercaladas (CLT, art. 318) e que seja atendido o art. 7º, inciso XIII, da CF/1988 (duração do trabalho normal não superior a 8 horas diárias e 44 semanais).

Estes docentes, normalmente, são contratados com salário-base ou salário mensal (regime horista), acrescido de uma gratificação ajustada.

Exemplos:

1) Professor contratado para ministrar 36 aulas por semana, ganhando R$ 60,00 por aula, foi convidado para ser diretor de determinado departamento, percebendo uma gratificação de função igual ao seu salário-base. Qual o valor de sua remuneração mensal?

R = salário-base + gratificação de função;

Sb = 36 x 60,00 x 5,25 = 11.340,0 (v. acima, o item 4.1);

R = 11.340,00 + 11.340,00 = **R$ 22.680,00** (valor da remuneração mensal — consultar acima, o item 4.2).

2) Professor ganha R$ 80,00 por aula de 50 minutos e foi contratado em regime de tempo integral[9] de 40 horas-aula semanais de trabalho, sendo 22 horas-aula reservadas a estudos, pesquisa, planejamento etc. Qual o valor de sua remuneração mensal?

R = salário-base (Sb) + gratificação de tempo integral (Gti);

Sb = 18 x 80,00 x 5,25 = 7.560,00 (valor pelo trabalho em sala de aula — v. acima, o item 4.1);

Gti = 22 x 80,00 x 5,25 = 9.240,00 (valor pelo trabalho extraclasse);

R = 7.560,00 + 9.240,00 = **R$ 16.800,00** (valor da remuneração mensal — consultar acima, o item 4.2).

3) Professor ganha R$ 80,00 por aula (50') e foi contratado em regime de tempo parcial de trabalho de 20 aulas semanais, sendo 8 horas-aula para estudos e orientação de alunos. Qual o valor de sua remuneração?

R = salário-base + gratificação de tempo parcial;

Sb = 12 x 80 x 5,25 = 5.040,00 (v. acima, o item 4.1);

Gtp = 8 x 80 x 5,25 = 3.360,00 (valor pelo trabalho extraclasse);

R = 5.040,00 + 3.360,00 = **R$ 8.400,00** (valor da remuneração mensal — consultar acima, o item 4.2).

4) Professor, ganha R$ 80,00 por aula (50') e foi contratado em regime de tempo integral de 40 horas (60') semanais de trabalho, sendo 30 horas (60') reservadas a estudos, pesquisa, planejamento etc. Qual o valor de sua remuneração mensal?

---

(9) As universidades são instituições pluridisciplinares de formação dos quadros profissionais de nível superior, de pesquisa, de extensão e de domínio e cultivo do saber humano, que se caracterizam por: (...) um terço do corpo docente em regime de tempo integral (Lei n. 9.394/96 — art. 52, III).
O exercício de atividade docente na educação superior não se sujeita à inscrição do professor em órgão de regulamentação profissional. O regime de trabalho docente em tempo integral compreende a prestação de quarenta horas semanais de trabalho na mesma instituição, nele reservado o tempo de pelo menos vinte horas semanais para estudos, pesquisa, trabalhos de extensão, planejamento e avaliação (Dec. n. 5.773/2006 — art. 69, parágrafo único).
A Portaria Normativa MEC/GM n. 40/2007, consolidada em 29.12.2010 (DOU n. 249), em seu Anexo, trata dos regimes de trabalho do professor:
9.1. Tempo integral — docente contratado com 40 horas semanais de trabalho na mesma instituição, reservado o tempo de pelo menos 20 horas semanais a estudos, pesquisa, trabalhos de extensão, gestão, planejamento, avaliação e orientação de estudantes.
9.2. Tempo parcial — docente contratado atuando com 12 ou mais horas semanais de trabalho na mesma instituição, reservado pelo menos 25% do tempo para estudos, planejamento, avaliação e orientação de estudantes.
9.3. Horista — docente contratado pela instituição exclusivamente para ministrar aulas, independentemente da carga horária contratada, ou que não se enquadrem nos outros regimes de trabalho acima definidos.

R = salário-base (Sb) + gratificação de tempo integral (Gti) = 5.040,00 + 14.400,00 = **R$ 19.440,00** (valor da remuneração mensal).

Explicação

Na questão, o professor foi contratado em regime de tempo integral de 40 horas (60') semanais, sendo 30 horas (60') extraclasse e 10 horas (60') em sala de aula.

a) Sb = 12 x 80,00 x 5,25 = R$ 5.040,00 — valor pelo trabalho em sala de aula, devido às 10 horas (60') do contrato de regime integral, corresponderem a 12 horas-aula de 50' (10h x 60' = 600' : 50' = 12 horas-aula).

b) Gti = 5 x 30 x 96,00 = R$ 14.400,00 — valor pelo trabalho extraclasse, sendo 5 a média das 30 horas semanais extraclasse (30 : 6 = 5); 30 os dias do mês, incluído o repouso semanal remunerado e R$ 96,00, o valor da hora de 60' e que foi obtido por regra de três simples (se 50' correspondem a R$ 80,00; 60' correspondem a X; logo, X = (60 x 80) : 50 = R$ 96,00).

O valor da gratificação ajustada, por se tratar de atividades extraclasse, pode ser estabelecido de forma livre.

Nas questões anteriores, com exceção da última, o valor da gratificação corresponde a certo número de aulas e que não são consideradas extras; geralmente, esse valor resulta de negociação coletiva (convenção ou acordo coletivo), podendo ser estipulado em quantia fixa, independentemente do salário contratual (salário-base) ou por meio de um percentual incidente sobre o salário-base, que é o salário pelo trabalho em sala de aula do docente.

A respeito, *Márcia Adriana de Oliveira Silva* lembra:

> Quando o professor contratado apenas para ministrar aula receberá seu salário calculado sobre as horas-aulas efetivamente ministradas, multiplicada por quatro semanas e meia, acrescida de 1/6 RSR.

É de salientar que a negociação da remuneração oferecida para a carga horária das atividades extraclasse no regime de tempo integral e parcial poderá ser definida entre a Instituição e o Professor, nos termos do art. 444 da CLT e art. 53 da LDB, pois tais atividades não podem ser consideradas unidade de tempo.[10]

7. JURISPRUDÊNCIA

Súmula do STF

207. Gratificação habitual

As gratificações habituais, inclusive a de Natal, consideram-se tacitamente convencionadas, integrando o salário.

Súmulas do TST

14. Culpa recíproca. 13º salário

Reconhecida a culpa recíproca na rescisão do contrato de trabalho (art. 484 da CLT), o empregado tem direito a 50% (cinquenta por cento) do valor do aviso-prévio, do décimo terceiro salário e das férias proporcionais.

45. Serviço suplementar. Gratificação de Natal

A remuneração do serviço suplementar, habitualmente prestado, integra o cálculo da gratificação natalina prevista na Lei n. 4.090, de 13.7.1962.

46. Acidente do trabalho. Faltas ou ausência. Gratificação natalina

As faltas ou ausências decorrentes de acidente do trabalho não são consideradas para os efeitos de duração de férias e cálculo de gratificação natalina.

60. Adicional noturno. Integração no salário e prorrogação em horário diurno.

I — O adicional noturno, pago com habitualidade, integra o salário do empregado para todos os efeitos. (ex-Súmula n. 60)

II — Cumprida integralmente a jornada no período noturno e prorrogada esta, devido é também o adicional quanto às horas prorrogadas. Exegese do art. 73, § 5º, da CLT. (ex-OJ n. 6 da SBDI-1)

91. Salário complessivo

Nula é a cláusula contratual que fixa determinada importância ou percentagem para atender englobadamente vários direitos legais ou contratuais do trabalhador.

115. Horas extras. Gratificações semestrais

O valor das horas extras habituais integra a remuneração do trabalhador para o cálculo das gratificações semestrais.

139. Adicional de insalubridade (incorporada a Orientação Jurisprudencial n. 102 da SBDI-1) — Res. n. 129/2005, DJ 20, 22 e 25.04.2005

Enquanto percebido, o adicional de insalubridade integra a remuneração para todos os efeitos legais. (ex-OJ n. 102 da SBDI-1 — inserida em 01.10.1997)

---

(10) SILVA, Márcia Adriana de Oliveira. Jornada de trabalho e remuneração do professor do ensino superior da rede privada — CLT verso LDB. *Apud* Revista LTr. 77-04/467.

152. Gratificação. Ajuste tácito
O fato de constar do recibo de pagamento de gratificação o caráter de liberalidade não basta, por si só, para excluir a existência de ajuste tácito.

157. Gratificação de Natal. Demissão
A gratificação instituída pela Lei n. 4.090, de 13.07.1962 é devida na resilição contratual de iniciativa do empregado. Ex-prejulgado n. 32.

203. Gratificação por tempo de serviço. Natureza salarial
A gratificação por tempo de serviço integra o salário para todos os efeitos legais. (Res. 9/1985, DJ 11.7.1985)

253. Gratificação semestral. Repercussões
A gratificação semestral não repercute nos cálculos das horas extras, das férias e do aviso-prévio, ainda que indenizados. Repercute, contudo, pelo seu duodécimo na indenização por antiguidade e na gratificação natalina.

264. Hora suplementar. Cálculo
A remuneração do serviço suplementar é composta do valor da hora normal, integrado por parcelas de natureza salarial e acrescido do adicional previsto em lei, contrato, acordo, convenção coletiva ou sentença normativa. (Res. n. 121/2003, DJ 19, 20 e 21.11.2003)

291. Horas extras. Habitualidade. Supressão. Indenização. (Nova redação em decorrência do julgamento do processo TST-IUJERR 10700-45.2007.5.22.0101) — Res. ns. 174/2011, DEJT divulgado em 27, 30 e 31.05.2011
A supressão total ou parcial, pelo empregador, de serviço suplementar prestado com habitualidade, durante pelo menos 1 (um) ano, assegura ao empregado o direito à indenização correspondente ao valor de 1 (um) mês das horas suprimidas, total ou parcialmente, para cada ano ou fração igual ou superior a seis meses de prestação de serviço acima da jornada normal. O cálculo observará a média das horas suplementares nos últimos 12 (doze) meses anteriores à mudança, multiplicada pelo valor da hora extra do dia da supressão.

347. Horas extras habituais. Apuração. Média física
O cálculo do valor das horas extras habituais, para efeito de reflexos em verbas trabalhistas, observará o número de horas efetivamente prestadas e a ele aplica-se o valor do salário-hora da época do pagamento daquelas verbas.

372. Gratificação de função. Supressão ou redução. Limites (conversão das Orientações Jurisprudenciais ns. 45 e 303 da SBDI-1) — Res. n. 129/2005, DJ 20, 22 e 25.4.2005
I — Percebida a gratificação de função por dez ou mais anos pelo empregado, se o empregador, sem justo motivo, revertê-lo a seu cargo efetivo, não poderá retirar-lhe a gratificação tendo em vista o princípio da estabilidade financeira. (ex-OJ n. 45 da SBDI-1 — inserida em 25.11.1996)

II — Mantido o empregado no exercício da função comissionada, não pode o empregador reduzir o valor da gratificação. (ex-OJ n. 303 da SBDI-1 — DJ 11.8.2003

376. Horas extras. Limitação. Art. 59 da CLT. Reflexos (conversão das Orientações Jurisprudenciais ns. 89 e 117 da SBDI-1) — Res. n. 129/2005, DJ 20, 22 e 25.4.2005
I — A limitação legal da jornada suplementar a duas horas diárias não exime o empregador de pagar todas as horas trabalhadas. (ex-OJ n. 117 da SBDI-1 — inserida em 20.11.1997)
II — O valor das horas extras habitualmente prestadas integra o cálculo dos haveres trabalhistas, independentemente da limitação prevista no caput do art. 59 da CLT. (ex-OJ n. 89 da SBDI-1 — inserida em 28.4.1997)

Orientações Jurisprudenciais da SBDI-1 do TST

97. Horas extras. Adicional noturno. Base de cálculo.
O adicional noturno integra a base de cálculo das horas extras prestadas no período noturno.

206. Professor. Horas extras. Adicional de 50%.
Excedida a jornada máxima (art. 318 da CLT), as horas excedentes devem ser remuneradas com o adicional de, no mínimo, 50% (art. 7º, XVI, CF/1988). (Inserida em 8.11.00)

244. Professor. Redução da carga horária. A redução da carga horária do professor, em virtude da diminuição do número de alunos, não constitui alteração contratual, uma vez que não implica redução do valor da hora-aula. (Inserida em 20.6.01)

Precedente Normativo do TST

78. Professor. Redução salarial não configurada (negativo). Não configura redução salarial ilegal a diminuição de carga horária motivada por inevitável supressão de aulas eventuais ou turmas (Ex-PN 119).

Ementas diversas

Professor. Alteração do horário de trabalho
Ementa: Não pode ser alterado o horário de trabalho do professor, sem que haja mútuo consentimento, embora se trate de mudança dentro do mesmo turno. [TST — Pleno — Proc. n. 4721/54 — Apud GONÇALVES (1975:103)]

Professor. Transferência de cadeira. Alteração contratual
Ementa: Professor. Transferência de cadeira. Alteração contratual. Não é lícito transferir o professor de uma cadeira para outra, sem o seu consenso, ainda mais com manifesto prejuízo moral e material. No caso a Reclamada, procurou acobertar a alteração contratual, com a alegação de que o trabalho do reclamante era de má qualidade e que pais de alunos teriam pleiteado o seu afastamento. Por outro lado, são devidos salários, desde que o prestador dos serviços, gozando de estabilidade, viu-se impedido de exercer sua atividade, com o corte do ponto

correspondente à cadeira que leciona. [TRT 3ª Reg. — Proc. n. 6104/64 — Apud GONÇALVES (1975:106)].

Professor. Alteração do local de trabalho

Ementa: Os reclamantes, professores, tiveram seus horários de aulas modificados, do turno da tarde para o da manhã. Em face da recusa, a empregadora ofereceu-lhes o mesmo turno em outro estabelecimento a 12 quilômetros de distância. Revista provida para julgar improcedente a ação. Os professores estão sujeitos aos mesmos princípios de transferência que regem os demais contratos, pois não há distinção relativa à espécie de emprego intelectual, técnico ou manual. Ademais, os recorridos não fizeram prova de prejuízo. [TST — RR 674/67 — (Ac. 2ª T.) — Apud GONÇALVES (1975:107)]

Professor. Gratificação de Natal

Ementa: Gratificação de Natal. Tratando-se de professor, cuja carga horária tem variação, o cálculo da gratificação de Natal deve levar em conta a média das aulas proferidas e não o salário do mês de dezembro exclusivamente. [TRT 10ª Reg. — RO 2.171/84 — (Ac. 2ª T. 2..299/85 — Rel. J. Libânio Cardoso — DJU, 18.11.85 — Apud Revista de Direito do Trabalho n. 60, p. 129]

Professor primário. Jornada de trabalho

Ementa: Sendo a jornada de trabalho do professor primário de 3 horas e 15 minutos, a sua remuneração mínima deve levar em conta a jornada máxima de 6 horas e o salário-mínimo da época. [TRT 7ª Reg. — RO 731/86 — (Ac. 55/87, 2.2.87) — Rel. Juiz José Haroldo Guimarães — Apud Revista LTr 51-5/596]

Professor. Adicional noturno

Ementa: Professor. Adicional noturno. O professor faz jus ao adicional noturno sobre a remuneração pelo trabalho prestado após as vinte e duas horas e não sobre todo o período trabalhado à noite. Recurso de Revista a que se nega provimento. [TST-RR 0245/89.2 — (Ac. 1ª T.) — Rel. Min. Fernando Vilar — DJ-1 05.10.90, p. 10.804 — Apud MARQUES (2009:220), nota de rodapé n. 2]

Professor. Fixação da remuneração

Ementa: A remuneração do professor deve ser fixada de conformidade com o disposto no art. 320, caput, da Consolidação das Leis do Trabalho, sendo que qualquer outro trabalho prestado fora dessa fixação é extraordinário e assim deve ser pago. [TRT 8ª Reg. — RO 549/91 — Relª Juíza Luzia Oliveira — Publicação: 17.6.1991 — Apud SADY (1996:51)]

Professor. Remuneração

Ementa: A respeito do repouso semanal remunerado para o professor é devido à base de 1/6 do salário-aula ministrada durante a semana e 1/6 de 4,5 semanas correspondente a 5,25 semanas. [TRT 2ª Reg. — Proc. n. 02870204051 — (Ac. 605/89, 5ª T.) — Relª Juíza Anelia Li Chum — Apud SADY (1996:64)]

Professor. Salário

Ementa: O salário correspondente a quatro semanas e meia de trabalho a que se refere o art. 320 da CLT objetiva, tão somente, fixar a média da atividade do professor durante o mês. Este critério, contudo, não exclui o pagamento dos repousos remunerados. [TRT/SC — Proc. n. 1127/85 — (Ac. 608/86) — Rel. Juiz Umberto Grillo — Apud SADY (1996:64)]

Professor. Redução do número de alunos. Remuneração

Ementa: Se por motivo alheio ao estabelecimento de ensino, há redução do número de alunos, impossibilitando-o de manter a carga horária do professor, de sorte que tal redução não altera o valor do salário-aula, não há que se falar em alteração de seu contrato. [TRT 1ª Reg. — RO 28.836/94 — (Ac. 5ª T. 30.6.97) — Rel. Juiz Aloysio Corrêa da Veiga — Apud Revista LTr 62-07/947]

Professor. Salário

Ementa: O salário do professor é pago por hora-aula, embora seu pagamento se faça em periodicidade mensal. Além disso, não poderia o art. 320 da CLT considerar a garantia instituída apenas quando da promulgação da Carta Política de 1946, regulamentada pela Lei n. 605/49. E o pagamento do descanso assim calculado se somará ao salário de quatro semanas e meia a que alude o § 1º do art. 320 consolidado. [TST — (Ac. 0976/95, 3ª T.) — Rel. Min. José F. Silva — DJU de 28.2.1995, p. 11443 — Apud SADY (1996:64)]

Professor. Remuneração

Ementa: Quando do advento da CLT não se assegurou aos professores o pagamento do repouso semanal remunerado. Tal remuneração foi introduzida posteriormente, através da Lei n. 605/49, que concedeu expressamente tal pagamento. Assim, o salário correspondente a quatro semanas e meia de trabalho a que se refere o art. 320 da CLT objetiva, tão somente, fixar a média da atividade do professor durante o mês, não excluindo o pagamento do repouso remunerado em domingos e feriados. [TST-RR 87.167/93.8 — (Ac. 2ª T. 384/95, 3.2.1995) — Rel. Min. Hylo Gurgel — Apud Revista LTr 59-04/537]

Professor. Redução da carga horária. Licitude

Ementa: Estabelecimento de ensino é livre para reduzir número de aulas de seus professores, haja vista a natureza da atividade, variável com a maior ou menor procura pelos seus cursos. [TRT 2ª Reg. — RO 02950368497 — (Ac. 1ª T.) — Rel. Juiz Braz José Mollica — DJSP 3.4.97, p. 40 — Apud SLJD n.7/97-20]

Professor. Regime de tempo integral. Critério de remuneração

Ementa: Professor. Remuneração. Professor. Regime de tempo integral. Critério de remuneração. Horas-aula. Art. 320/CLT. "O professor, profissão regulamentada pelos arts. 317/324 da CLT, têm sua remuneração fixada pelo número de aulas semanais, sendo o seu salário calculado pelo preço-aula". Não restam dúvidas que o art. 320/CLT coloca como básico o número de horas-aulas semanais ministradas e determina o pagamento de quatro semanas e meia por mês (parágrafo 1º do art. 320/CLT). Tem-se, na verdade, a unidade hora-aula como padrão de remuneração e número delas na semana, o básico para o devido no mês. O professor é um empregado horista, com pagamento mensal, só que com mês dilatado. Com isto não se diga ser irregular a contatação de professor sob forma de regime de dedicação integral, porque não existe vedação legal para tanto. O que importa é observar que a remuneração desse profissional não pode se desvincular do critério legal estabelecido pelo art. 320/CLT, não derrogado por norma coletiva, aliás, pelo contrário, por essa última, sempre corroborado, como não poderia deixar de ser. [TRT 3ª Reg. — (6ª Turma) — Rel. Des. Hegel de Brito Bóson — Publicação em 22 de maio de 2003 — Apud SILVA (Revista LTr 77-04/466)]

Redução de horas-aulas. Legalidade

Ementa: Redução de horas-aulas. Legalidade. Por inexistente normal legal que assegure ao professor direito à manutenção da mesma carga horária do ano anterior, não há como se reputar ilícita a redução de número de horas-aula com correlata diminuição de salários, posto que estes, em situação normal, estão sujeitos à variação do número de aulas ministradas. [TRT 9ª Reg. — RO 6.280/91 — (Ac. 6.621/92, 1ª T.) — Rel. Juiz Pretextato Pennafort Taborda Ribas Netto — DJPR 24.7.92, p. 34 — Apud OLIVEIRA (2000:228)]

Horas extras habituais. Caracterização

Ementa: Horas extras habituais. Caracterização. A caracterização da habitualidade do trabalho extraordinário decorre da repetição frequente, que não precisa ser diária. [TRT, 15ª Reg. — RO 012.609/1997-7 — (Ac. 1ª T.) — 034451/1998 — Rel. Juiz Antônio Miguel Pereira — DJSP 28.9.98, p. 145 — Apud LTr Sup. Trab. 028/99, p. 145)

Professor. Horas extras

Ementa: A jornada de trabalho do professor está limitada ao máximo de quatro aulas consecutivas ou seis intercaladas, na forma preconizada pelo art. 318 da CLT. O que exceder desse limite é serviço extraordinário que, por força do disposto no art. 7º, inciso XVI, da Carta Magna, deve ter remuneração superior, no mínimo, em 50% à normal, sob pena de ofensa ao princípio da isonomia, insculpido no art. 5º, caput, da Constituição Federal/88. [TST-RR-530030/99 — Rel. Guedes Amorim — DJU 16.11.2011 — Apud CRUZ (2012:131/132)]

Professor. Adicional de hora extra

Ementa: O art. 318 da CLT é claro ao dispor que a jornada de trabalho do professor está limitada ao máximo de quatro aulas consecutivas ou seis intercaladas. Assim, sobre o trabalho prestado pelo profissional de ensino, além do limite fixado neste dispositivo celetário, incide o adicional de 50%, já que o art. 7º, inciso XVI, da Carta Magna não estabelece distinção entre categorias profissionais e visa exatamente a desestimular a prática reiterada de exigir do professor a prestação de serviços além do limite legal. [TST-RR n. 317.232/96.8 — (Ac. 4ª T.) — Rel. Leonaldo Silva — DJU12.11.1999 — Apud CRUZ (2012:132)]

Horas extras. Habitualidade. Conceito

Ementa: Recurso ordinário — Habitualidade — Conceito — A habitualidade não se confunde com a uniformidade, e isso significa que as horas de trabalho, extras ou noturnas, se consideram habituais mesmo que não se tenham repetido em número sempre igual. [TRT 2ª Reg. RO 00050200606202006 — (Ac. 11ª T. 20070475363) — Rel. Juiz Carlos Francisco Berardo. DOE/TRT 2ª Reg., 26.6.2007, p. 201 — Apud LTr Sup. Jurisp. 35/2007, p. 277]

Professor. Adicional noturno

Ementa: Professor. Adicional noturno. Por aplicação do art. 7º, inciso IX, da Constituição Federal, faz jus o professor ao pagamento do adicional noturno. O fato de a duração da hora-aula ser em tal período menor, não obstaculiza o direito, vez que a redução de poucos minutos não é suficiente para reparar o desgaste físico e mental sofrido por tal profissional. [TRT 9ª Reg. — RO 15.367/93 — (Ac. 2ª T.) — Rel. Juiz Airton Paulo Costa — DJPR 2.12.94, p. 256 — Apud Repertório IOB de Jurisprudência n. 2/95, p. 18]

Professor. Adicional noturno

Ementa: Adicional noturno. Professor. O art. 7º, inciso IX, assegura a todos os trabalhadores, indistintamente, o direito de prerceber o adicional em tela, conjugando-se tal vantagem com a das horas trabalhadas de forma reduzida (cinquenta e dois minutos e meio), resultando, daí, que o trabalhador noturno labora sete horas, como se efetivamente trabalhasse oito, portanto as normas referentes ao trabalho noturno são as mesmas para todos os trabalhadores das várias esferas, inclusive servidores públicos civis. [TST-RR 182.841/95 — (4ª T.) — Relª Minª Enéa Moreira — DJ 226/97 — Apud BARROS (2001:308) — Nota de rodapé 421]

Professor. Direito ao adicional noturno

Ementa: Professor. Direito ao adicional noturno. O só fato de o legislador versar em apartado disposições específicas acerca da jornada do professor (arts. 317 a 323 da CLT) não pode conduzir à ilação de que o trabalho prestado por este profissional no horário noturno, das 22:00 às 05:00 horas, não é contemplado pelo acréscimo estatuído do art. 73 da CLT. Afinal, os efeitos deletérios e de fadiga, que justificam a edição do referido art. 73, permanecem presentes para o trabalhador que se dedica ao ofício da docência. E o preceito especial só sucumbe ao genérico naquilo em que conflitantes, como preleciona Segadas Vianas: "Quanto à prorrogação do trabalho e ao trabalho noturno, não havendo disposições especiais, aplicam-se as regras gerais" — Instituições de Direito do Trabalho, vol. 2, 17ª edição, LTr, p. 1.043 (tratando da temática específica dos professores). De resto, "a remuneração do trabalho noturno superior à do diurno" goza de assento constitucional (art. 7º, IX), aplicável, pois, a toda classe de trabalhadores indistintamente. Nesse sentido preleciona Alice Monteiro de Barros: "Caso as aulas sejam ministradas entre as 22 horas de um dia e as 5 horas do dia seguinte, o trabalhador fará jus ao adicional notur-

no assegurado em preceito constitucional" — Curso de Direito do Trabalho, 1ª edição, LTr, p. 672. [TRT 3ª Reg. RO-01444-2007-065-03-00.6 — (Ac. 1ª T.) — Rel.ª Des.ª Deoclécia Amorelli Dias — DJMG 11.7.08]

Professor. Redução da carga horária. Impossibilidade. Negociação coletiva prevalente
Ementa: Professor. Redução da carga horária. Impossibilidade. Negociação coletiva prevalente. Por força do que dispõem as normas coletivas para a categoria dos professores mineiros, a validade da redução da carga horária está condicionada à homologação sindical desta chamada "resilição parcial", não prevalecendo, no aspecto, o disposto na OJ 244, da SDI-1/TST. [TRT 3ª Reg. RO-00007-2006-079-03-00-7 — (Ac. 1ª T.) — Rel.ª Des.ª Deoclecia Amorelli Dias — DJEMG 1.2.2008]

Professor. Redução do número de aulas
Ementa: O número de horas-aulas do professor pode ser alterado, pois tal alteração é inerente ao tipo de trabalho que executa. O que não pode ser mudado é o valor da remuneração da hora-aula, porque isso implicaria redução salarial ilícita, nos termos da Carta Magna. [TST-RR-150.314/94.9 — (Ac. 1ª T. 10.365/97) — Rel.ª Regina Rezende Ezequiel — Apud CARRION (2001:322)]

Professor. Carga horária. Redução
Ementa: A variação anual da carga horária do professor causada pela redução do número de alunos não importa em infração do art. 468 da CLT, porquanto inexiste no ordenamento jurídico brasileiro norma legal que assegure o direito de manutenção da mesma carga horária do ano anterior. Não há, portanto, ilegalidade na redução da carga horária, o que ocorreria somente se houvesse a redução do valor da hora-aula. Recurso de revista conhecido e desprovido. [TST-RR n. 290.634/96.3. — (Ac. 1ª T.) — Rel. Min. Ronaldo José Lopes Leal — DJU, 19.3.1999 — Apud CRUZ (2012:140)]

Professor. Redução da carga horária
Ementa: Não caracteriza violação dos arts. 468 da CLT e 7º, VI, da Carta Magna o ato de o empregador — estabelecimento de ensino reduzir a carga horária do professor. Não havendo redução do valor da hora-aula, mas ajuste da carga horária do reclamante às necessidades do estabelecimento de ensino, é legítimo o exercício do jus variandi do empregador. Ademais, nenhum dos arestos indicados enfrenta a afirmação do egrégio regional, no sentido de que a norma coletiva da categoria profissional não dispõe de modo contrário à redução da carga horária do professor (óbice do Enunciado n. 23 do TST). [TST-RR n. 705594/00 — Rel.ª Eneida Melo — DJU, 29.6.2001 — Apud CRUZ (2012:140)]

Professor. Redução do número de horas-aula
Ementa: Professor. Redução do número de horas-aula. Validade. Não constitui alteração ilícita do contrato de trabalho a redução da carga horária do professor, considerando-se a variabilidade do número de alunos no estabelecimento de ensino, refletindo-se na necessidade do número de horas-aula a ser ministrada. Revista conhecida e provida. [TST-RR 474.191/1998 — (3ª T.) — Rel.ª Juíza Conv. Eneide de Melo — j. 4.4.2001 — DJ, 14.5.2001 — Apud ALMEIDA 2009:153)]

Professor. Redução da carga horária
Ementa: Alteração contratual. Redução da carga horária. Professor. A redução da carga horária do professor, em virtude da diminuição do número de alunos de um ano para outro, não constitui alteração contratual ilícita, já que não existe no ordenamento jurídico pátrio norma legal garantindo a este a mesma carga horária do ano anterior. A diminuição do número de horas-aula não implica na redução do valor da hora-aula, base da remuneração do professor, nos termos no artigo 320 da CLT. Embargos providos. [TST-RR-20928/95.0 — SDI — Rel. Min. José Carlos Perret Schulte — DJ 13.11.98 — Apud BARROS (2001:311 — Nota de rodapé 425)]

Professor. Redução da carga horária. Anuência expressa. Exigência prevista na norma coletiva
Ementa: Professor. Redução da carga horária. Anuência expressa. Exigência prevista na norma coletiva. Não se admite anuência apenas presumida quando a norma coletiva exige expressa manifestação de vontade da vontade do empregado. Requisito não observado em relação a determinado período. Redução salarial ilegal. Recurso da autora a que se dá provimento em parte. [TRT 2ª Reg. RO-01738-2005-318-02-00.9 — (Ac. 11ª T.) — Rel. Eduardo de Azevedo Silva — DOE 25.09.2007]

Professor. Atividade extra-classe. Horas extras
Ementa: Professor. Atividade extra-classe. Horas extras. O mero pagamento do adicional extra-classe não obsta o pedido de horas extras, abrangendo apenas hipóteses restritas. Tanto é assim que a norma coletiva reconhece como trabalho extraordinário as reuniões fora do horário normal das aulas. O adicional extra-classe, de acordo com conceito normativo, decorre do exercício de atividade "inerente ao trabalho docente, relativo a classes regulares, sob a responsabilidade do professor e realizado fora de seu horário de aula". [TRT 3ª Reg. — RO 00085-2007.041.03.00.0 — (AC. 6ª T.) — Rel. Juiz conv. João Bosco Pinto Lara — Julgamento em 21.07.2007]

Professor. Redução da carga horária
Ementa: Professor. Professores horistas são remunerados pelo efetivo número de aulas que ministram, sendo que redução deste montante decorre da distribuição das turmas escolares conforme o número de alunos estabelecido ao início de cada ano ou semestre letivo. Sucedendo redução das turmas, segue-se redução também da carga horária do professor, até mesmo a teor do senso comum, e sem que isto possa ser considerado como inconstitucional ou ilegal. [TRT 2ª Reg. RO-03009-2006-085-02-00.5 — (Ac. 8ª T.) — Rel. Sergio Pinto Martins — DOE 22.04.2008]

Adicional de aprimoramento acadêmico
Ementa: Adicional de aprimoramento acadêmico. Pagamento do salário-aula e do adicional efetuado em rubrica única. Procedimento que caracteriza o vedado salário complessivo. Inobservância de preceito legal e de cláusula convencional quanto à identificação de cada parcela constante no recibo. Devido o adicional postulado, calculado sobre o salário-aula básico, conforme previsto em instrumentos coletivos. Inteligência da súmula n. 91 do TST. [TRT 4ª Reg. RO-01180-2006-201-04-00.1 — (Ac. 7ª T.) — Rel.ª Juíza Maria Inês Cunha Dornelles — Data de publ. 2.7.2008]

Professor universitário e pesquisador. Contratação em regime de dedicação integral. Horas extras pelo trabalho extraclasse. Indevidas. Elastecimento de horário. Ônus da prova

Ementa: Professor universitário e pesquisador. Contratação em regime de dedicação integral. Horas extras pelo trabalho extraclasse. Indevidas. Elastecimento de horário. Ônus da prova.
1. As normas específicas de tutela referentes à jornada dos professores (CLT, Título III, Seção XII) estão expressamente direcionadas apenas às horas de trabalho em sala de aula, cujo tratamento legal mais benéfico se justifica em razão do desgaste sofrido pelo profissional sob tais condições. Em se tratando de professor universitário contratado em regime de dedicação integral, nos termos do art. 52 da Lei n. 9.394/96, uma vez obedecida a jornada especial quanto ao trabalho em sala de aula, mostra-se indevida, à mingua de norma mais favorável, a percepção de horas extras pelo trabalho desenvolvido extraclasse.
2. Em razão da natureza extraordinária do fato alegado, é do empregado o ônus de comprovar o trabalho extraordinário (arts. 818 da CLT e 333, I, do CPC). Tal encargo probatório não se altera em se tratando de professor universitário que desenvolve atividades de pesquisa científica nas instalações da faculdade reclamada, onde lhe é franqueada ampla permanência além do horário contratado, para fins de estudos e pesquisa. Nesse caso, incumbe ao autor demonstrar que sua permanência no ambiente de trabalho ocorreu sob o comando e no interesse exclusivo da instituição de ensino. [TRT 10ª Reg. — RO 01164-2007.017.10.00.6 — (Ac. 1ª Turma) — Rel. Juiz José Leone Cordeiro Leite — Publicação em 29 de maio de 2009 — Apud SILVA (Revista LTr 77-04/466-7)]

Alteração da base de cálculo da jornada semanal do horista professor. Processo bilateral sem prejuízos financeiros

Ementa: Alteração da base de cálculo da jornada semanal do horista professor. Processo bilateral sem prejuízos financeiros. Cabimento. Não há violação direta e literal do artigo 468 da CLT, uma vez que não houve alteração unilateral, mas sim uma reestruturação de cargos e salários, promovida através de um PCS, que contou com a participação ativa da categoria dos professores. Outrossim, insta destacar que não há como se acolher a alegação de que a alteração ocorrida com a aprovação do PCS de 2007 resultou em prejuízo aos empregados abraçados pelo plano de 1993, em face da supressão de meia semana na base de cálculo da jornada mensal, tendo em vista que não houve qualquer redução salarial. [TRT 15ª Reg. — RO 0000590-03.2009.5.15.0039 — (Ac. 4ª C.) — Rel. Juiz Fábio Allegretti Cooper — Publicação: 21.5.2010]

Professora. Redução da carga horária. Diferenças salariais. Alteração lesiva

Ementa: Professora. Redução da carga horária. Diferenças salariais. Alteração lesiva. A redução da carga horária do professor implica alteração lesiva do contrato, com a consequente redução salarial. Isso porque os instrumentos coletivos da categoria adotam o princípio da irredutibilidade salarial e só autorizam a redução do número de aulas ou da carga horária do professor nas hipóteses de acordo entre as partes ou da diminuição do número de turmas por queda ou ausência de matrícula não motivada pelo empregador, condicionando sua validade à homologação pelo sindicato da categoria profissional ou pelas entidades ou órgãos competentes para homologar rescisões e ao pagamento de uma indenização, situação que não se observou nos autos. [TRT 3ª Reg. — RO 01213-2010-152-03-00-0 — (4ª T.) — Relª Juíza Conv. Adriana G. de Sena Orsini — Julgamento: 28.9.2011 — Publicação: 10.10.2011]

Professor. Adicional noturno

Ementa: Professor — Adicional noturno. À luz do art. 73, caput e § 2º, da CLT, o adicional noturno é devido a todo trabalhador cuja jornada de trabalho esteja inserida, no todo ou em parte, no período noturno, qual seja, entre 22:00h de um dia e 05:00h do outro. O fato de ser curto ou ínfimo o tempo trabalhado no período noturno não afasta o direito ao adicional, o qual deve incidir sobre as poucas horas ou sobre os poucos minutos trabalhados no horário legalmente definido como sendo noturno. [TRT 3ª Reg. — RO 0001454-57.2010.5.03.0001 — (9ª T.) — Rel. Juiz Conv. Milton Vasques Thibau de Almeida — Julgamento: 5.8.2011 — Publicação: 19.8.2011]

Adicional noturno. Professor. Cabimento

Ementa: Adicional noturno. Professor. Cabimento. As normas especiais que tratam das condições especiais de trabalho dos professores (arts. 317 a 324 da CLT) não derrogaram o art. 73 da CLT, visto que não contêm previsões incompatíveis com esta norma, devendo, portanto, prevalecer a regra geral. [TRT 3ª Reg. — RO 0000716-64.2010.5.03.0132 — Rel. José Miguel de Campos — Julgamento: 10.5.2011 — Publicação: 19.5.2011]

Professor. Redução de carga horária. Ausência de motivação. Alteração lesiva. Nulidade

Ementa: Professor. Redução de carga horária. Ausência de motivação. Alteração lesiva. Nulidade. O c. Tribunal Superior do Trabalho, por meio da OJ n. 244 e do Precedente Normativo n. 78, reconhece a redução da carga horária do professor, sem que esta seja considerada alteração ilegal do contrato de trabalho, uma vez que restaria preservado o valor da hora-aula. Todavia, a possibilidade dessa redução está condicionada, inexoravelmente, à diminuição do número de alunos, à inevitável supressão de aulas eventuais ou de turmas. No presente caso, o reclamado não provou a ocorrência de qualquer fato justificador (motivação) da referida subtração de jornada, levando a crer que se tenha operado por deliberação administrativa arbitrária. Recurso conhecido e desprovido. [TRT 7ª Reg. — RO 0057000-36.2009.5.07.0029 — (1ª T.) — Julgamento: 2.2.2011 — DEJT 21.3.2011]

Professor. Redução da carga horária. Licitude

Ementa: Professor. redução da carga horária. licitude. Consoante a OJ 244 da SDI-1/TST, A redução da carga horária do professor, em virtude da diminuição do número de alunos, não constitui alteração contratual, uma vez que não implica redução do valor da hora-aula. Recurso improvido, no particular [TRT 8ª — RO 01563-2009-009-8-00-0 — (2ª T.) — Relª Desª Mary Anne Acatauassú Camelier Medrado — Julgamento: 25.5.2011]

Professor. Redução da carga horária
Ementa: Professor — Redução da carga horária — Inaplicabilidade da OJ 244 da SDI/TST e descumprimento das exigências contidas nas normas coletivas. Inaplicável o entendimento consubstanciado na OJ n. 244, da SDI-I/TST, quando não há comprovação da redução do número de alunos de modo a justificar a redução da carga horária. A par disso, quando a norma coletiva prevê requisitos para a validade da redução unilateralmente imposta, o seu descumprimento torna sem efeito a alteração procedida, sendo devidas as diferenças salariais daí decorrentes (princípio da inalterabilidade contratual lesiva). [TRT 3ª Reg. — RO 0001513-91.2010.5.03.0018 — (1ª T.) — Rel. Emerson José Alves Lage — Julgamento: 4.7.2011 — Publicação: 8.7.2011]

Redução do número de aulas. Alteração contratual lesiva. Princípio da irredutibilidade salarial. Diferenças salariais devidas
Ementa: Recurso de revista. Professor. Redução do número de aulas. alteração contratual lesiva. Princípio da irredutibilidade salarial. Diferenças salariais devidas. 1. Esta Corte Superior posiciona-se no sentido de que, estabelecida a carga horária semanal ou mensal, o professor adquire o direito à sua fiel observância pelo empregador, salvo diminuição no número de alunos matriculados na instituição de ensino, reduzindo a receita, o que pode importar na alteração de turmas, com reflexos sobre a carga horária semanal ou mensal. 2. A possibilidade de se reduzir a carga horária do professor universitário, todavia sem o efetivo registro da diminuição do número de alunos, não deve ser invocada de modo isolado como motivo para validar a alteração da jornada; na forma, aliás, expressamente proclamada nos precedentes que originaram a Orientação Jurisprudencial n. 244 da SBDI-1. A causa da alteração — diminuição do número de alunos — há de ser demonstrada, não bastando a redução do número de aulas. 3. Logo, a redução do número de horas-aula implica alteração contratual lesiva, ante o disposto no art. 468 da Consolidação das Leis do Trabalho. 4. Consignada, no caso concreto, apenas a redução do número de aulas, porém sem o registro do pressuposto da diminuição do número de alunos matriculados na instituição de ensino, consideram-se devidas as diferenças salariais correspondentes. 5. Violação, que se reconhece, do art. 468 da CLT. Recurso de revista conhecido e provido. [TST-RR 101300-25.2009.5.05.0034 — (Ac. 1ª T.) — Rel. Walmir Oliveira da Costa — Julgamento: 21.8.2012 — Publicação: 24.8.2012]

Adicional noturno. Professor. Cabimento
Ementa: Adicional noturno. Professor. Cabimento. As normas especiais que tratam das condições especiais de trabalho dos professores (artigos 317 a 324 da CLT) não derrogaram o artigo 73 da CLT, visto que não contêm previsões incompatíveis com esta norma, devendo, portanto, prevalecer a regra geral. [TRT 3ª Reg. — RO 888-29.2012.5.03.0037 — Rel. Des. José Miguel de Campos — DJe 19.12.2012 — Apud Revista Síntese Trabalhista e Previdenciária n. 285, p. 141]

DSR. Diferenças. Professor. Remuneração mensal calculada à base de hora-aula. Acréscimo de 1/6. Devidas
Ementa: DSR. Diferenças. Professor. Remuneração mensal calculada à base de hora-aula. Acréscimo de 1/6. Devidas. O professor que recebe salário mensal à base de hora-aula tem direito ao acréscimo de 1/6 a título de repouso semanal remunerado, ou seja, o salário mensal do professor que recebe por horas-aula não engloba os DSRs, de tal sorte que este título deve ser remunerado à parte. Nesta circunstância, tem-se que o mês de cinco semanas, utilizado pelo reclamado, com fulcro no Decreto Estadual n. 17.412/81, é considerado apenas para efeito de cálculo da hora-aula, não englobando, assim, o referido acréscimo de 1/6 em relação aos descansos semanais. Entendimento em sentido contrário caracterizaria o salário complessivo, o que não pode ser permitido, conforme Súmula n. 91 do C. TST. Logo, não tendo o reclamado quitado corretamente os DSRs da professora-demandante, tem-se por devidas as diferenças pleiteadas. Incidência dos arts. 320 da CLT e 7º, alínea "b" da Lei n. 605/49, bem como da Súmula n. 351 do C. TST. Recurso a que se nega provimento. Juros de mora. Condenação imposta à fazenda pública. Art. 1º-f da Lei n. 9.494/97. Nas condenações impostas à Fazenda Pública aplicam-se os juros moratórios em conformidade com o quanto determina o art. 1º-F da Lei n. 9.494/97. Inteligência da Orientação Jurisprudencial n. 7 do Tribunal Pleno do C. TST. Recurso ordinário do reclamado a que se dá provimento, neste particular. [TRT 15ª Reg. — RO-0001983-62.2011.5.15.0145 — (Ac. 3ª T.) — Rel.ª Des.ª Ana Paula Pellegrina Lockmann — DEJTSP 05.04.2013, p. 847 — Apud Revista Magister de Direito do Trabalho n. 53, p. 167]

Professor. Redução da carga horária
Ementa: Professor. Redução da carga horária. Nos termos da OJ n. 244 da SDI-1 do C. TST, a redução da carga horária do professor somente é possível em virtude da diminuição do número de alunos. Não sendo esse o caso dos autos, há alteração lesiva do contrato de trabalho (artigo 468 da CLT), pois implica redução do número de horas-aula, impondo-se o pagamento das diferenças salariais postuladas. [TRT 18ª Reg. — RO 0000781-23.2012.5.18.0051 — (Ac. 1ª T.) — Relª Juíza Rosa Rair da Silva Nogueira Reis]

Professor. Direito ao adicional noturno
Ementa: Professor. Direito ao adicional noturno. A remuneração do trabalho noturno superior ao diurno está expressamente prevista no art. 7º, IX, da Constituição Federal, tratando-se de direito estendido a todos os trabalhadores urbanos, sem qualquer ressalva. O fato de o professor pertencer à categoria profissional diferenciada não lhe retira tal garantia constitucionalmente assegurada, valendo observar que, ainda que tal categoria possua regramento próprio relativamente à sua jornada máxima de trabalho e remuneração (art. 318 a 321 da CLT), não há qualquer dispositivo específico quanto ao adicional noturno, aplicando-se a regra do regime normal previsto no art. 73, da CLT. [TRT 3ª Reg. — RO 0000437-16.2012.5.03.0033 — (6ª T.) — Rel. Juiz conv. Carlos Roberto Barbosa — Julgamento em 28.5.2013]

Professor horista. Salário. Convenção coletiva
Ementa: Professor horista. Salário. Fórmula de cálculo previsto em convenção. Validade. O cálculo da remuneração do professor, consoante previsão em Convenções Coletivas (Cláusulas 4ª e 5ª, CCT 2008/2009, e Cláusula 7ª, CCTs seguintes, seq. 5), será composto multiplicando-se o valor da hora/aula pela carga horária semanal e pelo fator 5,78 (cinco inteiros e setenta e oito centésimos). Nesta fórmula já estão incluídos o repouso semanal remunerado e a atividade extraclasse. [TRT 13ª Reg. — RO 22700-16.2013.5.13.0005 — Rel. Des. Eduardo Sérgio de Almeida — Dje 16.10.2013, p. 6 — In: Revista Síntese Trabalhista e Previdenciária n. 295, p. 169/170, ementa 31443]

Capítulo VIII

AULAS EXTRAS — TEMPO À DISPOSIÇÃO DO EMPREGADOR — ATIVIDADES COMPLEMENTARES

CLT — Art. 321

Art. 321. Sempre que o estabelecimento de ensino tiver necessidade de aumentar o número de aulas marcado nos horários, remunerará o professor, findo cada mês, com uma importância correspondente ao número de aulas excedentes.

1. Aulas suplementares ou extras. 2. Tempo à disposição do empregador. 3. Atividades complementares. 4. Jurisprudência

1. AULAS SUPLEMENTARES OU EXTRAS

Como visto, num mesmo estabelecimento de ensino não poderá o professor dar, por dia, mais de quatro aulas consecutivas, nem mais de seis, intercaladas (art. 318).

O dispositivo em análise determina: *sempre que o estabelecimento de ensino tiver necessidade de aumentar o número de aulas marcado nos horários, remunerará o professor, findo cada mês, com uma importância correspondente ao número de aulas excedentes.*

Portanto, se o professor, em determinado mês, ultrapassar a sua jornada normal de trabalho, as aulas excedentes serão remuneradas como aulas extras, acrescidas do adicional, no mínimo, de 50%, como visto anteriormente.

2. TEMPO À DISPOSIÇÃO DO EMPREGADOR

O tempo, além da jornada normal de trabalho, dedicado pelo professor a reuniões, cursos, bem como às chamadas "janelas" (intervalo vago entre duas aulas), desde que esteja à disposição do estabelecimento de ensino,[1] é considerado como trabalho suplementar.

A respeito das "janelas", o Precedente Normativo n. 31 do TST preceitua que "os tempos vagos (janelas) em que o professor ficar à disposição do curso serão remunerados como aula, no limite de 1 (uma) hora diária por unidade".

3. ATIVIDADES COMPLEMENTARES

Nas atividades extraclasse, como o tempo gasto com pesquisas (elaboração de plano de aula e correção de exercícios ou provas), por serem atividades complementares, necessárias e indispensáveis ao desempenho da função do professor de ministrar aulas, não são consideras como trabalho suplementar, sendo que o pagamento por essas atividades,

---

(1) Considera-se como de serviço efetivo o período em que o empregado esteja à disposição do empregador, aguardando ou executando ordens, salvo disposição especial expressamente consignada (CLT, art. 4º, *caput*).

segundo o entendimento jurisprudencial predominante, já está incluído no valor da hora-aula.[2]

Entretanto, nada impede que esse trabalho extraclasse seja remunerado por meio de um adicional de atividade, estabelecido por negociação coletiva (convenção ou acordo coletivo) ou por liberalidade do estabelecimento de ensino.

A Lei n. 9.394/1996, Lei de Diretrizes e Bases da Educação Nacional — LDBE, preceitua:

> Os sistemas de ensino promoverão a valorização dos profissionais da educação, assegurando-lhes, inclusive nos termos dos estatutos e dos planos de carreira do magistério público: (...) período reservado a estudos, planejamento e avaliação, incluído na carga de trabalho (art. 67, V).

Em que pese o dispositivo em apreço se referir ao *magistério público*, há entendimento de que as garantias ali asseguradas são extensivas aos docentes das escolas particulares.

Neste sentido, consultar no Capítulo VII o item 3.1, em que se trata dos regimes de trabalho do professor (integral, parcial e horista).

4. JURISPRUDÊNCIA

Precedente Normativo do TST

031. Professor ("janelas") — (positivo)
Os tempos vagos (janelas) em que o professor ficar à disposição do curso serão remunerados como aula, no limite de 1 (uma) hora diária por unidade.
Ementas diversas

Professor. Atividades extraclasse
Ementa: As atividades extraclasses, quais sejam, as de elaboração e preparo de aulas e pesquisas extraclasse, são pré-condições ínsitas ao exercício do magistério, haja vista que essa atividade diz respeito à própria formação do professor que, aprioristicamente, deve estar gabaritado à dação das aulas. [TST-RR n. 101.823/94 — (Ac. 2.187/95 — 2ª T.) — Rel. Min. Vantuil Abdala — DJU, 17.6.1995]

---

(2) O art. 13, da Lei n. 9.394/1996, enumera que os docentes incumbir-se-ão de: I — participar da elaboração da proposta pedagógica do estabelecimento de ensino; II — elaborar e cumprir plano de trabalho, segundo a proposta pedagógica do estabelecimento de ensino; III — zelar pela aprendizagem dos alunos; IV — estabelecer estratégias de recuperação para os alunos de menor rendimento; V — ministrar os dias letivos e horas-aula estabelecidos, além de participar integralmente dos períodos dedicados ao planejamento, à avaliação e ao desenvolvimento profissional; VI — colaborar com as atividades de articulação da escola com as famílias e a comunidade.

Professor. Hora extra. Atividade extraclasse
Ementa: Professor. Hora extra. Atividade extraclasse. Não faz jus à hora extra o professor quando pratica atividade tida como extraclasse (corrigir provas e trabalhos, preparar aulas e preencher cadernetas), ao passo que mostram-se como decorrência do trabalho específico do magistério, sendo que tais atividades já são remuneradas pelo salário-base do magistério. [TST-ARG-Emb. RR-101823/94.7 — SDI — Felª Min. Cnéa Moreira de Oliveira — DJ 21.2.97 — Apud BARROS (2001:308 — Nota de rodapé n. 419)].

Horas extras. Professor. Intervalos entre aulas
Ementa: Professor. Intervalos entre aulas. 1. Ao estabelecer que a remuneração dos professores será calculada com base no número de aulas semanais, o artigo 320 da CLT não exclui expressamente do cálculo o cômputo de minutos residuais eventualmente constatados nos intervalos entre as aulas. Isto porque alude, ao final, à conformidade dos horários, que deverá ser considerada para efeito de fixação do valor correspondente à remuneração. 2. Durante o intervalo entre as aulas, o professor geralmente fica à disposição dos alunos do estabelecimento de ensino para, entre outras coisas, sanar eventuais dúvidas e discutir temas debatidos em aula. 3. Os intervalos constituem, pois, tempo à disposição do empregador, nos moldes do artigo 4º da CLT. 4. Recurso de revista de que se conhece e a que se dá provimento. [TST-RR-356.325/97.7 — (1ªT.) — Rel. Min. João Oreste Dalazen — DJ 31.5.2002]

Professor. Trabalho extraclasse
Ementa: Professor. Trabalho extraclasse. A remuneração do professor não inclui apenas o período de aulas ministradas, mas também o preparo dessas aulas, correção de exercícios e provas, por serem tais atividades inerentes à função docente. Assim, não há como se considerar, como extras, o período em que o profissional da área ensino despende para o exercício de tais atividades. Revista conhecida em parte e provida. [TST-RR-384016/97-9 — (2ª T.) — Rel. Min. José Luciano de C. Pereira — DJ 30.4.99, p. 139 — Apud BARROS (2001:307 — Nota de rodapé n. 416)]

Horas extras. Professor. Atividade extraclasse
Ementa: Horas extras. Professor. Atividade extraclasse. 1. O labor do professor em prol do educandário não se exaure na tarefa em si de lecionar em sala de aula. Também compreende inúmeras atividades extraclasse, seja na correção de provas e na avaliação de trabalhos, seja no controle de frequência e registro de notas, estes cada vez mais exigidos do professor, em nome da economia de custos com pessoal da área administrativa. 2. Reputa-se tempo de serviço efetivo, à luz do art. 4º, da CLT, inclusive para efeito de horas extras, a atividade extraclasse comprovadamente realizada pelo professor e cuja execução derive de determinação do empregador ou da própria natureza do magistério. 3. Recurso de Revista conhecido e desprovido. [TST-RR-520070-16.1998.5.12.5555 — (Ac. 1ª T.) — Rel. Min. João Oreste Dalazen — DJ 6.6.2003]

Professor. Intervalo entre aulas. Janelas
Ementa: Recurso de revista professor. Intervalo entre aulas. Janelas. Da interpretação que se extrai do art. 4º da CLT verifica-se que, para não se considerar o tempo a

disposição do empregador como de serviço efetivo, faz-se necessário haver disposição expressa. A decisão do Tribunal Regional do Trabalho mencionou a cláusula n. 21 da norma coletiva, cujo teor apenas traz o conceito de janelas como o período de intervalo entre aulas. Ausente o registro de que houvesse disposição expressa no sentido de não se considerarem as janelas como tempo à disposição do empregador, deve tal período ser devidamente remunerado, de acordo com o que dispõe o citado dispositivo consolidado. Recurso de revista conhecido e provido. [TST-RR 3265900612002502 3265900-61.2002.5.02.0900 — (1ª T.) — Rel. Min. Lélio Bentes Corrêa — Julgamento: 9.6.2004 — DJ 8.10.2004]

Professor. Horas extras. Incidência do adicional

Ementa: Professor. Prestação de serviços em jornada excedente à contratual. Incidência do adicional de horas extras. Hipótese em que o recurso da reclamada se limita a invocar a aplicação do art. 321 da CLT, sem atacar os fundamentos da sentença que, afastando a incidência da regra insculpida no art. 321 da CLT, deferiu ao reclamante adicional de horas extras sobre as horas-aula excedentes à jornada contratada com fundamento em cláusula de Convenção Coletiva do Trabalho, por mais benéfica ao trabalhador. Apelo da reclamada não provido. [TRT 4ª Reg.- RO 0073120036620400-0 — (7ª T.) — Rel. Juiz- Deoclécia Amorelli Dias — DOERS 3.12.04]

Preparação e disponibilização de material didático em sistema informatizado (*blackbord*). Horas-aula extras

Ementa: Preparação e disponibilização de material didático em sistema informatizado (blackbord). Horas-aula extras. Atividades docentes de preparação e disponibilização de materiais didáticos em sisstema de informatização (blackboard), com interação entre professor-aluno, se efetuadas foro do horário curricular, enseja pagamento de horas-aula extras. Recurso percialmente provido. [TRT 10ª Reg. — RO 00010-2007-007-10-00.0 — (Ac. 1ª T./07) — Rel. Juiz José Leone Cordeiro Leite — DJU3 5.10.07, p. 8 — Apud LTr Sup. Jurisp. 51/2007, p. 407]

Horas-atividade. Professor

Ementa: Recurso de revista. Horas-atividade. Professor. Da leitura da Lei n. 9.394/96 que dispõe sobre as Diretrizes e Bases da Educação Nacional, sobretudo no inciso V do art. 67 da legislação, verifica-se que já está incluído na carga horária do professor o tempo reservado a estudos, planejamento e avaliação do conteúdo programático de ensino da Instituição. Nesse sentido é o art. 320 da CLT. Dessarte, da análise da legislação e do texto consolidado, não se permite a conclusão do percebimento da hora-atividade, sob pena de afrontar o disposto no art. 5º, II, da Constituição Federal. Recurso de revista conhecido e provido. [TST-RR-125540-12.2002.5.04.0015 — (Ac. 1ª T.) — Rel. Min. Luiz Philippe Vieira de Mello Filho — DJ 10.8.2007]

Horas extras. Curso via internet. Art. 4º, *caput*, da CLT. Aplicação

Ementa: Horas extras. Curso via internet. Se a empresa, ao oferecer cursos de treinamento via internet aos seus empregados, impõe-lhes a obrigatoriedade de participação, sob pena inclusive de advertência e de não obter escensão na carreira, deve remunerar o tempo correspondente como extra, caso inexista a possibilidade de a frequência ocorrer durante o expediente normal de trabalho, pois no lapso de tempo dedicado ao estudo o empregado obviamente ficará privado de usufruir do seu regular descanso, por ato emanado do epregador. Aplica-se a regra do art. 4º, caput, da CLT. [TRT 18ª Reg. — RO 00600- 2007.102.18.00.5 — (Ac. 2ª T.) — Rel. Des. Platon Teixeira e Azevedo Filho — DJE/TRT 18ª Reg. n. 178/07, 25.10.07, p. 45 — Apud LTr Sup. Jurisp. 51/2007, p. 405]

Horas de atividade. Professor

Ementa: Horas de atividade. Professor. As horas destinadas pelo professor na preparação das aulas, elaboração e correção de provas e trabalhos, salvo ajuste em sentido contrário, já se encontram remuneradas pela hora-aula. Trata-se de tarefas inerentes à atividade do docente, razão por que, de regra, descabido o pagamento, como extras, das horas de dedicação extraclasse. Inteligência do art. 320 da CLT. [TRT 4ª Reg. — RO-01180-2006-201- 04-00.1 — (Ac. 7ª T.) — Rel.ª Juíza Maria Inês Cunha Dornelles — Data de publ. 2.7.2008]

Professor. Atividade extraclasse. Horas extras

Ementa: Professor. Atividade extraclasse. Horas extras. 1. Nos termos das normas coletivas, a atividade extraclasse desenvolvida pelo professor é aquela "inerente ao trabalho docente, relativa a classes regulares sob a responsabilidade do professor e realizada fora de seu horário de aulas". 2. Tais atividades têm relação direta com as classes, ou seja, identificam-se como tal a preparação das aulas e elaboração de provas, assim como a correção de exercícios e provas. Não se considera, portanto, como atividade extraclasse todo e qualquer trabalho realizado pelo professor em prol do estabelecimento de ensino, fora do horário de aulas. 3. Desse modo, a participação em reuniões, integração de bancas de exame, trabalho em projetos experimentais e orientação dos alunos em suas monografias de conclusão de curso constituem autêntico trabalho em sobrejornada, dando ensejo ao recebimento de horas extras. [TRT 3ª Reg. RO-00842-2007-071-03-00-7 — (Ac. 5ª T.) — Rel. Juiz Conv. Rogério Valle Ferreira — DJMG 6.9.2008]

Professor. Redução da carga horária. Impossibilidade. Negociação coletiva prevalente

Ementa: Professor. Redução da carga horária. Impossibilidade. Negociação coletiva prevalente. Por força do que dispõem as normas coletivas para a categoria dos professores mineiros, a validade da redução da carga horária está condicionada à homologação sindical desta chamada "resilição parcial", não prevalecendo, no aspecto, o disposto na OJ 244, da SDI-1/TST. [TRT 3ª Reg. — RO 00007200607903007 — (1ªT.) — Relª Juíza Deoclécia Amorelli Dias — DJEMG 1.2.08]

Professor. Hora-atividade x hora extra

Ementa: Professor — Hora-atividade x hora extra. O valor recebido a título de "hora-atividade" não remunera o exercício de "atividades extracurriculares", mas sim o tempo despendido pelo professor em outras tarefas, tais como o preparo de aula e a correção de provas, que estão diretamente vinculadas ao magistério. Não há que se confundir, portanto, "hora-atividade" com "hora extraordinária", que é devida quando do desempenho de afazeres vários promovidos pela escola em seu recinto, implicando sobrejornada àquela contratada.Recurso ordinário a que se nega provimento, no particular. [TRT 2ª Reg. — RO 01279-2007-301-02-00-3 — (Ac. 20100352230 — 11ª T.) — Relª Dora Vaz Treviño — Julgamento: 27.4.2010 — Publicação: 11.5.2010]

Professor. Horas extras. Atividades extraclasse
Ementa: Recurso de revista. Professor. Horas extras. Atividades extraclasse. As horas despendidas pelo professor nas atividades extraclasse — tais como correção de provas, preparação de aulas -são inerentes à função docente e, portanto, estão remuneradas pelo salário ajustado. Precedentes. Aplicação da Súmula 333/TST e incidência do § 4º do art. 896 da CLT. Recurso de revista não-conhecido. [TST-RR-26400-44.2008.5.16.0020 — (Ac. 3ª T.) — Rel. Min. Rosa Maria Weber Candiota da Rosa — DJET 30.3.2010]

Horas extras. Professor. Atividades extraclasse
Ementa: Recurso de revista — Horas extras — Professor — Atividades extraclasse — Art. 67, V, da Lei n. 9.394/96. Nos termos assinalados pela instância ordinária, os professores foram contratados para uma carga horária que abrangia atividades extraclasse, em consonância com o art. 67, V, da Lei nº 9.394/96. Óbice da Súmula n. 126 do TST. [TST-RR-25500-61.2008.5.16.0020 — (Ac. 8ª T.) — Rel. Min. Maria Cristina Irigoyen Peduzzi — DJET 7.5.2010]

Professor. Horas extras. Atividades extraclasse
Ementa: Recurso de revista. Professor. Horas extras. Atividades extraclasse. Art. 67, V, da Lei n. 9.394/96. As horas despendidas pelas professoras em atividades extraclasse estão remuneradas pelo salário ajustado, nos termos do disposto no art. 67, V, da Lei n. 9.394/96. Precedentes. Recurso de revista conhecido e desprovido. [TST-RR-25300-54.2008.5.16.0020 — (Ac. 3ª T.) — Rel. Min. Alberto Luiz Bresciani de Fontan Pereira]

Trabalho extraclasse. Remuneração indevida
Ementa: Hora atividade. As horas destinadas pelo professor na preparação das aulas, elaboração e correção de provas e trabalhos, salvo ajuste em sentido contrário, já se encontram remuneradas pela hora-aula. Recurso da reclamada provido. [TRT 4ª Reg. — RO 0106100-04.2009.5.04.0203 — (6ª T.) — Relª Desª Maria Cristina Schaan Ferreira J. 31.8.2011 — Publicação: 9.9.2011]

Professor. Atividades desenvolvidas fora da sala de aula. Hora-atividade
Ementa: Professor. Atividades desenvolvidas fora da sala de aula. Hora-atividade. A Lei n. 9.394/96 não assegura o pagamento de hora-atividade ao professor, amoldando-se a regra constante do seu art. 67, V, àquela do art. 320 da CLT, de acordo com a qual a remuneração daquele é fixada em conformidade com as aulas semanais, já contemplando o tempo reservado ao estudo, ao planejamento e às avaliações. Recurso do reclamante desprovido no tópico. [TRT 4ªReg. — RO 0099900-81.2009.5.04.0202 — (8ª T.) — Julgamento: 10.11.2011]

Horas extras. Hora-atividade
Ementa: Horas extras. Hora-atividade. As horas-atividade, correspondentes àquelas despendidas na preparação de aulas e avaliações, não são complementares à atividade docente, estando computadas no valor pago por hora-aula. [TRT 4ª Reg. — RO 0000202-23.2010.5.04.0023 — (3ª T.) — Julgamento: 28.9.2011]

Professor. Janelas
Ementa: Professor. Janelas. Os intervalos entre períodos de um mesmo turno em que o professor deve permanecer na instituição de ensino aguardando para ministrar aulas devem ser remunerados como hora trabalhada. [TRT 4ª Reg. — RO 0008900-63.2007.5.04.0721 — (6ª T.) — Julgamento: 21.9.2011]

Professor. Hora-atividade
Ementa: Professor. Hora-atividade. O art. 67, inciso V, da Lei de Diretrizes e Bases da Educação, não assegura ao professor o direito ao recebimento do percentual de 20% da remuneração mensal pelo trabalho de preparação de aulas, correção de trabalhos e provas. Vencido o Relator. [TRT 4ª Reg. — RO 0098700-57.2009.5.04.0002 — (1ª T.) — Julgamento: 14.9.2011]

Professor. Hora-atividade
Ementa: Hora-atividade. Conquanto haja previsão que assegura aos profissionais da educação, período reservado a estudos, planejamento e avaliações, entende-se que esse período integra a jornada de trabalho, constituindo parcela desta jornada, remunerada, portanto, pelo valor hora-aula normal, visto que dentre as atividades inerentes à função de professor, além das desenvolvidas na sala de aula, estão aquelas ligadas à avaliação do aluno (correção de provas e trabalhos), planejamento e preparação de aulas. Nega-se provimento ao recurso ordinário do reclamante. [TRT 4ª Reg. — RO 0000401-2010.5.04.0201 — (5ª T.) — Julgamento: 21.7.2011]

Professor. Atendimento a alunos no recreio. Tempo à disposição não caracterização
Ementa: Professor. Atendimento a alunos no recreio. Ausência de obrigatoriedade. Tempo à disposição não caracterizado. O fato dos alunos "tirarem dúvidas" com os professores nos intervalos não autoriza o reconhecimento da inexistência diária do denominado "recreio", como alegado na inicial. Não havendo comprovação de que os atendimentos decorriam de imposição da ré, presume-se que se tratava de opção pessoal do professor fazê-los, donde indevida a consideração desse período como tempo à disposição da ré. Sentença mantida. [TRT 9ª Reg. — RO 60-87.2011.5.09.0041 — (6ª T.) — Relª Desª Sueli Gil El-Rafihi — DJe 25.1.2013 — Apud Revista Síntese Trabalhista e Previdenciária n. 286, p. 143]

Professor. Orientação de monografia. Horas extras
Ementa: Orientação de monografia. Horas extras. As horas despendidas pelo professor na orientação de monografias devem ser remuneradas como extras porquanto não se inserem no conceito de atividade extraclasse, não sendo, pois, quitadas com o adicional respectivo. Não podem, ademais, ser consideradas como quitadas pelo eventual pagamento de horas-aula além daquelas efetivamente ministradas pelo professor, porque não se admite o salário complessivo. [TRT 3ª Reg. — RO 0000698-79-2012.5.03.0065 — (Ac. 3ª Turma) — Rel. Des. César Machado — Julgamento, 7 de março de 2013]

Capítulo IX

PERÍODO DE EXAMES E DE FÉRIAS ESCOLARES — REMUNERAÇÃO — HORAS SUPLEMENTARES — FÉRIAS INDIVIDUAIS E COLETIVAS — DISPENSA SEM JUSTA CAUSA AO TÉRMINO DO ANO LETIVO OU NO CURSO DAS FÉRIAS ESCOLARES

CLT — Art. 322

Art. 322. No período de exames e no de férias escolares, é assegurado aos professores o pagamento, na mesma periodicidade contratual, da remuneração por eles percebida, na conformidade dos horários, durante o período de aulas. *(Redação dada pela Lei n. 9.013, de 30.3.1995)*

§ 1º Não se exigirá dos professores, no período de exames, a prestação de mais de 8 (oito) horas de trabalho diário, salvo mediante o pagamento complementar de cada hora excedente pelo preço correspondente ao de uma aula.

§ 2º No período de férias, não se poderá exigir dos professores outro serviço senão o relacionado com a realização de exames.

§ 3º Na hipótese de dispensa sem justa causa, ao término do ano letivo ou no curso das férias escolares, é assegurado ao professor o pagamento a que se refere o *caput* deste artigo. *(Incluído pela Lei n. 9.013, de 30.3.1995)*

1. Remuneração no período de exames — Horas suplementares. 1.1. Remuneração no período de exames. 1.2. Horas suplementares. 2. Período de férias escolares — Férias anuais. 2.1. Período de férias escolares. 2.2. Férias anuais — Fundamentos — Direito — Duração — Concessão — Comunicação — Férias coletivas — Remuneração — Abono — Prazo de pagamento — Cessação do contrato. 2.2.1. Férias anuais 2.2.2. Fundamentos 2.2.3. Direito a férias. 2.2.4. Duração das férias. 2.2.5. Sem direito a férias. 2.2.6. Concessão e fracionamento das férias. 2.2.7. Comunicação e anotação. 2.2.8. Férias coletivas — Conceito — Parcelamento — Aviso. 2.2.8.1. Conceito de férias coletivas. 2.2.8.2. Parcelamento das férias coletivas. 2.2.8.3. Aviso das férias coletivas. 2.2.9. Valor da remuneração — Cálculo. 2.2.9.1. Valor da remuneração. 2.2.9.2. Cálculo. 2.2.10. Abono de férias — Requerimento. 2.2.10.1. Abono de férias. 2.2.10.2. Requerimento. 2.2.11. Prazo de pagamento. 2.2.12. Efeitos da cessação do contrato com duração superior a um ano — Contrato com duração inferior a um ano. 2.2.12.1. Adquiridas — Proporcionais. 2.2.12.1.1. Férias adquiridas (simples ou em dobro). 2.2.12.1.2. Férias proporcionais. 2.2.12.2. Contrato com duração inferior a um ano 3. Dispensa sem justa causa. 4. Jurisprudência.

1. REMUNERAÇÃO NO PERÍODO DE EXAMES — HORAS SUPLEMENTARES

1.1. REMUNERAÇÃO NO PERÍODO DE EXAMES

O artigo em análise determina que no período de exames e no de férias escolares, é assegurado aos professores o pagamento, na mesma periodicidade contratual, da remuneração por eles percebida, na conformidade dos horários, durante o período de aulas.

Portanto, no período de exames e no de férias escolares fica assegurado aos professores a mesma remuneração percebida durante o período de aulas.

Na lição da professora *Alice Monteiro de Barros* (2001:311), as férias escolares são, geralmente, em janeiro, fevereiro ou julho, não havendo obstáculo legal que impeça o empregador de conceder as férias individuais do professor em um desses meses; se isto ocorrer, neste mês nenhum serviço lhe poderá ser exigido, nem mesmo relacionado com exames, pois essas férias destinam-se à recuperação física do professor.

1.2. HORAS SUPLEMENTARES

No período de exames, o *caput* do artigo em questão assegura aos professores o pagamento, na mesma periodicidade contratual, da remuneração por eles percebida, na conformidade dos horários, durante o período de aulas.

Por sua vez, o parágrafo primeiro do artigo em análise preceitua que não se exigirá dos professores, no período de exames, a prestação de mais de 8 (oito) horas de trabalho diário, salvo mediante o pagamento complementar de cada hora excedente pelo preço correspondente ao de uma aula.

Esse dispositivo está fora da realidade, em desuso, atritando com o princípio da irredutibilidade salarial assegurado pela atual Constituição Federal (art. 7º, VI).

Além de afrontar o direito à pluralidade ou acumulação de empregos, agride o princípio da alteração consentida e não prejudicial ao empregado, também conhecido como princípio da inalterabilidade do contrato de emprego, ambos assegurados pela própria CLT.

No mencionado período de exames, o que ultrapassar a jornada normal de trabalho do professor deve ser pago como hora-aula extra, com adicional, no mínimo, de 50% (CF/1988 — art. 7º, XVI).

2. PERÍODO DE FÉRIAS ESCOLARES — FÉRIAS ANUAIS

2.1. PERÍODO DE FÉRIAS ESCOLARES

Férias escolares ou recesso escolar é o período de paralisação das aulas e que, geralmente, ocorre em julho ou no final de cada ano letivo (dezembro/fevereiro), de conformidade com o registro escolar de cada estabelecimento de ensino.

Esse período de recesso serve para recuperação dos alunos reprovados e que precisam se preparar para uma segunda prova, que os capacite a passar de ano escolar.

É no período das férias escolares que o professor efetua a revisão e/ou elaboração do seu plano de ensino, corrige provas escritas, participa de bancas de exames e de outras atividades relacionadas à fiscalização.

No período das férias escolares não se poderá exigir dos professores outro serviço senão o relacionado com a realização de exames (§ 2º do art. 322).

Se não houver serviços relacionados com exames e correções de provas, o professor permanecerá à disposição do estabelecimento de ensino, ganhando normalmente.[1]

Nos estabelecimentos de ensino, no período de férias escolares (recesso escolar), geralmente, só funciona o setor administrativo, ficando dispensado o comparecimento dos professores.

As férias escolares integram o ano escolar e não se confundem com as férias individuais do professor, que são adquiridas após um ano de vigência do contrato de trabalho.

No período das férias escolares ou letivas, o professor fica à disposição do empregador, para efetuar serviços relacionados com exames e correções de provas, sendo que no período das férias

---

(1) Considera-se como de serviço efetivo o período em que o empregado esteja à disposição do empregador, aguardando ou executando ordens, salvo disposição especial expressamente consignada (CLT — art. 4º, *caput*).

individuais, que, geralmente, coincide com o recesso escolar, o professor não fica à disposição do empregador, ele se afasta do serviço, ficando o seu contrato interrompido; isto é, o professor não trabalha e ganha o salário normal, acrescido do terço constitucional.

Na lição de *Emílio Gonçalves*, "o trabalho dos professores se diferencia do trabalho prestado pela generalidade dos empregados, em virtude das particularidades que apresenta. Além do período letivo, de trabalho contínuo, e do período de provas e exames, há o período de férias escolares, em que a prestação do serviço se interrompe. É exatamente durante as férias escolares que o professor há de gozar as suas férias individuais. Lícito é ao estabelecimento de ensino fixá-las, delimitando-lhe a época, conforme já exposto, permanecendo o professor no restante do tempo em licença remunerada.[2] Se o estabelecimento não o fizer, presume-se com apoio na jurisprudência que as férias do professor são as do mês de julho, em que não há aulas".[3]

O TST já entendeu que as férias do professor são as do mês de julho, que correspondem às férias normais de qualquer empregado, e não as escolares (Pleno, Proc. n. 760/1965, in Revista do TST, jan. e fev. de 1960). Esse entendimento mostra o fato de que nos cursos anuais não há exames finais em julho, razão pela qual seriam fixadas as férias do professor nesse período.[4]

2.2. FÉRIAS ANUAIS — FUNDAMENTOS — DIREITO — DURAÇÃO — CONCESSÃO — COMUNICAÇÃO — FÉRIAS COLETIVAS — REMUNERAÇÃO — ABONO — PRAZO DE PAGAMENTO — CESSAÇÃO DO CONTRATO

2.2.1. Férias anuais

A CF/1988 assegura, gozo de férias anuais remuneradas com, pelo menos, um terço a mais do que o salário normal (art. 7º, XVII).

As normas especiais de tutela do trabalho dos professores só tratam das férias escolares, nada dizem a respeito das férias anuais que são adquiridas após um ano de vigência do contrato de emprego do docente.

Neste caso, aplicam-se as normas gerais da CLT (arts. 129 a 153); por isso, de forma bastante simplificada, serão abordados os dispositivos de maior relevância em relação aos professores.

2.2.2. Fundamentos

Arnaldo Süssekind aponta os fundamentos dos períodos de descanso e, dentre eles, o das férias anuais remuneradas:

a) de natureza *biológica*, eis que visa combater os problemas psicofisiológicos oriundos da fadiga e da excessiva racionalização do serviço;
b) de caráter *social*, por isso possibilita ao trabalhador viver, como ser humano, na coletividade a que pertence, gozando os prazeres materiais e espirituais criados pela civilização, entregando-se à prática de atividades recreativas, culturais ou físicas, aprimorando seus conhecimentos e convivendo, enfim, com sua família;
c) de índole *econômica*, porquanto restringe o desemprego e acarreta, pelo combate à fadiga, um rendimento superior na execução do trabalho.[5]

2.2.3. Direito a férias

Todo empregado terá direito anualmente ao gozo de um período de férias, sem prejuízo da remuneração (CLT, art. 129), com o acréscimo de 1/3 constitucional (CF/1988 — art. 7º, XVII).

2.2.4. Duração das férias

Após cada período de 12 meses de vigência do contrato de trabalho, o empregado terá direito a férias, conforme as faltas injustificadas cometidas no período aquisitivo, na seguinte proporção (art. 130):

Dias de férias	Faltas injustificadas no período aquisitivo
30	até 5
24	6 a 14
18	15 a 23
12	24 a 32

---

(2) Não se trata de licença remunerada, e sim de disponibilidade remunerada do professsor, podendo este ser convocado para realizar exames.
(3) GONÇALVES (1975:98).
(4) MARTINS, Sérgio Pinto. Férias do professor. Apud IOB — SLJD-1/2007-3.

(5) SÜSSEKIND, Arnaldo. *Comentários à Nova Lei de Férias*. São Paulo: LTr, 1977, p.17.

Por meio de negociação coletiva (convenção ou acordo coletivo) ou por liberalidade do empregador, a duração das férias poderá ser superior a 30 (trinta) dias. É o que ocorre em relação aos professores que, geralmente, têm direito a 45 dias de férias.

2.2.5. Sem direito a férias

Estabelece a CLT que não terá direito a férias o empregado que no curso do período aquisitivo: (...) permanecer em gozo de licença, com percepção de salários, por mais de 30 (trinta) dias; deixar de trabalhar, com percepção do salário, por mais de 30 dias em virtude de paralisação parcial ou total dos serviços da empresa (CLT — art. 133, II e III).

A respeito do dispositivo em questão, *Aluysio Sampaio* observou que na hipótese do artigo, o empregado deixou de trabalhar por 30 dias com percepção dos salários. É, na prática, o gozo antecipado de férias.[6]

No caso dos professores, que por meio de negociação coletiva adquirem o direito ao período de férias anuais superior a 30 dias e como esse período coincide com o do recesso escolar, em que há paralisação das aulas, sem prejuízo da remuneração, os que não trabalharem neste período já se encontram em gozo de férias.

Nesta situação, cabe ao estabelecimento de ensino complementar a remuneração das férias, com o terço previsto na CF/1988 (art. 7º, XVII), providenciar a documentação e as anotações necessárias.

> *Ementa: O adicional correspondente a um terço do salário constitui um direito do trabalhador que se encontra em gozo de férias, assegurado pela Carta Magna (art. 7º, XVII), com o objetivo de proporcionar ao trabalhador possibilidade de efetivamente gozar de suas férias. Levando-se em consideração que o empregado, em razão da paralisação da empresa, deixou de trabalhar por mais de trinta dias, com percepção de salário, ou seja, embora formalmente não estivesse gozando de garantia constitucionalmente assegurada, usufruiu do respectivo descanso, tem-se que faz jus a receber o aludido terço como se estivesse formalmente em gozo de férias. Conclui-se, portanto, que, nessa hipótese, a ausência de fruição das férias remuneradas não afasta o direito do empregado de receber o terço constitucional. Embargos não conhecidos. (Processo n. TST-TST-ERR n. 360.606/97 — SBDI-1 — Rel. Min. Rider Nogueira de Brito. Apud Revista do TST vol. 67, n. 4, p. 256)*

---

(6) SAMPAIO, Aluysio. *A Nova Lei de Férias*. São Paulo: RT, 1977. p. 10.

2.2.6. Concessão e fracionamento das férias

As férias serão concedidas por ato do empregador, em um só período, nos 12 (doze) meses subsequentes à data em que o empregado tiver adquirido o direito. Em casos excepcionais serão as férias concedidas em 2 períodos, um dos quais não poderá ser inferior a 10 dias corridos (CLT — art. 134, *caput* e § 1º).

A época da concessão das férias será a que melhor consulte os interesses do empregador (CLT — art. 136, *caput*).

As férias que não forem concedidas no período concessivo serão pagas em dobro (CLT — art. 137, *caput*) e o empregador será obrigado a concedê-las. A dobra será da remuneração, e não dos dias de férias concedidos em atraso.

Em relação aos professores, o período de fruição ou gozo das férias anuais deve coincidir com o das férias escolares (recesso escolar), em que há paralisação das aulas, sem prejuízo da remuneração dos docentes (CLT, art. 322).

Segundo *Emílio Gonçalves* (1975:92), este era o entendimento de *Evaristo de Moraes Filho*, extraído do seu anteprojeto do Código do Trabalho.[7]

Com o advento da CF/1988, na ocorrência da situação anterior, a remuneração das férias deve ser acrescida de 1/3 (art. 7º, XVII).

Súmula n. 81 do TST
Férias (mantida) — Res. 121/2003, DJ 19, 20 e 21.11.2003
Os dias de férias gozados após o período legal de concessão deverão ser remunerados em dobro.

Férias. Fracionamento. Excepcionalidade
Ementa: *Férias. Fracionamento. Excepcionalidade prevista no § 1º do artigo 134/CLT. Comprovado que o mister realizado pela reclamante se enquadra na exceção do artigo 134, § 1º, da CLT, acerca da excepcionalidade, posto que as escolas tem seu recesso nos meses de janeiro e julho, não há falar em irregularidade no fracionamento das férias em dois períodos de 15 dias cada.* [TRT 3ª Reg. — RO 968-10.2011.5.03.0075 — (9ª T.) — Rel. Des. Fernando Luiz G. Rios Neto -DJE-MG 07.12.2012, p. 214 — Apud Revista Magister de Direito do Trabalho n. 51, p. 122]

---

(7) "No período de férias, não se poderá exigir dos professores outro serviço senão o relacionado com a realização de exames, sempre garantindo um período de repouso anual, ininterrupto, calculado de conformidade com os preceitos gerais contidos no Capítulo IV do Título II do Código do Trabalho" (art. 410, § 2º). Publicado pela Revista LTr 28/627, set./out. de 1964.

2.2.7. Comunicação e anotação

O empregador, ao conceder as férias ao empregado, deverá avisá-lo com antecedência de, no mínimo, 30 dias e fazer a devida anotação na sua CTPS, conforme determina a CLT:

> Art. 135. A concessão das férias será participada, por escrito, ao empregado, com antecedência de, no mínimo, 30 (trinta) dias. Dessa participação o interessado dará recibo.
> § 1º O empregado não poderá entrar no gozo das férias sem que apresente ao empregador sua CTPS, para que nela seja anotada a respectiva concessão.

No caso dos professores, não há necessidade de avisá-los com a antecedência exigida pelo dispositivo em análise, devido às férias individuais sempre coincidirem com as férias escolares e por já ser do conhecimento de todos os docentes.

Neste sentido, *Valentin Carrion* (2001:224) entende que "não se exige cumprimento à disposição legal de pré-aviso de férias pessoais do professor".

2.2.8. Férias coletivas — Conceito — Parcelamento — Aviso

A CLT não previa a concessão de férias coletivas; só com o advento do Decreto-lei n. 1.535/1977, que deu nova redação ao capítulo das férias, é que foi introduzido e consolidado o instituto das férias coletivas.

2.2.8.1. Conceito de férias coletivas

Férias coletivas são as férias concedidas a todos os empregados de uma empresa ou de determinados estabelecimentos ou setores da empresa (CLT — art. 139, *caput*).

2.2.8.2. Parcelamento das férias coletivas

As férias coletivas poderão ser gozadas em dois períodos anuais, desde que nenhum deles seja inferior a 10 (dez) dias corridos (art. 139, § 1º); enquanto as férias individuais, como visto anteriormente, podem ser parceladas em dois períodos, em casos excepcionais, um dos quais não poderá ser inferior a dez dias corridos.

2.2.8.3. Aviso das férias coletivas

As férias coletivas devem ser comunicadas com antecedência mínima de 15 dias, aos empregados (por afixação de aviso nos locais de trabalho), ao órgão local do Ministério do Trabalho e Emprego — DRTE e ao sindicato da categoria profissional (através do envio de cópia da comunicação à DRTE).

No caso dos professores, pelas mesmas razões já apontadas, em que as férias anuais coincidem com as férias escolares, não há necessidade de atender às comunicações citadas anteriormente.

2.2.9. Valor da remuneração — Cálculo

2.2.9.1. Valor da remuneração

O empregado perceberá, durante as férias, a remuneração que lhe for devida na data da sua concessão (CLT, art. 142, *caput*).

As férias indenizadas serão pagas pelo valor da remuneração do empregado na data da cessação do contrato de trabalho.

Quando o salário for pago por hora, com jornadas variáveis, apurar-se-á a média do período aquisitivo aplicando-se o valor do salário na data da concessão das férias (CLT, art. 142, § 1º).

Os adicionais por trabalho extraordinário, noturno, insalubre ou perigoso serão computados no salário que servirá de base ao cálculo da remuneração das férias (CLT, art. 142, § 5º).

A CF/1988 assegura ao empregado um acréscimo de 1/3 sobre o valor das suas férias, ao preceituar gozo de férias anuais remuneradas com, pelo menos, um terço a mais do que o salário normal (art. 7º, XVII).

A Súmula n. 328 do TST preceitua que o pagamento das férias, integrais ou proporcionais, gozadas ou não, na vigência da CF/1988, sujeita-se ao acréscimo do terço previsto no respectivo art. 7º, XVII.

Súmulas do TST

203. *Gratificação por tempo de serviço. Natureza salarial*
A gratificação por tempo de serviço integra o salário para todos os efeitos legais.

347. *Horas extras habituais. Apuração. Média física*
O cálculo do valor das horas extras habituais, para efeito de reflexos em verbas trabalhistas, observará o número de horas efetivamente prestadas e a ele aplica-se o valor do salário-hora da época do pagamento daquelas verbas.

2.2.9.2. Cálculo

Professor com mais de um ano de serviço, com direito a 45 dias de férias, conforme instrumento coletivo, ministra 24 aulas por semana e ganha R$ 60,00 por hora-aula. Quanto deverá receber a título de férias individuais?

1) Sm = 24 x 60,00 x 5,25 = R$ 7.560,00 (salário mensal — v. Capítulo VII, item 4.1);

2) R$ 7.560,00 x 4/3 = R$ 10.080,00 [salário mensal + 1/3 (C/F — art. 7º, XVII)], para se obter uma importância acrescida de 1/3, basta multiplicar pelo fator 4/3 = 1 + 1/3;

3) 10.080,00 : 30 = 336,00 x 45 = R$ 15.120,00 — valor dos 45 dias de férias anuais do professor.

2.2.10. Abono de férias — Requerimento

2.2.10.1. Abono de férias

É facultado ao empregado converter 1/3 do período de férias a que tiver direito em abono pecuniário, no valor da remuneração que lhe seria devida nos dias correspondentes (CLT, art. 143, *caput*).

O abono (venda) de férias corresponde a 1/3 das férias a que o empregado tem direito e não deve ser confundido com o aumento constitucional da remuneração das férias, que por coincidência também é de 1/3.

Em caso de requerimento de abono (venda) de férias, o empregado gozará 2/3 dos dias de férias a que terá direito, conforme as faltas injustificadas, com o acréscimo constitucional (1/3) sobre a respectiva remuneração e receberá como abono 1/3 dos dias de férias, também acrescidos do adicional constitucional (1/3).

A faculdade de o empregado converter 1/3 do período de férias a que tiver direito em abono pecuniário não se aplica aos professores se as suas férias anuais coincidirem com as férias escolares (recesso escolar), período em que não há aulas a serem ministradas.

Segundo *Valentin Carrion*, as circunstâncias próprias do professor obstam a que transacione uma parte de suas férias (art. 143), pela impossibilidade do trabalho de professor durante o recesso escolar, que é a época em que as goza.[8]

No mesmo sentido, *Francisco Antonio de Oliveira,* ao ponderar: "também inaplicável às férias do professor os preceitos do art. 143 que permitem a venda de 1/3 das férias. É que a realidade própria das férias (julho), juntamente com o recesso escolar, inviabiliza o seu aproveitamento".[9]

O professor não poderá, porém, vender parte de suas férias (art. 143 da CLT), justamente porque no mês de férias não poderá trabalhar dez dias, já que não haverá aulas a ministrar em período em que os alunos também estão em férias.[10]

2.2.10.2. Requerimento

O abono de férias deverá ser requerido até 15 (quinze) dias antes do término do período aquisitivo (CLT, art. 143, § 1º).

A conversão de parte das férias em abono pecuniário depende do empregado e, para que se transforme em direito e possa ser exigido o seu pagamento na época oportuna, o trabalhador deverá fazer o requerimento no prazo legal (até 15 dias antes de findar o período aquisitivo).

Quando se tratar de férias coletivas, a conversão a que se refere este artigo deverá ser objeto de acordo coletivo entre empregador e o sindicato representativo da respectiva categoria profissional, independendo de requerimento individual a concessão do abono (CLT, art. 143, § 2º).

2.2.11. Prazo de pagamento

Para que as férias atendam à sua finalidade e o empregado tenha certa tranquilidade por ocasião do gozo do repouso anual, o legislador determina que o pagamento da remuneração das férias e, se for o caso, o do abono referido no art. 143 será efetuado até 2 (dois) dias antes do início do respectivo período (art. 145, *caput*).

O pagamento da remuneração das férias e do abono será feito contra recibo. É a determinação legal: o empregado dará quitação do pagamento com indicação do início e do termo das férias (art. 145, parágrafo único).

O pagamento da remuneração das férias fora do prazo legal resulta em pagamento dobrado.

---

(8) CARRION (2001:224).

(9) OLIVEIRA (2000:227).
(10) MARTINS (SLJD-1/2007-7).

A Súmula n. 450 do TST assegura:

Férias. Gozo na época própria. Pagamento fora do prazo. Dobra devida. Arts. 137 e 145 da CLT. (conversão da Orientação Jurisprudencial n. 386 da SBDI-1) — Res. n. 194/2014, DEJT divulgado em 21, 22 e 23.5.2014
É devido o pagamento em dobro da remuneração de férias, incluído o terço constitucional, com base no art. 137 da CLT, quando, ainda que gozadas na época própria, o empregador tenha descumprido o prazo previsto no art. 145 do mesmo diploma legal.

2.2.12. Efeitos da cessação do contrato com duração superior a um ano — Contrato com duração inferior a um ano

2.2.12.1. Adquiridas — Proporcionais

2.2.12.1.1. Férias adquiridas (simples ou em dobro)

Na cessação do contrato de trabalho, qualquer que seja a sua causa, será devida ao empregado a remuneração simples ou em dobro, conforme o caso, correspondente ao período de férias cujo direito tenha adquirido (CLT, art. 146, *caput*).

Em relação aos professores, deve ser considerado o tempo correspondente ao período do recesso escolar a que fazem jus, conforme entendimento pacificado pela Súmula n. 10 do TST.

2.2.12.1.2. Férias proporcionais

Na cessação do contrato de trabalho, após 12 meses de serviço, o empregado, desde que não haja sido demitido por justa causa, terá direito à remuneração relativa ao período incompleto de férias, de acordo com o art. 130, na proporção de 1/12 avos por mês de serviço ou fração superior a 14 dias (CLT, art. 146, parágrafo único).

Pela redação do parágrafo único do art. 146 da CLT, só não terá direito a férias proporcionais o empregado que, após um ano de serviço, for dispensado por justa causa.

No caso de cessação do contrato de trabalho por culpa recíproca, o empregado tem direito a 50% do valor das férias proporcionais.

Súmulas do TST:
7. Férias indenizadas
A indenização pelo não deferimento das férias em tempo oportuno será calculada com base na remuneração devida ao empregado na época da reclamação ou, se for o caso, na da extinção do contrato.

14. Culpa recíproca
Reconhecida a culpa recíproca na rescisão do contrato de trabalho (art. 484 da CLT), o empregado tem direito a 50% (cinquenta por cento) do valor do aviso-prévio, do décimo terceiro salário e das férias proporcionais.

2.2.12.2. Contrato com duração inferior a um ano

O empregado que for despedido sem justa causa, ou cujo contrato de trabalho se extinguir em prazo predeterminado, antes de completar 12 meses de serviço, terá direito à remuneração relativa ao período incompleto de férias, de conformidade com o disposto no artigo anterior (CLT, art. 147).

Súmulas do TST
171. Férias proporcionais. Contrato de trabalho. Extinção
Salvo na hipótese de dispensa do empregado por justa causa, a extinção do contrato de trabalho sujeita o empregador ao pagamento da remuneração das férias proporcionais, ainda que incompleto o período aquisitivo de 12 (doze) meses (art. 147 da CLT). Ex-prejulgado n. 51.

261. Férias proporcionais. Pedido de demissão. Contrato vigente há menos de um ano
O empregado que se demite antes de completar 12 (doze) meses de serviço tem direito a férias proporcionais.

3. DISPENSA SEM JUSTA CAUSA

Na hipótese de dispensa sem justa causa, ao término do ano letivo ou no curso das férias escolares, é assegurado ao professor o pagamento dos salários correspondentes ao período de aulas (§ 3º do art. 322).

Pela redação do dispositivo em questão, em caso de dispensa do professor, o aviso-prévio até pode ser dado no curso das férias escolares, desde que seja pago ao professor o salário correspondente ao período do recesso escolar e computado tal período, como tempo de serviço para todos os efeitos legais (férias, 13º salário, FGTS etc.).

Neste sentido, a Súmula n. 10 do TST (Res. 185/2012) preceitua: o direito aos salários do período de férias escolares assegurado aos professores (art. 322, *caput* e § 3º, da CLT) não exclui o direito ao aviso-prévio, na hipótese de dispensa sem justa causa ao término do ano letivo ou no curso das férias escolares.

4. JURISPRUDÊNCIA

Súmulas do TST

10. Professor. Dispensa sem justa causa. Término do ano letivo ou no curso de férias escolares. Aviso-prévio (redação alterada em sessão do Tribunal Pleno realizada em 14.9.2012) — Res. n. 185/2012, DEJT divulgado em 25, 26 e 27.9.2012
O direito aos salários do período de férias escolares assegurado aos professores (art. 322, caput e § 3º, da CLT) não exclui o direito ao aviso-prévio, na hipótese de dispensa sem justa causa ao término do ano letivo ou no curso das férias escolares.

261. Férias proporcionais. Pedido de demissão. Contrato vigente há menos de um ano (nova redação) — Res. n. 121/2003, DJ 19, 20 e 21.11.2003
O empregado que se demite antes de complementar 12 (doze) meses de serviço tem direito a férias proporcionais.

Ementas diversas

Professor. Período de exames e de férias. Salário normal
Ementa: O art. 322 manda pagar ao professor o seu salário normal, mensalmente, no período de exames e de férias. [TST — Proc. n. 2257/47 — (Ac. unânime) — DJ de 14.11.47 — Apud GONÇALVES (1975:94)]

Férias escolares. Remuneração
Ementa: Durante as férias escolares, o professor deve receber a sua remuneração. Os tribunais têm decidido pacificamente. [TRT 1ª Reg. — DJ de 08/02/49 — Apud GONÇALVES (1975:94)]

Professores. Período letivo. Não pagamento das férias escolares
Ementa: Contratos de trabalho de professores apenas para o período letivo. Fraude à lei. O estabelecimento de ensino que contrata professores, anualmente, apenas de 1º de março a 30 de novembro de cada ano para não pagar a remuneração das férias escolares e outras verbas, infringe a lei. Em tal caso, deve ser reconhecido o direito dos professores à remuneração das férias escolares e às demais verbas trabalhistas. Inteligência e aplicação dos arts. 9º, 451 e 452 da CLT. [TST/SP — RO 2.252/78 — (Ac. 2ª T. 12.637/78) — Rel. Juiz Floriano Vaz da Silva — Apud CARRION (2001:224)]

Professor dispensado em meio ao ano letivo
Ementa: Recurso de revista conhecido e não provido, porque "de jure constituto" o professor, segundo a lei brasileira, quando despedido em meio ao ano letivo, não tem direito aos salários relativos ao período subsequente, até o início das aulas do ano letivo seguinte. [TST-RR 1.186/80 — (2ª T.) — Rel. Min. Mozart Victor Russomano — DJ 14.8.1981 — Apud MARTINS (SLJD-1/2007-5)]

Professor dispensado no curso do ano letivo
Ementa: O professor dispensado no curso do ano letivo não tem direito aos salários até o fim do mesmo. Falta de base legal a sustentar o pedido. Ao professor são asseguradas apenas as férias, se dispensado no fim do ano letivo. [TST-RR 3.422/81 — 2ª T.) — Rel. Min. Marcelo Pimentel — DJ 23.4.1982 — Apud MARTINS (SLJD-1/2007-5)]

Professor. Férias escolares
Ementa: O período de férias escolares não é de licença remunerada, mas de disponibilidade remunerada, pois durante o mesmo os serviços do professor podem ser solicitados, a qualquer tempo, para a realização de exames (art. 322, §§ 1º e 2º, da CLT). [TRT 6ª Reg. — REO-61/83 — (Ac. TP, 4.8.83) — Rel. Juiz José Ajuricaba da Costa e Silva — Apud Revista LTr 48-7/849]

Professor. Recesso escolar
Ementa: Não há proibição legal para que as férias sejam concedidas ao professor durante o recesso escolar [TST-RR 5.890/84 — (3ª T.) — Rel. Min. Guimarães Falcão — DJ175/1986 — Apud MARTINS (SLJD-1/2007-4)]

Possibilidade de redução da carga horária
Ementa: Possibilidade de redução da carga horária. Se determinada matéria escolar tornou-se facultativa, a consequência natural será a redução do número de alunos interessados. A peculiaridade da profissão de professor, segundo as normas contidas no capítulo especial da CLT, permite a interpretação de que a cada ano letivo se estipulará a carga horária do professor, inexistindo norma que assegure o direito à mesma carga do ano anterior. Enquanto alguns empregados que percebem salário variável têm essa variação a cada mês ou a cada semana, a variação salarial do professor é de ano para ano. Neste sentido a decisão do TST Pleno de fls. Revista conhecida e provida para julgar improcedente o pedido de diferenças salariais por redução da carga horária e seus reflexos [TST — RR 2.009/84 — (Ac. 3ª T. 2.567/85) — 4ª R. — Rel. Min. Mendes Cavaleiro — DJU 16.8.85 — Apud Revista de Direito do trabalho n. 58, p. 115]

Professor. Férias escolares
Ementa: As férias do professor devem coincidir com as escolares. Se não são designados, para as férias individuais, o mês de janeiro ou fevereiro, tem-se como assinado o de julho, quando não há exame nem outros trabalhos. [TRT 5ª Reg. — RO 3.588/85 — (Ac. 2ª T. 201/86, 13.2.86) — Rel. Juiz Hylo Gurgel — Apud Revista LTr 51-1/68]

Professor. Férias gozadas no período de recesso escolar
Ementa: Férias gozadas no período de recesso. Inexiste proibição legal no sentido de que as férias não possam ser concedidas no período de recesso escolar, sendo praxe nos estabelecimentos de ensino a concessão das mesmas durante a interrupção das aulas, nos meses de julho, janeiro e fevereiro. Revista conhecida e provida. [TST-RR 1.569/84 — (3ª T.) — Rel. Min. Mendes Cavaleiro — DJ n. 191/1985 — Apud MARTINS (SLJD-1/2007-4)]

Professor. Dispensa. Salário do período de férias escolares
Ementa: Professor. Dispensa. Salário relativo ao período de férias escolares. Dispensado o professor durante o mês

de outubro, não há que se falar em pagamento dos salários relativos ao período de férias escolares, por não incidir, na hipótese, o Enunciado n. 10/TST. [TST-RR 7.750/86.1 — (Ac. 3.049/87, 2ª T.) — Rel. Min. Aurélio de Oliveira — Apud MARTINS (SLJD-1/2007-5)]

Professor. Recesso escolar

Ementa: Os meses de janeiro e fevereiro são considerados para o professor período de recesso escolar, que lhe permite o tempo necessário para a elaboração do plano de ensino a ser ministrado durante o ano letivo a iniciar-se, pelo que o ato do reclamado suprimindo esse período é ilegal. São nulas as anotações de baixa na CTPS ao final de cada ano letivo. [TRT/PA RO 1508/88 — Rel. José de Ribamar Alvim Soares — Apud SADY (1996:75)]

Professor. Férias

Ementa: Professor. Férias. Distinguem-se as férias dos professores das férias escolares. Aquelas são devidas após um ano de vigência do contrato de trabalho, estas em razão da interrupção ou final do ano letivo, mas ambas costumam coincidir. Recurso desprovido. [TST-272146/96.3 — (2ª T.) — Rel. Moacyr Roberto Tesch Auersvald — DJ 30.10.98 — Apud BARROS (2001:311)]

Professor. Férias. Recesso escolar

Ementa: Professor. Férias. Recesso escolar. Não se confundem férias do professor com recesso escolar/férias dos alunos, mas não há nenhum impedimento legal para que o professor usufrua seu descanso anual no período de recesso escolar. [TST-RR 203949/95.0 — (Ac. 11.130/97, 5ª T.) — Rel. Juiz conv. Fernando Eizo Ono — DJ 20.02.1998 — Apud MARTINS (SLJD-1/2007-4)]

Professor. Férias. Recesso escolar

Ementa: Professor. Férias. Recesso escolar. Não se confundem férias do professor com recesso escolar/férias dos alunos, mas não há nenhum impedimento legal para que o professor usufrua seu descanso anual no período de recesso escolar. [TST- RR 203.949/95.0 — (5ª T.) — Rel. Juiz Conv. Fernando Eizo Ono — DJ 20.2.98 — Apud BARROS (2001:311)]

Professor. Dispensado durante o ano letivo

Ementa: O professor despedido durante o ano letivo não tem direito a salários vincendos. [TST-RR 2.425/86.7 — (Ac. 3ª T. 4.991/86) — Rel. Min. Orlando da Costa — Apud CARRION (2001:224)]

Professor. Férias escolares. Aviso-prévio

Ementa: No período das férias escolares o professor está à disposição do empregador. Válido o aviso-prévio transmitido no decorrer desse recesso. Quando trabalhando, a remuneração corresponde à contraprestação de caráter salarial. Se dispensado seu cumprimento, a quantia paga tem caráter indenizatório. Todavia, indevido o pagamento do recesso escolar, acrescido de parcela referente ao aviso cumprido no curso deste. [TST-RR 9.947/85 — (Ac. 2ª T. 889/87 — Rel. Min. Barata Silva — Apud CARRION (2001:224)]

Professor. Aviso-prévio

Ementa: Professor. Aviso-prévio. A causa do pagamento dos salários durante as férias escolares decorre da norma legal contida no art. 322 da CLT. Se admitíssemos que estes salários compusessem o valor do aviso-prévio, teríamos um só pagamento atendendo duas prestações distintas e impostas por lei. Por outro lado, em nada se diferenciaria, então, a situação do professor daquela dos demais empregados, restando, pois, inócua a norma do art. 322 da CLT. Revista conhecida e provida. [TST-RR 3201/88 — (Ac. 2.138/89, 2ª T.) — Rel. Min. José Ajuricaba — Apud BARROS (2001:312)]

Professor. Aviso-prévio. Férias escolares

Ementa: As férias escolares integram o ano escolar e não podem ser consideradas férias individuais do professor, pois naquele período o professor está obrigado à prestação de trabalho relacionado com exame e correção de provas, permanecendo à disposição do empregador, embora, pela natureza da atividade, normalmente, as férias individuais coincidam com um dos períodos de férias coletivas dos alunos. Professor despedido sem justa causa, ao término do ano letivo ou no curso das férias escolares, tem direito aos salários correspondentes à quantia a ele assegurada, na conformidade dos horários, durante o período de aulas, referentes ao recesso escolar. Contudo, como se trata de período que o professor está à disposição do empregador, é válido o aviso-prévio concedido no decorrer das férias escolares. [TRT 9ª Reg. — RO 75/87 — (1ª T.) — Rel. Juiz Indalécio Gomes Neto — DJ n. 6/87 — Apud BARROS (2001:313)]

Professor. Férias. Recesso escolar

Ementa: Não há proibição legal para que as férias sejam concedidas ao professor durante o recesso escolar. [TST-RR 5890/84 — (3ª T.) — Rel. Min. Guimarães Falcão — DJ n. 175/86 — Apud BARROS (2001:313)]

Professor. Aviso-prévio. Recesso escolar

Ementa: Professor. Aviso-prévio. Recesso escolar. Não há obrigatoriedade legal de que o aviso-prévio ao professor seja computado somente após o término do recesso escolar. Ao contrário, a norma legal (art. 322, parágrafo 3º, da CLT) prevê a possibilidade da dispensa ocorrer tanto "ao término do ano letivo", como no "curso das férias escolares". Assim, válido o aviso-prévio concedido no curso do recesso escolar, remanescendo o direito do obreiro a receber os salários relativos às férias escolares, o que no caso não foi questionado. [TRT 9ª Reg. — RO 4.015/2000 — (Ac. 3.759) — Rel. Juiz Arion Mazurkevic — j. 9.2.2001 — DJPR, 9.2.2001 — Apud ALMEIDA (2009:154)]

Professor. Férias. Período de recesso escolar. Remuneração

Ementa: Professor. Férias. Período de recesso escolar. Remuneração. O entendimento plasmado no acórdão do Tribunal Regional, no sentido de ser devido o pagamento da remuneração das férias do professor no período de recesso escolar, não afronta a literalidade do art. 322, caput e

§ 3º, da Consolidação das Leis do Trabalho. Não diverge, igualmente, da tese sufragada em arestos de que, se o professor gozar férias no período de recesso escolar, não poderá auferir novo pagamento a título de remuneração de férias, porquanto não consta do texto da decisão revisanda que o autor haja usufruído férias no período do recesso escolar. Hipótese de incidência do disposto no art. 896, c, da Consolidação das Leis do Trabalho e da Súmula n. 296, I, desta Corte superior. Recurso de revista de que não se conhece. Honorários advocatícios. Justiça do Trabalho. Sucumbência. Descabimento. Mesmo após a vigência da Constituição Federal de 1988, permanece válida a determinação contida no art. 14 da Lei n. 5.584/70, no sentido de que a condenação ao pagamento de honorários advocatícios no processo do trabalho não decorre pura e simplesmente da sucumbência, mas sim da composição dos requisitos da assistência sindical cumulativamente com o recebimento de salário inferior ao dobro do mínimo legal ou com a carência econômica do empregado, consoante disposto nas Súmulas de ns. 219 e 329 do TST. Recurso de revista não conhecido. [TST-RR-788.136/2001.0 — (Ac. 1ª T.) — Rel. Min. Lélio Bentes Corrêa — DJU 13.10.2006]

Professora. Estabilidade no emprego até o término das férias letivas

Ementa: Professora. Estabilidade no emprego até o término das férias letivas. O art. 322, § 3º, da CLT, estabelece a necessidade de indenizar o período até o término de férias escolares quando o professor é demitido no final do ano letivo ou durante tais férias. Não o faz quanto aos professores demitidos no curso do ano letivo, e este é o caso dos autos. Se a professora/demandante foi pré-avisada de sua demissão em 3.10.2005, seu contrato se rescindiu em 2.11.2005 (projetados os trinta dias do aviso-prévio). Antes, portanto, que o ano letivo houvesse chegado ao fim, eis que tal final se presume em dezembro, à míngua de qualquer indicativo em contrário. Logo, em tal caso a dispensa havida não viola o art. 322, § 3º, do Estatuto Obreiro. Recurso ordinário da reclamante conhecido e desprovido. [TRT 10ª Reg. RO-01058-2006-014-10-00-2 — (Ac. 3ª T.) — Rel. Juiz Paulo Henrique Blair — DJU 1.6.2007]

Professor. Férias

Ementa: Recurso ordinário. Professor. Férias. A exigência de participação em outras atividades que não a realização de exames nos períodos de férias, atenta contra o teor do art. 322, § 2º da CLT. Logo, o labor nesse período corresponde à obrigação da reclamada de pagar horas extras. Apelo parcialmente provido. [TRT 19ª Reg. RO-01218-2007-205-08-00-2 — Rel.ª Des.ª Vanda Maria Ferreira Lustosa — DJEAL 29.8.2008]

Professores. Salários relativos ao período do recesso escolar. Extinção do estabelecimento. Devidos

Ementa: Professores. Salários relativos ao período do recesso escolar. Extinção do estabelecimento. Devidos. O § 3º do art. 322 da CLT estabelece o direito dos professores ao recebimento do período relativo às férias escolares na hipótese de despedida ao término do ano letivo, o que deve ser observado não obstante a extinção do estabelecimento, uma vez que a norma não comporta exceção, além do que os empregados não podem ficar prejudicados por tal circunstância. Sentença mantida. [TRT 4ª Re. RO-00169-2007-561-04-00-3 — (Ac. 2ª T.) — Rel. Juiz Hugo Carlos Scheuermann — DOERS 26.03.2008]

Parcela paga sob a denominação de "recesso escolar" na rescisão contratual. Natureza salarial

Ementa: Parcela paga sob a denominação de "recesso escolar" na rescisão contratual. Natureza salarial. Ainda que o art. 322, § 3º, da CLT e a Súmula n. 10/TST assegurem apenas o pagamento dos salários do "recesso escolar" ou "férias escolares" ao professor despedido sem justa causa no término do ano letivo ou no curso das férias escolares, não há dúvida de que tal parcela tem natureza salarial, uma vez que é calculado no mesmo valor da remuneração percebida no período de aulas (art. 322, "caput", da CLT). [TRT 4ª Reg. RO- 01655-2007-461-04-00-0 — (Ac. 6ª T.) — Rel. Des. Marçal Henri dos Santos Figueiredo — DOERS 15.08.2008]

Professor. Dispensa injusta. Período de férias. Indenização do art. 322, § 3º, da CLT

Ementa: 1. Professor. Dispensa injusta. Período de férias. Indenização do art. 322, § 3º, da CLT. A indenização prevista no art. 322, § 3º, da CLT não se confunde com o aviso-prévio, em razão de possuírem natureza distintas. Findo o pacto laboral quando em curso período de férias escolares, é devida, além do aviso-prévio, a indenização prevista no dispositivo celetário. [TRT 10ª Reg. RO-01275-2007-017-10-00-2 — (Ac. 2ª T.) — Rel. Juiz Gilberto Augusto Leitão Martins — DJU 2.5.2008]

Professores. Salários relativos ao período do recesso escolar. Extinção do estabelecimento. Devidos

Ementa: Professores. Salários relativos ao período do recesso escolar. Extinção do estabelecimento. Devidos. O § 3º do artigo 322 da CLT estabelece o direito dos professores ao recebimento do período relativo às férias escolares na hipótese de despedida ao término do ano letivo, o que deve ser observado não obstante a extinção do estabelecimento, uma vez que a norma não comporta exceção, além do que os empregados não podem ficar prejudicados por tal circunstância. Sentença mantida. [TRT 4ª Reg. — RO 00169200756104003 — (2ª T.) — Rel. Juiz Hugo Carlos Sheuermann — DOERS, 23.3.2008]

Professor. Dispensa imotivada ao término do ano letivo. Direito aos salários do período

Ementa: Professor. Dispensa imotivada ao término do ano letivo. Direito aos salários do período. A teor do art. 322, § 3º da CLT, aos professores está resguardado o direito à remuneração durante o período de término do ano letivo e ainda no curso das férias escolares, Ainda que dispensados imotivadamente pelo empregador nesses períodos. Assim, comprovada a dispensa no período referido em lei, faz jus o obreiro à remuneração correspondente (Súmula n. 10/TST). Recursos parcialmente conhecidos e desprovidos. [TRT 10ª Reg. RO-00537-2007-012-10-00-0 — (Ac. 3ª T.) — Rel. Juiz Douglas Alencar Rodrigues — DJU 22.02.2008]

Professor. Férias escolares
Ementa: A dificuldade de encontrar novo emprego em pleno curso do ano ou semestre letivos não autoriza o julgador a extrapolar o balizamento legislativo e deferir, ao professor, os salários dos meses seguintes e dos que antecedem o reinicio das aulas no que segue. A construção jurisprudencial apenas alcança a hipótese em que o despedimento ocorre às vésperas das férias, quando, então, o empregador deve pagar os salários correspondentes aos meses pertinentes a estas últimas. Enunciado 10 que integra a súmula da Jurisprudência predominante do TST. De lege lata, este é o quadro revelado pela ordem jurídica. De lege ferenda, porque anti-social, merece afastamento. [TST-RR 6.027/86 — (Ac. 1ª T. 911/87) — Rel. Min. Marco Aurélio — Apud CARRION (2001:224)]

Professor. Férias escolares. Dispensa imotivada. Efeitos
Ementa: Professor. Férias escolares. Dispensa imotivada. Efeitos. Nos termos da Súmula n. 10 do col. TST: "É assegurado aos professores o pagamento dos salários no período das férias escolares. Sendo despedido sem justa causa, ao término do ano letivo ou no curso dessas férias, faz jus aos correspondentes salários". A indenização de que trata a parte final desse precedente está prevista no art. 322, § 3º, da CLT, e não se confunde com o aviso-prévio, ainda que indenizado, uma vez que tais indenizações possuem natureza jurídica distinta. Precedentes desta egr. Turma e do col. TST. Recurso da Reclamante parcialmente provido. [TRT 10ª Reg. — RO 00768-2010-012-10-00-9 — (3ª T.) — Relª Desª Heloísa Pinto Marques — Julgamento: 30.3.2011 — Publicação: 8.4.2011]

Férias. Dobra. Professor
Ementa: Férias — Dobra — Professor. Nos termos da OJ n. 386 da SDI-1 do TST, ainda que gozadas na época própria, o descumprimento do prazo previsto no art. 145 da CLT atrai para o empregado o direito à dobra das férias pagas fora do prazo previsto no art. 137 do mesmo diploma legal. [TRT 3ª Reg. — RO 02106-2011-114-03-00-3 — (8ª T.) — Rel. Juiz Conv. Eduardo Aurélio Pereira Ferri — Publicação: 11.9.2013]

Empregado público. Férias. Sessenta dias. Lei municipal. Terço constitucional
Ementa: Agravo de instrumento. Recurso de revista. Empregado público. Férias. Sessenta dias. Lei municipal. Terço constitucional 1. O art. 7º, inciso XVII, da Constituição Federal confere aos empregados o direito de receber, por ocasião das férias, além da remuneração habitualmente percebida, um adicional correspondente a, pelo menos, um terço daquele valor. 2. Na hipótese em que o empregado público goza, por força de Lei Municipal, de sessenta dias de férias anuais, o adicional de um terço, previsto no art. 7º, XVII, da Constituição Federal, deve incidir sobre a totalidade da remuneração relativa ao período de férias. 3. Agravo de instrumento de que se conhece e a que se nega provimento. [TST — AIRR 757-97.2011.5.04.0801 — (4ª T.) — Rel. Min. João Oreste Dalazen — Publicação: 25.9.2013]

Professor. Dispensa sem justa causa. Término do ano letivo ou no curso de férias escolares. Aviso-prévio
Ementa: Professor. Dispensa sem justa causa. Término do ano letivo ou no curso de férias escolares. Aviso prévio. O direito aos salários do período de férias escolares assegurado aos professores (art. 322, caput e § 3º, da CLT) não exclui o direito ao aviso prévio, na hipótese de dispensa sem justa causa ao término do ano letivo ou no curso das férias escolares (Súmula n. 10 do col. TST). [TRT 10ª Reg. — RO 0000695-81.2013.5.10.0102 — (3ª Turma) — Rel. Des. José Leone Cordeiro Leite — DEJT/DF 6.12.2013, p. 168]

Capítulo X

VALORIZAÇÃO DO PROFESSOR — REMUNERAÇÃO CONDIGNA — MORA SALARIAL

CLT— Art. 323

Art. 323. Não será permitido o funcionamento do estabelecimento particular de ensino que não remunere condignamente os seus professores, ou não lhes pague pontualmente a remuneração de cada mês.

Parágrafo único. Compete ao Ministério da Educação e Cultura fixar os critérios para a determinação da condigna remuneração devida aos professores, bem como assegurar a execução do preceito estabelecido no presente artigo.

1. Valorização do professor. 2. Remuneração condigna. 3. Mora salarial. 4. Jurisprudência

1. VALORIZAÇÃO DO PROFESSOR

São princípios assegurados pela atual Constituição Federal, aplicáveis ao setor privado, a valorização dos profissionais da educação escolar e o piso salarial profissional para os professores (art. 206, V e VIII).

No mesmo sentido, regulamenta a lei de diretrizes e bases da educação nacional (Lei n. 9.394/1996, art. 67).

2. REMUNERAÇÃO CONDIGNA

Segundo *Amaro Barreto*, remuneração condigna do professor é o salário profissional justo e adequado à contraprestação de seu trabalho intelectual especializado.[1]

---
(1) BARRETO, Amaro. *Tutela especial do trabalho.* Guanabara: Edições Trabalhistas, 1967. p. 364.

O artigo em análise é praticamente inútil, sem aplicação prática, e deveria ser revogado, pois o conceito de remuneração condigna é ambíguo e depende daquilo que o mercado estabelece e de acordo com as normas coletivas da categoria. Se esse dispositivo fosse aplicado à risca, muitas escolas já teriam fechado, pois, de modo geral, o professor ganha mal e, para ter um salário melhor, tem de ministrar aulas em várias escolas ao mesmo tempo, trabalhando em três períodos (manhã, tarde e noite).

A respeito da competência do Ministério da Educação e Cultura para fixar os critérios para a determinação da condigna remuneração dos professores, *Sérgio Pinto Martins* (1988:284) observa que o Supremo Tribunal Federal, por meio de sua primeira turma, entendeu que o art. 323 da CLT foi revogado pela Constituição de 1946 (AI n. 18.845/57, Rel. Min. Luis Gallotti), não tendo mais o Ministério da Educação a prerrogativa da fixação do salário mínimo do magistério particular.

O art. 323 é letra morta, afirma *Valentin Carrion* (2001:325). No mesmo sentido, sentencia *Abelar Soares Júnior*, o art. 323 carece de efetividade, apresentando-se como "letra morta", na Consolidação das Leis Trabalhistas.[2]

3. MORA SALARIAL

Considera-se em mora o devedor que não efetuar o pagamento e o credor que não quiser recebê-lo no tempo, lugar e forma que a lei ou convenção estabelecer (CC, art. 394).

A respeito de mora salarial, consultar o Decreto-lei n. 368, de 19 de dezembro de 1968 (DOU 20.12.68), que dispõe sobre efeitos de débitos salariais.

Considera-se em débito salarial a empresa que não paga, no prazo e nas condições de a lei ou contrato, o salário devido a seus empregados (Decreto-lei n. 368 — art. 1º, Parágrafo único).

4. JURISPRUDÊNCIA

Professores. Salários. Revogação do art. 323 da Consolidação das Leis do Trabalho pela Constituição de 1946

Ementa: Professores. Salários. Revogação do art. 323 da Consolidação das Leis do Trabalho pela Constituição de 1946. Não há confundir anulação e revogação; pois esta não importa em anular atos anteriores, praticados pelo Ministério da Educação, a um tempo em que, por Lei, a competência lhe cabia. [STF-AI-18835 — (Ac. 1ª T.) — Rel. Min. Luiz Gallotti — DJU 5.9.1957]

---

(2) SOARES JÚNIOR, Abelar. *Professor*. In: SCHWARZ, Rodrigo Garcia (org.). *Dicionário de Direito do Trabalho, de Direito Processual do Trabalho e de Direito Previdenciário Aplicado ao Direito do Trabalho*. 1. ed., 2ª tiragem. São Paulo: LTr, 2012, p. 779.

Capítulo XI

O AVISO-PRÉVIO E AS FÉRIAS ESCOLARES

1. Legislação sobre aviso-prévio. 2. Conceito de aviso-prévio. 3. Finalidade do aviso-prévio. 4. Aviso-prévio na despedida indireta. 5. Prazo do aviso-prévio. 6. Falta do aviso do empregador. 7. Falta de aviso do empregado. 8. Valor do aviso-prévio indenizado. 9. Aviso-prévio e as férias escolares. 10. Exemplo prático. 11. Jurisprudência.

Como as normas especiais de tutela do trabalho dos professores são omissas a respeito de aviso-prévio, aplicam-se aos docentes as normas gerais previstas no Título IV, Capítulo VI (arts. 487 a 491) da CLT.

Nesta oportunidade, serão dadas as noções básicas sobre o instituto do aviso-prévio e as necessárias para a compreensão da conjugação dos prazos do aviso-prévio e dos períodos de férias escolares.

1. LEGISLAÇÃO SOBRE AVISO-PRÉVIO

São direitos dos trabalhadores urbanos e rurais, além de outros que visem à melhoria de sua condição social: (...) aviso-prévio proporcional ao tempo de serviço, sendo no mínimo de 30 dias, nos termos da lei (CF/1988 — art. 7º, XXI).

A Consolidação das Leis do Trabalho estabelece:

> Art. 487. Não havendo prazo estipulado, a parte que, sem justo motivo, quiser rescindir o contrato, deverá avisar a outra da sua resolução, com a antecedência mínima de:
> I — oito dias, se o pagamento for efetuado por semana ou tempo inferior;
> II — trinta dias aos que perceberem por quinzena ou mês, ou tenham mais de doze meses de serviço na empresa.

A CF/1988 absorveu o art. 487 da CLT, com exclusão do aviso-prévio de oito dias. Portanto, o aviso-prévio será, no mínimo, de trinta dias, podendo ser mais, por liberalidade do empregador ou por negociação coletiva (convenção ou acordo coletivo de trabalho).

A Lei n. 12.506, de 11 de outubro de 2011 (DOU 13.10.2011), regulamentou o inciso XXI do art. 7º da CF/1988 que trata do aviso-prévio proporcional ao tempo de serviço, preceituando:

> Art. 1º O aviso-prévio, de que trata o Capítulo VI, do Título IV, da Consolidação das Leis do Trabalho — Decreto-Lei n. 5.452, de 1º de maio de 1943, será concedido na proporção de 30 (trinta) dias aos empregados que contem até 1 (um) ano de serviço na mesma empresa.
> Parágrafo único. Ao aviso-prévio previsto neste artigo serão acrescidos 3 (três) dias por ano de serviço prestado na mesma empresa, até o máximo de 60 (sessenta), perfazendo um total de até 90 (noventa) dias.

2. CONCEITO DE AVISO-PRÉVIO

O conceito de aviso-prévio é dado pela própria CLT (art. 487, *caput*), ao estabelecer que, no contrato por prazo indeterminado, a parte (empregador ou empregado) que, sem justo motivo, quiser rescindi-lo deverá avisar a outra da sua resolução.

3. FINALIDADE DO AVISO-PRÉVIO

O aviso-prévio tem como finalidade criar condições para que o empregado dispensado procure um novo emprego e não fique desempregado, e que o empregador não sofra solução de continuidade dos serviços ou produção da empresa, evitando prejuízos que possam advir com a saída brusca do empregado.

4. AVISO-PRÉVIO NA DESPEDIDA INDIRETA

É devido o aviso-prévio na despedida indireta (CLT, art. 487, § 4º — acrescentado pela Lei n. 7.108, de 5.7.1983).[1]

5. PRAZO DO AVISO-PRÉVIO

Nos termos da Lei n. 12.506/2011, a duração do aviso-prévio vai de 30 a 90 dias, conforme o tempo de serviço do empregado na empresa.

6. FALTA DE AVISO DO EMPREGADOR

A falta do aviso-prévio por parte do empregador dá ao empregado o direito aos salários, correspondentes ao prazo do aviso, garantida sempre a integração desse período no seu tempo de serviço (art. 487, § 1º, da CLT).

7. FALTA DE AVISO DO EMPREGADO

A falta de aviso por parte do empregado dá ao empregador o direito de descontar os salários correspondentes ao prazo respectivo (art. 487, § 2º, da CLT).

8. VALOR DO AVISO-PRÉVIO INDENIZADO

O pagamento correspondente ao aviso-prévio não trabalhado, também chamado de aviso-prévio indenizado, é o mesmo que o empregado perceberia se estivesse trabalhando.

---

(1) Despedida ou rescisão indireta é a provocada pelo empregador, isto é, quando ele dá motivo para a cessação do contrato de trabalho. Os motivos dados pelo empregador pelos quais o empregado pode considerar o contrato desfeito estão enumerados no art. 483 da CLT.

9. AVISO-PRÉVIO E AS FÉRIAS ESCOLARES

Como visto, na hipótese de dispensa sem justa causa, ao término do ano letivo ou no curso das férias escolares, é assegurado ao professor o pagamento dos salários correspondentes ao período de aulas (§ 3º do art. 322).

Pela redação do dispositivo em questão, em caso de dispensa do professor, sem justa causa, o aviso-prévio pode ser dado no término do ano letivo ou no curso das férias escolares, desde que seja pago ao professor o salário correspondente ao período do recesso escolar.

Neste sentido, a Súmula n. 10 do TST (Res. n. 185/2012) preceitua: o direito aos salários do período de férias escolares assegurado aos professores (art. 322, *caput* e § 3º, da CLT) não exclui o direito ao aviso-prévio, na hipótese de dispensa sem justa causa ao término do ano letivo ou no curso das férias escolares.

Desta forma, na dispensa do professor, sem justa causa ou na despedida indireta, predomina o entendimento sumulado de que o prazo do aviso-prévio não se confunde com o das férias escolares, ou, em outras palavras, o direito ao salário do período de férias escolares não exclui o do aviso-prévio.

10. EXEMPLO PRÁTICO

Professor admitido em 05 de março de 2007 e dispensado, sem justa causa, no dia 28 de junho de 2013. Ministrava 10 aulas por semana e ganhava R$ 80,00 por aula, sendo dispensado do cumprimento do aviso-prévio. Quanto receberá a título de férias escolares (julho/2013) e de aviso-prévio?

Solução

1) Sm = 10 x 80,00 x 5,25 = **R$ 4.200,00** — valor do salário mensal e que será o mesmo das férias escolares de julho/2013 (CLT — art. 322, § 3º);

2) 4.200,00 : 30 = 140,00 x 48 = **R$ 6.720,00** — valor do aviso-prévio (Súmula n. 10 do TST), sendo: R$ 4.200,00, o valor do salário mensal; 30, os dias do mês; R$ 140,00, o valor do salário diário e 48 dias de aviso-prévio (Lei n. 12.506/2011), devido ao docente ter mais de 6 anos de serviço no estabelecimento de ensino.

11. JURISPRUDÊNCIA

Súmulas do TST

10. Professor. Dispensa sem justa causa. Término do ano letivo ou no curso de férias escolares. Aviso-prévio (redação alterada em sessão do Tribunal Pleno realizada em 14.9.2012) — Res. n. 185/2012, DEJT divulgado em 25, 26 e 27.9.2012

O direito aos salários do período de férias escolares assegurado aos professores (art. 322, caput e § 3º, da CLT) não exclui o direito ao aviso-prévio, na hipótese de dispensa sem justa causa ao término do ano letivo ou no curso das férias escolares.

44. Aviso-prévio. Cessação da atividade da empresa

A cessação da atividade da empresa, com o pagamento da indenização, simples ou em dobro, não exclui, por si só, o direito do empregado ao aviso-prévio.

276. Aviso-prévio. Renúncia pelo empregado

O direito ao aviso-prévio é irrenunciável pelo empregado. O pedido de dispensa de cumprimento não exime o empregador de pagar o respectivo valor, salvo comprovação de haver o prestador dos serviços obtido novo emprego.

380. Aviso-prévio. Início da contagem. Art. 132 do Código Civil de 2002 (Res. n. 129 — DJ 20.4.2005)

Aplica-se a regra prevista no caput do art. 132 do Código Civil de 2002 à contagem do prazo do aviso-prévio, excluindo-se o dia do começo e incluindo o do vencimento. (ex-OJ n. 122 — Inserida em 20.4.1998)

441. Aviso-prévio. Proporcionalidade — Res. 185/2012, DEJT divulgado em 25, 26 e 27.09.2012

O direito ao aviso-prévio proporcional ao tempo de serviço somente é assegurado nas rescisões de contrato de trabalho ocorridas a partir da publicação da Lei n. 12.506, em 13 de outubro de 2011.

Orientações Jurisprudenciais da SBDI-1-TST

14. Aviso-prévio cumprido em casa. Verbas rescisórias. Prazo para pagamento

Em caso de aviso-prévio cumprido em casa, o prazo para pagamento das verbas rescisórias é até o décimo dia da notificação de despedida.

82. Aviso-prévio. Baixa na CTPS

A data de saída a ser anotada na CTPS deve corresponder à do término do prazo do aviso-prévio, ainda que indenizado.

Ementas diversas

Professor. Férias escolares. Aviso-prévio

Ementa: Férias escolares. Aviso-prévio. A concessão das férias de fim de ano (Súmula n. 10) não elide a obrigação de pagamento do aviso-prévio por rescisão imotivada. Trata-se de prestações distintas e autônomas, oriundas de fatos jurídicos diversos, não sendo lícita a absorção de uma pela outra. [TST-RR 1.433/74 — (1ª T.) — Rel. Min. Paulo Fleury — DJU 15.1.1975, p. 236]

Professor. Aviso-prévio indenizado. Férias escolares

Ementa: O aviso-prévio indenizado de professor, coincidentemente com o mês das férias escolares, não isenta o empregador do pagamento destas. Sentença que adota tal regra não merece reparo. [TRT 7ª Reg. 241/82 — (Ac. 350/82, 7.7.82 — Rel.Juiz Paulo da Silva Pôrto — Apud Revista LTr 47-5/606]

Professor. Aviso-prévio

Ementa: Professor. Aviso-prévio. A causa do pagamento dos salários durante as férias escolares decorre da norma legal contida no art. 322 da CLT. Se admitíssemos que estes salários compusessem o valor do aviso-prévio, teríamos um só pagamento atendendo duas prestações distintas e impostas por lei. Por outro lado, em nada se diferenciaria, estão, a situação do professor daquela dos demais empregados, restando, pois, inócua a norma do art. 322 da CLT. Revista conhecida e provida. [TST-RR 3201/88 — (Ac. 2ª T. — 2.138/89) — Rel. Min. José Ajuricaba — Apud BARROS (2001:312)]

Professor. Aviso-prévio. Férias escolares

Ementa: O período de férias escolares não se traduz em licença remunerada, mas de disponibilidade remunerada (art. 322, §§ 1º e 2º, CLT). Se o professor trabalhou durante o ano letivo, faz jus ao recebimento das férias, devendo ser indenizadas se a dispensa ocorrer antes. Todavia, não há qualquer óbice à concessão ao aviso-prévio, contanto que se não obste o recebimento daqueles meses (janeiro e fevereiro), não havendo necessidade do decurso daquele prazo para o início do aviso-prévio. [TRT 2ª Reg. — RO 02880038744 — (Ac. 4ª T.) — Rel. Juiz Francisco Antonio de Oliveira — DJSP 29.6.90, p. 101]

Professor. Aviso-prévio indenizado. Direito que não se confunde com a indenização assegurada no art. 322, § 3º, da CLT

Ementa: Agravo de instrumento. Recurso de revista. Aviso-prévio indenizado. Professor. Direito que não se confunde com a indenização assegurada no art. 322, § 3º, da CLT. Não comporta reforma o despacho que nega trânsito a recurso de revista que tem por objeto acórdão proferido em termos consentâneos com a Súmula n. 10 da jurisprudência do Tribunal Superior do Trabalho. A garantia pecuniária estabelecida no art. 322, § 3º, da CLT especificamente em favor do profissional que exerce hoje o magistério não se confunde com o aviso-prévio — instituto que abrange, genericamente, todas as hipóteses de dispensa imotivada. Agravo de instrumento não provido. (TST-AIRR — 81040-98.2006.5.01.0047 — (8ª Turma) — Relª Minª Dora Maria da Costa — Data de Julgamento: 3.12.2008 — DEJT: 5.12.2008]

Indenização. Recesso escolar. Aviso-prévio indenizado. Cumulação

Ementa: Recurso de revista. Indenização. Recesso escolar. Aviso-prévio indenizado. Cumulação. Não se caracteriza a dupla penalização a acumulação do pagamento do aviso-prévio indenizado e da indenização prevista no art. 322, § 3º, da CLT, porquanto tratam-se de verbas fundadas em institutos distintos. Decisão do Regional em consonância com a Súmula n. 10 do TST. Recurso de revista de que não se conhece. [TST-RR — 42400-04.2006.5.01.0022 — (5ª Turma) — Relª Minª Kátia Magalhães Arruda — Data de Julgamento: 6.5.2009 — DEJT: 29.5.2009]

Professor. Dispensa no período de férias. Direito ao pagamento do salário nas férias mais o aviso-prévio
Ementa: Recurso de revista. Professor. Dispensa no período de férias. Direito ao pagamento do salário nas férias mais o aviso-prévio. Divergência jurisprudencial. Configuração. O entendimento desta Corte gravita no sentido de que o salário do professor durante as férias deve ser pago cumulativamente com o aviso-prévio conferido nesse mesmo período. Precedentes. Recurso de revista conhecido e provido. [TST-RR — 32200-39.2006.5.17.0006 — (3ª Turma) — Rel. Min. Douglas Alencar Rodrigues — Data de Julgamento: 27.5.2009 — DEJT: 19.6.2009]

Professor. Dispensa no período de férias letivas. Direito ao pagamento do aviso-prévio
Ementa: Agravo de instrumento em recurso de revista. Violação legal. Contrariedade a súmula do TST. Comprovação. Merece provimento o agravo de instrumento para determinar o processamento do recurso de revista quando o entendimento esposado no acórdão regional possivelmente viola o art. 322, § 3º, da CLT e contraria a Súmula 10 do TST. Agravo de instrumento provido. II — Recurso de revista. Professor. Dispensa no período de férias letivas. Direito ao pagamento do aviso-prévio. O entendimento desta Corte gravita no sentido de que o salário do professor durante as férias letivas deve ser pago cumulativamente com o aviso-prévio conferido nesse mesmo período. Precedentes. Recurso de revista conhecido e provido. [TST-RR — 186040-77.2001.5.01.0301 — (6ª Turma) — Rel. Min. Augusto César Leite de Carvalho — Data de Julgamento: 3.2.2010, DEJT: 19.2.2010]

Professor. Dispensa no período de férias letivas. Direito ao pagamento do aviso-prévio
Ementa: Professor. Dispensa no período de férias letivas. Direito ao pagamento do aviso-prévio. O entendimento desta Corte é de que o salário do professor durante as férias letivas deve ser pago cumulativamente com o aviso-prévio conferido nesse mesmo período, nos termos da Súmula n. 10. Recurso de revista conhecido e provido, neste particular. [TST-RR — 1360356-93.2004.5.01.0900' — (2ª Turma) — Rel. Min. Roberto Pessoa — Data de Julgamento: 2.6.2010 — DEJT: 18.6.2010]

Professor. Férias escolares. Aviso-prévio
Ementa: Agravo de instrumento em recurso de revista. Professor. Férias escolares. Aviso-prévio. Constatada aparente contrariedade à Súmula n. 10 do TST, dá-se provimento ao agravo de instrumento, para determinar o processamento do recurso de revista. Recurso de revista. Professor. Férias escolares. Aviso-prévio. Conforme a diretriz perfilhada na Súmula n. 10 desta Corte é assegurado aos professores o pagamento dos salários no período de férias escolares. Se despedido sem justa causa ao terminar o ano letivo ou no curso dessas férias, faz jus aos referidos salários. Recurso de revista de que se conhece e a que se dá provimento. [TST-RR-10440-18.2007.5.01.0047 — (Ac. 7ª Turma) — Rel. Min. Pedro Paulo Teixeira Manus — DEJT 5.11.2010/J-27.10.2010]

Aviso-prévio proporcional. Direito do trabalhador. Inaplicabilidade da regra em favor do empregador
Ementa: Aviso-prévio proporcional — Direito do trabalhador — Inaplicabilidade da regra em favor do empregador — A Lei n. 12.506/2011, ao instituir no ordenamento jurídico o regramento do aviso-prévio proporcional, o fez apenas em favor do trabalhador, por ser direito deste, a teor do art. 7º, caput e inciso XXI, da Constituição Federal. Correta a sentença que condenou a ré a devolver o valor que excede o correspondente a trinta dias de salário da empregada. (TRT 3 Reg. — RO 00647-2012-002-03-00-0 — Rel. Des. Jorge Berg de Mendonça — DJe 1º.10.2012 — Apud Revista Síntese Trabalhista e Previdenciária n. 282, p. 141 — ementa 29980)

Aviso-prévio proporcional. Cômputo dos dias de acréscimo. Exclusão do primeiro ano
Ementa: Aviso-prévio proporcional. Cômputo dos dias de acréscimo. Exclusão do primeiro ano. A proporcionalidade de três dias determinada pela Lei n. 12.506/2012 é devida a partir do segundo ano de trabalho, sendo que o primeiro ano de trabalho dá ensejo somente ao módulo mínimo de 30 dias, não sendo levado em conta para o aviso proporcional. Recurso a que se nega provimento. [TRT 18ª Reg. — RO-0000361-15.2012.5.18.0052 (Ac. 1ª T.) — Relª Desª Kathia Maria Bomtempo de Albuquerque — DEJT n. 1.058/12, 5.9.12, p. 41 — Apud LTr Sup. Jurisp. 41/2012, p. 324]

Aviso-prévio. Lei n. 12.506/2011. Forma de apuração
Ementa: Aviso-prévio. Lei n. 12.506/2011. Forma de apuração. Infere-se da Lei n. 12.506/2011, em seu art. 1º, caput, que o aviso-prévio será concedido na proporção de 30 (trinta) dias aos empregados que contem até 1 (um) ano de serviço na mesma empresa. Já o parágrafo único do mesmo artigo preceitua que ao aviso-prévio previsto no referido artigo serão acrescidos 3 (três) dias por ano de serviço prestado na mesma empresa, até o máximo de 60 (sessenta) dias, perfazendo um total de até 90 (noventa) dias. Ou seja, o citado dispositivo legal é claro ao prever que serão devidos 30 dias de aviso-prévio ao empregado que contar com até 1 ano de serviço na mesma empresa, sendo que somente serão acrescidos aos 30 dias, 03 dias de aviso-prévio, "por ano de serviço prestado na mesma empresa", ou seja, para fazer jus ao acréscimo do tríduo, o empregado deverá completar o segundo ano de trabalho, a saber, laborar o primeiro ano (30 dias) e o segundo ano (03 dias) completos. Com efeito, ao dizer que serão acrescidos 03 dias de aviso-prévio "por ano de serviço prestado na mesma empresa", o parágrafo único do artigo em comento evidentemente se refere ao ano trabalhado por inteiro (12 meses), eis que não prevê o pagamento de forma proporcional, quando o empregado labora em apenas alguns meses do ano, não podendo assim sofrer interpretação extensiva, para deferir direito não contemplado em seu bojo. [TRT 3ª Reg. RO-637-11.2012.5.03.0037 (RO-637/2012-037-03-00.8) — (Ac.TRJF) — Rel. Juiz Convocado Oswaldo Tadeu B. Guedes. DJe/TRT 3ª Reg. n. 1.082/12, 10.10.12, p. 280/281 — Apud LTr Sup. Jurisp. 05/2013, p. 34]

Aviso-prévio proporcional. Contagem
Ementa: Aviso-prévio proporcional. Contagem. O acréscimo de três dias no aviso-prévio proporcional deve ser contado a partir de completado o 1º ano de serviço do empregado na empresa, e não a partir de completado o 2º ano de tempo de serviço. [TRT 3ª Reg. — RO 766-22.2012.5.03.0035 — (Ac. TRJF) — Rel. Juiz Convocado Luiz Antônio de Paula Iennaco — Dje/TRT 3ª Reg. n. 179/13, 6.3.13, p. 204 — Apud LTr Sup. Jurisp. 24/2013, p. 186]

Aviso-prévio proporcional. Lei n. 12.506/2011. Convenção coletiva
Ementa: Aviso-prévio proporcional. Lei n. 12.506/2011. Convenção coletiva. No caso dos autos a rescisão contratual ocorreu após a entrada em vigor da Lei n. 12.506/2011, não havendo dúvidas de que deve ser aplicada a proporcionalidade no cálculo do aviso prévio, sendo que o aviso-prévio previsto na lei deverá ser acrescido daquele fixado na norma coletiva. [TRT 3ª Reg. — RO 0002024-36.2012.5.03.0110 — (2ª Turma) — Rel. Des. Luiz Ronan Neves Koury — Data de julgamento: 17.9.2013]

Capítulo XII

PROFESSORA — PROTEÇÃO À MATERNIDADE

1. Considerações. 2. Proteção à maternidade e duração da licença à gestante 3. Direito ao emprego. 4. Duração e prorrogação da licença-maternidade — Mãe adotiva — Incentivo fiscal. 4.1. Duração e prorrogação da licença-maternidade. 4.2. Mãe adotiva. 4.3. Incentivo fiscal. 5. Direito ao salário-maternidade — Encargo previdenciário — Pagamento e reembolso. 5.1. Direito ao salário-maternidade. 5.2. Encargo previdenciário. 5.3. Pagamento pelo empregador e forma de compensação. 6. Rompimento do contrato de trabalho. 7. Aborto não criminoso. 8. Acumulação de empregos. 9. Empregada casada ou solteira. 10. Parto antecipado. 11. Falecimento do filho. 12. Períodos para amamentação. 13. Atestado de gravidez e outras práticas discriminatórias.

1. CONSIDERAÇÕES

Em reconhecimento à distinção biológica entre homens e mulheres e às condições de mãe, a legislação trabalhista dedica às mulheres tratamento diferenciado, sem agredir o princípio da igualdade assegurado pela Constituição Federal.

Os dispositivos especiais de tutela do trabalho dos docentes (CLT, arts. 317 a 323) são omissos no que diz respeito à proteção à maternidade das professoras, razão de se recorrer à legislação pertinente, como se verá a seguir.

2. PROTEÇÃO À MATERNIDADE E DURAÇÃO DA LICENÇA À GESTANTE

A CF/1988 estabelece:

Art. 7º São direitos dos trabalhadores urbanos e rurais, além de outros que visem à melhoria de sua condição social: (...) XVIII — licença à gestante, sem prejuízo do emprego e do salário, com a duração de cento e vinte dias.

Art. 201. A previdência social será organizada sob a forma de regime geral, de caráter contributivo e de filiação obrigatória, observados critérios que preservem o equilíbrio financeiro e atuarial, e atenderá, nos termos da lei, a: (...) II — proteção à maternidade, especialmente à gestante.

3. DIREITO AO EMPREGO

A CLT determina:

Art. 391. Não constitui justo motivo para a rescisão do contrato de trabalho da mulher o fato de haver contraído matrimônio ou de encontrar-se em estado de gravidez.

Parágrafo único. Não serão permitidos em regulamentos de qualquer natureza, contratos coletivos ou individuais de trabalho, restrições ao direito da mulher ao seu emprego, por motivo de casamento ou de gravidez.

> **Precedente Normativo n. 113 do TST**
> *Transporte de acidentados, doentes e parturientes (positivo)*
> Obriga-se o empregador a transportar o empregado, com urgência, para local apropriado, em caso de acidente, mal súbito ou parto, desde que ocorram no horário de trabalho ou em consequência deste. (Ex-JN n. 821)

4. DURAÇÃO E PRORROGAÇÃO DA LICENÇA-MATERNIDADE — MÃE ADOTIVA — INCENTIVO FISCAL

4.1. DURAÇÃO E PRORROGAÇÃO DA LICENÇA-MATERNIDADE

A Consolidação das Leis do Trabalho estabelece:

> Art. 392. A empregada gestante tem direito à licença-maternidade de 120 (cento e vinte) dias, sem prejuízo do emprego e do salário.
> § 1º A empregada deve, mediante atestado médico, notificar o seu empregador da data do início do afastamento do emprego, que poderá ocorrer entre o 28º (vigésimo oitavo) dia antes do parto e a ocorrência deste.
> § 2º Os períodos de repouso, antes e depois do parto, poderão ser aumentados de 2 (duas) semanas cada um, mediante atestado médico.
> § 3º Em caso de parto antecipado, a mulher terá direito aos 120 (cento e vinte) dias previstos neste artigo. (*Caput* e §§ 1º a 3º com redação dada pela Lei n. 10.421/2002)
> § 4º É garantido à empregada, durante a gravidez, sem prejuízo do salário e demais direitos:
> I — transferência de função, quando as condições de saúde o exigirem, assegurada a retomada da função anteriormente exercida, logo após o retorno ao trabalho;
> II — dispensa do horário de trabalho pelo tempo necessário para a realização de, no mínimo, seis consultas médicas e demais exames complementares. (§ 4º e incisos com redação dada pela Lei n. 9.799/1999)

A Lei n. 8.213/1991 dispõe sobre os Planos de Benefícios da Previdência Social, e preceitua:

> Art. 71. O salário-maternidade é devido à segurada da Previdência Social, durante 120 (cento e vinte) dias, com início no período entre 28 (vinte e oito) dias antes do parto e a data de ocorrência deste, observadas as situações e condições previstas na legislação no que concerne à proteção à maternidade. (*Redação dada pela Lei n. 10.710/2003*)

O Regulamento da Previdência Social (Decreto n. 3.048/1999) prevê:

> Art. 93. O salário-maternidade é devido à segurada da Previdência Social, durante cento e vinte dias, com início vinte e oito dias antes e término noventa e um dias depois do parto, podendo ser prorrogado na forma prevista no § 3º. (*Redação dada pelo Decreto n. 4.862/2003*)
> ... (omissis) ...
> § 3º Em casos excepcionais, os períodos de repouso anterior e posterior ao parto podem ser aumentados de mais duas semanas, mediante atestado médico específico. (*Redação dada pelo Decreto n. 3.668/2000*)
> § 4º Em caso de parto antecipado ou não, a segurada tem direito aos cento e vinte dias previstos neste artigo.

4.2. MÃE ADOTIVA

A CLT determina:

> Art. 392-A. À empregada que adotar ou obtiver guarda judicial para fins de adoção de criança será concedida licença-maternidade nos termos do art. 392, observado o disposto no seu § 5º.[1]
> §§ 1º a 3º (Revogados pela Lei n. 12.010, de 3.8.2009 (DOU 4.8.2009).
> § 4º A licença-maternidade só será concedida mediante apresentação do termo judicial de guarda à adotante ou guardiã. (*Dispositivo incluído pela Lei n. 10.421, de 15 de abril de 2002 — DOU 16.4.2002*).

Com o advento da Lei n. 12.873, de 24 de outubro de 2013 (DOU 25.10.2013), a CLT passa a vigorar com as seguintes alterações:

> Art. 392-A. À empregada que adotar ou obtiver guarda judicial para fins de adoção de criança será concedida licença-maternidade nos termos do art. 392.
> ...
> § 5º A adoção ou guarda judicial conjunta ensejará a concessão de licença-maternidade a apenas um dos adotantes ou guardiães empregado ou empregada. (NR)
>
> Art. 392-B. Em caso de morte da genitora, é assegurado ao cônjuge ou companheiro empregado o gozo de licença por todo o período da licença-maternidade ou pelo tempo restante a que teria direito a mãe, exceto no caso de falecimento do filho ou de seu abandono.
> Art. 392-C. Aplica-se, no que couber, o disposto no art. 392-A e 392-B ao empregado que adotar ou obtiver guarda judicial para fins de adoção.

---

[1] O § 5º, aprovado pelo Projeto de Lei n. 101/2001, foi vetado pela Presidência da República.

A Lei n. 8.213/1991 prevê:

Art. 71-A. À segurada da Previdência Social que adotar ou obtiver guarda judicial para fins de adoção de criança é devido salário-maternidade pelo período de 120 (cento e vinte) dias, se a criança tiver até 1 (um) ano de idade, de 60 (sessenta) dias, se a criança tiver entre 1 (um) e 4 (quatro) anos de idade, e de 30 (trinta) dias, se a criança tiver de 4 (quatro) a 8 (oito) anos de idade. *(Dispositivo incluído pela Lei n. 10.421/2002)*
Parágrafo único. O salário-maternidade de que trata este artigo será pago pela Previdência Social. *(NR — conforme Lei n. 10.710/2003)*

A Lei n. 8.213, de 24 de julho de 1991, passa a vigorar com as seguintes alterações introduzidas pela Lei n. 12.873/2013 (art. 5º):

Art. 71-A. Ao segurado ou segurada da Previdência Social que adotar ou obtiver guarda judicial para fins de adoção de criança é devido salário-maternidade pelo período de 120 (cento e vinte) dias.
§ 1º O salário-maternidade de que trata este artigo será pago diretamente pela Previdência Social.
§ 2º Ressalvado o pagamento do salário-maternidade à mãe biológica e o disposto no art. 71-B, não poderá ser concedido o benefício a mais de um segurado, decorrente do mesmo processo de adoção ou guarda, ainda que os cônjuges ou companheiros estejam submetidos a Regime Próprio de Previdência Social. (NR)
Art. 71-B. No caso de falecimento da segurada ou segurado que fizer jus ao recebimento do salário-maternidade, o benefício será pago, por todo o período ou pelo tempo restante a que teria direito, ao cônjuge ou companheiro sobrevivente que tenha a qualidade de segurado, exceto no caso do falecimento do filho ou de seu abandono, observadas as normas aplicáveis ao salário-maternidade.
§ 1º O pagamento do benefício de que trata o caput deverá ser requerido até o último dia do prazo previsto para o término do salário-maternidade originário.
§ 2º O benefício de que trata o caput será pago diretamente pela Previdência Social durante o período entre a data do óbito e o último dia do término do salário--maternidade originário e será calculado sobre:
I — a remuneração integral, para o empregado e trabalhador avulso;
II — o último salário-de-contribuição, para o empregado doméstico;
III — 1/12 (um doze avos) da soma dos 12 (doze) últimos salários de contribuição, apurados em um período não superior a 15 (quinze) meses, para o contribuinte individual, facultativo e desempregado; e
IV — o valor do salário mínimo, para o segurado especial.
§ 3º Aplica-se o disposto neste artigo ao segurado que adotar ou obtiver guarda judicial para fins de adoção.

Art. 71-C.A percepção do salário-maternidade, inclusive o previsto no art. 71-B, está condicionada ao afastamento do segurado do trabalho ou da atividade desempenhada, sob pena de suspensão do benefício.

Licença-maternidade. Mãe adotiva
Ementa: Mulher que, na qualidade de mãe adotiva, adota recém-nascido, tem direito à concessão de licença-maternidade de 120 dias, sem prejuízo do seu salário e do emprego. [TRT-9ª Reg. — RO 7.623/1990 — (Ac. 1ª T., 6.045/1992) — Rel. Desig. Juiz Carlos Buck — DJPR 7.8.1992, p. 271 — Apud SLJD n. 3/1993, p. 186]
Ementa: A mãe adotiva, assim considerada após processo legal de adoção definitiva, faz jus à licença de cento e vinte dias preconizada pelo inciso XVIII do art. 7º da Constituição Federal, interpretado sistemática e teleologicamente com o art. 227, caput, inciso VI e § 6º do mesmo diploma. [TRT-2ª Reg. — RO 02900172360 — (Ac. 3ª T., 02920105935) — Rel. Juiz Décio Sebastião Daidone — DJSP 3.7.1992, p. 91 — Apud SLJD n. 3/1993, p. 182]
Ementa: Salário-maternidade. Mãe adotiva. Despedimento sem justa causa. Trabalhadora que já tinha a guarda da criança. Fato do qual já tinha ciência o empregador. Período de afastamento já iniciado (licença-maternidade), condição que retira do empregador o direito de romper unilateralmente o contrato de trabalho. Benefício previdenciário (salário-maternidade) que, embora pago diretamente pela Previdência Social, não pode ser concedido, em função do despedimento. Indenização devida. [TRT 2ª Reg. — RO 01067200403902001 — (Ac. 11ª T. 20060868826) — Rel. Juiz Eduardo de Azevedo Silva — DJSP 7.11.2006, p. 27 — Apud LTr Sup. Jurisp. 3/2007, p. 24]

4.3. INCENTIVO FISCAL

A Lei n. 11.770, de 9 de setembro de 2008 (DOU 10.9.2008), instituiu o Programa Empresa Cidadã, destinado a prorrogar por 60 (sessenta) dias a duração da licença-maternidade, prevista pela Constituição (art. 7º, XVIII), mediante a concessão de incentivo fiscal.

Em síntese a Lei n. 11.770/2008 estabelece:

1) *Prorrogação da licença-maternidade* — A prorrogação da licença-maternidade por mais 60 dias, além dos 120 dias já previstos, concedida imediatamente após a fruição da licença-maternidade, será garantida à empregada da pessoa jurídica (urbana ou rural) que aderir ao Programa Empresa Cidadã, desde que a empregada a requeira até o final do primeiro mês após o parto.

2) *Adoção ou guarda judicial de criança* — A prorrogação da licença-maternidade por 60 dias será garantida, na mesma proporção, também à empregada que adotar ou obtiver guarda judicial, para fins de adoção de criança.

3) *Administração pública* — A administração pública, direta, indireta e fundacional, também fica autorizada a instituir o mencionado programa.

4) *Garantias e proibições* — No período de prorrogação, a empregada receberá do empregador a mesma remuneração integral, nos mesmos moldes devidos no período de percepção do salário-maternidade, paga pelo regime geral de previdência social, sendo que a empregada não poderá exercer qualquer atividade remunerada e a criança não poderá ser mantida em creche ou organização similar, sob pena de a empregada perder o direito à prorrogação.

5) *Incentivo fiscal* — A pessoa jurídica tributada com base no lucro real poderá deduzir do imposto devido, em cada período de apuração, o total da remuneração integral da empregada pago nos 60 dias de prorrogação de sua licença--maternidade, vedada a dedução como despesa operacional.

A Lei n. 11.770/2008 foi regulamentada pelo Decreto n. 7.052, de 23.12.2009 (DOU 24.12.2009).

5. DIREITO AO SALÁRIO-MATERNIDADE — ENCARGO PREVIDENCIÁRIO — PAGAMENTO E REEMBOLSO

5.1. DIREITO AO SALÁRIO-MATERNIDADE

A CLT preceitua:

> Art. 393. Durante o período a que se refere o art. 392, a mulher terá direito ao salário integral e, quando variável, calculado de acordo com a média dos 6 (seis) últimos meses de trabalho, bem como os direitos e vantagens adquiridos, sendo-lhe ainda facultado reverter à função que anteriormente ocupava.

5.2. ENCARGO PREVIDENCIÁRIO

A Lei n. 8.213/1991, com redação dada pela Lei n. 9.876/1999, estabelece:

> Art. 72. O salário-maternidade para a segurada empregada ou trabalhadora avulsa consistirá numa renda mensal igual a sua remuneração integral.
> § 1º Cabe à empresa pagar o salário-maternidade devido à respectiva empregada gestante, efetivando-se a compensação, observado o disposto no art. 248 da Constituição Federal, quando do recolhimento das contribuições incidentes sobre a folha de salários e demais rendimentos pagos ou creditados, a qualquer título, à pessoa física que lhe preste serviço. (*Incluído pela Lei n. 10.710, de 5.8.2003*)
> Art. 73. Assegurado o valor de um salário-mínimo, o salário-maternidade para as demais seguradas consistirá:
> I — em um valor correspondente ao do seu último salário de contribuição, para a segurada empregada doméstica;
> II — em um doze avos do valor sobre o qual incidiu sua última contribuição anual, para a segurada especial;
> III — em um doze avos da soma dos doze últimos salários de contribuição, apurados em um período não superior a quinze meses, para as demais seguradas.

O Decreto n. 3.048/1999) regulamenta:

> Art. 97. O salário-maternidade da segurada empregada será devido pela previdência social enquanto existir a relação de emprego, observadas as regras quanto ao pagamento desse benefício pela empresa. (Redação dada pelo Decreto n. 6.122/2007)
> Parágrafo único. Durante o período de graça a que se refere o art. 13, a segurada desempregada fará jus ao recebimento do salário-maternidade nos casos de demissão antes da gravidez, ou, durante a gestação, nas hipóteses de dispensa por justa causa ou a pedido, situações em que o benefício será pago diretamente pela previdência social." (NR) — (*conforme Decreto n. 6.122/2007*)

5.3. PAGAMENTO PELO EMPREGADOR E FORMA DE COMPENSAÇÃO

O salário-maternidade é uma prestação previdenciária instituída pela Lei n. 6.136, de 7 de novembro de 1974, devida por ocasião do parto, aborto não criminoso da empregada e em caso de adoção de criança.

O pagamento do salário-maternidade e do 13º salário, relativo ao período dessa licença, com exceção da trabalhadora mãe adotiva, nos casos de demissão antes da gravidez, ou, durante a gestação e nas hipóteses de dispensa por justa causa ou a pedido, será efetuado pela empresa, efetivando--se a compensação quando do recolhimento das contribuições previdenciárias devidas (Lei n. 8.213/1991 — art. 72, § 1º).

Orientação Jurisprudencial n. 44 da SBDI-1-TST
Gestante. Salário-maternidade. É devido o salário-maternidade, de 120 dias, desde a promulgação da CF/1988, ficando a cargo do empregador o pagamento do período acrescido pela Carta. (Inserida em 13.9.94)

6. ROMPIMENTO DO CONTRATO DE TRABALHO

Mediante atestado médico, à mulher grávida é facultado romper o compromisso resultante de qualquer contrato de trabalho, desde que este seja prejudicial à gestação (CLT, art. 394).

7. ABORTO NÃO CRIMINOSO

Em caso de aborto não criminoso, comprovado por atestado médico oficial, a mulher terá um repouso remunerado de duas (2) semanas, ficando-lhe assegurado o direito de retornar à função que ocupava antes de seu afastamento (CLT, art. 395).

O Regulamento da Previdência Social (Decreto n. 3.048/1999) preceitua que em caso de aborto não criminoso, comprovado mediante atestado médico fornecido pelo Sistema Único de Saúde ou pelo serviço médico próprio da empresa ou por ela credenciado, a segurada terá direito ao salário-maternidade correspondente a duas semanas (art. 93, § 5º).

A Lei n. 8.921, de 25 de julho de 1994, revogou, tacitamente, o termo "não criminoso", quando o eliminou, ao dar nova redação ao art. 131, II, da CLT.

Aborto involuntário. Estabilidade[2]. Efeitos
Ementa: Estabilidade gestante — Aborto involuntário — De regra, a estabilidade gestante vai da confirmação da gravidez até cinco meses após o parto, a teor do art. 10, II, b, do ADCT/CF. Havendo aborto involuntário, não retira o direito à proteção da gestante, apenas restringe o período da estabilidade provisória, passando a ser da confirmação da gravidez até duas semanas após o aborto. Inteligência do art. 395 da CLT. Recurso ordinário da reclamada desprovido. [TRT 15ª Reg. (Campinas/SP) — ROPS 00243-2006-137-15-00-4 — (Ac. 64124/2007, PATR, 11ª C.) — Rel. Edison dos Santos Pelegrini — DOE 11.1.2008, p. 152 — Apud LTr Sup. Jurisp. 3/2008, p. 28]

---

(2) A respeito de estabilidade da gestante, consultar no Capítulo XIII o item 4.3.5.

Aborto espontâneo. Estabilidade provisória. Não concessão
Ementa: Gestante — Aborto espontâneo — Estabilidade provisória — Não concessão. I — A estabilidade gestante prevista no art. 10, II, b, do ADCT é instituto jurídico de proteção ao nascituro, visando precipuamente a proteção da saúde e integridade física deste, ao passo que objetiva garantir à genitora as condições de manter o seu sustento e o da criança, enquanto esta estiver sob seus cuidados, notadamente nos seus primeiros meses de vida. II — A ocorrência de aborto espontâneo extingue o direito à estabilidade provisória conferida à gestante ou correspondente indenização substitutiva, porquanto o interesse jurídico a ser tutelado é o do nascituro que, juridicamente, deixou de existir. Recurso ordinário não provido, por unanimidade. [TRT 24ª Reg. — RO-134400-27.2009.5.24.0006 (RO-1344/2009-006-24-00.0) — (Ac. 2ª T.) — Red. Des. Nicanor de Araújo Lima — DJe/TRT 24ª Reg. n. 598/10, 4.11.2010, p. 22 — Apud LTr Sup. Jurisp. 06/2011, p. 45]

8. ACUMULAÇÃO DE EMPREGOS

No caso de empregos concomitantes, a segurada fará jus ao salário-maternidade relativo a cada emprego (Regulamento da Previdência Social — Decreto n. 3.048/1999, art. 98).

9. EMPREGADA CASADA OU SOLTEIRA

O fato gerador do salário-maternidade é o parto ou o aborto, e o da indenização, correspondente ao salário-maternidade, é a dispensa imotivada da empregada grávida, pouco importando o estado civil da trabalhadora, se casada ou solteira.

Salário-maternidade. Estado civil
Ementa: Salário-maternidade. Estado civil. Irrelevante. Incontroversa a dispensa imotivada e comprovada a gravidez à data, visto o atestado da maternidade sobre o dia do nascimento, é irrelevante para efeito de percepção de salário-maternidade o estado civil da parturiente, se casada ou solteira. Recurso improvido. [TRT 1ª Reg. — Proc. RO-8.875/1979 — (Ac. 3ª T.) — Rel. Juiz Moacyr Ferreira da Silva, prof. em 27.5.1981]

10. PARTO ANTECIPADO

Em caso de parto antecipado, a mulher tem direito aos 120 (cento e vinte) dias (CLT — art. 392, § 3º e Decreto n. 3.048/1999, art. 93, § 4º).

11. FALECIMENTO DO FILHO

O direito à licença-maternidade independe do estado civil da mulher (art. 2º da Convenção n. 103, ratificada pelo Brasil), tampouco está condicionado ao nascimento com vida do filho.[3]

O fato de a criança ter falecido não elide a pretensão. É que o dispositivo constitucional pertinente, o art. 395 consolidado e a lei previdenciária não exigem que a criança nasça com vida para que a empregada tenha direito à licença-maternidade e à garantia de emprego. Logo, onde o legislador não distingue, não cabe ao intérprete fazê-lo.[4]

Estabilidade. Gestante. Parto prematuro. Falecimento dos recém-nascidos. Não conhecimento

Ementa: Estabilidade. Gestante. Parto prematuro. Falecimento dos recém-nascidos. Não conhecimento. O escopo da estabilidade deferida à gestante é a proteção à vida, à criança. Assim, o falecimento dos recém-nascidos após parto prematuro não gera direito à estabilidade. Reconhece-se apenas o direito ao repouso durante o período estabelecido pelo atestado médico. Após a alta médica, deve a obreira retornar ao emprego no desempenho normal de suas funções." [TRT 15ª Reg. (Campinas/SP) — RO 8.11012 — (Ac. 2ª T. 12716/2002) — Rel. Juiz Luís Carlos Cândido Martins Sotero da Silva — DJSP 8.4.2002, p. 34 — Apud LTr Sup. Jurisp. n. 5/2002, p. 34]

Gestante. Estabilidade. Termo *ad quem*. Antecipação. Morte do nascituro. Nulidade

Ementa: Gestante. Estabilidade. Termo ad quem. Antecipação. Morte do nascituro. Nulidade. O parto antecipado da gestante e o posterior falecimento do nascituro não antecipam o termo ad quem da estabilidade da gestante, devendo esta se estender até o quinto mês após o parto, independentemente do óbito do nascituro. Recurso de revista a que se dá provimento. [TST-RR 1.193/2004-037-01-40.3 — (5ª T.) — Relª Juíza conv. Kátia Magalhães Arruda — DJU 11.4.2008]

Gestante. Estabilidade provisória. Responsabilidade objetiva do empregador. Feto natimorto. Indenização parcial

Ementa: Empregador. Feto natimorto. Indenização parcial. O fato gerador do direito da gestante manter-se no emprego, com restrição do direito de o empregador dispensá-la, salvo por justa causa, origina-se com a concepção e se projeta até 5 (cinco) meses após o parto (art. 7º, VIII, da CRFB/1988, e art. 10, II, b, da ADCT). A principal finalidade da garantia constitucional é a tutela dos interesses do nascituro. Assim, sobrevindo a interrupção da gravidez pelo óbito fetal, faz jus à empregada tão somente à licença remunerada pelo prazo de duas semanas após o aborto, em aplicação analógica do art. 395 da CLT. Tendo sido dispensada dentro do aludido prazo, terá direito à indenização pelo período correspondente. [TRT 12ª Reg.

---

(3) BARROS, Alice Monteiro de. *A mulher e o Direito do Trabalho*. São Paulo: LTr, 1995. p. 13.
(4) BARROS (1995:432).

RO 0000524-27.2010.5.12.0021 — (Ac. 3ª T., 25.1.11) — Rel.ª Juíza Ligia Maria Teixeira Gouvêa — TRT-SC/DOE 9.2.2011 — Data de Publ. 10.2.11 — Apud LTr Sup. Jurisp. 10/2011, p. 77]

Licença-maternidade. Natimorto. Art. 392, § 3º, da CLT. Aplicação

Ementa: Natimorto. Licença-maternidade. Não obstante a autora tenha dado à luz uma criança morta (conforme certidão de natimorto constante dos autos), houve o parto e este deve ser considerado o fato gerador para a licença-maternidade e estabilidade provisória da gestante. Não se aplica, no caso, o art. 395 da CLT, uma vez que referido dispositivo legal refere-se a 'aborto não criminoso'. Aplica-se o art. 392, § 3º, da CLT, em consonância com o art. 7º, inciso XVIII, da Constituição Federal e disposições da Convenção n. 103 da OIT, referente à proteção da maternidade, ratificada pelo Brasil por meio do Decreto n. 58.820, de 14 de julho de 1966. Ademais, não há na legislação específica qualquer restrição em relação ao benefício salário maternidade ser devido apenas àquela mulher que deu à luz uma criança com vida. Faz jus à autora, portanto, à licença-maternidade e ao correspondente salário-maternidade pleiteado. Recurso ordinário da autora a que se dá parcial provimento. [TRT 9ª Reg. RO-55-06.2010.5.09.0654 — (RO-135/2010-654-09-00.7) — (Ac. 2ª T.) — Rel. Ricardo Tadeu Marques da Fonseca — DJe/TRT 9ª Reg. n. 768/11, 11.7.2011, p. 135 — Apud LTr Sup. Jurisp. 38/2011, p. 306]

12. PERÍODOS PARA AMAMENTAÇÃO

A CLT peceitua:

> Art. 396. Para amamentar o próprio filho, até que este complete 6 (seis) meses de idade, a mulher terá direito, durante a jornada de trabalho, a 2 (dois) descansos especiais, de meia hora cada um.
>
> Parágrafo único. Quando o exigir a saúde do filho, o período de 6 (seis) meses poderá ser dilatado, a critério da autoridade competente.
>
> Art. 397. O SESI, o SESC, a LBA e outras entidades públicas destinadas à assistência à infância manterão ou subvencionarão, de acordo com suas possibilidades financeiras, escolas maternais e jardins de infância, distribuídos nas zonas de maior densidade de trabalhadores, destinados especialmente aos filhos das mulheres empregadas. (Redação dada pelo Decreto-lei n. 229, de 28.2.1967)
>
> Art. 399. O Ministro do Trabalho, Indústria e Comercio conferirá diploma de benemerência aos empregadores que se distinguirem pela organização e manutenção de creches e de instituições de proteção aos menores em idade pré-escolar, desde que tais serviços se recomendem por sua generosidade e pela eficiência das respectivas instalações.

Art. 400. Os locais destinados à guarda dos filhos das operárias durante o período da amamentação deverão possuir, no mínimo, um berçário, uma saleta de amamentação, uma cozinha dietética e uma instalação sanitária.

Precedentes Normativos do TST

6. Garantia de salário no período de amamentação (positivo)

É garantido às mulheres, no período de amamentação, o recebimento do salário, sem prestação de serviços, quando o empregador não cumprir as determinações dos §§ 1º e 2º do art. 389 da CLT. (Ex-PN 06)

22. Creche (positivo)

Determina-se a instalação de local destinado à guarda de crianças em idade de amamentação, quando existentes na empresa mais de 30 (trinta) mulheres maiores de 16 (dezesseis) anos, facultado o convênio com creches. (Ex-PN 22)

Intervalo para amamentação. Infração administrativa

Ementa: Intervalo para amamentação. Pagamento. Não existe previsão legal de pagamento pelo período em que a mulher amamenta seu filho. O empregador é obrigado a conceder o intervalo e não a pagá-lo. Caso não o conceda, incide em infração administrativa, mas não são devidas horas extras, por falta de previsão legal. A reclamante já recebeu pelo dias trabalhados. [TRT 2ª Reg. — RO 0120000324919 — (Ac. 20010506556, 3ª T.) — Rel. Sérgio Pinto Martins — DOE/SP, 21.8.2001]

Intervalo para amamentação. Hora extra

Ementa: Intervalo para amamentação (art. 396/CLT). Não-concessão. Hora extra. Art. 71, § 4º, da CLT. Aplicação analógica. 1. Conquanto no capítulo concernente ao "trabalho da mulher" (arts. 372-401) o legislador tenha previsto apenas o pagamento de multa pela não-concessão do intervalo especial para amamentação, assegura-se à empregada o direito a haver tais horas laboradas como extras, ante a aplicação analógica do art. 71, § 4º, da CLT. 2. Se a ausência de fruição dos intervalos destinados a repouso e a alimentação gera, após a edição da Lei n. 8.923, de 1994, o direito ao percebimento de horas extras, por certo que uma interpretação mais razoável do art. 396 não se pode direcionar apenas para a aplicação da penalidade prevista no art. 401 da CLT, máxime ante o objetivo inscrito na aludida norma, que busca, acima de tudo, assegurar à criança um desenvolvimento e crescimento saudáveis. 3. Interpretação teleológica do art. 396 e aplicação analógica do art. 71, § 4º, ambos da CLT. 4. Embargos de que não se conhece. [TST-E-RR 615.173/99.5 — (SDI-1) — Rel. Min. João Oreste Dalazen — DJU 15.4.05]

13. ATESTADO DE GRAVIDEZ E OUTRAS PRÁTICAS DISCRIMINATÓRIAS

A Lei n. 9.029, de 13 de abril de 1995 (DOU 17.4.1995), proíbe a exigência de atestado de gravidez e esterilização, e outras práticas discriminatórias, para efeitos admissionais ou de permanência da relação jurídica de trabalho.

Art. 1º Fica proibida a adoção de qualquer prática discriminatória e limitativa para efeito de acesso à relação de emprego, ou sua manutenção, por motivo de sexo, origem, raça, cor, estado civil, situação familiar ou idade, ressalvadas, neste caso, as hipóteses de proteção ao menor previstas no inciso XXXIII do art. 7º da Constituição Federal.

Art. 2º Constituem crimes as seguintes práticas discriminatórias:

I — a exigência de teste, exame, perícia, laudo, atestado, declaração ou qualquer outro procedimento relativo à esterilização ou a estado de gravidez;

II — a adoção de quaisquer medidas, de iniciativa do empregador, que configurem:

a) indução ou instigamento à esterilização genética;

b) promoção do controle de natalidade, assim não considerado o oferecimento de serviços e de aconselhamento ou planejamento familiar, realizados através de instituições públicas ou privadas, submetidas às normas do Sistema Único de Saúde — SUS.

Pena: detenção de um a dois anos e multa.

Parágrafo único. São sujeitos ativos dos crimes a que se refere este artigo:

I — a pessoa física empregadora;

II — o representante legal do empregador, como definido na legislação trabalhista;

III — o dirigente, direto ou por delegação, de órgãos públicos e entidades das administrações públicas direta, indireta e fundacional de qualquer dos Poderes da União, dos Estados, do Distrito Federal e dos Municípios.

Art. 3º Sem prejuízo do prescrito no artigo anterior, as infrações do disposto nesta lei são passíveis das seguintes cominações:

I — multa administrativa de dez vezes o valor do maior salário pago pelo empregador, elevado em cinquenta por cento em caso de reincidência;

II — proibição de obter empréstimo ou financiamento junto a instituições financeiras oficiais.

Art. 4º O rompimento da relação de trabalho por ato discriminatório, nos moldes desta lei, faculta ao empregado optar entre:

I — a readmissão com ressarcimento integral de todo o período de afastamento, mediante pagamento das remunerações devidas, corrigidas monetariamente, acrescidas dos juros legais;

II — a percepção, em dobro, da remuneração do período de afastamento, corrigida monetariamente e acrescida dos juros legais.

A Lei n. 9.799, de 26 de maio de 1999 (DOU 27.5.1999), acrescentou à CLT:

> Art. 373-A. Ressalvadas as disposições legais destinadas a corrigir as distorções que afetam o acesso da mulher ao mercado de trabalho e certas especificidades estabelecidas nos acordos trabalhistas, é vedado:
> I — publicar ou fazer publicar anúncio de emprego no qual haja referência ao sexo, à idade, à cor ou situação familiar, salvo quando a natureza da atividade a ser exercida, pública e notoriamente, assim o exigir;
> II — recusar emprego, promoção ou motivar a dispensa do trabalho em razão de sexo, idade, cor, situação familiar ou estado de gravidez, salvo quando a natureza da atividade seja notória e publicamente incompatível;
> III — considerar o sexo, a idade, a cor ou situação familiar como variável determinante para fins de remuneração, formação profissional e oportunidades de ascensão profissional;
> IV — exigir atestado ou exame, de qualquer natureza, para comprovação de esterilidade ou gravidez, na admissão ou permanência no emprego;
> V — impedir o acesso ou adotar critérios subjetivos para deferimento de inscrição ou aprovação em concursos, em empresas privadas, em razão de sexo, idade, cor, situação familiar ou estado de gravidez;
> VI — proceder o empregador ou preposto a revistas íntimas nas empregadas ou funcionárias.[5]
> Parágrafo único. O disposto neste artigo não obsta a adoção de medidas temporárias que visem ao estabelecimento das políticas de igualdade entre homens e mulheres, em particular as que se destinam a corrigir as distorções que afetam a formação profissional, o acesso ao emprego e as condições gerais de trabalho da mulher.

Ementas:

Dano moral. Discriminação. Empregada gestante. Ofensa à honra praticada por preposto da empresa
Ementa: Dano moral. Discriminação. Empregada gestante. Ofensa à honra praticada por preposto da empresa. Constitui obrigação do empregador zelar pela integridade moral dos seus empregados, não devendo permitir que, em suas dependências, o trabalhador sofra humilhações, notadamente em se tratando de trabalhadora gestante. Deve-se lembrar que a proteção à maternidade é assegurada constitucionalmente (art. 7º, inciso XVIII), sendo vedada a discriminação contra a empregada gestante, nos termos da Lei n. 9.029/95 e do art. 391 da CLT. [TRT 3ª Reg. — RO 00618200709703008 — (2ª T.) — Rel. Luiz Sebastião Geraldo de Oliveira — DJMG 21.11.2007]

Solicitação de realização de exame de gravidez. Dispensa. Discriminação não configurada
Ementa: Dano moral — Solicitação de realização de exame de gravidez — Dispensa — Discriminação não configurada — A dignidade da pessoa humana e os valores sociais do trabalho constituem fundamentos da República Federativa do Brasil, na forma do art. 1º, III e IV, da CF/1988. Além disso, a promoção do bem de todos, sem preconceitos de origem, raça, sexo, cor, idade e quaisquer outras formas de discriminação constitui objetivo fundamental da República, consoante a regra estampada no inciso IV do art. 3º da CF. A solicitação do exame de gravidez deu-se com o intuito de resguardar a reclamada (ante a iminência da dispensa imotivada), a hipotética condição de gestante e do suposto nascituro. Discriminação não configurada (art. 2º, I, da Lei n. 9.029/1995). Recurso ordinário não provido. [TRT 15ª Reg. (Campinas/SP) — RO 1224-2008-062-15-00-9 — (Ac. 27399/09-PATR, 5ª C.) — Rel. Lourival Ferreira dos Santos — DOE 15.5.2009, p. 93 — Apud LTr Sup. Jurisp. 028/2009, p. 219]

---

(5) As revistas íntimas não devem ser admitidas, conforme previsão específica para as mulheres e para os demais trabalhadores, segundo prevê a CF/1988; são invioláveis a intimidade, a vida privada, a honra e a imagem das pessoas, assegrado o direito à indenização pelo dano material ou moral decorrente de sua violação (art. 5º, X).

Capítulo XIII

PROFESSOR E A ESTABILIDADE NO EMPREGO

1. Origem. 2. Classificação. 3. Desaparecimento da estabilidade definitiva. 4. Estabilidade transitória ou provisória — Conceito — Espécies. 4.1. Estabilidade transitória ou provisória. 4.2. Conceito de estabilidade provisória. 4.3. Espécies de estabilidade provisória — Dirigente sindical — Dirigentes de cooperativa — Cipeiro — Gestante — Membros do Conselho Curador do FGTS — Representantes dos empregados no CNPS — Acidentado — Trabalhador reabilitado ou deficiente habilitado — Aidético — Eleitoral — Membros da Comissão de Conciliação Prévia — Professor universitário — Por liberalidade ou negociação coletiva. 4.3.1. Espécies de estabilidade provisória. 4.3.2. Dirigente ou representante sindical. 4.3.3. Dirigentes de cooperativa de empregados. 4.3.4. Cipeiro. 4.3.5. Gestante. 4.3.6. Representantes dos trabalhadores no Conselho Curador do FGTS. 4.3.7. Representantes dos empregados no CNPS. 4.3.8. Acidentado. 4.3.9. Trabalhador reabilitado ou deficiente habilitado. 4.3.10. Aidético. 4.3.11. Eleitoral. 4.3.12. Representantes dos empregados membros da Comissão de Conciliação Prévia. 4.3.13. Professor universitário. 4.3.14. Por liberalidade ou negociação coletiva. 5. Estabilidade provisória e o contrato a termo. 6. Estabilidade provisória e o aviso-prévio. 7. Estabilidade provisória e a extinção da empresa ou de estabelecimento. 8. Estabilidade provisória e a reintegração. 9. Estabilidade provisória e a renúncia

1. ORIGEM

Existem dois tipos de estabilidade: a definitiva e a provisória. Inicialmente, com o propósito de dar uma ligeira ideia da origem do instituto da estabilidade definitiva ou decenal em nossa legislação, são apresentados alguns dados históricos em ordem cronológica.

No Brasil, o instituto da estabilidade decenal surgiu pela primeira vez para beneficiar os servidores públicos, por meio da Lei n. 2.924, de 1915.

A Lei n. 4.682/1923 (Elói Chaves), relativa aos trabalhadores ferroviários, foi a primeira norma jurídica a tratar da estabilidade no emprego.

O referido instituto foi estendido a todos os empregados urbanos pela Lei n. 62/1935.

No plano constitucional, a CF/1937 foi a primeira a se reportar à estabilidade decenal.

Finalmente, a CLT (Dec.-lei n. 5.452/43) unificou a estabilidade decenal no Título IV, Capítulo VII, arts. 492 a 500.

2. CLASSIFICAÇÃO

Além da estabilidade decenal disciplinada pela CLT, temos as chamadas estabilidades provisórias e que serão enumeradas mais adiante.

No campo doutrinário, encontramos várias formas de classificar as diversas modalidades de estabilidade.

Por sua objetividade, optamos pela classificação apresentada pelo professor *Amauri Mascaro Nascimento* (2004:736):

Há duas acepções da palavra *estabilidade*.

Primeira, a de estabilidade *do emprego*, fruto de uma política geral que se caracteriza pelo conjunto de medidas do Governo, destinadas a fazer com que não falte trabalho na sociedade. Sendo um dever social, o trabalho deve merecer posição especial nos programas estatais com a abertura de frentes de trabalho, serviços públicos de emprego, assistência pecuniária ao desempregado etc. É a estabilidade no sentido econômico.

Segunda, a de estabilidade *no emprego*, assim considerado o direito do empregado de manter o emprego mesmo contra a vontade do empregador, salvo causas previstas em lei. É a estabilidade no sentido jurídico.

Esta subdivide-se em estabilidade *definitiva* e estabilidade *transitória*, aquela produzindo efeitos para toda a relação de emprego, esta somente enquanto persistir uma causa especial que a motiva.

Em nosso país surgiu inicialmente a estabilidade definitiva, chamada decenal.

Depois, desenvolveu-se a transitória, chamada provisória.

3. DESAPARECIMENTO DA ESTABILIDADE DEFINITIVA

A partir da CF/1988, desapareceu o regime da indenização pelo tempo de serviço que culminava com a estabilidade decenal do empregado, ficando ressalvado o direito adquirido dos trabalhadores que, à data da promulgação da Constituição Federal de 1988, já tinham o direito à estabilidade no emprego (CF/1988, art. 5º, XXXVI c/c Lei n. 8.036/1990, art. 14).

4. ESTABILIDADE TRANSITÓRIA OU PROVISÓRIA – CONCEITO – ESPÉCIES

4.1. ESTABILIDADE TRANSITÓRIA OU PROVISÓRIA

A estabilidade definitiva poderá ser instituída por lei, como a estabilidade decenal, por meio de contrato individual de trabalho, regulamento da empresa e negociação coletiva (convenção ou acordo coletivo).

Como visto anteriormente, a estabilidade decenal disciplinada pela CLT desapareceu com o advento da CF/1988, restando a aplicação de seus preceitos aos empregados estáveis remanescentes, por força do direito adquirido.

A estabilidade transitória ou provisória também poderá ser definida em lei, contrato individual de trabalho, regulamento da empresa, convenção ou acordo coletivo de trabalho.

4.2. CONCEITO DE ESTABILIDADE PROVISÓRIA

A estabilidade provisória no emprego ocorrerá quando o empregador perder, transitoriamente, o poder potestativo de dispensa do empregado, por ele se encontrar em situação especial.

4.3. ESPÉCIES DE ESTABILIDADE PROVISÓRIA — DIRIGENTE SINDICAL — DIRIGENTES DE COOPERATIVA — CIPEIRO — GESTANTE — MEMBROS DO CONSELHO CURADOR DO FGTS — REPRESENTANTES DOS EMPREGADOS NO CNPS — ACIDENTADO — TRABALHADOR REABILITADO OU DEFICIENTE HABILITADO — AIDÉTICO — ELEITORAL — MEMBROS DA COMISSÃO DE CONCILIAÇÃO PRÉVIA — PROFESSOR UNIVERSITÁRIO — POR LIBERALIDADE OU NEGOCIAÇÃO COLETIVA

4.3.1 Espécies de estabilidade provisória

A Lei que criou o FGTS (n. 5.107/66) foi a que encetou o primeiro golpe na estabilidade decenal e deu a luz à estabilidade provisória dos dirigentes sindicais, sendo a primeira em nossa legislação trabalhista a prever a estabilidade transitória. A partir daí surgiram outras modalidades de estabilidade provisória que serão vistas a seguir.

4.3.2. Dirigente ou representante sindical

Entre nós, legalmente, o instituto da estabilidade provisória surgiu com o advento da lei que instituiu o regime do FGTS (Lei n. 5.107/1966, art. 25).

A Lei n. 5.911/1973 consolidou, melhorou e ampliou o prazo da estabilidade sindical provisória.

A CLT estabelece: *Fica vedada a dispensa do empregado sindicalizado ou associado, a partir do momento do registro de sua candidatura a cargo de direção ou representação de entidade sindical ou de associação profissional, até 1 (um) ano após o final do seu mandato, caso seja eleito, inclusive como suplente, salvo se cometer falta grave devidamente apurada nos termos desta Consolidação* (art. 543, § 3º — redação dada pela Lei n. 7.543/1988).

A CF/1988 preceitua no art. 8º, VIII: "é vedada a dispensa do empregado sindicalizado, a partir do registro da candidatura a cargo de direção ou representação sindical, se eleito, ainda que suplente, até um ano após o final do mandato, salvo se cometer falta grave nos termos da lei".

Súmula n. 369 do TST

Dirigente sindical. Estabilidade provisória (redação do item I alterada na sessão do Tribunal Pleno realizada em 14.9.2012) — Res. n. 185/2012, DEJT divulgado em 25, 26 e 27.09.2012.

I — É assegurada a estabilidade provisória ao empregado dirigente sindical, ainda que a comunicação do registro da candidatura ou da eleição e da posse seja realizada fora do prazo previsto no art. 543, § 5º, da CLT, desde que a ciência ao empregador, por qualquer meio, ocorra na vigência do contrato de trabalho.

II — O art. 522 da CLT foi recepcionado pela Constituição Federal de 1988. Fica limitada, assim, a estabilidade a que alude o art. 543, § 3º, da CLT a sete dirigentes sindicais e igual número de suplentes.

III — O empregado de categoria diferenciada eleito dirigente sindical só goza de estabilidade se exercer na empresa atividade pertinente à categoria profissional do sindicato para o qual foi eleito dirigente.

IV — Havendo extinção da atividade empresarial no âmbito da base territorial do sindicato, não há razão para subsistir a estabilidade.

V — O registro da candidatura do empregado a cargo de dirigente sindical durante o período de aviso-prévio, ainda que indenizado, não lhe assegura a estabilidade, visto que inaplicável a regra do § 3º do art. 543 da Consolidação das Leis do Trabalho.

Orientação Jurisprudencial n. 365 da SDI-1 do TST

Estabilidade provisória. Membro de conselho fiscal de sindicato. Inexistência (DJ 20, 21 e 23.05.2008) Membro de conselho fiscal de sindicato não tem direito à estabilidade prevista nos arts. 543, § 3º, da CLT e 8º, VIII, da CF/1988, porquanto não representa ou atua na defesa de direitos da categoria respectiva, tendo sua competência limitada à fiscalização da gestão financeira do sindicato (art. 522, § 2º, da CLT)

4.3.3. Dirigentes de cooperativa de empregados

A Lei n. 5.764/1971, que define a Política Nacional de Cooperativismo, preceitua: *Os empregados de empresas que sejam eleitos diretores de sociedades cooperativas, pelos mesmos criadas, gozarão das garantias asseguradas aos dirigentes sindicais pelo art. 543 da CLT* (art. 55).

O artigo em questão só prevê estabilidade provisória para os empregados eleitos diretores, reinando divergência quanto aos empregados membros do Conselho Fiscal e os suplentes de dirigentes de cooperativa.

Orientação Jurisprudencial n. 253 da SDI-1 do TST

Estabilidade provisória. Cooperativa. Lei n. 5.764/71. Conselho Fiscal. Suplente. Não assegurada (inserida em 13.3.2002).

O art. 55 da Lei n. 5.764/71 assegura a garantia de emprego apenas aos empregados eleitos diretores de Cooperativas, não abrangendo os membros suplentes.

4.3.4. Cipeiro

Cipeiro é todo membro da Cipa. O cipeiro representante dos empregados goza da estabilidade provisória e só poderá ser dispensado por justa causa, por motivo técnico, econômico ou financeiro. Esta é a orientação da OIT — Organização Internacional do Trabalho, nos termos da Convenção n. 158 e das Recomendações ns. 119 e 166.

A CLT estabelece que será obrigatória a constituição de Cipa — Comissão Interna de Prevenção de Acidentes, de conformidade com instruções expedidas pelo Ministério do Trabalho, nos estabelecimentos ou locais de obra nelas especificadas (art. 163). Cada Cipa será composta de representantes da empresa e dos empregados, sendo que o mandato dos membros eleitos terá a duração de 1 ano, permitida uma reeleição (art. 164, *caput* e § 3º). Os titulares da representação dos empregados nas Cipas não poderão sofrer despedida arbitrária, entendendo-se como tal a que não se fundar em motivo disciplinar, técnico, econômico ou financeiro. Ocorrendo a despedida, caberá ao empregador, em caso de reclamação à Justiça do Trabalho, comprovar a existência de qualquer dos motivos mencionados neste artigo, sob pena de ser condenado a reintegrar o empregado (art. 165). O Capítulo V, do Título II, da CLT, que trata da segurança e medicina do trabalho, atualmente, da segurança e saúde do trabalhador (arts. 154 a 201), tem redação dada pela Lei n. 6.514, de 22 de dezembro 1977 (DOU 23.12.77) e foi regulamentado pela Portaria MTb n. 3.214/78 — NR 5.

Nas Disposições Transitórias, a CF/88 preceitua: Até que seja promulgada a lei complementar a que se refere o art. 7º, I, fica vedada a dispensa arbitrária ou sem justa causa do empregado eleito para cargo de direção de comissão interna de prevenção de acidentes, desde o registro de sua candidatura até um ano após o final de seu mandato (art. 10, II, *a*).

Súmula n. 676 do STF
Suplente do cargo de direção de comissões internas de prevenções de acidentes (CIPA) — Art. 10, II, a, do ADCT — Estabilidade provisória
A garantia da estabilidade provisória prevista no art. 10, II, a, do ADCT, também se aplica ao suplente do cargo de direção de comissões internas de prevenção de acidentes (CIPA)

Súmula n. 339 do TST
Cipa. Suplente. Garantia de emprego. CF/1988
I — O suplente da CIPA goza da garantia de emprego prevista no art. 10, II, "a", do ADCT a partir da promulgação da Constituição Federal de 1988. (ex-Súmula n. 339 — Res. n. 39/1994, DJ 20.12.1994 e ex-OJ n. 25 — Inserida em 29.3.1996)
II — A estabilidade provisória do cipeiro não constitui vantagem pessoal, mas garantia para as atividades dos membros da CIPA, que somente tem razão de ser quando em atividade a empresa. Extinto o estabelecimento, não se verifica a despedida arbitrária, sendo impossível a reintegração e indevida a indenização do período estabilitário. (ex-OJ n. 329 — DJ 9.12.2003)

4.3.5. Gestante

A empregada gestante, nos termos da CF/88, goza da estabilidade no emprego, desde a confirmação da gravidez até cinco meses após o parto (ADCT — art. 10, II, *b*).

Por sua vez, a CLT preceitua: a confirmação do estado de gravidez advindo no curso do contrato de trabalho, ainda que durante o prazo do aviso-prévio trabalhado ou indenizado, garante à empregada gestante a estabilidade provisória prevista na alínea *b* do inciso II do art. 10 do Ato das Disposições Constitucionais Transitórias (Artigo 391-A — acrescentado pela Lei n. 12.812, de 16.5.2013, DOU 17.5.2013).

Súmula n. 244 do TST
Gestante. Estabilidade provisória (redação do item III alterada na sessão do Tribunal Pleno realizada em 14.9.2012) — Res. n. 185/2012, DEJT divulgado em 25, 26 e 27.9.2012
I — O desconhecimento do estado gravídico pelo empregador não afasta o direito ao pagamento da indenização decorrente da estabilidade (art. 10, II, "b" do ADCT).
II — A garantia de emprego à gestante só autoriza a reintegração se esta se der durante o período de estabilidade. Do contrário, a garantia restringe-se aos salários e demais direitos correspondentes ao período de estabilidade.
III — A empregada gestante tem direito à estabilidade provisória prevista no art. 10, inciso II, alínea "b", do Ato das Disposições Constitucionais Transitórias, mesmo na hipótese de admissão mediante contrato por tempo determinado.

Orientação jurisprudencial n. 30 da SDC do TST
Estabilidade da gestante. Renúncia ou transação de direitos constitucionais. Impossibilidade. (Republicada em decorrência de erro material — DEJT divulgado em 19, 20 e 21.9.2011). Nos termos do art. 10, II, "b", do ADCT, a proteção à maternidade foi erigida à hierarquia constitucional, pois retirou do âmbito do direito potestativo do empregador a possibilidade de despedir arbitrariamente a empregada em estado gravídico. Portanto, a teor do artigo 9º, da CLT, torna-se nula de pleno direito a cláusula que estabelece a possibilidade de renúncia ou transação, pela gestante, das garantias referentes à manutenção do emprego e salário.

4.3.6. Representantes dos trabalhadores no Conselho Curador do FGTS

A Lei n. 8.036, de 11 de maio de 1990, dispõe sobre o Fundo de Garantia do Tempo de Serviço — FGTS, estabelece:

Art. 3º O FGTS será regido por normas e diretrizes estabelecidas por um Conselho Curador, composto por representação de trabalhadores, empregadores e órgãos e entidades governamentais, na forma estabelecida pelo Poder Executivo.
(...)
§ 3º Os representantes dos trabalhadores e dos empregadores e seus respectivos suplentes serão indicados pelas respectivas centrais sindicais e confederações nacionais e nomeados pelo Ministro do Trabalho e da Previdência Social, e terão mandato de 2 anos, podendo ser reconduzidos uma única vez.
(...)
§ 9º Aos membros do Conselho Curador, enquanto representantes dos trabalhadores, efetivos e suplentes, é assegurada a estabilidade no emprego, da nomeação até um ano após o término do mandato de representação, somente podendo ser demitidos por motivo de falta grave, regularmente comprovada através de processo sindical.

4.3.7. Representantes dos empregados no CNPS

A Lei n. 8.213/1991, que dispõe sobre os Planos de Benefícios da Previdência Social, estabelece:

> Art. 3º Fica instituído o Conselho Nacional de Previdência Social — CNPS, órgão superior de deliberação colegiada, que terá como membros:[1]
> I — seis representantes do Governo Federal;
> II — nove representantes da sociedade civil, sendo:
> a) 3 representantes dos aposentados e pensionistas;
> b) 3 representantes dos trabalhadores em atividade;
> c) 3 representantes dos empregadores.
> § 1º Os membros do CNPS e seus respectivos suplentes serão nomeados pelo Presidente da República, tendo os representantes titulares da sociedade civil mandato de 2 (dois) anos, podendo ser reconduzidos de imediato, uma única vez.
> § 2º Os representantes dos trabalhadores em atividade, dos aposentados, dos empregadores e seus respectivos suplentes serão indicados pelas centrais sindicais e confederações nacionais.
> (...)
> § 7º Aos membros dos CNPS, enquanto representantes dos trabalhadores em atividade, titulares e suplentes, é assegurada a estabilidade no emprego, da nomeação até um ano após o término do mandato de representação, somente podendo ser demitidos por motivo de falta grave, regularmente comprovada através de processo judicial.

4.3.8. Acidentado

A Lei que cuida dos Planos de Benefícios da Previdência Social (n. 8.213/91) preceitua: *O segurado que sofreu acidente do trabalho tem garantida, pelo prazo mínimo de doze meses, a manutenção do seu contrato de trabalho na empresa, após a cessação do auxílio-doença acidentário, independentemente de percepção de auxílio-acidente* (art. 118).

O empregado acidentado adquire estabilidade no emprego após a cessação do auxílio-doença acidentário, o que só ocorre após o adentramento no 16º dia de afastamento, quando deve receber o auxílio-doença acidentário da Previdência Social.

Súmula n. 378 do TST
Estabilidade provisória. Acidente do trabalho. Art. 118 da Lei n. 8.213/1991. Constitucionalidade. Pressupostos.
I — É constitucional o artigo 118 da Lei n. 8.213/1991 que assegura o direito à estabilidade provisória por período de 12 meses após a cessação do auxílio-doença ao empregado acidentado. (ex-OJ n. 105 — Inserida em 1º.10.1997)
II — São pressupostos para a concessão da estabilidade o afastamento superior a 15 dias e a consequente percepção do auxílio doença acidentário, salvo se constatada, após a despedida, doença profissional que guarde relação de causalidade com a execução do contrato de emprego. (Primeira parte — ex-OJ n. 230 da SBDI-1 — Inserida em 20.6.2001)
III — O empregado submetido a contrato de trabalho por tempo determinado goza da garantia provisória de emprego, decorrente de acidente de trabalho, prevista no art. 118 da lei n. 8.213/91.

4.3.9. Trabalhador reabilitado ou deficiente habilitado

A Lei n. 8.213/91, que trata dos Planos de Benefícios da Previdência Social, estabelece:

> Art. 93. A empresa[2] com 100 (cem) ou mais empregados está obrigada a preencher de 2% (dois por cento) a 5% (cinco por cento) dos seus cargos com beneficiários reabilitados ou pessoas portadoras de deficiência, habilitadas, na seguinte proporção:
> I — até 200 empregados   2%;
> II — de 201 a 500 empregados 3%;
> III — de 501 a 1.000 empregados   4%;
> IV — de 1.001 em diante   5%.
> § 1º A dispensa de trabalhador reabilitado ou de deficiente habilitado ao final de contrato por prazo determinado de mais de 90 (noventa) dias, e a imotivada, no contrato por prazo indeterminado, só poderá ocorrer após a contratação de substituto de condição semelhante.

Segundo o art. 3º do Decreto n. 3.298/1999, regulamento da Lei n. 7.853/1989),

> Considera-se pessoa portadora de deficiência habilitada aquela que concluiu curso de educação profissional de nível básico, técnico ou tecnológico, ou curso superior, com certificação ou diplomação expedida por instituição pública ou privada, legalmente credenciada pelo Ministério da Educação ou órgão equivalente, ou aquela com certificado de conclusão de habilitação ou reabilitação profissional fornecido pelo Instituto Nacional do Seguro Social — INSS (§ 2º).
> Considera-se, também, pessoa portadora de deficiência habilitada aquela que, não tendo se submetido a processo de habilitação ou reabilitação, esteja capacitada para o exercício da função (§ 3º).

---

(1) Com redação dada pela Lei n. 8.619/1993.

(2) Considerados todos os seus estabelecimentos, conforme a Instrução Normativa MTE/SIT n. 20/2001.

Esse tipo de estabilidade provisória é uma modalidade atípica de estabilidade, por não delimitar com precisão a sua duração, o que levou *Nei Frederico Cano Martins* a registrar:

> Ora, quando se estabelece que é condição para a ruptura contratual a contratação de outro obreiro na mesma situação, na verdade se está a dizer que, enquanto essa condição não se implemente, o empregado não pode ser desligado do emprego. Em outras palavras: esse empregado tem estabilidade provisória no emprego, embora o lapso temporal dela seja variável e condicionado a evento alheio à vontade do trabalhador.[3]

4.3.10. Aidético

Não existe lei que assegure a estabilidade provisória ao portador do vírus da Aids; por isso, formaram-se duas correntes de entendimento, uma a favor e outra contra a estabilidade do empregado aidético.

A Lei n. 7.670, de 8 de setembro de 1988 (DOU 9.9.88), estende aos portadores da Síndrome da Imunodeficiência Adquirida (Sida/Aids) os benefícios:

> Art. 1º A Síndrome da Imunodeficiência Adquirida (SIDA/AIDS) fica considerada, para os efeitos legais, causa que justifica:
> I — a concessão de:
> a) licença para tratamento de saúde prevista nos arts. 104 e 105 da Lei n. 1.711, de 28 de outubro de 1952;
> b) aposentadoria, nos termos dos art. 178, inciso I, alínea *b*, da Lei n. 1.711, de 28 outubro de 1952;
> c) reforma militar, na forma do disposto no art. 108, inciso V, da Lei n. 6.880, de 9 de dezembro de 1980;
> d) pensão especial nos termos do art. 1º da Lei n. 3.738, de 4 de abril de 1960;
> e) auxílio-doença ou aposentadoria, independentemente do período de carência, para o segurado que, após filiação à Previdência Social, vier a manifestá-la, bem como a pensão por morte aos seus dependentes;
> II — levantamento dos valores correspondentes ao Fundo de Garantia do Tempo de Serviço — FGTS, independentemente de rescisão do contrato individual de trabalho ou de qualquer outro tipo de pecúlio a que o paciente tenha direito.
> Parágrafo único. O exame pericial para os fins deste artigo será realizado no local em que se encontre a pessoa, desde que impossibilitada de se locomover.

Em seu excelente livro "Estabilidade Provisória no Emprego", *Nei Frederico Cano Martins,* escrevendo a respeito do tema, conclui de forma satisfatória:

> Destarte, embora inexistindo, até o presente momento, norma legal específica que conceda estabilidade provisória ao aidético, sua dispensa será nula quando:
> a) portador assintomático do vírus, o despedimento tenha sido motivado por essa circunstância;
> b) tendo havido a manifestação efetiva da moléstia, sabedor o empregador de sua presença, o despedimento impeça o obreiro de valer-se de serviços médicos conveniados.

Esta nossa conclusão, afirma o autor, afina-se com o contido em memorável acórdão da Seção de Dissídios Coletivos do TST, talvez o primeiro em que se tenha apreciado a matéria, do qual foi Relator o E. Ministro *Almir Pazzianotto Pinto*, assim ementado:

> *Dissídio coletivo. Estabilidade. Cláusula asseguradora de estabilidade no emprego ao portador do vírus da SIDA (AIDS). A despedida por força de preconceito do paciente da SIDA deve ser evitada, para que mantenha suas condições de vida, trabalhando, até eventual afastamento pela Previdência. Recurso Ordinário ao qual, no particular, é negado provimento'* (Processo TST, RO-DC n. 89.574/93 — Ac. SDC n. 1.335/94 — Apud DJU de 10.2.95, p. 2.023).[4]

Por sua vez, *Lutiana Nacur Lorentz* observa:

> O portador do vírus HIV, de forma vetusta, ainda não tem uma garantia formal de estabilidade no emprego prevista pela legislação pátria, o que existe é a *Convenção Internacional* n. 111 da OIT (ratificada pelo Brasil), cominada com o art. 3º, IV, art. 7º, XXX da CRF/88 e também a Lei n. 7.670/88 que conjugados com a prova fática da dispensa por discriminação podem implicar

---

(3) MARTINS, Ney Frederico Cano. *Estabilidade Provisória no Emprego*. São Paulo: LTr, 1995. p. 139.

(4) MARTINS (1995:214).

reintegração no empregado com os consectários legais.[5]

Dispensa discriminatória. Violação do princípio constitucional da dignidade da pessoa humana. Garantia de emprego.

> Ementa: Portador do vírus HIV — Presunção de dispensa discriminatória — Garantia de emprego — Viabilidade — Inconcebível que o direito potestativo do empregador em resilir o contrato de trabalho, por si impediente da percepção dos benefícios previstos na Lei n. 7.670/88, possa ferir o direito fundamental à dignidade da pessoa humana insculpido no inciso III do artigo 1º da Constituição Federal. Sob esta perspectiva, se não há, em razão do empregado que porta Síndrome de Imunodeficiência Adquirida — AIDS, traço de discriminação, corolário é a maior tolerância do empregador, exatamente por conta da condição física do outro, especialmente se não lhe compromete a aptidão laborativa. Portanto, aflora a presunção lógica de absoluta falta de humanidade, acaso não suscitada motivação de ordem disciplinar, econômica ou financeira para a consumação do ato rescisório, que passa a ostentar cunho discriminatório. A situação posta faz erigir o conceito absoluto da natureza alimentar, eminentemente protecionista, do processo no âmbito da Justiça do Trabalho. Desta forma, com espeque nos artigos 5º, inciso XLI e 193, da Carta Magna, de rigor a reintegração ao emprego. A notoriedade do caráter cíclico da deficiência — comportando melhora da higidez sob rigoroso controle medicamentoso — não impede firmar referida convicção, daí porque imprescindível à estruturação tida por essencial para a sobrevida do trabalhador. [TRT 2ª Reg. RO 00485-2002-056-02-00-2 — (Ac. 2ª T. 20040613156) — Relª. Juíza Mariangela de Campos Argento Muraro — DJSP 23.11.04, p. 11 — Apud LTr Sup. Jurisp. 02/2005, p. 13]

Súmula do TST

443. Dispensa discriminatória. Presunção. Empregado portador de doença grave. Estigma ou preconceito. Direito à reintegração — (Res. 185/2012, DEJT divulgado em 25, 26 e 27.09.2012)
Presume-se discriminatória a despedida de empregado portador do vírus HIV ou de outra doença grave que suscite estigma ou preconceito. Inválido o ato, o empregado tem direito à reintegração no emprego.

4.3.11. Eleitoral

Os empregados públicos gozam de estabilidade provisória no período dos 3 (três) meses que antecedem a eleição, até a data da posse dos eleitos (Lei n. 9.504/1997, art. 73, V).

---

(5) LORENTZ, Lutiana Nacur. A luta do direito contra a discriminação no trabalho. Apud Revista LTr, 2001, vol. 65, n. 05, p. 524.

Orientação Jurisprudencial n. 51 da SDI-1 do TST
Legislação eleitoral. Empresas públicas e sociedades de economia mista (título alterado e inserido dispositivo — DEJT divulgado em 16, 17 e 18.11.2010)
Aos empregados das empresas públicas e das sociedades de economia mista regidos pela CLT aplicam-se as vedações dispostas no art. 15 da Lei n. 7.773, de 8.6.1989.[6]

4.3.12. Representantes dos empregados membros da Comissão de Conciliação Prévia

A Lei n. 9.958, de 12 de janeiro de 2000 (DOU 13.1.00), que altera e acrescenta artigos à CLT, dispõe sobre as Comissões de Conciliação Prévia no âmbito das empresas e dos sindicatos.

A CLT estabelece:

> Art. 625-B. A Comissão instituída no âmbito da empresa será composta de, no mínimo, dois e, no máximo, dez membros, e observará as seguintes normas:
> I — a metade de seus membros será indicada pelo empregador e outra metade eleita pelos empregados, em escrutínio, secreto, fiscalizado pelo sindicato de categoria profissional;
> II — haverá na Comissão tantos suplentes quantos forem os representantes titulares;
> III — o mandato dos seus membros, titulares e suplentes, é de um ano, permitida uma recondução.
> § 1º É vedada a dispensa dos representantes dos empregados membros da Comissão de Conciliação Prévia, titulares e suplentes, até um ano após o final do mandato, salvo se cometerem falta, nos termos da lei.
> § 2º O representante dos empregados desenvolverá seu trabalho normal na empresa afastando-se de suas atividades apenas quando convocado para atuar como conciliador, sendo computado como tempo de trabalho efetivo o despendido nessa atividade.
> Art. 625-C. A Comissão instituída no âmbito do sindicato terá sua constituição e normas de funcionamento definidas em convenção ou acordo coletivo.

Quanto à estabilidade provisória dos representantes dos empregados membros da Comissão instituída no âmbito do sindicato, dependerá do

---

(6) Art. 15. São vedados e considerados nulos de pleno direito, não gerando obrigações de espécie alguma para a pessoa jurídica interessada e nenhum direito para o beneficiário, os atos que, no período compreendido entre o trigésimo dia da publicação desta Lei e o término do mandato do Presidente da República, importarem em nomear, admitir ou contratar ou exonerar ex officio, demitir, dispensar, transferir ou suprimir vantagens de qualquer espécie de servidor público, estatutário ou não, da Administração Pública Direta ou Indireta e Fundações instituídas e mantidas pelo Poder Público da União, dos Estados, do Distrito Federal, dos Municípios e dos Territórios.

que for estabelecido em instrumento de negociação coletiva (convenção ou acordo coletivo de trabalho).

4.3.13. Professor universitário

A Lei n. 9.394/1996 (LDBE) preceitua:

> Art. 53. No exercício de sua autonomia, são asseguradas às universidades, sem prejuízo de outras, as seguintes atribuições:
> (...)
> Parágrafo único. Para garantir a autonomia didático-científica das universidades, caberá aos seus colegiados de ensino e pesquisa decidir, dentro dos recursos orçamentários disponíveis, sobre:
> (...)
> V — contratação e dispensa de professores.

O dispositivo transcrito não assegura estabilidade no emprego do docente; apenas, com o objetivo de garantir a autonomia didático-científica das universidades, caberá aos seus colegiados de ensino e pesquisa decidir, dentro dos recursos orçamentários disponíveis, sobre contratação e dispensa de professores.

Neste sentido, *José Geraldo de Santana Oliveira*, coordenador do departamento jurídico do Sinpro-GO, ressalva,

> (...) nas universidades, por força do disposto no parágrafo único, inciso V, do art. 53, da Lei n. 9.394/96 — Lei de Diretrizes e bases da Educação Nacional, o ato de contratar e o demitir condicionam-se às deliberações de seus órgãos colegiados, não podendo ser exercidos por decisão individual, nem mesmo dos reitores.
>
> Ainda que de grande alcance, essa ressalva legal não pode ser tomada como garantidora de emprego, mas, tão somente, como inibidora de demissão imotivada, ao talante do dirigente da instituição, e nada mais.[7]

Por sua vez, *Jorge Cavalcanti Boucinhas Filho* concui que a dispensa de professor de universidade somente pode ser efetuada pelos colegiados de ensino e pesquisa para evitar que interesses meramente econômicos se sobreponham a critérios de desempenho acadêmico.[8]

> *Ementa: Dispensa de professor de ensino superior. Nulidade. Reintegração ao emprego. É nula a despedida de professor de ensino universitário que se operou por ato monocrático do Reitor, sem a prévia submissão ao Conselho de Ensino e Pesquisa da Universidade. A partir do advento da Lei n. 9.394/96, a contratação e dispensa de professores universitários deve ser precedida de exame do Conselho de Ensino e Pesquisa da Universidade. A atuação do Conselho em caso de dispensa do empregado é necessária para que se evite eventual abuso de poder por parte da direção da Universidade e para que o pluralismo de idéias e de concepções, assim como a liberdade de ensinar do professor universitário, seja resguardada. Exegese do inciso V do parágrafo único do art. 53 da Lei n. 9.394/96 em confronto com os arts. 206 e 209 da Constituição Federal. Reintegração ao emprego que se impõe. Recurso do autor provido. [TRT 4ª Reg. — RO 1859-2007.402.04.00.4 — Rel. José Felipe Ledur — Julgamento: 23.04.2009]*[9]
>
> *Ementa: Recurso de revista. Ensino superior privado. Professor universitário. Reintegração ao emprego. Ausência de previsão legal de estabilidade. Inexigibilidade de dispensa por ato colegiado. Acórdão regional assentado em dois fundamentos. Previsão contida em regimento interno. Condição mais benéfica incorporada ao contrato de trabalho. Fundamento suficiente para manutenção da decisão. O art. 53, parágrafo único, V, da Lei n. 9.394/96 não garante ao professor universitário estabilidade no emprego, nem exige a dispensa do docente por ato colegiado. Instituição de ensino superior privada, em razão da aplicação do regime jurídico da CLT, detém o direito potestativo de resilir o contrato de trabalho de seus empregados professores, uma vez que assume os riscos e dirige o empreendimento. Entretanto, no caso concreto, a determinação de reintegração do reclamante ao emprego assenta-se em dois fundamentos: a disposição contida no art. 53, parágrafo único, V, da Lei n. 9.3494/96 e a existência de previsão no regulamento empresarial quanto à observância de procedimento específico para validação da dispensa. Apesar da dissonância entre o primeiro fundamento e a jurisprudência firmada por essa Corte Superior, a decisão se mantém pelo segundo fundamento, que é independentemente desse primeiro e que não tem condições de ser superado. Constou do acórdão referência à existência de condição mais benéfica prevendo procedimento diferenciado para a dispensa de empregados, que adere ao contrato de trabalho e passa a ser oponível contra o empregador, ainda que a tenha instituído por mera liberalidade. Inútil o acolhimento*

---

(7) OLIVEIRA, José Geraldo de Santana. *Hora-Atividade Docente: Relevância e Alcance Social*. In: PEREIRA, José Luciano de Castilho (coord.). Professores: *Direitos Trabalhistas e Previdenciários dos trabalhadores no ensino privado*. São Paulo: LTr, 2008. p. 155/156.

(8) BOUCINHAS FILHO, Jorge Cavalcanti. Limites à Dispensa de Professores Universitários. *Apud* Revista IOB Trabalhista e Previdenciária n. 233, p. 79.

(9) <http://trt-4.jusbrasil.com/jurisprudencia/4541791/recurso-ordinario-ro-1859200740204004-rs-01859-2007-402-04-00-4/inteiro-teor-11270108>. Pesquisado em: 16.7.2013.

das razões da ré quanto ao primeiro fundamento se persiste incólume o segundo fundamento, por si só suficiente para sustentar a decisão recorrida. Recurso de revista não conhecido. [TST-RR-1931700-41.2006.5.09.0009 — (Ac. 7ª T.) — Rel. Min. Luiz Philippe Vieira de Mello Filho — Dje/TST n. 1.226/13, 16.5.13, p. 2210 — Apud LTr Sup. Jurisp. 31/2013, p. 248]

4.3.14. Por liberalidade ou negociação coletiva

A estabilidade provisória pode ser estabelecida por liberalidade do empregador ou por meio de negociação coletiva (convenção ou acordo coletivo de trabalho (CF/1988 — art. 7º, XXVI)

O TST, através de precedentes normativos, possibilita a instituição de estabilidade provisória por negociação coletiva (convenção ou acordo coletivo), nas seguintes situações:

77. Empregado transferido. Garantia de emprego (positivo)

Assegura-se ao empregado transferido, na forma do artigo 469 da CLT, a garantia de emprego por 1 (um) ano após a data da transferência. (Ex-PN 118)

80. Serviço militar. Garantia de emprego ao alistando (positivo)

Garante-se o emprego do alistando, desde a data da incorporação no serviço militar até 30 (trinta) dias após a baixa. (Ex-PN 122)

85. Garantia de emprego. Aposentadoria voluntária (positivo)

Defere-se a garantia de emprego, durante os 12 (doze) meses que antecedem a data em que o empregado adquire direito à aposentadoria voluntária, desde que trabalhe na empresa há pelo menos 5 (cinco) anos. Adquirido o direito, extingue-se a garantia. (Ex-PN 137)

86. Representantes dos trabalhadores. Estabilidade no emprego (positivo)

Nas empresas com mais de 200 empregados é assegurada a eleição direta de um representante, com as garantias do art. 543, e seus parágrafos, da CLT. (Ex-PN 138)

Orientação Jurisprudencial n. 41 da SDI-1 do TST

Estabilidade. Instrumento normativo. Vigência. Eficácia. Preenchidos todos os pressupostos para a aquisição de estabilidade decorrente de acidente ou doença profissional, ainda durante a vigência do instrumento normativo, goza o empregado de estabilidade mesmo após o término da vigência deste. (Inserida em 25.11.1996)

5. ESTABILIDADE PROVISÓRIA E O CONTRATO A TERMO

O contrato de emprego resulta da vontade das partes. Quando as partes realizam um contrato por prazo determinado, elas sabem antecipadamente quando o mesmo termina.

O entendimento predominante é o de que a estabilidade provisória, surgida no curso do contrato por prazo determinado, persista enquanto perdurar o prazo do contrato.

O surgimento da estabilidade provisória, prevista em lei, não é causa impeditiva da cessação do contrato a termo no prazo combinado pelas partes.

Nesse sentido, a Lei n. 9.601/98, que dispõe sobre o contrato de trabalho por prazo determinado, estabelece: "São garantidas as estabilidades provisórias da gestante; do dirigente sindical, ainda que suplente; do empregado eleito para cargo de direção de comissões internas de prevenção de acidentes; do empregado acidentado, nos termos do art. 118 da Lei n. 8.213, de 24 de julho de 1991, durante a vigência do contrato por prazo determinado, que não poderá ser rescindido antes do prazo estipulado pelas partes" (art. 1º, § 4º).

Segundo o mestre Amador Paes de Almeida,

> Os contratos por prazo determinado, como se sabe, extinguem-se pelo decurso de prazo.
>
> Ao firmarem, empregador e empregado, tal espécie de contrato (inclusive o de experiência), já fixam, desde logo, o dia de seu término.
>
> Assim, o período de afastamento do empregado, seja em consequência da suspensão ou interrupção do contrato a termo, não altera seu curso regular; o contrato expira no dia predeterminado, salvo se as partes deliberam subtrair o período de afastamento.[10]

Por essa linha de entendimento, a regra é que o contrato por prazo determinado, inclusive o de experiência, cessará exatamente no dia combinado (prefixado), salvo se as partes acordarem em sentido contrário.

Essa regra comporta duas exceções: em relação à empregada gestante e ao empregado acidentado, conforme entendimento do TST, explicitado por meio das Súmulas n. 244, III e n. 378, III, respectivamente.

---

(10) ALMEIDA (2009:231).

Súmulas do TST

244. Gestante. Estabilidade provisória (redação do item III alterada na sessão do Tribunal Pleno realizada em 14.9.2012) — Res. n. 185/2012, DEJT divulgado em 25, 26 e 27.9.2012

I — O desconhecimento do estado gravídico pelo empregador não afasta o direito ao pagamento da indenização decorrente da estabilidade (art. 10, II, "b" do ADCT).

II — A garantia de emprego à gestante só autoriza a reintegração se esta se der durante o período de estabilidade. Do contrário, a garantia restringe-se aos salários e demais direitos correspondentes ao período de estabilidade.

III — A empregada gestante tem direito à estabilidade provisória prevista no art. 10, inciso II, alínea "b", do Ato das Disposições Constitucionais Transitórias, mesmo na hipótese de admissão mediante contrato por tempo determinado.

378. Estabilidade provisória. Acidente do trabalho. Art. 118 da Lei n. 8.213/1991. (Inserido o item III — Res. 185/2012, DEJT divulgado em 25, 26 e 27.09.2012)

I — É constitucional o artigo 118 da Lei n. 8.213/1991 que assegura o direito à estabilidade provisória por período de 12 meses após a cessação do auxílio-doença ao empregado acidentado. (ex-OJ n. 105 da SBDI-1 — inserida em 1.10.1997)

II — São pressupostos para a concessão da estabilidade o afastamento superior a 15 dias e a consequente percepção do auxílio-doença acidentário, salvo se constatada, após a despedida, doença profissional que guarde relação de causalidade com a execução do contrato de emprego. (primeira parte — ex-OJ n. 230 da SBDI-1 — inserida em 20.06.2001)

III — O empregado submetido a contrato de trabalho por tempo determinado goza da garantia provisória de emprego decorrente de acidente de trabalho prevista no art. 118 da Lei n. 8.213/91.

6. ESTABILIDADE PROVISÓRIA E O AVISO-PRÉVIO

O contrato de trabalho só termina quando esgotar o prazo do aviso-prévio, ainda que indenizado.

Em relação à estabilidade sindical, *Nei Frederico Cano Martins* (1995:83) escreveu:

> Na verdade, dentro do lapso temporal do aviso-prévio o contrato subsiste íntegro em todos os seus termos; feito nesse interregno o registro da candidatura, no momento mesmo em que ele é efetuado nasce o direito à estabilidade, que, naturalmente, poderá fenecer caso o empregado não venha a ser eleito, ou poderá subsistir até um ano após findo o mandato, na hipótese contrária.

Em sentido contrário, o TST estabelece que o registro da candidatura do empregado a cargo de dirigente sindical durante o período de aviso-prévio, ainda que indenizado, não lhe assegura a estabilidade, visto que inaplicável a regra do § 3º do art. 543 da Consolidação das Leis do Trabalho (Súmula n. 369, V).

O art. 391-A da CLT preceitua:

> A confirmação do estado de gravidez advindo no curso do contrato de trabalho, ainda que durante o prazo do aviso-prévio trabalhado ou indenizado, garante à empregada gestante a estabilidade provisória prevista na alínea b do inciso II do art. 10 do Ato das Disposições Constitucionais Transitórias.[11]

Súmulas do TST

348. Aviso-prévio. Concessão na fluência da garantia de emprego. Invalidade.

É inválida a concessão do Aviso-prévio na fluência da garantia de emprego, ante a incompatibilidade dos dois institutos.

369. Dirigente sindical. Estabilidade provisória (redação do item I alterada na sessão do Tribunal Pleno realizada em 14.9.2012) — Res. n. 185/2012, DEJT divulgado em 25, 26 e 27.09.2012.

I — É assegurada a estabilidade provisória ao empregado dirigente sindical, ainda que a comunicação do registro da candidatura ou da eleição e da posse seja realizada fora do prazo previsto no art. 543, § 5º, da CLT, desde que a ciência ao empregador, por qualquer meio, ocorra na vigência do contrato de trabalho.

II — O art. 522 da CLT foi recepcionado pela Constituição Federal de 1988. Fica limitada, assim, a estabilidade a que alude o art. 543, § 3º, da CLT a sete dirigentes sindicais e igual número de suplentes.

III — O empregado de categoria diferenciada eleito dirigente sindical só goza de estabilidade se exercer na empresa atividade pertinente à categoria profissional do sindicato para o qual foi eleito dirigente.

IV — Havendo extinção da atividade empresarial no âmbito da base territorial do sindicato, não há razão para subsistir a estabilidade.

V — O registro da candidatura do empregado a cargo de dirigente sindical durante o período de aviso-prévio, ainda que indenizado, não lhe assegura a estabilidade, visto que inaplicável a regra do § 3º do art. 543 da Consolidação das Leis do Trabalho.

---

(11) Artigo acrescentado pela Lei n. 12.812, de 16.5.2013 (DOU de 17.5.2013, retificado no de 20.05.2013).

371. Aviso-prévio indenizado. Efeitos. Superveniência de auxílio-doença no curso deste.

A projeção do contrato de trabalho para o futuro, pela concessão do aviso-prévio indenizado, tem efeitos limitados às vantagens econômicas obtidas no período de pré--aviso, ou seja, salários, reflexos e verbas rescisórias. No caso de concessão de auxílio-doença no curso do aviso--prévio, todavia, só se concretizam os efeitos da dispensa depois de expirado o benefício previdenciário. (ex-OJs ns. 40 e 135 da SBDI-1 — Inseridas respectivamente em 28.11.1995 e 27.11.1998)

7. ESTABILIDADE PROVISÓRIA E A EXTINÇÃO DA EMPRESA OU DE ESTABELECIMENTO

No caso de extinção da empresa ou de estabelecimento, regra geral, há cessação do contrato de emprego e os empregados que gozarem de estabilidade provisória poderão receber os direitos trabalhistas correspondentes ao prazo de duração da estabilidade provisória, dependendo da finalidade de cada estabilidade considerada; se de cunho *comunitário* ou de caráter *personalíssimo*.

Em relação à garantia no emprego de cunho *comunitário*, *social* ou *coletivo*, com predominância dos interesses coletivos da categoria, tem imperado o entendimento que afasta a estabilidade em caso de extinção da empresa, por considerar que extinto o contrato, desaparecem as garantias decorrentes da relação de emprego, como bem demonstram as orientações sumuladas do TST:

339. (II) — A estabilidade provisória do cipeiro não constitui vantagem pessoal, mas garantia para as atividades dos membros da CIPA, que somente tem razão de ser quando em atividade a empresa. Extinto o estabelecimento, não se verifica a despedida arbitrária, sendo impossível a reintegração e indevida a indenização do período estabilitário. (ex-OJ n. 329 da SBDI-1 — DJ 9.12.2003)

369. (IV) — Havendo extinção da atividade empresarial no âmbito da base territorial do sindicato, não há razão para subsistir a estabilidade.

As orientações consubstanciadas nos itens das súmulas transcritos acima têm sido estendidas a todas as formas de estabilidade de cunho comunitário. O argumento é que desaparecendo o emprego, em virtude da extinção da empresa, não haverá prestação de serviços, perdendo a estabilidade o seu sentido.

O TST, por meio da Súm. n. 173, posicionou-se:

Extinto, automaticamente, o vínculo empregatício com a cessação das atividades da empresa, os salários só são devidos até a data da extinção.

Em relação às estabilidades provisórias de cunho *pessoal* ou *individual*, como nos casos de empregado acidentado e de empregada gestante, devido ao caráter social, elas têm como finalidade a proteção do próprio trabalhador e/ou do nascituro.

Neste sentido, a CF/1988 assegura, como direitos sociais, a saúde, a proteção à maternidade e à infância (arts. 6º e 201,II), bem como a redução dos riscos, inerentes ao trabalho, por meio de normas de saúde, higiene e segurança (art. 7º, XXII).

Nestas situações, havendo extinção da empresa ou do estabelecimento, a jurisprudência tem se inclinado pelo pagamento correspondente ao período total ou remanescente da estabilidade provisória e seus reflexos, com base nos direitos fundamentais e como medida de proteção ao empregado e à sua família.[12]

JURISPRUDÊNCIA

Estabilidade por acidente de trabalho. Encerramento das atividades empresariais. Consequências

Ementa: Estabilidade por acidente de trabalho — Encerramento das atividades empresariais — Consequências — As garantias de emprego deferidas pela Constituição ou pela legislação inferior podem ser divididas quanto à finalidade, repartindo-se as de cunho social ou comunitário das de cunho personalíssimo, vinculadas diretamente à saúde do trabalhador. No primeiro caso, a estabilidade garantida pela norma jurídica objetiva proteger interesses coletivos da categoria da qual faz parte o empregado. Já quanto aos casos de origem personalíssima, a finalidade da norma é a proteção do próprio trabalhador. No segundo caso é pertinente a indenização do período de estabilidade, ainda que a empresa tenha encerrado suas atividades no sítio onde atuara o empregado [TRT 15ª Reg. (Campina/SP) RO 02017-2001-020-15-00-3 — (Ac. 50479/2005-PATR, 2ª Câmara) — Relª Juíza Regina Dirce Gago de Faria Monegatto. DJSP 21.10.05, p. 34/3 — Apud LTr Sup. Jurisp. 46/2005, p. 365].

Garantia de emprego à gestante. Fechamento de empresa

Ementa: Garantia de emprego à gestante — Fechamento de empresa — Art. 10, inciso II, letra b, do ADCT. A em-

---
(12) CORTEZ, Julpiano Chaves. *Efeitos do acidente do trabalho no contrato de emprego.* São Paulo: LTr, 2011. p. 96.

pregada gestante faz jus à estabilidade de emprego conferida pelo art. 10, inciso II, alínea b, do ADCT, ainda que a despedida tenha ocorrido em virtude do fechamento da empresa, por se tratar, no caso, de uma garantia visando a não privar a gestante da conservação de um emprego que é vital para o nascituro, já que o salário percebido será utilizado em favor da subsistência e nutrição deste (...). [TST — RR n. 402.630/97 — (2ª T.) — Rel. Min. Vantuil Abdala — DJU 12.9.01]

Estabilidade provisória à gestante. Fechamento da empresa. Indenização correspondente ao período estabilitário

Ementa: Estabilidade provisória à gestante — Fechamento da empresa — Indenização correspondente ao período estabilitário — Embora não se considere arbitrária nem discriminatória a dispensa de empregada gestante na hipótese de fechamento da empresa, tem-se que lhe é devida a indenização correspondente ao período estabilitário, uma vez que o objetivo dessa estabilidade é assegurar a sua sobrevivência e a de seu filho, já que nessa condição será bastante difícil obter um novo emprego. Recurso de Revista a que se nega provimento. [TST — 5ª T. — RR 363032 — Rel. Min. Rider Nogueira de Brito — DJU 24.05.2001 — Apud IOB — SLJD-03/2009-34]

8. ESTABILIDADE PROVISÓRIA E A REINTEGRAÇÃO

O empregado detentor de estabilidade provisória que for dispensado sem justa causa tem direito de ser reintegrado ou indenizado pelo tempo restante da estabilidade.

Em caso de reclamação, devido à demora na solução judicial, a parte interessada deverá fazer pedidos alternativos: reintegração no emprego ou, na sua impossibilidade, o pagamento da respectiva indenização.

JURISPRUDÊNCIA

Súmula n. 396 do TST

Estabilidade provisória. Pedido de reintegração. Concessão do salário relativo ao período de estabilidade já exaurido. Inexistência de julgamento "extra petita". (Conversão das Orientações Jurisprudenciais ns. 106 e 116 da SBDI-1 — Res. n. 129/2005 — DJ 20.04.2005)

I — Exaurido o período de estabilidade, são devidos ao empregado apenas os salários do período compreendido entre a data da despedida e o final do período de estabilidade, não lhe sendo assegurada a reintegração no emprego. (ex-OJ n. 116 — Inserida em 1.10.1997)

II — Não há nulidade por julgamento "extra petita" da decisão que deferir salário quando o pedido for de reintegração, dados os termos do art. 496 da CLT. (ex-OJ n. 106 — Inserida em 20.11.1997)

Reintegração. Demora no ajuizamento da reclamação. Efeitos financeiros a partir da data do ajuizamento da ação

Ementa: Reintegração. Demora no ajuizamento da reclamação. Efeitos financeiros a partir da data do ajuizamento da ação. Se o autor não pretendia, de imediato, ser reintegrado no emprego, pois ajuizou reclamação um ano e dezenove dias após o seu desligamento, não pode pleitear os salários do período, até porque se estaria retirando do empregador o direito quanto à prestação dos serviços correspondentes. Ante à impossibilidade de trabalho, pela inércia injustificada do reclamante em buscar a sua reintegração, não há como deferir-lhe os salários relativos à totalidade do período de afastamento, do contrário estar-se-ia incorrendo em enriquecimento ilícito. Logo, são devidos os salários decorrentes da garantia de emprego apenas a partir do momento em que o reclamante manifestou interesse em reassumir suas funções, isto é, a partir da data em que ajuizou a reclamação trabalhistas. Embargos a que se nega provimento." (Processo n. TST-ERR-288.466/96 — Ac. SBDI 1 — Redator designado Min. Rider de Brito. Revista do TST, vol. 69, n. 2, p. 407)

Professor. Reintegração

Ementa: Professor. Reintegração. Professsor de fundação universitária, admitido por concurso público, só pode ser dispensado motivadamente após o inquérito adminstrativo, garantida a ampla defesa. [TRT 12ª Reg. — (1ª T., Ac. 6.896/2000 — Rel.Juiz C. A. Godoy Ilha — DJSC, 28.7.2000, p. 215 — Apud BARROS (2001:313)]

9. ESTABILIDADE PROVISÓRIA E A RENÚNCIA

Ao empregado detentor de estabilidade provisória, apesar da divergência reinante, mas levando-se em consideração o princípio da liberdade individual, é assegurado o direito de renúncia, isto é, o direito de resilir unilateralmente o seu contrato de emprego (pedido de demissão), desde que não haja vício de consentimento.

A renúncia pode ser *expressa* (claramente caracterizada por ato de abandono ou desistência do direito) ou *tácita* (presumida pela omissão ou inexecução do ato).

Exemplos de renúncia expressa: 1) pedido de demissão de empregado que goza de estabilidade (definitiva ou provisória); 2) renúncia pelo empregado ao cargo de dirigente sindical, nos temos do art. 543, § 1º, da CLT.

Exemplo de renúncia tácita: no caso de dispensa sem justa causa de empregado detentor de estabilidade, em que há homologação do Termo de Rescisão do Contrato de Trabalho, com recebimento das verbas rescisórias, seguro desemprego e saque do FGTS.

No Direito do Trabalho, em que impera o princípio da proteção do economicamente mais fraco (o empregado), a área de aplicação da renúncia é bastante reduzida.

JURISPRUDÊNCIA

Súmula n. 51 do TST
(II) — Havendo a coexistência de dois regulamentos da empresa, a opção do empregado por um deles tem efeito jurídico de renúncia às regras do sistema do outro (ex-OJ n. 163)

Orientação Jurisprudencial n. 30 da SDC-TST
Estabilidade da gestante. Renúncia ou transação de direitos constitucionais. Impossibilidade. Nos termos do art. 10, II, a, do ADCT, a proteção à maternidade foi erigida à hierarquia constitucional, pois retirou do âmbito do direito potestativo do empregador a possibilidade de despedir arbitrariamente a empregada em estado gravídico. Portanto, a teor do artigo 9º da CLT, torna-se nula de pleno direito a cláusula que estabelece a possibilidade de renúncia ou transação, pela gestante, das garantias referentes à manutenção do emprego e salário.

Gestante. Estabilidade
Ementa: Gestante. Estabilidade. A empresa, ao perceber que tinha demitido empregada grávida, anula a demissão e determina sua reintegração. A recusa ao retorno isenta o empregador das obrigações decorrentes da estabilidade provisória, pois equivale à renúncia ao direito. [TST — RR n. 103.309/94.3 — (2ª T., Ac. 5354/94) — Rel. Min. João Batista Tezza Filho — DJ 9.12.94]

Estabilidade sindical. Renúncia
Ementa: Quando o detentor de estabilidade sindical renuncia, livremente, dessa condição, com a assistência de seu sindicato de classe, esta desaparece. [TST — RR-4.246/86 — (1ª T.) — Rel. Min. Fernando Vilar — DJ n. 206/87]

Estabilidade no emprego. Renúncia. Admissibilidade
Ementa: Embora a irrenunciabilidade constitua um dos princípios peculiares do Direito do Trabalho, a renúncia vem sendo admitida, em caráter excepcional, quando manifestada livremente no curso do contrato. Logo, poderá o empregado despojar-se do direito à estabilidade no emprego, a qual não cria um vínculo indissolúvel, desde que assistido na forma do art. 500 da CLT, exigência que se estende às pessoas jurídicas de direito público (cf. Decreto-lei 779/69). A proteção à liberdade individual justifica a resilição contratual pelo empregado, do contrário, sujeitar-se-ia a vínculos perpétuos. [TRT 3ª Reg. — RO 9687/91 — (Ac. 2ª T., 14.07.92) — Relª Juíza Alice Monteiro de Barros — Apud Revista LTr 58-01/43]

Gestante. Estabilidade provisória
Ementa: Gestante. Garantia de emprego. Recusa injustificada de retorno ao trabalho. Renúncia. A garantia de emprego conferida pela Constituição Federal às trabalhadoras gestantes, conquanto se perfaça de forma objetiva, é dizer, pelo só fato da concepção — TST, Súmula 244 — não consubstancia um direito absoluto. Verificada a ausência de qualquer intuito discriminatório no ato da rescisão, a recusa desmotivada ou inconsistente da empregada em reassumir seu posto de trabalho implica renúncia ao direito em questão. Sentença confirmada. [TRT 15ª Reg. (Campinas/SP) — RO-146900-87.2007.5.15.0090 — (Ac. 15794/12-PATR, 4ª C.) — Rel. Manoel Carlos Toledo Filho — DEJT 8.3.12, p. 200 — Apud LTr Sup. Jurisp. 17/2012, p. 133]

Estabilidade. Reintegração no emprego. Demissão voluntária
Ementa: Estabilidade. Reintegração no emprego. Demissão voluntária. Não prospera a pretensão do autor de ver-se reintegrado no emprego ou, alternativamente, de sua conversão em pagamento de salários decorrentes da estabilidade. Indiscutivelmente que o autor não foi dispensado pela ré, mas desligou-se voluntariamente, descabendo, assim, o pagamento de salários decorrentes de estabilidade e reflexos. [TRT 9ª Reg. — RO 2.911/92 — (1ª T., Ac. 10.007/94) — Rel. Juiz Silvonei Sérgio Piovesan — DJPR 10.6.94]

Demissão voluntária. Renúncia à estabilidade
Ementa: Demissão voluntária. Renúncia à estabilidade. A adesão a Plano de Incentivo à Demissão implica a renúncia a qualquer estabilidade que porventura tenha o aderente, vez que o procedimento é incompatível com o instituto da reintegração. [TRT 6ª Reg. — RO 214/98 — (1ª T.) — Relª Juíza Lygia Wanderley — DOE/PE, de 6.6.98]

Gestante. Pedido de demissão. Estabilidade provisória. Renúncia
Ementa: Gestante. Pedido de demissão. Estabilidade provisória. Renúncia. O pedido de demissão da empregada gestante, ato de vontade livremente manifestado com o ânimo de pôr fim ao contrato de trabalho, implica naturalmente a renúncia à estabilidade provisória garantida pelo art. 10, II, b, dos ADCT, não podendo o empregador ser responsabilizado por fato a que não deu causa. [TRT — 3ª Reg. — RO-9256/02 (n. único 02345-2001-075-003-00-3). — Rel. Juiz Marcus Moura — DJMG 20.9.2002]

Garantia provisória de emprego. Acidente de trabalho. Pedido de demissão. Renúncia à garantia legal. Possibilidade
Ementa: Garantia provisória de emprego. Acidente de trabalho. Pedido de demissão. Renúncia à garantia legal.

Possibilidade. A Reclamante pediu o desligamento dos quadros empregatícios da Ré, logo, a causa da resilição do seu contrato de trabalho reside na expressão de sua livre vontade de não mais dar continuidade à relação labora, máxime quando expressa descontentamento e insatisfação com o emprego. A validade do pedido de demissão afasta o direito à reintegração postulada, já que o direito à estabilidade provisória no emprego pode ser renunciado pelo trabalhador quando este, sem nenhum vício de consentimento, manifesta o desejo de desligar-se da empresa, abrindo mão da garantia que lhe é assegurada por força da Lei n. 8.213/91. O pedido de demissão, formulado sem vícios pelo trabalhador, implica renúncia ao direito à estabilidade provisória assegurada pelo art. 118 da Lei n. 8.213/91, haja vista que o objetivo da norma é justamente assegurar a permanência no emprego, o que não se torna mais viável quando o próprio trabalhador manifesta expressamente sua vontade de rescindir o contrato laborai. Recurso ordinário da Reclamante a que se nega provimento.

[TRT 9ª Reg. RO-00041/2006-657-09-00.0 — (Ac. 23829/10 — 1ª T.) — Rel. Ubirajara Carlos Mendes — DJe/TRT 9ª Reg. n. 529/10,26.7.10, p. 16]

Garantia de emprego. Gestante. Renúncia. Rejeição da reintegração pela empregada

Ementa: Garantia de emprego. Gestante. Renúncia. Rejeição da reintegração pela empregada. I — A empregada gestante tem direito à garantia do emprego, porém a renúncia expressa nos autos realizada pela autora, cujo ato reputa-se livre de qualquer vício de vontade, impede o deferimento da respectiva indenização. II — Dano moral. Não tendo o autor comprovado robustamente os fatos ensejadores do dano moral, resta intocável a sentença de 1º grau. [TRT 8ª Reg. — RO 0001595-67.2012.5.08.0001 — (4ª T.) — Rel. Des. Georgenor de Sousa Franco Filho — DEJTPA 02/04/2013, P. 20 — Apud Revista Magister de Direito do Trabalho n. 53, p. 170]

Capítulo XIV

PROFESSOR E OS DIREITOS FUNDAMENTAIS

1. Direitos fundamentais — Conceito — Dignidade da pessoa humana — Princípio da dignidade da pessoa humana. 1.1. Direitos fundamentais. 1.2. Conceito de direitos fundamentais. 1.3. Conceito de dignidade da pessoa humana. 1.4. Princípio da dignidade da pessoa humana. 2. Dano — Conceito — Indenização. 2.1. Dano. 2.2. Conceito de dano moral. 2.3. Indenização — Valor. 2.3.1. Indenização. 2.3.2. Valor da indenização. 3. Responsabilidade civil — Conceito — Formas — Fundamentação legal. 3.1. Responsabilidade civil. 3.2. Conceito. 3.3. Formas de responsabilidade civil — Subjetiva — Objetiva. 3.3.1. Formas de responsabilidade civil. 3.3.2. Responsabilidade subjetiva. 3.3.3. Responsabilidade objetiva. 3.4. Fundamentação legal. 4. Responsabilidade trabalhista — Resolução do contrato. 4.1. Responsabilidade trabalhista. 4.2. Resolução do contrato de emprego. 5. Enunciados — Jurisprudência. 5.1. Enunciados. 5.2. Jurisprudência.

1. DIREITOS FUNDAMENTAIS — CONCEITO — DIGNIDADE DA PESSOA HUMANA — PRINCÍPIO DA DIGNIDADE DA PESSOA HUMANA

1.1. DIREITOS FUNDAMENTAIS

Direitos fundamentais, também denominados direitos humanos ou da personalidade, são aqueles que têm por finalidade resguardar a dignidade e a integridade da pessoa no que diz respeito ao nome, à privacidade, à igualdade, ao trabalho, à vida, à saúde, à intimidade, à reputação, à imagem, à liberdade, à honra, à moral, à autoestima etc.[1]

Os direitos fundamentais ou da personalidade são direitos que protegem a pessoa em seus mais íntimos valores (físicos, psíquicos e morais) e em suas projeções sociais; são direitos fundamentais de cidadania que, doutrinariamente, denominam-se direitos fundamentais inespecíficos.

Na observação de *Ipojucan Demétrius Vecchi*, além dos direitos fundamentais específicos dos trabalhadores (direitos sociais enumerados no art. 7º da CF/1988), existem os direitos fundamentais inespecíficos, que são aqueles direitos não destinados de forma especial aos trabalhadores nas relações de trabalho ou de emprego, mas, sim, os direitos fundamentais que são destinados a qualquer pessoa humana, a qualquer cidadão. Como exemplos, podem ser citados os direitos à intimidade e à vida privada, direito de expressão, liberdade religiosa, devido processo legal e direitos à honra.[2]

Segundo *Robert Alexy*, os direitos fundamentais são normas jurídicas revestidas de duplo caráter, posto que dotado da dimensão de regra e de princípio.

---

(1) As noções deste Capítulo foram extraídas do livro: CORTEZ, Chaves Julpiano. *Trabalho escravo no contrato de emprego e os direitos fundamentais.* São Paulo: LTr, 2013.

(2) VECCHI, Ipojucan Demétrius. *A eficácia dos direitos fundamentais nas relações privadas: o caso da relação de emprego.* Apud Revista do TST, vol. 77, n. 3, p. 118.

A CF/1988 estabelece que as normas definidoras de direitos e garantias fundamentais têm aplicação imediata (art. 5º, § 1º), vinculando os poderes públicos (órgãos executivos, legislativos e judiciais) e os particulares aos direitos fundamentais.

1.2. CONCEITO DE DIREITOS FUNDAMENTAIS

Na conceituação de *Júlio Ricardo de Paula Amaral*, os direitos fundamentais podem ser concebidos como atributos naturais atinentes ao homem, ligados essencialmente aos valores de dignidade, liberdade e igualdade, decorrentes da sua própria existência, com fundamento na *dignidade da pessoa humana*.[3]

1.3. CONCEITO DE DIGNIDADE DA PESSOA HUMANA

Dignidade da pessoa humana é conceituada por *Ingo Wolfgang Sarlet* como a qualidade intrínseca e distintiva de cada ser humano que faz merecedor dos mesmos respeito e consideração por parte do Estado e da comunidade, implicando, neste sentido, um complexo de direitos e deveres fundamentais que assegurem a pessoa tanto contra todo e qualquer ato de cunho degradante e desumano, como venham a lhe garantir as condições existenciais mínimas para a vida saudável, além de promover sua participação ativa e corresponsável nos destinos da própria existência e da vida em comunhão com os demais seres humanos.[4]

Segundo *José Afonso da Silva*, é a digidade o valor supremo que atrai o conteúdo de todos os dieitos fundamentais.[5]

1.4. PRINCÍPIO DA DIGNIDADE DA PESSOA HUMANA

A República Federativa do Brasil, formada pela união indissolúvel dos Estados e Municípios e do Distrito Federal, constitui-se em Estado Democrático de Direito e tem como fundamento: (...) a dignidade da pessoa humana (art. 1º, III).

O dispositivo constitucional em questão reconhece expressamente o valor da dignidade da pessoa humana como princípio fundamental, que, além de ser norma constitucional vinculante, é indispensável à atuação do legislador e à função do intérprete.

A raiz e o fundamento dos direitos à vida, à segurança, à integridade, assim como os direitos de igualdade, de liberdade e de solidariedade e de todos os direitos está na dignidade inviolável da pessoa humana.

Os direitos fundamentais estão intimamente vinculados ao princípio da dignidade da pessoa humana; de tal forma, que a violação de um deles resulta na violação do princípio da dignidade da pessoa humana, que se consubstancia em verdadeira cláusula geral de tutela da pessoa humana.

O princípio da dignidade da pessoa humana, além de princípio, é norma jurídica e, como tal, tem aplicação direta e imediata, vinculando as entidades públicas e privadas.

Pela teoria de *Ronald Dworkin*, as regras decorrentes dos princípios constitucionais prevalecem sobre as demais regras, por se constituírem em pilares do ordenamento jurídico.

2. DANO — CONCEITO — INDENIZAÇÃO

2.1. DANO

Dano deriva de *damnum*, prejuízo, perda. Dano é todo prejuízo causado a bem jurídico individual ou coletivo ou aos seus interesses juridicamente tuteláveis, podendo ser de ordem material ou moral.

Na lição de *João de Matos Antunes Varela*, o dano, para efeito de responsabilidade civil, é toda lesão nos interesses de outrem tutelados pela ordem jurídica, quer os interesses sejam de ordem patrimonial, quer sejam de caráter não patrimonial.[6]

2.2. CONCEITO DE DANO MORAL

Para *Caio Mário da Silva*, o dano moral é ofensa a direitos de natureza extrapatrimonial — ofensas

---

(3) AMARAL, Júlio Ricardo de Paula. *Os direitos fundamentais e a constitucionalização do Direito do Trabalho*. In: Revista do Ministério Público do Trabalho, ano XX, n. 40, setembro 2010, p. 154.
(4) SARLET, Ingo Wolfgang. *Dignidade da pessoa humana e direitos fundamentais na Constituição de 1988*. Porto Alegre: Livraria do Advogado, 2001, p. 60.
(5) SILVA, José Afonso da. *Curso de direito constitucional positivo*. 9. ed. São Paulo: Malheiros, 1993. p. 96.

(6) VARELA, João de Matos Antunes. *Direito das obrigações*. Rio de Janeiro: Forense, 1977. p. 241.

aos direitos integrantes da personalidade do indivíduo, como também ofensas à honra, ao decoro, à paz interior de cada um, às crenças íntimas, aos sentimentos afetivos de qualquer espécie, à liberdade, à vida, à integridade.[7]

O dano moral resulta de um ato ofensivo ao princípio da dignidade da pessoa humana, por violar direitos fundamentais ou da personalidade e que, no contrato de emprego, pode ser praticado tanto pelo empregador como pelo empregado.

Segundo *V. S. Cavalieri*, o dano moral, à luz da Constituição vigente, nada mais é do que violação do direito à dignidade.

2.3. INDENIZAÇÃO — VALOR

2.3.1. Indenização

A CF/1988 assegura o direito de resposta, proporcional ao agravo, além da indenização por dano material, moral ou à imagem; ainda, garante que são invioláveis a intimidade, a vida privada, a honra e a imagem das pessoas, assegurado o direito à indenização pelo dano material ou moral decorrente de sua violação (art. 5º, V e X).

A reparação do dano moral corresponde à contrapartida do princípio da dignidade humana: é o reverso da medalha. Quando a dignidade é ofendida, há que se reparar o dano injusto sofrido.[8]

Na ocorrência de dano moral, o dever de reparação (indenização) ou de compensação fica a cargo do responsável pelo fato gerador do dano.

2.3.2. Valor da indenização

A reparação do dano moral pode ser feita em pecúnia (dinheiro) e o valor da indenização, geralmente, não se encontra fixado em lei, não é tarifado e de difícil avaliação econômica.

Esse *quantum debeatur* deve ser estabelecido por prudente arbitramento judicial, suficientemente fundamentado, tendo em vista a duplicidade de sua natureza: compensação pela dor ou sofrimento da vítima e punição ou sanção do ofensor.

Em que pese a ampla liberdade do juiz para fixar o valor da indenização, ele deverá levar em consideração certos critérios motivadores e justificadores do seu posicionamento, como: o grau de sofrimento da vítima e de seus familiares; os princípios da equidade (harmonização da norma geral aos casos individuais), da proporcionalidade (entre reparação e agravo), da razoabilidade (bom senso, ponderação e prudência) e da extensão do dano (integralidade da indenização); o caráter pedagógico da indenização no combate à impunidade; a relevância do direito violado; as condições pessoais do ofendido (posição social, política e econômica) e a intensidade do seu sofrimento; a intensidade do dolo ou da culpa do ofensor (dimensão da culpa); a situação econômico-financeira do ofensor e a sua vida pregressa; ainda que o ressarcimento não seja fonte de enriquecimento, mas fator inibitório de caráter punitivo.

3. RESPONSABILIDADE CIVIL — CONCEITO — FORMAS — FUNDAMENTAÇÃO LEGAL

3.1. RESPONSABILIDADE CIVIL

Responsabilidade civil é o caminho para se obter o restabelecimento do equilíbrio rompido pela ocorrência de um dano sofrido (patrimonial ou moral).

Por meio da responsabilidade civil busca-se a reparação mais completa possível, especialmente no caso de dano material, a chamada reparação integral pelo dano sofrido, também conhecida como *restitutio in integrum* (recuperação do estado anterior perdido).

A responsabilidade civil serve como proteção aos direitos individuais e coletivos relacionados a bens materiais ou morais.

Como os direitos fundamentais protegem a dignidade da pessoa humana em todas as dimensões, a violação desses direitos fundamentais assegura ao lesado o direito de ser ressarcido pelos danos sofridos.

3.2. CONCEITO

Segundo *Miguel Maria de Serpa Lopes*, responsabilidade civil significa a obrigação de reparar um prejuízo, seja por decorrer de uma culpa ou de uma

---

(7) PEREIRA, Caio Mário da Silva. *Responsabilidade Civil*. 8. ed., Rio de Janeiro: Forense, 1996. p. 88.
(8) MORAES, Maria Celina Bodin de. *Danos à pessoa humana: uma leitura civil-constitucional dos danos morais*. 4ª tiragem. Rio de Janeiro: Renovar, 2009. p. 326.

outra circunstância legal que a justifique, como a culpa presumida, ou por uma circunstância meramente objetiva.[9]

3.3. FORMAS DE RESPONSABILIDADE CIVIL — SUBJETIVA — OBJETIVA

3.3.1. Formas de responsabilidade civil

Em nosso ordenamento jurídico, coexistem duas formas de responsabilidade civil, a subjetiva e a objetiva. O que levou o professor *Simão de Melo*, apoiando-se no mestre *Caio Mário da Silva Pereira*, a observar que não se deve levar ao extremo nenhuma das teorias; ao contrário, deve haver uma conciliação entre ambas, prevalecendo uma ou outra, conforme a situação, como é o caso das atividades de risco, em que deve imperar a teoria objetiva.[10]

Por sua vez, *Sebastião Geraldo de Oliveira*, citando *Louis Josserand*, lembra que "a responsabilidade moderna comporta dois polos, o polo objetivo, onde reina o risco criado e o polo subjetivo onde triunfa a culpa; é em torno desses dois polos que gira a vasta teoria da responsabilidade".[11]

3.3.2. Responsabilidade subjetiva

A responsabilidade civil por dano (moral e/ou material) resultante de ato injusto ou ilícito é de natureza aquiliana ou extracontratual, na modalidade subjetiva ou da culpa, cabendo ao ofendido provar a culpa do ofensor.

Nas ocorrências de dano moral individual no contrato de emprego, regra geral, a responsabilidade do sujeito ativo é de caráter subjetivo, fundamentando-se em três pressupostos: *dano*[12], *nexo causal*[13] e *culpa*[14].

Não há que se falar em responsabilidade subjetiva se faltar um desses requisitos (dano, nexo causal e culpa).

Há entendimento de que, no caso de violação de direitos fundamentais ou de princípios constitucionais, a responsabilidade é subjetiva, sendo a culpa presumida, com a inversão do ônus da prova, conforme prevê o Código de Defesa do Consumidor (Lei n. 8.078/1990), como direito básico: *a facilitação da defesa dos seus direitos, inclusive com a inversão do ônus da prova, a seu favor, no processo civil, quando, a critério do juiz, for verossímil a alegação ou quando for ele hipossuficiente, segundo as regras ordinárias de experiência* (art. 6º, VIII).

Pelo dispositivo transcrito, de aplicação subsidiária ao processo do trabalho (CLT, art. 769), a concessão da inversão do ônus da prova pelo juiz não se dá de forma automática ou segundo o seu livre-arbítrio, mas se ele (juiz), a requerimento da parte ou *ex offício* e se não houver provas nos autos, constatar a presença de um dos requisitos: verossimilhança (aparência de verdade) da alegação e/ou hipossuficiência (econômica, cultural e técnica) da parte.

Assim, nas condutas ilícitas, lesivas a direitos da personalidade (direitos fundamentais), em que há violação ao princípio da dignidade da pessoa humana, com culpa presumível, a parte ofendida, encontrando dificuldade em provar o comportamento do ofensor, poderá ter invertido o ônus da prova, por determinação judicial, antes do início da audiência de instrução, em decisão fundamentada (CF/1988, art. 93, IX), evitando, assim, alguma surpresa processual ao agressor.

3.3.3. Responsabilidade objetiva

A responsabilidade civil objetiva do empregador resulta de casos especificados em lei ou do desenvolvimento de atividades de risco para os direitos de outrem, conforme preceitua o parágrafo único do art. 927 do atual Código Civil.

Ao contrário da responsabilidade subjetiva, que encontra fundamento na culpa, a responsabilidade objetiva tem por fundamento a especificação legal da hipótese ou o risco da atividade, bastando

---

(9) LOPES, Miguel Maria de Serpa. *Curso de Direito Civil*. 2. ed. São Paulo: Saraiva, 1995, vol. 5, p. 160.
(10) MELO, Raimundo Simão de. *Direito ambiental do trabalho e a saúde do trabalhador*. São Paulo: LTr, 2004. p. 181.
(11) OLIVEIRA, Sebastião Geraldo de. *Indenização por acidente do trabalho ou doença ocupacional*. 4. ed. São Paulo: LTr, 2008. p. 95.
(12) Dano é todo prejuízo a bens materiais ou morais, constituindo requisito indispensável à configuração da responsabilidade civil. Se não houver dano, não há obrigação de indenizar.
(13) Nexo causal ou nexo de causalidade é a vinculação entre a conduta ilícita e o dano, ou a vinculação entre o ato ilícito praticado e o dano produzido.
(14) A culpa em sentido amplo, como violação de um dever jurídico, imputável a alguém, em decorrência de fato intencional ou de omissão de diligência ou cautela, compreende: o dolo, que é a violação intencional do dever jurídico, e a culpa em sentido estrito, caracterizada pela imperícia, imprudência ou negligência, sem qualquer deliberação de violar um dever. [DINIZ (2003:42)]

assim para configurá-la invocar a previsão legal da hipótese ou a caracterização de que o dano decorreu do exercício da atividade suscetível de gerar risco indenizável.[15]

Pela teoria objetiva, também denominada teoria do risco ou teoria da responsabilidade sem culpa, a responsabilidade civil do empregador fundamenta-se em dois pressupostos: *dano* e *nexo causal*.

3.4. FUNDAMENTAÇÃO LEGAL

A cidadania, a dignidade da pessoa humana, os valores sociais do trabalho e da livre-iniciativa são fundamentos do Estado Democrático, como preceitua a Constituição Federal no art. 1º, incisos II, III e IV.

A CF/1988 consagra o princípio da igualdade e assegura o direito de resposta, proporcional ao agravo, além da indenização por dano material, moral ou à imagem. Ainda, que são invioláveis a intimidade, a vida privada, a honra e a imagem das pessoas, assegurando o direito à indenização pelo dano material ou moral decorrente de sua violação (art. 5º, V e X).

A Lei Maior preceitua que são direitos dos trabalhadores urbanos e rurais, além de outros que visem à melhoria de sua condição: redução dos riscos inerentes ao trabalho, por meio de normas de saúde, higiene e segurança (art. 7º, XXII).

Mais, que todos têm direito ao meio ambiente ecologicamente equilibrado, e que as condutas e atividades consideradas lesivas ao meio ambiente sujeitarão os infratores, pessoas físicas ou jurídicas, a sanções penais e administrativas, independentemente da obrigação de reparar os danos causados (art. 225, § 3º). A Lei n. 6.938, de 31 de agosto de 1981, dispõe sobre a Política Nacional do Meio Ambiente, assegura que o poluidor, pessoa física ou jurídica, de direito público ou privado, é responsável, direta ou indiretamente, por atividade causadora de degradação ambiental (art. 3º, IV). Ainda, que o poluidor é obrigado, independentemente da existência de culpa, a indenizar ou reparar os danos causados ao meio ambiente e a terceiros, afetados por sua atividade (art. 14, § 1º).

Com exceção dos casos previstos em lei, os direitos da personalidade são intransmissíveis e irrenunciáveis. A ameaça ou a lesão a esses direitos poderá resultar em reclamação de perdas e danos, sem prejuízo de outras sanções previstas em lei. É o que prescreve o código civil (Lei n. 10.406/02) ao tratar dos direitos da personalidade no capítulo II, arts. 11 a 21, de aplicação subsidiária ao direito do trabalho (CLT, art. 8º, parágrafo único).

O atual Código Civil preceitua:

> Art. 186. Aquele que, por ação ou omissão voluntária, negligência ou imprudência, violar direito e causar dano a outrem, ainda que exclusivamente moral, comete ato ilícito.
> Art. 187. Também comete ato ilícito o titular de um direito que, ao exercê-lo, excede manifestamente os limites impostos pelo seu fim econômico ou social, pela boa-fé ou pelos bons costumes.
> Art. 927. Aquele que, por ato ilícito (arts. 186 e 187), causar dano a outrem, fica obrigado a repará-lo.
> Parágrafo único. Haverá obrigação de reparar o dano, independentemente de culpa, nos casos especificados em lei, ou quando a atividade normalmente desenvolvida pelo autor do dano implicar, por sua natureza, risco para os direitos de outrem.
> Art. 932. São também responsáveis pela reparação civil:
> I — ... omissis ...
> III — o empregador ou comitente, por seus empregados, serviçais e prepostos, no exercício do trabalho que lhes competir, ou em razão dele;
> ... omissis ...
> Art. 933. As pessoas indicadas nos incisos I a V do artigo antecedente, ainda que não haja culpa de sua parte, responderão pelos atos praticados pelos terceiros ali referidos.
> Art. 935. A responsabilidade civil é independente da criminal, não se podendo questionar mais sobre a existência do fato, ou sobre quem seja o seu autor, quando estas questões se acharem decididas no juízo criminal.
> Art. 942. Os bens dos responsável pela ofensa ou violação do direito de outrem ficam sujeitos à reparação do dano causado; e, se a ofensa tiver mais de um autor, todos responderão solidariamente pela reparação.
> Parágrafo único. São solidariamente responsáveis com os autores os co-autores e as pessoas designadas no art. 932.
> Art. 944. A indenização mede-se pela extensão do dano.
> Parágrafo único. Se houver excessiva desproporção entre a gravidade da culpa e o dano, poderá o juiz reduzir, equitativamente, a indenização.
> Art. 949. No caso de lesão ou outra ofensa à saúde, o ofensor indenizará o ofendido das despesas do tratamento e dos lucros cessantes até ao fim da convalescença, além de algum outro prejuízo que o ofendido prove haver sofrido.

---
(15) BELMONTE, Alexandre Agra. *Curso de Responsabilidade Trabalhista*. São Paulo: LTr, 2008. p. 45.

Art. 950. Se da ofensa resultar defeito pelo qual o ofendido não possa exercer o seu ofício ou profissão, ou se lhe diminua a capacidade de trabalho, a indenização, além das despesas do tratamento e lucros cessantes até ao fim da convalescença, incluirá pensão correspondente à importância do trabalho para que se inabilitou, ou da depreciação que ele sofreu.

Parágrafo único. O prejudicado, se preferir, poderá exigir que a indenização seja arbitrada e paga de uma só vez.

4. RESPONSABILIDADE TRABALHISTA — RESOLUÇÃO DO CONTRATO

4.1. RESPONSABILIDADE TRABALHISTA

No contrato de emprego, ocorrendo ato injusto ou ilícito, além da responsabilidade civil, há responsabilidade trabalhista do empregador (indenização tarifada), resultante da resolução do contrato e que compreende as denominadas verbas *rescisórias*.

4.2. RESOLUÇÃO DO CONTRATO DE EMPREGO

Na relação de emprego, o dano moral pode resultar de qualquer ato injusto ou ilícito, como: atos discriminatórios, atos de fiscalização, monitoramento eletrônico, atos de descumprimento das medidas de segurança e saúde do trabalhador, de revista pessoal dos empregados, de desrespeito à imagem, à honra, à vida privada, à intimidade, e outros tantos.

Com a lesão dos direitos fundamentais, há violação do princípio da dignidade da pessoa humana, podendo o empregado considerar o contrato desfeito por culpa do empregador, ocorrendo o que se denomina despedida ou rescisão indireta do contrato.

Neste caso, além da indenização por tempo de serviço, se houver, o empregado poderá levantar os depósitos do FGTS acrescidos da multa de 40%; ainda, poderá receber outras verbas, como: aviso-prévio indenizado, saldo de salário, 13º salário, salário-família, férias, adicionais, gratificações, indenização adicional (Lei n. 7.238/84, art. 9º) etc.

No LTr Suplemento Trabalhista n. 132/10, escrevendo sobre condutas ilícitas que violam os direitos da personalidade e, quando ocorrem, constituem faltas graves, justificadoras da resolução do contrato de emprego, argumentamos que, se os direitos da personalidade forem agredidos, atingindo a integridade e a dignidade da pessoa humana, é o suficiente para acarretar a resolução do contrato de emprego, por violação da lei (princípio da dignidade da pessoa humana), não havendo necessidade de maior esforço, para se enquadrar o caso concreto à figura descrita em algum dispositivo trabalhista.

5. ENUNCIADOS — JURISPRUDÊNCIA

5.1. ENUNCIADOS

Os juízes presentes ao IX Encontro dos Tribunais de Alçada aprovaram a seguinte recomendação:

> Na fixação do dano moral, deverá o juiz, atentando-se ao nexo de causalidade inscrito no art. 1.060 do Código Civil (de 1916), levar em conta critérios de proporcionalidade e razoabilidade na apuração do quantum, atendidas as condições do ofensor, do ofendido e do bem jurídico lesado.

Em outubro de 2006, por ocasião da IV Jornada de Direito Civil promovida em Brasília pelo Centro de Estudos Jurídicos do Conselho da Justiça Federal, foi aprovado o Enunciado n. 379:

> Art. 944. O art. 944, *caput*, do Código Civil não afasta a possibilidade de se reconhecer a função punitiva ou pedagógica da responsabilidade civil.

Os Enunciados, aprovados na **1ª Jornada de Direito Material e Processual na Justiça do Trabalho**, realizada nas dependências do TST em novembro de 2007, estabelecem:

> 1. *Direitos fundamentais. Interpretação e aplicação. Os direitos fundamentais devem ser interpretados e aplicados de maneira a preservar a integridade sistêmica da Constituição, a estabilizar as relações sociais e, acima de tudo, a oferecer a devida tutela ao titular do direito fundamental. No Direito do Trabalho, deve prevalecer o princípio da dignidade da pessoa humana.*
> 02. *Direitos fundamentais. Força normativa.* ... III — *Lesão a direitos fundamentais. Ônus da prova.* Quando há alegação de que ato ou prática empresarial disfarça uma conduta lesiva a direitos fundamentais ou a princípios constitucionais, incumbe ao empregador o ônus de provar que agiu sob motivação lícita.
> 14. *Imagem do trabalhador. Utilização pelo empregador. Limites*
> São vedadas ao empregador, sem autorização judicial, a conservação de gravação, a exibição e a divulgação, para seu uso privado, de imagens dos trabalhadores antes, no curso ou logo após a sua jornada de trabalho, por violação ao direito de imagem e à preservação das expressões da personalidade, garantidos pelo art. 5º, V, da Constituição. A formação do contrato de

emprego, por si só, não importa em cessão do direito de imagem e da divulgação fora de seu objeto da expressão da personalidade do trabalhador, nem o só pagamento do salário e demais títulos trabalhistas os remunera.

51. Responsabilidade civil. Danos morais. Critérios para arbitramento. O valor da condenação por danos morais decorrentes da relação de trabalho será arbitrado pelo juiz de maneira equitativa, a fim de atender ao seu caráter compensatório, pedagógico e preventivo.[16]

5.2. JURISPRUDÊNCIA

Súmula n. 37 do STJ:
São cumuláveis as indenizações por dano material e dano moral oriundos do mesmo fato.

Ementas diversas

Professor que é retirado de sala de aula e imediatamente despedido, sem justa causa. Humilhação e constrangimento. Configuração
Ementa: Dano moral — Indenização — Professor que é retirado de sala de aula e imediatamente despedido, sem justa causa. Despedimento fora dos períodos usuais do estabelecimento (finais de semestres). Repercussão negativa entre alunos e demais professores. Rompante do empregador que submeteu desnecessariamente o professor a situação de humilhação e de constrangimento. Nítida agressão ao patrimônio moral e psíquico do empregado. Indenização devida. Sentença nesse ponto mantida. [TRT 2ª Reg. — RO 02227200543302005 — (Ac. 11ª T. 20070074121) — Rel. Juiz Eduardo de Azevedo Silva — DJSP 6.3.07, p. 83 — Apud LTr Supl. Jurisp. 19/2007, p. 146]

Assédio moral. Resolução do contrato de trabalho por justa causa do empregador. Indenização por dano moral. Cabimento
Ementa: Assédio moral — Resolução do contrato de trabalho por justa causa do empregador — Indenização por dano moral — Cabimento. O assédio moral, como forma de degradação deliberada das condições de trabalho por parte do empregador em relação ao obreiro, consubstanciado em atos e atitudes negativas ocasionando prejuízos emocionais para o trabalhador, face à exposição ao ridículo, humilhação e descrédito em relação aos demais trabalhadores, constitui ofensa à dignidade da pessoa humana e quebra do caráter sinalagmático do Contrato de Trabalho. Autorizando, por conseguinte, a resolução da relação empregatícia por justa causa do empregador, ensejando inclusive, indenização por dano moral. [TRT 15ª Reg. RO 01711-2001-111-15-00-0 — (Ac. 20534/2002) — Relª Juíza Mariane Khayat F. Do Nascimento — DOE/SP, 21.3.2003]

---
(16) Apud LTr Sup. Trab. 149/07.

Dano moral. Atraso no pagamento dos salários. Indenização devida
Ementa: Dano moral — Atraso no pagamento dos salários — Indenização devida — Cuida-se de realidade inegável que o não-pagamento dos salários ajustados e/ou o seu pagamento serôdio, magoa o princípio da dignidade da pessoa humana, além de impor severo matrato, seriamente abalando, o íntimo de um trabalhador, que tem obrigações e compromissos a saldar, em datas certas, com os salários que recebe e já por isso tem que fazer verdadeiro malabarismo, num País como o Brasil, mas que, não os recebendo e/ou recebendo fora do prazo ajustado e/ou legal, vê-se na impossibilidade de satisfazer aludidas obrigações e compromissos, enquanto cidadão, homem e sendo o caso, como pai, o que leva a que o senso de responsabilidade, honradez e de responsável por uma família, que habita os espíritos probos, sinta-se duramente vergastado em tal situação, daí caracterizado o dano moral, a exigir reparação. [TRT 15ª Reg. (Campinas/SP) — RO 0826-2006.073.15.00.0 — (Ac. 40592/07-PATR, 5ª C.) — Rel. Desig. Lorival Ferreira dos Santos — DJSP 24.8.07, p. 118 — Apud LTr Sup.Jurisp. 39/2007, p. 307]

Dano moral. Violação da intimidade. Opção sexual ridicularizada em ambiente de trabalho
Ementa: Dano moral — Violação da intimidade — Opção sexual ridicularizada em ambiente de trabalho. 1. A ostensiva referência pejorativa à opção sexual do empregado constitui violação do direito constitucional à intimidade, vida privada e à imagem, sendo passível de responsabilidade civil. 2. O desrespeito aos direitos da personalidade constitui dano moral puro, ou seja, dano in re ipsa, sendo necessário apenas que se comprove a conduta ilícita e sua autoria, prescindindo-se, noutro giro, da prova da dor moral, pois o prejuízo extrapatrimonial decorre da própria infração, presumindo-se. [TRT 17ª Reg. RO 00537.2008.004.17.00.8 — (Ac. 11360/2009) — Relª. Juíza Fátima Gomes Ferreira — DJe/TRT 17ª Reg. 4.11.09, p. 13 — Apud LTr Sup. Jurisp. 06/2010, p. 046]

Dano moral decorrente de assédio
Ementa: Dano moral decorrente de assédio. Configuração. O assédio moral, também denominado de mobbing ou bullying, pode ser conceituado, no âmbito do contrato de trabalho, como a manipulação perversa e insidiosa que atenta sistematicamente contra a dignidade ou integridade psíquica ou física do trabalhador, objetivando a sua exposição a situações incômodas e humilhantes caracterizadas pela repetição de um comportamento hostil de um superior hierárquico ou colega, ameaçando o emprego da vítima ou degradando o seu ambiente de trabalho. Vale lembrar: a dignidade da pessoa humana constitui um dos fundamentos desta República (art. 1º, III da CR/88), e o tratamento indigno não pode ser tolerado no ambiente de trabalho, local em que o empregado se encontra exatamente para buscar seu sustento digno.[TRT 3ª Reg. — RO 01371-2009-152-03-00-6 — (Ac. 10ª T.) — Rel. Des. Marcio Flavio Salem Vidigal — DJe 24.02.2010]

Dano moral. Racismo e discriminação. Configuração

Ementa: Racismo e discriminação. Indenização por dano moral. O poder diretivo traz implícita uma atividade fiscalizadora, caracterizada como um poder, que é, ao mesmo tempo, um dever e cuja omissão é, por si só, um inadimplemento, tal como ocorre com a higiene e a segurança do local de trabalho, ao empregador incumbe zelar pela respeitabilidade, civilidade e decoro nesse local, como obrigações conexas do contrato de emprego, como fruto que encontra raízes em sua boa fé objetiva, que cria expectativas do contratado, mas também da própria sociedade, na medida que o contrato possui uma função social inafastável. Não pode o empregador admitir o nascimento ou a proliferação do preconceito étnico, de cor ou mesmo de opção sexual "intra muros", mesmo que, para tal, seja necessário punir, de forma rigorosa, os trabalhadores que não aceitarem as meras admoestações. O empregado não vende a sua dignidade, mas apenas a sua força de trabalho. A subordinação não traz implícita qualquer autorização para o desrespeito. São intoleráveis pelo direito e pela moral, o racismo e a discriminação, impondo-se a indenização das vítimas e a punição dos algozes, para preservação da dignidade humana, que é o objeto maior do contrato de trabalho. [TRT 12ª Reg. RO-01663-2008-002-12-00-4 — (Ac. 3ª T. 27.4.11) — Rel. Juiz José Ernesto Manzi — TRT-SC/DOE 12.5.11 Data de publ. 13.5.11 — Apud LTr Sup. Jurisp. 23/2011, p. 178/179]

Dano moral. Injúria qualificada por elemento racial. Provocação do ofendido. Efeitos

Ementa: Dano moral — Injúria qualificada por elemento racial — Provocação do ofendido — Não obstante seja reprovável a ofensa de cunho racial, não cabe indenização por dano moral se o próprio reclamante iniciava e incitava as piadas injuriosas. Aplicável analogicamente o critério de extinção de punibilidade descrito no § 2º do art. 140 do Código Penal. Recurso do reclamante ao qual se nega provimento. [TRT 15 Reg. (Campinas/SP) RO 983-2007-012-15-00-7 — (Ac. 26813/09-PATR, 7ªC.) — Rel. Manuel Soares Ferreira Carradita — DOE 15.5.09, p. 112 — Apud LTr Sup. Jurisp. 030/2009, p. 235]

Dano moral decorrente de assédio

Ementa: Dano moral decorrente de assédio. Configuração. O assédio moral, também denominado de mobbing ou bullying, pode ser conceituado, no âmbito do contrato de trabalho, como a manipulação perversa e insidiosa que atenta sistematicamente contra a dignidade ou integridade psíquica ou física do trabalhador, objetivando a sua exposição a situações incômodas e humilhantes caracterizadas pela repetição de um comportamento hostil de um superior hierárquico ou colega, ameaçando o emprego da vítima ou degradando o seu ambiente de trabalho. Vale lembrar: a dignidade da pessoa humana constitui um dos fundamentos desta República (art. 1º, III da CR/88), e o tratamento indigno não pode ser tolerado no ambiente de trabalho, local em que o empregado se encontra exatamente para buscar seu sustento digno.[TRT 3ª Reg. — RO 01371-2009-152-03-00-6 — (Ac. 10ª T.) — Rel. Des. Marcio Flavio Salem Vidigal — DJe 24.02.2010]

Dano moral. Racismo e discriminação. Configuração

Ementa: Racismo e discriminação. Indenização por dano moral. O poder diretivo traz implícita uma atividade fiscalizadora, caracterizada como um poder, que é, ao mesmo tempo, um dever e cuja omissão é, por si só, um inadimplemento, tal como ocorre com a higiene e a segurança do local de trabalho, ao empregador incumbe zelar pela respeitabilidade, civilidade e decoro nesse local, como obrigações conexas do contrato de emprego, como fruto que encontra raízes em sua boa fé objetiva, que cria expectativas do contratado, mas também da própria sociedade, na medida que o contrato possui uma função social inafastável. Não pode o empregador admitir o nascimento ou a proliferação do preconceito étnico, de cor ou mesmo de opção sexual "intra muros", mesmo que, para tal, seja necessário punir, de forma rigorosa, os trabalhadores que não aceitarem as meras admoestações. O empregado não vende a sua dignidade, mas apenas a sua força de trabalho. A subordinação não traz implícita qualquer autorização para o desrespeito. São intoleráveis pelo direito e pela moral, o racismo e a discriminação, impondo-se a indenização das vítimas e a punição dos algozes, para preservação da dignidade humana, que é o objeto maior do contrato de trabalho. [TRT 12ª Reg. RO-01663-2008-002-12-00-4 — (Ac. 3ª T. 27.4.11) — Rel. Juiz José Ernesto Manzi — TRT-SC/DOE 12.5.11 Data de publ. 13.5.11 — Apud LTr Sup. Jurisp. 23/2011, p. 178/179]

Dano moral. Violação da intimidade. Opção sexual ridicularizada em ambiente de trabalho

Ementa: Dano moral — Violação da intimidade — Opção sexual ridicularizada em ambiente de trabalho. 1. A ostensiva referência pejorativa à opção sexual do empregado constitui violação do direito constitucional à intimidade, vida privada e à imagem, sendo passível de responsabilidade civil. 2. O desrespeito aos direitos da personalidade constitui dano moral puro, ou seja, dano in re ipsa, sendo necessário apenas que se comprove a conduta ilícita e sua autoria, prescindindo-se, noutro giro, da prova da dor moral, pois o prejuízo extrapatrimonial decorre da própria infração, presumindo-se. [TRT 17ª Reg. RO 00537.2008.004.17.00.8 — (Ac. 11360/2009) — Relª. Juíza Fátima Gomes Ferreira — DJe/TRT 17ª Reg. 4.11.09, p. 13 — Apud LTr Sup. Jurisp. 06/2010, p. 046]

Dano moral decorrente de assédio

Ementa: Dano moral decorrente de assédio. Configuração. O assédio moral, também denominado de mobbing ou bullying, pode ser conceituado, no âmbito do contrato de trabalho, como a manipulação perversa e insidiosa que atenta sistematicamente contra a dignidade ou integridade psíquica ou física do trabalhador, objetivando a sua exposição a situações incômodas e humilhantes caracterizadas pela repetição de um comportamento hostil de um superior hierárquico ou colega, ameaçando o emprego da vítima ou degradando o seu ambiente de trabalho. Vale lembrar: a dignidade da pessoa humana constitui um dos fundamentos desta República (art. 1º, III da CR/88), e o tratamento indigno não pode ser tolerado no ambiente de trabalho, local em que o empregado se encontra exatamente para buscar seu sustento digno.[TRT 3ª Reg. — RO 01371-2009-152-03-00-6 — (Ac. 10ª T.) — Rel. Des. Marcio Flavio Salem Vidigal — DJe 24.02.2010]

Dano moral. Racismo e discriminação. Configuração

Ementa: Racismo e discriminação. Indenização por dano moral. O poder diretivo traz implícita uma atividade fiscalizadora, caracterizada como um poder, que é, ao mesmo tempo, um dever e cuja omissão é, por si só, um inadimplemento, tal como ocorre com a higiene e a segurança do local de trabalho, ao empregador incumbe zelar pela respeitabilidade, civilidade e decoro nesse local, como obrigações conexas do contrato de emprego, como fruto que encontra raízes em sua boa fé objetiva, que cria expectativas do contratado, mas também da própria sociedade, na medida que o contrato possui uma função social inafastável. Não pode o empregador admitir o nascimento ou a proliferação do preconceito étnico, de cor ou mesmo de opção sexual "intra muros", mesmo que, para tal, seja necessário punir, de forma rigorosa, os trabalhadores que não aceitarem as meras admoestações. O empregado não vende a sua dignidade, mas apenas a sua força de trabalho. A subordinação não traz implícita qualquer autorização para o desrespeito. São intoleráveis pelo direito e pela moral, o racismo e a discriminação, impondo-se a indenização das vítimas e a punição dos algozes, para preservação da dignidade humana, que é o objeto maior do contrato de trabalho. [TRT 12ª Reg. RO-01663-2008-002-12-00-4 — (Ac. 3ª T. 27.4.11) — Rel. Juiz José Ernesto Manzi — TRT-SC/DOE 12.5.11 Data de publ. 13.5.11 — Apud LTr Sup. Jurisp. 23/2011, p. 178/179]

Dano moral. Direito à imagem. Acusação indevida ao trabalhador da prática de conduta típica com comunicação à autoridade policial. Configuração

Ementa: Direito à imagem. Acusação indevida ao trabalhador da prática de conduta típica com comunicação à autoridade policial. Violação. Dever de indenizar pelos danos morais. O direito à imagem é um valor fundamental da dignidade humana, tutelado pelo art. 5º, inciso X, da Constituição da República. Na medida em que a empregadora de forma abusiva e com má-fé acusa o trabalhador sem qualquer prova ou fundamento da prática de conduta típica, inclusive com registro do fato perante a autoridade policial, atenta contra a honra e o direito à imagem do empregado que deve ser indenizado pelos danos morais que presumidamente sofreu, máxime quando ao fato é dada divulgação pela imprensa. Recurso provido. [TRT 24ª Reg. RO — 9300-54.2009.5.24.0041 (RO-93/2009-041-24-00.3) — (Ac. 2ª T.) — Red. Des. Francisco das C. Lima Filho — DJe/TRT 24ª Reg. n. 577/10, 1.10.10, p. 21 — Apud LTr Sup. Jurisp. 03/2011, p. 19]

Acusação de improbidade. Dano moral. Configuração

Ementa: Dano moral — Configuração. O artigo 5º, inciso X, da Constituição da República, dispõe que "são invioláveis a intimidade, a honra e a imagem das pessoas, assegurado o direito a indenização pelo dano material ou moral decorrente de sua violação". A acusação de improbidade feita pelo empregador, sem a existência de qualquer prova das alegações imputadas ao obreiro, por si só, é constrangedora e suficiente para imprimir grande sofrimento àquele que é injustamente acusado, ensejando, assim, o deferimento de indenização por danos morais. [TRT 3ª Reg. RO 01232-2004-035-03-00-4 — (Ac. 1ª Turma) — Relª Juíza Convocada Camila Guimarães Pereira Zeidler — DJMG 17.8.05]

Dano moral. Configuração

Ementa: Dano moral. Configuração. Na dicção do art. 186, do Código Civil Brasileiro de 2002, "aquele que, por ação ou omissão voluntária, negligência ou imprudência, violar direito e causar dano a outrem, ainda que exclusivamente moral, comete ato ilícito". O preceito é complementado pela regra contido no artigo 927, que dispõe: "aquele que, por ato ilícito (arts. 186 e 187), causar dano a outrem, fica obrigado a repará-lo". A reparação contemplada no dispositivo legal em estudo, portanto, alcança as violações aos direitos patrimoniais e não-patrimoniais. Assim, comprovada a prática de atos suscetíveis de causar ofensa moral, impositiva a respectiva reparação. Recurso conhecido e parcialmente provido. [TRT 10ª Reg. — RO 01902-2004-012-10-00.2 — (Ac. 3ª T./05) — Rel. Juiz José Ribamar O. Lima Júnior. DJU3 8.7.05, p. 45]

Dano moral. Configuração

Ementa: Dano moral- Para configurar dano moral, reparável pelo empregador, por ação ou omissão, é necessária a caracterização do nexo de causalidade entre o dano sofrido pelo empregado e a ação do empregador, quer na modalidade dolosa ou culposa, de modo a atingir direitos personalíssimos pela Constituição(art. 5º, X, CF). Não restando demonstrado que o ato danoso fora perpetrado pelo empregador, inexiste a reparação por ele a ser determinada, porquanto não concorreu para qualquer efeito danoso. [TRT 9ª Reg. RO 02322-2003-018-09-00-3 (Ac. 3ª T. 09479/05) — Relª Juíza Rosemarie Diedrichs Pimpão — DJPR 22.4.05, p. 366]

Dano moral. Dispensa discriminatória. Opção sexual. Caracterização

Ementa: Dispensa discriminatória — Opção sexual — Caracterização — Nas relações de emprego, discriminação decorrente de orientação sexual do empregado enquadra-se no conceito de discriminação "por motivo de sexo", uma vez que este — o sexo — não está restrito ao seu aspecto biológico (feminino ou masculino), mas abrange também a sua manifestação nas relações interpessoais. Assim, uma vez demonstrada que a dispensa da obreira decorreu de relacionamento amoroso mantido com outra empregada da ré, há de ser reconhecido como discriminatório o ato praticado. [TRT 12ª Reg. RO 07663-2006-034-12-00-0 — (Ac. 3ª T.13.11.07) — Relª Juíza Ligia Maria Teixeira Gouvêa — TRT — SC/DOE 15.1.08 — Apud LTr Sup. Jurisp. 15/2008, p. 117]

Dano moral. Dispensa injusta de empregada doente. Abuso do direito potestativo de dispensa

Ementa: Dano moral — Dispensa injusta de empregada doente — Abuso do direito potestativo de dispensa — Diante do ato empresarial, consistente na dispensa da reclamante sem a menor condição física e psíquica, reprovável e cruel, configura-se abuso do direito potestativo da rescisão unilateral do contrato de trabalho, nos termos do art.187 do CC, que se equipara a ato ilícito, nos termos do art. 927 do mesmo diploma legal, ensejando a declaração da nulidade da dispensa ocorrida, determinando-se a suspensão do contrato de trabalho da reclamante e sobrestamento dos efeitos da comunicação de dispensa até o término da incapacidade declarada pelo INSS, mantendo-se a tutela antecipada deferida na audiência relativa ao restabelecimento do plano de saúde, bem como a indenização relativa aos danos sofridos, já que, pela conduta da reclamada aqui registrada, induvidosamente restou maculada a honra, bem assim outros direitos personalíssimos da autora, como dignidade e respeito. [TRT 3ª Reg. RO 2100521-2007-114-03-00 — (Ac. 5ª T.) — Rel. Juiz Convocado Paulo Mauricio R. Pires — DJMG 17.5.08, p. 15 — Apud LTr Sup. Jurisp. 36/2008, p. 283]

Dano moral. Comentários desairosos sobre a figura do empregado em reunião pedagógica com os demais professores. Configuração

Ementa: Indenização por dano moral — Os comentários desairosos sobre a figura do empregado em reunião pedagógica com os demais professores, após o ato de despedida em que já se previa a quitação parcelada das verbas rescisórias, implica violação à honra objetiva e daí o direito à reparação por dano moral. [TRT 2ª Reg. RO 00141200646502003 — (Ac. 12ª T. 20080673613) — Rel. Adalberto Martins — DOe/TRT 2ª Reg. 22.8.08, p 198 — Apud LTr Sup. Jurisp. 52/2008, p. 412]

Dano moral. Injúria qualificada por elemento racial. Provocação do ofendido. Efeitos

Ementa: Dano moral — Injúria qualificada por elemento racial — Provocação do ofendido — Não obstante seja reprovável a ofensa de cunho racial, não cabe indenização por dano moral se o próprio reclamante iniciava e incitava as piadas injuriosas. Aplicável analogicamente o critério de extinção de punibilidade descrito no § 2º do art. 140 do Código Penal. Recurso do reclamante ao qual se nega provimento. [TRT 15 Reg. (Campinas/SP) RO 983-2007-012-15-00-7 — (Ac. 26813/09-PATR, 7ªC.) — Rel. Manuel Soares Ferreira Carradita — DOE 15.5.09, p. 112 — Apud LTr Sup. Jurisp. 030/2009, p. 235]

Dano moral. Comportamento agressivo e ofensivo do empregador. Demonstração via prova testemunhal. Dano moral existente

Ementa: Dano moral — Comportamento agressivo e ofensivo do empregador — Demonstração via prova testemunhal — Dano moral existente. Uma vez demonstrado o comportamento grosseiro e ofensivo do empregador com relação à empregada, a qual era constantemente vítima de ofensas verbais, configurado está o dano moral a ensejar a correspondente indenização. Recurso não provido. [TRT 15ª Reg. (Campinas /SP) RO 0584-2007-096-15-00-0 — (Ac. 55284 /09-PATR,11ª C.) — Rel. José Pedro de Camargo Rodrigues de Souza — DEJT/15ª Reg. 3.9.09, p. 259 — Apud LTr Sup. Jurisp. 047/2009, p. 371]

Dano moral. Violação da intimidade. Opção sexual ridicularizada em ambiente de trabalho

Ementa: Dano moral — Violação da intimidade — Opção sexual ridicularizada em ambiente de trabalho. 1. A ostensiva referência pejorativa à opção sexual do empregado constitui violação do direito constitucional à intimidade, vida privada e à imagem, sendo passível de responsabilidade civil. 2. O desrespeito aos direitos da personalidade constitui dano moral puro, ou seja, dano in re ipsa, sendo necessário apenas que se comprove a conduta ilícita e sua autoria, prescindindo-se, noutro giro, da prova da dor moral, pois o prejuízo extrapatrimonial decorre da própria infração, presumindo-se. [TRT 17ª Reg. RO 00537.2008.004.17.00.8 — (Ac. 11360/2009) — Relª. Juíza Fátima Gomes Ferreira — DJe/TRT 17ª Reg. 4.11.09, p. 13 — Apud LTr Sup. Jurisp. 06/2010, p. 046]

Dano moral. Ofensa verbal. Configuração

Ementa: Dano moral — Caracterização — Ofensa verbal. O art. 2º da CLT atribui ao empregador o poder diretivo, de modo a lhe assegurar a fiscalização e a direção da prestação de serviços, com poderes para, inclusive, censurar a atuação de seus empregados. O exercício desse poder não é amplo a ponto de se permitir ao empregador ferir a dignidade da pessoa humana. O uso de palavras ofensivas e termos de baixo calão afronta a dignidade do empregado, circunstância que atrai para o empregador a obrigação de arcar com o pagamento de indenização pelo dano moral. [TRT 3ª Reg. RO 251/2009-096-03-00.8 (CNJ: 0025100-39.2009.5.03.0096 RO) — (Ac. 7ª T.) — Rel. Juiz Convocado Jesse Claudio Franco de Alencar Apud DJe/TRT 3ª Reg. n. 411/10, 1.2.10, p. 135 — Apud LTr Sup. Jurisp. 16/2010, p. 123]

Dano moral. Abandono de emprego. Publicação de aviso em jornal. Impropriedade

Ementa: Abandono de emprego — Publicação de aviso em jornal — Impropriedade — Dano moral. Não há previsão, muito menos exigência legal de publicação de edital com o nome do empregado, convocando-o para retornar ao serviço, sob pena de caracterização de abandono de emprego. Referida publicação, ainda que se tenha tornado uma praxe (e o erro comum não faz o direito), remete ao conhecimento público o que deveria permanecer na esfera privada das partes contratantes e macula a honorabilidade profissional do trabalhador, que passa a ser visto como irresponsável, imaturo e inconfiável. A notificação para retorno deve ser feita por via postal, cartório de títulos e documentos, pessoalmente ou mesmo judicialmente, caso assim o prefira o empregador, nunca de forma pública (edital). [TRT 12ª Reg. RO 00853-2009-033-12-00-3 — (Ac. 3ª T., 2.3.10) — Rel. Juiz José Ernesto Manzi — Disp. TRT-SC/DOE 16.3.10. Data de Publ. 17.3.10 — Apud LTr Sup. Jurisp. 17/2010, p.130]

Dano moral. Falta registro do contrato de trabalho na CTPS. Configuração

Ementa: Dano moral — Falta registro do contrato de trabalho na CTPS — Configuração. O trabalho informal é fator de exclusão social e assim a não anotação do contrato de trabalho na CTPS do empregado caracteriza dano moral, pois impede o trabalhador de sentir-se participante de uma sociedade que alteou a nível constitucional a importância do trabalho para a construção da República (Constituição Federal, art. 1º, inciso IV). Tal procedimento excede os limites do jus variandi, incorrendo em abuso de poder, razão pela qual entendo ser devida a indenização por dano moral, nos termos do art. 927 do Código Civil. [TRT 6ª Reg. RO 0031300-36.2009.5.06.0401 — (Ac. 2ª T.) — Rel. Des. Acácio Júlio Kezen Caldeira — DJe/TRT 6ª Reg. n. 470/10, 3.5.10, p. 55 — Apud LTr Sup. Jurisp. 30/2010, p. 234]

Indenização por dano moral. Participação de processo seletivo. Ausência de contratação

Ementa: Indenização por dano moral. Participação de processo seletivo. Ausência de contratação. A simples participação de processo seletivo, assim como a existência de tratativas para contratação, sem, contudo, ocorrer a efetiva celebração do pacto laboral e tampouco a prestação de serviços não configura dano moral quando ausente prova robusta da existência de prejuízo ou lesão ao direito personalíssimo do ofendido.[TRT 15ª Reg. — RO 0000618-6.2010.5.15.0016 — (1ª T., 2ª C.) — Relª Desª Helena Rosa Mônaco S. L. Coelho — Apud Revista Síntese Trabalhista e Previdenciária, n. 263, p.132, ementa 28727]

Dano moral. Ausência de recolhimento das contribuições previdenciárias descontadas da remuneração obreira. Configuração

Ementa: Danos morais. Ausência de recolhimento das contribuições previdenciárias descontadas da remuneração obreira. A ausência de recolhimento, pelo empregador, das contribuições previdenciárias descontadas da remuneração obreira mensalmente, representa efetiva afronta e frustração do trabalhador em conduta dolosa do empregador, especialmente quando nenhuma justificativa é apresentada. Nesse contexto, revela-se pertinente a condenação da empresa ao pagamento de indenização por danos morais. Recurso patronal parcialmente conhecido e desprovido. [TRT 10ª Reg. RO-1009-44.2010.5.10.0001 — (Ac. 3ª T.) — Relª Juíza Elke Doris Just — DJe/TRT 10ª Reg. n. 652/11, 20.1.11, p. 133 — Apud LTr Sup. Jurisp. 20/2011, p. 154]

Dano moral. Segurança e medicina do trabalho. Condições de trabalho precárias e inóspitas. Cabimento

Ementa: Indenização por danos morais. Segurança e medicina do trabalho. Condições de trabalho precárias e inóspitas. Considerando que todos têm direito ao meio ambiente ecologicamente equilibrado, competindo ao empregador proteger e preservar o meio ambiente de trabalho, faz jus o empregado a indenização por danos morais na hipótese em que o empregador violar o capítulo concernente à segurança e medicina do trabalho. Recurso não provido. [TRT 24ª Reg. RO-216-72.2011.5.24.0101 — (Ac. 1ª T.) — Rel. Des. André Luís Moraes de Oliveira — DJe/TRT 24ª Reg. n. 827/11, 3.10.11, p. 16 — Apud LTr Sup. Jurisp. 02/2012, p. 12]

Responsabilidade civil. Danos morais. Indenização. Dosagem

Ementa: Responsabilidade civil — Danos morais — Indenização — Dosagem. Tratando-se de danos morais, a dosagem da indenização, a ser feita em dinheiro, para compensar uma lesão que, por sua própria natureza, não se mede pelos padrões monetários, haverá de ser solucionada dentro do princípio do prudente arbítrio do julgador, sem parâmetros apriorísticos e à luz das peculiaridades de cada caso, principalmente em função do nível socioeconômico dos litigantes e da maior ou menor gravidade da lesão. O arbitramento do dano moral deve ser apreciado ao inteiro arbítrio do Juiz que, não obstante em cada caso, deve atender à repercussão econômica dele, à prova da dor e ao grau de dolo ou culpa do ofensor. A compensação se realiza pela contraposição da alegria à dor: compensa-se o lesado levando-se-lhe, senão na mesma quantidade, pelo menos na mesma qualidade, bens outros, também ideais, também subjetivos, capazes de neutralizar, nele, a mágoa ou a dor sofrida. [TJ-SP — AP. 163.470-1/8-Capital — (Ac. 3ª C. Cível) — Rel. Des. Silvério Ribeiro — Julgamento: 16.06.92]

Dano moral. Arbitramento judicial. Princípio da razoabilidade. Dano material. Necessidade de prova

Ementa: Responsabilidade civil de estabelecimento comercial — Aponte do nome como devedor inadimplente — Serviço de proteção ao crédito (SPC). Dano moral — Arbitramento — Dano material — Prova — Necessidade — Responsabilidade Civil. Dano moral — Arbitramento judicial — Princípio da razoabilidade. Dano material — Necessidade de prova. O arbitramento judicial é o mais eficiente meio para se fixar o dano moral. E embora nessa penosa tarefa não esteja o juiz subordinado a nenhum limite legal, nem a qualquer tabela prefixada, deve, todavia, atentando para o princípio da razoabilidade, estimar uma quantia compatível com a reprovabilidade de conduta ilícita e a gravidade do dano por ele produzido. Se a reparação deve ser a mais ampla possível, não pode o dano transformar-se em fonte de lucro. Entre esses dois limites devem se situar a prudência e o bom senso do julgador. Ressalvadas as hipóteses expressamente previstas em lei, como os juros de mora e a cláusula penal, não há dano material presumido. Quem se alega prejudicado, portanto, deve provar, no próprio processo de conhecimento, que o fato de que se queixa concreta e efetivamente causou-lhe prejuízo, não bastando a simples potencialidade de dano a que ficou exposto. Reforma parcial da sentença. [TJRJ — AC 1622/95 — (Reg. 310895) — Cód. 95.001.01622 — (2ª C.Cív.) — Rel. Des. Sérgio Cavalieri Filho — Julgamento: 30.05.1995]

Dano moral. Indenização

Ementa: Dano moral — Indenização. A indenização, em caso de danos morais, não visa reparar, no sentido literal, a dor, a alegria, a honra, a tristeza ou a humilhação; são valores inestimáveis, mas isso não impede que seja precisado um valor compensatório, que amenize o respectivo dano, com base em alguns elementos como a gravidade objetiva do dano, a personalidade da vítima, sua situação familiar e social, a gravidade da falta, ou mesmo a condição econômica das partes. [STJ. 5ª Turma. Resp. n. 239.973/RN — Rel. Min. Edson Vidigal, julgado em 16 de maio de 2000 — DJ 12 jun. 2000, p. 129]

Dano moral. Indenização. Arbitramento

Ementa: Dano moral — Indenização — Arbitramento. (...) ao fixar o valor, e à falta de critérios objetivos, agir com prudência, atendendo, em cada caso, às suas peculiaridades e à repercussão econômica da indenização, de modo que o valor da mesma não deve ser nem tão grande que se converta em fonte de enriquecimento, nem tão pequeno que se torne inexpressivo. (TJMG, Ap. 87.244, 3ª Câm., j. 9-4-1992, Repertório IOB de Jurisprudência, n. 3, p. 7679)

Dano moral. Valor fixado. Efeito pedagógico e punitivo

Ementa: Dano moral — Valor fixado — Efeito pedagógico e punitivo — O escopo da reparação do prejuízo experimentado pela vítima concentra-se na inibição do agente causador do dano a praticar outros atos ilícitos, sem permitir o locupletamento da outra parte. Nessa linha de raciocínio, deflui-se que o valor arbitrado atingiu o desígnio esperado, ou seja, a função pedagógica e punitiva que a indenização deve representar para o agente ofensor. [TST — AIRR — 4039/2002-902-02-00 — (Ac. 2ª T.) — Rel. Min. Simpliciano Fontes de F. Fernandes — DJ 23.06.06]

Indenização. Dano moral. Critérios para fixação do valor da indenização

Ementa: Indenização- Dano moral- Critérios para fixação do valor da indenização — Princípio da razoabilidade. Entende-se por dano moral, aquele que diz respeito às lesões sofridas pelo sujeito físico da pessoa natural (não jurídica), em seu patrimônio de valores exclusivamente não econômicos. Quando os prejuízos atingem o complexo valorativo da personalidade humana, nos aspectos de sua intimidade, afetividade pessoal e consideração social, surge o dano moral, indenizável por força de determinação constitucional. A fixação do quantum a ser pago a título de indenização é tarefa tormentosa, que fica a cargo do juiz sentenciante, devendo o mesmo levar em conta a situação econômica de ambas as partes, a extensão da ofensa e o grau de culpa do agente, não podendo se olvidar de que a condenação tem por escopo além de compensar a vítima pela humilhação e dor indevidamente impostas, punir o causador do dano de forma a desestimulá-lo à prática de atos semelhantes (caráter pedagógico). Na mesma esteira, ainda que ao juízo caiba o arbitramento da indenização, esta não pode ser "escoadouro de sonhos e riquezas". É preciosa a lição do Mestre Humberto Teodoro Júnior, quando afirma que: "se a vítima pudesse exigir a indenização que bem quisesse e se o juiz pudesse impor a condenação que lhe aprouvesse, sem condicionamento algum, cada caso que fosse ter à Justiça se transformaria num jogo lotérico, com soluções imprevisíveis e disparatadas". É certo que a cada caso dá-se à vítima "uma reparação de damno vitando, e não de lucro capiendo. Mais que nunca há de estar presente a preocupação de conter a reparação dentro do razoável, para que jamais se converta em fonte de enriquecimento, conforme arremata o eminente professor. Recurso provido. [TRT 3ª Reg. RO 01828-2003-099-03-00-2 — (Ac. 3ª T.) — Relª Juíza Convocada Maria Cristina Diniz Caixeta — DJMG 24.4.04]

Indenização. Dano moral. Critérios para fixação do valor da indenização. Princípio da razoabilidade

Ementa: Indenização- Dano moral — Critérios para fixação do valor da indenização — Princípio da razoabilidade. Entende-se por dano moral, aquele que diz respeito às lesões sofridas pelo sujeito físico da pessoa natural (não jurídica), em seu patrimônio de valores exclusivamente não econômicos. Quando os prejuízos atingem o complexo valorativo da personalidade humana, nos aspectos de sua intimidade, afetividade pessoal e consideração social, surge o dano moral, indenizável por força de determinação constitucional. A fixação do quantum a ser pago a título de indenização é tarefa tormentosa, que fica a cargo do juiz sentenciante, devendo o mesmo levar em conta a situação econômica de ambas as partes, a extensão da ofensa e o grau de culpa do agente, não podendo se olvidar de que a condenação tem por escopo além de compensar a vítima pela humilhação e dor indevidamente impostas, punir o causador do dano de forma a desestimulá-lo à prática de atos semelhantes (caráter pedagógico). Na mesma esteira, ainda que ao juízo caiba o arbitramento da indenização, esta não pode ser "escoadouro de sonhos e riquezas". É preciosa a lição do Mestre Humberto Teodoro Júnior, quando afirma que: "se a vítima pudesse exigir a indenização que bem quisesse e se o juiz pudesse impor a condenação que lhe aprouvesse, sem condicionamento algum, cada caso que fosse ter à Justiça se transformaria num jogo lotérico, com soluções imprevisíveis e disparatadas". É certo que a cada caso dá-se à vítima "uma reparação de damno vitando, e não de lucro capiendo. Mais que nunca há de estar presente a preocupação de conter a reparação dentro do razoável, para que jamais se converta em fonte de enriquecimento", conforme arremata o eminente professor. [TRT 3ª Reg. RO 140-2007-143-03-00-2 — (Ac. 3ª Turma) — Relª Desª. Maria Lúcia Cardoso de Magalhães — DJ, 29.9.07]

***Quantum* indenizatório. Duplo caráter**

Ementa: Quantum indenizatório. O quantum indenizatório tem duplo caráter, isto é, satisfativo-punitivo. Satisfativo porque visa a compensar o sofrimento da vítima, e punitivo porque visa a desestimular a prática de atos lesivos à honra, à imagem das pessoas. A ré demonstra desconhecer por completo os graves atos praticados por seu preposto, sendo necessária, por isso, a majoração do quantum. Assim, majora-se o quantum indenizatório para R$30.000,00 (trinta mil reais), por entender ser justa reparação do dano experimentado pelo autor e para despertar no empregador o sentimento de maior zelo pela integridade de seus empregados que, em última análise, representa a tutela jurídica ao valor constitucional do bem-estar social. [TRT 17ª Reg. RO 00542.2006.003.17.00.2 — (Ac. 2ª T.) — Rel. Juiz Antonio de Carvalho Pireis — DOE 03.04.08]

Dano moral. Boa-fé objetiva. Dever de cuidado com a imagem do empregado

Ementa: Dano moral — Boa-fé objetiva — Dever de cuidado com a imagem do empregado — Viola o dever de cuidado com a imagem do empregado decorrente do princípio da boa-fé objetiva, o empregador que divulga, via rádio de comunicação, para todos os demais empregados, que aquele empregado não pertence mais ao quadro da empresa, devendo ser tratado como pessoa suspeita. [TRT 9ª Reg. RO 18781-2004-012-09-00-1 — (Ac. 2ª T. 09616/08) — Rel. Eduardo Milléo Baracat — DJPR 4.4.08, p. 868 — Apud LTr Sup. Jurisp. 29/2008, p.227]

Dano moral. Agressão sofrida pelo empregado no local de trabalho, por outro colega. Rixa sem conhecimento da empresa. Não configuração

Ementa: Recurso Ordinário — Dano moral — Não há direito a indenização por dano moral, calcada em culpa e negligência do empregador, quando a agressão sofrida pelo reclamante no local de trabalho, por outro colega, se deu em razão de rixa da qual a empresa não tinha conhecimento. Ademais, se o autor foi socorrido por outro empregado e levado ao hospital no automóvel do gerente não resta configurada qualquer negligência ou omissão. Por fim, se o agressor foi imediatamente dispensado e o reclamante continuou trabalhando por mais alguns meses, tem-se que foi mantida a ordem no local de trabalho. Recurso ordinário a que se nega provimento. [TRT 2ª Reg. RO 01691200537202009 — (Ac. 10ª T. 20080160390) — Rel.ª Marta Casadei Momezzo — DOE/TRT 2ª Reg., 18.3.08, p. 417 — Apud LTr Sup. Jurisp. 32/2008, p. 251]

Indenização por assédio moral. Critérios para fixação do valor

Ementa: Indenização por assédio moral — Critérios para fixação do valor. A reparabilidade pecuniária do dano moral deve, de um lado, servir como uma compensação pela sensação de dor experimentada pela vítima, de acordo com a gravidade e a extensão do dano e, de outro, constituir uma sanção ao ofensor, considerando sua capacidade econômica, a fim de desestimulá-lo a praticar o ato novamente. Desse modo, o valor fixado deve ter uma finalidade verdadeiramente educativa, induzindo o agente que praticou o ato ilícito a mudar o seu comportamento, sem proporcionar à vítima, de outro lado, enriquecimento sem causa. Recurso ordinário da reclamante conhecido e parcialmente provido para majorar o valor da indenização. [TRT 9ª Reg. RO 03943-2006-664-09-00-7 — (Ac. 3ª T.) — Rel. Paulo Ricardo Pozzolo — DJPR 01.04.08]

Dano moral. Atos discriminatórios. Indenização. Cabimento

Ementa: Dano moral —Atos discriminatórios — Indenização — Comprovado nos autos que a empresa realizava procedimentos discriminatórios, conduta considerada ilícita nos termos da Lei n. 9.029/1995 e da Convenção n. 111 da OIT, por violar direitos subjetivos que integram a dignidade do trabalhador, deve ela ser condenada ao pagamento de indenização por danos morais. [TRT 12ª Reg. RO 05242-2007-051-12-00-1 — (Ac. 1ª T., 11.3.09) — Rel. Juíza Viviane Colucci — Disp.TRT-SC/DOE 12.5.09 — Data de Publ. 13.5.09 — Apud LTr Sup. Jurisp. 034/2009, p. 266]

Dano moral. Informação desabonadora. Responsabilidade civil. Efeitos

Ementa: Dano moral — Informação desabonadora — Responsabilidade civil. No caso debatido nestes autos, o cerne da controvérsia resume-se a uma correspondência enviada por e-mail pelo gerente comercial da ré a clientes e contatos comerciais, cujo conteúdo, a princípio, deveria revelar tão somente o anúncio da adoção de estratégia de vendas visando a melhoria dos serviços e crescimento no mercado, e a comunicação de novos endereços eletrônicos para as negociações dantes encabeçadas pelo autor e por outro funcionário, que teriam se desligado dos quadros de pessoal da empresa. Contudo, do seu teor se pode extrair que o autor teve sua imagem maculada perante terceiros, constituindo ato atentatório à sua imagem profissional, em ofensa à proteção conferida pelo art.5º, X da Constituição Federal, além de constituir abuso de direito, a teor do art. 187 do Código Civil, em clara infringência ao dever de boa-fé que acompanham empregador e empregado mesmo após o término do pacto laboral (art. 422 do Código Civil), ensejando-lhe prejuízos de ordem moral passível de reparação. Presentes os requisitos da responsabilidade civil subjetiva (art.186 do Código Civil), forçosa a manutenção da sentença revisanda que deferiu a pretensão reparatória por danos morais perseguida pelo autor. Recurso ordinário da ré ao qual se nega provimento, no particular. Dano moral. Valor da compensação. À falta de parâmetro legal, a fixação do valor da reparação por dano moral deve obedecer a critérios de razoabilidade e proporcionalidade e, ainda, considerar a gravidade do dano, a intensidade da culpa e a condição financeira do réu. Há que se buscar sempre um ponto de equilíbrio entre a necessidade de compensar a vítima pelo sofrimento sentido e a de produzir um efeito punitivo e pedagógico no ofensor. Nesse prisma, considerando que a condenação imposta neste caso específico se adequou aos parâmetros realçados, nenhuma reforma merece a sentença na fixação do valor da compensação. Recurso ordinário da ré ao qual se nega provimento. [TRT 23ª Reg. RO 00787.2009.003.23.00-0 RO (Proc. 0078700-05.2009.5.23.0) — (Ac. 2ª T. Sessão 11/10) — Rel.ª Des.ª Beatriz Theodoro — DJe/TRT 23ª Reg. n. 469/10, 30.4.10, p. 48 — Apud LTr Sup. Jurisp. 28/2010, p. 221/222]

Professor. Fase pré-contratual. Indenização devida

Ementa: (...). Instituição de ensino superior. Compromisso junto ao MEC. Contratação de professor. Fase pré-contratual. Efeitos. Reintegração não determinada. Indenização em razão de dupla fundamentação. Violação ao princípio da boa-fé objetiva e descumprimento da norma para dispensa de professor. Segundo se extrai do v. acórdão regional o compromisso firmado entre a instituição de ensino superior e o professor para cumprir o projeto pedagógico encaminhado ao MEC, segundo o qual foi concedida a autorização para a implantação do curso de Direito, incluía a contratação do reclamante para ministrar 24 horas-aula por semana. De tal modo, a celebração do contrato de trabalho com carga horária inferior àquela ajustada entre as partes, bem como a ruptura injustificada e arbitrária por parte da reclamada implica violação ao princípio da boa-fé objetiva, ressaltando-se o fato de que a instituição se apropriou do nome da imagem profissional do autor para obter vantagem, qual seja, a aprovação do curso junto ao MEC e a propaganda para admissão de novos alunos, razão pela qual é devida a indenização deferida. Não há como se conhecer do recurso de revista, pela premissa da estabilidade, que acabou por não ser assegurada ao autor, sendo que nada se determinou com base em garantia de emprego, mas sim da negociação firmada, a fase pré-contratual estabelecida entre as partes implicando expectativa para o reclamante e o procedimento utilizado pela instituição para descumprir o compromisso ajustado. Inespecíficos os arestos transcritos, eis que não abordam todos os fundamentos contidos na r. decisão recorrida. Incidência da Súmula n. 296 desta C. Corte. Recurso de Revista não conhecido. [TST-RR — 120700-18.2005.5.09.0660 — (6ª Turma) — Rel. Min. Aloysio Corrêa da Veiga — Data de Publicação: DEJT 28/10/2010]

Dano moral. Ofensas verbais. Discriminação racial. Configuração

Ementa: Ofensas verbais — Discriminação racial — Dano moral caracterizado. As expressões ofensivas dirigidas a empregado pela empregadora no ambiente da empresa, reveladoras de preconceito racial, constituem prática de ato ilícito tipificado como crime hediondo pelo ordenamento legal pátrio, sendo inclusive inafiançável. Esses atos, por causarem lesão à honra, à imagem e à dignidade da pessoa, devem ser, de pronto, repudiados por esta Justiça. Essa hipótese impõe a condenação da empregadora ao pagamento de indenização por danos morais. [TRT 12ª Reg. RO 02508-2008-009-12-00-0 — (Ac. 1ª T., 5.5.10) — Rel.ª Juíza Viviane Colucci — TRT-SC/DOE 28.6.10 — Data de Publ. 29.6.10 — Apud LTr Sup. Jurisp. 32/2010, p. 254]

Dano moral. Promessa de emprego. Frustração

Ementa: (...). 2. Dano moral. Promessa de emprego. Frustração. A frustração da promessa de emprego, efetivada pelo supervisor geral da reclamada, e devidamente aceita pelo trabalhador, enseja o pagamento da indenização por dano moral. A culpa do empregador, no caso, decorre do disposto nos arts. 932, III, e 933, do Código Civil. Recurso de revista não conhecido (...) (TST-RR-86300-98.2006.5.04.0201 — (3ª Turma) — Rel. Min. Alberto Luiz Bresciani de Fontan Pereira — DEJT de 5.8.2011]

Dano moral. Dispensa imotivada. Abuso de direito

Ementa: Dano moral. Dispensa imotivada. Abuso de direito. Professora titulada e de reconhecido nome no meio acadêmico, contratada para coordenar implementação de curso de sua área de conhecimento científico na ré. Existência de expectativa da obreira na continuidade da relação de empego, baseado na bona fides contratual, que foi desmantelada como um castelo de cartas. Interesse do empregador em mantê-la em seus quadros até a aprovação do curso pelo MEC. Dispensa imotivada logo em seguida à chancela de autorização ministerial. Existência de abuso de direito. O direito potestativo do empregador encontra limite no conteúdo ético e na boa fé objetiva, que são imanentes ao contrato de trabalho. Prova do dano existente, tendo havido repercussão no meio acadêmico frequentado pela autora que lesa a sua honra profissional. Nexo causal comprovado. [TRT 9ª Reg. — RO 21305/2000 — Relª Ana Carolina Zaina — DJPR 06.08.2004 — Apud MARQUES (2009:104)]

Dano moral. Assédio sexual. Configuração. Indenização por dano moral. Quantum

Ementa: 1. Assédio sexual. Configuração. Indenização por dano moral. Quantum. Estando demonstrado nos autos que o reclamado assediou sexualmente a autora, é devido o pagamento de indenização por danos morais. Acerca do valor da reparação, não pode o Juiz olvidar de certos indicativos para sua fixação, tais como a situação econômica das partes, a idade e o sexo da vítima, sob pena de, ao reparar um dano, provocar a ocorrência de outros prejuízos, inclusive de natureza social. Deve o Magistrado, outrossim, considerar, em cada caso concreto, a equivalência entre o ato faltoso e o dano sofrido, bem como a possibilidade real de cumprimento da obrigação, sempre com observância ao princípio da razoabilidade e à vedação do enriquecimento sem causa. Deve o montante ter conteúdo didático, de modo a coibir a reincidência do causador do dano. Acrescente-se que a condenação imposta pelo dano moral não se situa no quantum, mas no inequívoco reconhecimento de que foi reprimida a conduta lesiva. Assim e diante das circunstância que permeiam o caso concreto, há de ser minorado o importe fixado a esse título na Origem. 2. Recurso conhecido e parcialmente provido. [TRT 10ª Reg. RO-338-24.2011.5.10.0021 — (Ac. 2ª T.) — Rel. Des. Brasilino Santos Ramos — DJe/TRT 10ª Reg. 866/11, 1.12.11, p. 81 — Apud LTr Sup. Jurisp. 11/2012, p. 84/85]

Dano moral. Responsabilidade civil do empregador. Fases pré e pós-contratual

Ementa: (...). Sabe-se que os efeitos das obrigações impostas no contrato de trabalho não se restringem ao período de vigência formal do contrato de trabalho. Isso porque a responsabilidade civil do empregador não está limitada ao período contratual, mas igualmente alcança as fases pré e pós-contratual, devendo estar presente, inclusive, nas tratativas contratuais preliminares. Desse modo, o rompimento injustificado das negociações podem revelar a quebra do princípio da boa fé objetiva, insculpido no art. 422 do Código Civil. Agravo de instrumento não provido. (TST-AIRR-142700-26.2009.5.01.0003 — (7ª Turma) — Relª. Minª. Delaíde Miranda Arantes — DEJT de 21.9.2012]

Professor. Danos morais. Obrigações na fase pré--contratual

Ementa: Agravo de instrumento em recurso de revista. Indenização. Danos morais. Obrigações na fase pré-contratual. 1. O Tribunal Regional reputou incontroverso que "a ré utilizou-se do nome, da titulação, da condição específica do reclamante para obter a aprovação de seu curso junto ao MEC e que com isso obteve proveito econômico", concluindo ser "Inequívoco que o reclamante e a ré se comprometeram reciprocamente, e que o cumprimento da obrigação estava condicionado à aprovação do curso pelo MEC.(...). Portanto, havia, sim, um compromisso da primeira Reclamada, ao obter a aprovação do curso, de contratar o Reclamante". Entendeu o julgador que a execução dessa obrigação não se mostrava aconselhável pelo fato de haver outro professor ministrando a disciplina e da evidente animosidade que o presente litígio causou, razão pela qual reputou que a melhor solução seria a reparação civil, sendo devida a indenização decorrente de danos morais, condenando as reclamadas de forma solidária, ante a caracterização de grupo econômico (aspecto que não foi objeto de insurgência no recurso de revista). 2. Decisão regional em conformidade com o entendimento desta Casa no sentido que, em prestígio à boa-fé objetiva, ao vislumbrarem a formação do vínculo contratual, as partes comprometem-se, desde então, ao cumprimento de obrigações pertinentes à fase do pré-contrato. 3. Nesse contexto, o não cumprimento pela primeira reclamada do que fora previamente ajustado, que fez nascer no autor a expectativa de sua contratação para o corpo docente da faculdade, caracteriza conduta ilícita ensejadora da reparação. 4. Violação do art. 186 do CCB/2002 não reconhecida. [TST-AIRR-3194800-26.2007.5.09.00111- (Ac. 1ª Turma) — Rel. Min. Hugo Carlos Scheuermann — Julgamento em 29 de maio de 2013]

Dano moral. Agressões e humilhações. Animosidade entre o ofensor e as testemunhas do reclamante. Dano moral configurado

Ementa: Indenização por dano moral — Agressões e humilhações — Animosidade entre o ofensor e as testemunhas do reclamante — Recurso ordinário. Os problemas existentes entre as testemunhas do reclamante e o gerente que proferiu as agressões contra o autor não são suficientes para desconsiderar os depoimentos prestados, ainda mais porque inexistente contradita. Ao contrário, revelam a animosidade com que o preposto da empresa costumava tratar seus subordinados. Comprovado o dano moral, pois os depoimentos das testemunhas do autor corroboraram as assertivas vestibulares, ao passo que os testemunhos produzidos pelo reclamado revelaram-se inconsistentes e conflitantes com as declarações do preposto. Recurso provido, em parte. [TRT 15ª Reg. (Campinas/SP) RO 1380-2007-125-15-00-7 — (Ac. 44961/08-PATR, 3ª C.) — Rel. José Pedro de Camargo Rodrigues de Souza — DOE 1.8.08, p. 85 — Apud LTr Sup. Jurisp. 43/2008, p. 339]

Dano moral. Agressão verbal a empregada, expondo-a a situação humilhante e vexatória no ambiente de trabalho. Configuração

Ementa: Danos morais — Indenização — A atitude do empregador que reiteradamente agride verbalmente a empregada, expondo-a a situação humilhante e vexatória no ambiente de trabalho, extrapola os limites do poder diretivo, atingindo a honra subjetiva da trabalhadora, fato que merece a devida reparação, sob pena de a relação entre empregado e empregador tornar-se um território fértil para abusos de toda natureza. [TRT 18ª Reg. RO 02200-2007-010-18-00-0 — (Ac. 2ª T.) — Rel. Des. Platon Teixeira de Azevedo Filho — DJe / TRT 18ª Reg., ano III, n. 50, 20.3.09, p. 12 — Apud LTr Sup. Jurisp. 019/2009, p. 148]

Dano moral. Impropérios. Caráter genérico

Ementa: Danos morais — Impropérios — Caráter genérico. A conduta exagerada e preconceituosa do titular da reclamada, lançando impropérios e insulto contra os empregados, se mostra suficiente a configurar os danos morais à pessoa do reclamante. [TRT 21ª Reg. 01323-2008-001-21-00-8 — (Ac. 1ª T. n. 87.897) — Red. Des. José Rêgo Júnior — DJe/TRT 21ª Reg. 329/09, 2.10.09, p. 163 — Apud LTr Sup. Jurisp. 02/2010, p. 012]

Dano moral. Agressão física

Ementa: Dano moral — Agressão física. No caso concreto, é devido o pagamento da indenização por dano moral, haja vista que o reclamante foi agredido fisicamente com um tapa no rosto dentro do supermercado, fato o qual foi presenciado por várias pessoas. É certo que entre os direitos sociais assegurados pela Constituição Federal tem-se o direito à saúde do trabalhador, cujo objetivo é a preservação da sua integridade física e moral, com vista a alcançar uma vida digna. Recurso de revista de que não se conhece. [TST–RR 2000-80.2005.5.17.0007 — (Ac. 5ª T.) — Relª. Minª. Kátia Magalhães Arruda]

Dano moral. Agressão verbal praticada por superior hierárquico. Danos morais. Indenização

Ementa: Agressão verbal praticada por superior hierárquico. Danos morais. Indenização. Nas relações de trabalho, mesmo quando o empregado pratica uma falta grave, passível de demissão por justa causa, o que, frise-se, não ocorreu na hipótese dos autos, é certo que o comportamento falho não confere ao empregador o direito de humilhar o empregado, menoscabando-o com palavrões e xingamentos. Tal comportamento ofende mesmo a dignidade e a honra do empregado, valores caros efusivamente protegidos por toda a legislação protetiva do trabalho. Indenização por danos morais mantida. [TRT 18ª Reg. RO-0002155-62.2010.5.18.0013 — (Ac. 3ª T.) — Relª Desª Elza Cândida da Silveira — DEJT n. 749/2011, 13.6.11, p. 71 — Apud LTr Sup. Jurisp. 36/2011, p. 288]

Assédio moral. Caracterização

Ementa: Assédio moral — Caracterização — O termo 'assédio moral' foi utilizado pela primeira vez pelos psicólogos e não faz muito tempo que entrou para o mundo *jurídico. O que se denomina assédio moral, também conhecido como mobbing (Itália, Alemanha e Escandinávia), harcèlement moral (França), acoso moral (Espanha), terror psicológico ou assédio moral entre nós, além de outras denominações, são, a rigor, atentados contra a dignidade humana. De início, os doutrinadores o definiam como 'a situação em que uma pessoa ou um grupo de pessoas exercem uma violência psicológica extrema, de forma sistemática e frequente (em média uma vez por semana) e durante um tempo prolongado (em torno de uns 6 meses) sobre outra pessoa, a respeito da qual mantém uma relação assimétrica de poder no local de trabalho, com o objetivo de destruir as redes de comunicação da vítima, destruir sua reputação, perturbar o exercício de seus trabalhos e conseguir, finalmente, que essa pessoa acabe deixando o emprego' (cf. Heinz Leymann, médico alemão e pesquisador na área de psicologia do trabalho, na Suécia, falecido em 1999, mas cujos textos foram compilados na obra de Noa Davenport e outras, intitulada Mobbing: Emotional 'Abuse in The American Work Place'). O conceito é criticado por ser muito rigoroso. Esse comportamento ocorre não só entre chefes e subordinados, mas também na via contrária, e entre colegas de trabalho com vários objetivos, entre eles o de forçar a demissão da vítima, o seu pedido de aposentadoria precoce, uma licença para tratamento de saúde, uma remoção ou transferência. Não se confunde com outros conflitos que são esporádicos ou mesmo com más condições de trabalho, pois o assédio moral pressupõe o comportamento (ação ou omissão) por um período prolongado, premeditado, que desestabiliza psicologicamente a vítima. Se a hipótese dos autos revela violência psicológica intensa sobre o empregado, prolongada no tempo, que acabou por ocasionar, intencionalmente, dano psíquico (depressão e síndrome do pânico), marginalizando-o no ambiente de trabalho, procede a indenização por dano moral advindo do assédio em questão. [TRT 3º Reg. RO 01292-2003-057-03-00-3 — (Ac. 2ª T.) — Relª Juíza Alice Monteiro de Barros. DJMG 11.08.04, p. 13 — Apud LTr Sup. Jurisp. 35/2004, p. 275/276]*

Danos morais. Assédio moral configurado. Devida indenização reparatória

Ementa: Danos morais — Assédio moral configurado — Devida indenização reparatória. O assédio moral decorre de tortura psicológica atual e continuada consubstanciada no terror de ordem pessoal, moral e psicológico, praticado contra o empregado, no âmbito da empresa, podendo ser exercitado pelo superior hierárquico, por grupo de empregados do mesmo nível e pelos subordinados contra o chefe, isto é, pode ocorrer no sentido vertical, horizontal e ascendente, tem como fito tornar insuportável o ambiente de trabalho, obrigando-o a tomar a iniciativa, por qualquer meio, do desfazimento do contrato de trabalho. O "mobbing" se caracteriza pela prática atual e frequente de atos de violência contra a pessoa do empregado, no qual participam, necessariamente, o ofensor, o ofendido e expectadores (grupo de empregados) uma vez que tem por objetivo humilhá-lo, constrangê-lo perante os demais colegas de trabalho. Marie-France Hirigoyen define o psicoterror como sendo "toda e qualquer conduta abusiva manifestando-se sobretudo por comportamentos, palavras, atos, gestos, escritos que possam trazer dano à personalidade, à dignidade ou à integridade física ou psíquica de uma pessoa, pôr em perigo sem emprego ou degradar o ambiente de trabalho" (In Assédio Moral A violência Perversa do Cotidiano). In casu, ficou comprovado à saciedade a humilhação e constrangimento que era submetido, rotineiramente, o empregado, na presença dos demais colegas de trabalho, por ato do superior hierárquico, por não ter atingido a meta de produção, consubstanciada, no fato de usar vestes do sexo oposto, inclusive desfilar com roupas íntimas, além de sofrer a pecha de "irresponsável", "incompetente", "fracassado", dentre outros. Destarte, autorizada a manutenção da condenação em danos morais lastreada em terror psicológico. Merece ajuste, apenas, quanto ao valor da indenização, a qual fica fixada em R$ 15.000,00, tendo como espelho a gravidade da lesão, a extensão do dano e sua repercussão, as condições das partes e princípio da equidade. Recurso ordinário provido, no particular. [TRT 6ª Reg. RO 00776-2002-006-6-00-5 — (Ac. 1ª T.) — Rel. Juiz Valdir José Silva de Carvalho — DOE 03.04.04]

Assédio moral. Dano moral. Abuso do poder diretivo

Ementa: Assédio moral — Dano moral — Abuso do poder diretivo. Quando o empregador valendo-se do seu poder diretivo, submete o empregado a tratamento humilhante e discriminatório, resta configurado o assédio moral, passível de indenização por dano moral. [TRT 14ª Reg. RO 00696.2004.402.14.00-5 — Rel.ª Juíza Maria Cesarineide de Souza Lima — DOE/AC n. 9080, 1º.7.05]

Danos morais. Assédio moral configurado. Devida indenização reparatória

Ementa: Danos morais — Assédio moral configurado — Devida indenização reparatória. Constitui assédio moral a tortura psicológica atual e continuada a que é submetido o empregado, consubstanciada no terror de ordem pessoal, moral e psicológico, praticado no âmbito da empresa, podendo ser exercitado pelo superior hierárquico, por grupo de empregados do mesmo nível e pelos subordinados contra o chefe, isto é, pode ocorrer no sentido vertical, horizontal e ascendente. Tem por objetivo, via de regra, tornar insuportável o ambiente laboral, obrigando o trabalhador a tomar a iniciativa, por qualquer meio, do desfazimento do vínculo empregatício. O "mobbing" caracteriza-se pela prática atual e frequente de atos de violência contra a pessoa do empregado, dos quais participam, necessariamente, o ofensor, o ofendido e espectadores (grupo de empregados), uma vez que tem por finalidade promover a humilhação, o constrangimento perante os demais colegas de trabalho. Marie-France Hirigoyen define o psicoterror como sendo "toda e qualquer conduta abusiva, manifestando-se, sobretudo, por comportamentos, palavras, atos, gestos, escritos, que possam trazer dano à personalidade, à dignidade ou à integridade física ou psíquica de uma pessoa, pôr em perigo seu emprego ou degradar o ambiente de trabalho" (in "assédio moral a violência perversa do cotidiano"). in casu, ficaram comprovados, à saciedade, a humilhação e o constrangimento a que era submetido, rotineiramente, o empregado, na presença dos demais colegas de trabalho, por ato do superior hierárquico, por não ter atingido a meta de produção, consubstanciados na atribuição da pecha de "irresponsável", "incompetente", "fracassado", dentre outros. Cabível, destarte, a indenização por danos morais. Recurso ordinário improvido, no particular. [TRT 6ª Reg. — Proc. n. 00340-2004-005-06-00-1 — (1ª T.) — Rel. Juiz Valdir José Silva de Carvalho — DOEPE 4.2.2005].

Assédio moral. Indenização

Ementa: Assédio Moral — Indenização. Pelo que aflora da prova produzida nos autos, não há como concluir que houve lesionamento ao patrimônio íntimo da Reclamante, mormente pelo fato induvidoso de que o mau humor matinal do seu chefe não era dirigido particularmente à Autora, já que as próprias testemunhas por ela apresentadas afirmaram que todos os repórteres eram vítimas de suas variações de humor. A prova também não autoriza a conclusão inequívoca de que a Reclamante foi tratada com desrespeito, mas apenas de que havia discussões profissionais, embora os protagonistas às vezes se exaltassem além do razoável, o que não autoriza, por si só, deferimento de indenização por assédio moral. [TRT 3ª Reg. RO 01375-2004-019-03-00-7 — (Ac. 6ª T.) — Rel.ª Emília Facchini — DJMG 10.03.05]

Assédio moral. Descaracterização. Tratamento deselegante. Ofensa não pessoal

Ementa: Assédio moral — Descaracterização — Tratamento deselegante — Ofensa não pessoal. Por assédio moral na relação de emprego deve-se entender o comportamento traiçoeiro ou a sequência de atos patronais, ou de seus prepostos, ostensivos, de molestamento ou de importunação praticados com a intenção de enfraquecer moralmente o trabalhador, com a finalidade de forçá-lo a praticar ou deixar de praticar algo contra a sua vontade, como por exemplo, afastar-se do emprego ou aceitar alteração contratual lesiva a seus interesses. Se as atitudes do preposto não se dirigiam de forma específica à reclamante, não tinham por finalidade impeli-la a deixar o emprego ou aceitar alteração prejudicial de seu contrato de trabalho, não configurada a ofensa pessoal e nem se pode tomar tal conduta como revestida da gravidade necessária para a caracterização do assédio moral. [TRT 3ª Reg. RO 03595-2005-091-03-00-3 — (Ac. 6ª T.) — Rel.ª Taísa Maria Macena de Lima — Publicado em: 9.5.06]

Assédio moral. Caracterização e consequências

Ementa: Assédio moral — Caracterização e consequências. Comprovada a conduta do preposto do empregador, superior hierárquico do autor, de cunho rígido, ameaçador, humilhante, de repressão excessiva e sem justo motivo, ao longo de extenso período do pacto laboral, e sem que se prove qualquer excludente de ilicitude ou culpa exclusiva da vítima, configura-se o assédio moral, bem como a necessidade de compensação pelos danos morais dele decorrentes. [TRT 14ª Reg. RO 00063.2007.101.14.00-9 — (Ac. 2ª T.) — Rel. Juiz Convocado Shikou Sadahiro — DOJT n. 110, 20.6.07]

Assédio moral. Tratamento vexatório. Responsabilidade civil

Ementa: Responsabilidade civil por ato ilícito. Assédio moral. Uso de banheiro. Tratamento vexatório. Cabimento. O empregador está sujeito ao pagamento de indenização, quando adota conduta que atinge a honra do trabalhador, expondo-o a situações humilhantes. O poder potestativo está sujeito a limites, e não pode desprezar os valores da dignidade, da honra e da auto-estima do empregado. [TRT 6ª Reg. — RO 01587-2008-020-06-00-1 — (Ac. 3ª T.) — Rel. Juiz Conv. Theodomiro Romeiro dos Santos — DEJTPE 02/10/2009 — Apud Revista Magister de Direito Trabalhista e Previdenciário n. 32, p. 156]

Assédio moral no ambiente de trabalho. Violência moral comprovada. Indenização devida

Ementa: Assédio moral no ambiente de trabalho — Violência moral comprovada — Indenização devida. A figura do assédio moral no ambiente de trabalho é prática antiga, mas apenas recentemente se reconhece sua existência e reparação. É uma forma de violência moral, acima de tudo, um desrespeito à dignidade da pessoa humana, ao que, restando comprovado o assédio é devida a indenização. Recurso Improvido. [TRT 14ª Reg. RO 00733.2007.004.14.00-8 — (Ac. 1ª T.) — Rel.ª Des.ª Vânia Maria da Rocha Abensur — DE TRT 14ª Reg. n. 036, 17.2.08]

Assédio moral. Configuração

Ementa: Assédio moral. Configura-se quando o empregado é vítima de abuso emocional no local de trabalho, de forma maliciosa (sem conotação sexual ou racial), com o fim de intimidá-lo a praticar atos contra a sua vontade, por meio de intimidações, humilhações, descrédito, ameaças ou mesmo descrédito e isolamento, causando-lhe constrangimento físico ou psicológico. [TRT 5ª Reg. RO 0118400-76.2007.5.05.0611 — (Ac. 2ª T.) — Rel. Juiz Convocado Het Jones Rios — DJ 24.4.08]

Dano moral. Assédio moral. Propagação de fatos distorcidos ou lesando a honra e dignidade do trabalhador. Configuração

Ementa: Danos Morais — Assédio Moral — Indenização — A interferência do Judiciário se faz necessária quando a conduta empresarial ultrapassa limites, atingindo a própria personalidade do empregado, pois não tem a empregadora autorização alguma, para repassar a outros trabalhadores, como conduta do certo ou errado, difamações de outro empregado, propagando fatos distorcidos ou lesando a honra e dignidade do mesmo, sem comprovação cabal de prática de atos irregulares ensejadores de punição. [TRT 3 Reg. RO 00047-2007-105-03-00-1 — (Ac. 8ª T.) — Rel. Juiz Convocado Paulo Mauricio R. Pires — DJMG 6.10.07, p. 25 — Apud LTr Sup. Jurisp. 03/2008, p. 19]

Dano moral. Assédio moral. Submissão a condições de isolamento e ócio no ambiente de trabalho. Caracterização

Ementa: Assédio moral — Submissão a condições de isolamento e ócio no ambiente de trabalho — Caracterização

— O assédio moral no trabalho consiste na exposição do trabalhador, durante a sua jornada de trabalho, a situações vexatórias, humilhantes, ou qualquer outro meio que cause violência psicológica, de forma sistemática e frequente, acarretando a marginalização do empregado em seu ambiente de trabalho e comprometendo a sua estabilidade emocional, de modo a induzi-lo, muitas vezes, a deixar o emprego. A submissão do trabalhador, de forma repetitiva e por longo período, ao isolamento e ao ócio em local de trabalho totalmente inadequado para o desenvolvimento digno de quaisquer atividades, torna evidente o assédio moral sofrido, não havendo dúvidas acerca da obrigação do empregador em reparar o dano, principalmente porque a violência psicológica atenta contra o conjunto de direitos que compõem a personalidade, notadamente os direitos fundamentais da pessoa humana, interferindo na vida pessoal do empregado assediado, abalando seu equilíbrio emocional e ocasionando, indubitavelmente, graves danos à sua saúde física e mental. Além disso, há que se considerar que o empregador é quem assume os riscos da atividade econômica e dirige a prestação pessoal de serviços (art. 2º da CLT), sendo o responsável pela reparação civil, por atos de seus empregados, no exercício do trabalho que lhes competir ou em razão dele (art. 932, III, do CC), porquanto a sua culpa pode configurar até mesmo negligência, que se concretiza pela omissão no controle das atividades desenvolvidas no local de trabalho. Recurso ordinário provido parcialmente. [TRT 15ª Reg. (Campinas/SP) RO 1539-2006-049-15-00-4 — (Ac. 29710/08 — PATR, 5ª C.) — Rel. Lorival Ferreira dos Santos — DOE 6.6.08, p. 86 — Apud LTr Supr. Jurisp. 35/2008, p. 275]

Dano moral. Assédio moral. Pecha de preguiçoso e mentiroso. Imagem denegrida. Configuração

Ementa: Assédio moral — O empregado que é alvo de perseguição da empresa e tem sua imagem constantemente denegrida por um colega, que lhe atribui a pecha de preguiçoso e mentiroso, é vítima de assédio moral e faz jus à reparação do dano moral sofrido. [TRT 3ª Reg. RO 00087-2008-111-03-00-6 — (Ac. 7ª T.) — Rel. Juíza Convocada Ana Maria Amorim Rebouças — DJMG 2.9.08, p. 16 — Apud LTr Sup. Jurisp. 50/2008, p. 396]

Dano moral. Assédio moral. Ambiente de trabalho. Caracterização

Ementa: Assédio moral no ambiente de trabalho — Caracterização — O assédio moral no ambiente de trabalho se caracteriza pela exposição do trabalhador a situações humilhantes e constrangedoras, repetitivas e prolongadas durante a jornada de trabalho e no exercício de suas funções. Trata-se de uma violência sistemática e que dura um certo tempo, visando desestabilizar o empregado de forma a obrigá-lo a se afastar do trabalho. [TRT 18ª Reg. RO 01218-2007-052-18-00-7 — (Ac. 1ª T.) — Rel. Juíza Wanda Lúcia Ramos da Silva — DJe/TRT 18ª Reg. ano II, n. 188, 10.10.08 (Disp.), p. 21 — Apud LTr Sup. Jurisp. 05/2009, p. 35]

Dano moral. Submissão do empregado a situação humilhante e vexatória. Indenização reparatória devida.

Ementa: Dano moral — Submissão do empregado a situação humilhante e vexatória — Indenização reparatória devida — A presente controvérsia bem demonstra como os interesses meramente materiais, na busca infinita do lucro, ainda se sobrepõem ao respeito à dignidade do ser humano, princípio constitucional muitas vezes ignorado nas relações contratuais. Restou demonstrado nos autos que o reclamante foi submetido por seu empregador a pressão psicológica, objetivando atingir determinadas metas relacionadas à captação de contas, que quando alcançadas, eram elevadas, inclusive acima da média referente a outras agências do mesmo porte. Ao não conseguir alcançar tal objetivo, foi o reclamante "premiado" com um "troféu", representado por uma botina, que permaneceu por cerca de um ano pendurada na sala de uma das gerências regionais do reclamado, identificando o Posto de Serviço de responsabilidade do autor como o último do "ranking" do reclamado, procedimento que tornou o trabalhador alvo de piadas e achincalhações dos demais colegas em reuniões das quais participava. Tal procedimento discriminatório, que evidentemente extrapola o poder diretivo do empregador, atingiu seriamente a imagem do reclamante diante dos profissionais da área em que atua, causando-lhe sofrimento íntimo, com reflexos deletérios para sua autoestima, circunstância que justifica plenamente a indenização fixada pelo MM. Juízo de origem, visando reparar o dano moral do qual foi vítima. Recursos ordinários aos quais se nega provimento. [TRT 15ª Reg. (Campinas/SP) RO 1065-2006-050-15-00-0 — (Ac. 10527/09-PATR, 10ªC.) — Rel. Fernando da Silva Borges — DOE 6.3.09, p. 83 — Apud LTr Sup. Jurisp. 020/2009, p. 155]

Assédio moral. Dano moral. Tratamento ríspido. Pressão perpetrada pelo superior hierárquico. Cobrança excessiva quanto aos serviços. Modo diferenciado em relação aos demais empregados. Cabimento

Ementa: Assédio moral — Dano moral configurado — Demonstrado nos autos o dano ao patrimônio ideal da empregada, a saber, sua honra, sua dignidade, sua reputação, seu bom nome, em razão do tratamento ríspido e pressão perpetrada pelo superior hierárquico, com cobrança excessiva quanto aos serviços, de modo diferenciado em relação aos demais empregados, está configurado o dever de indenizar, na forma dos arts. 186 c/c 927 do CC, já que o empregador responde pelos atos de seus prepostos, conforme prevê o art. 932, III, também do CC. [TRT 12ª Reg. RO 08382-2006-036-12-00-8 — (Ac. 3ª T. 5.3.09) — Rel. Juiz Gilmar Cavalieri — Disp. TRT-SC/DOE 13.4.09 — Data de Publ. 14.4.09 — Apud LTr Sup. Jurisp. 023/2009, p. 180]

Dano moral. Assédio moral. Câmeras de monitoramento. Caracterização

Ementa: Assédio moral. Câmeras de monitoramento. Caracterização. Entende-se por assédio moral a conduta abusiva da empresa ou do preposto que atente, por sua repetição ou sistematização, contra a dignidade ou a integridade física ou psíquica do trabalhador. Assim, restando evidenciada pelas provas dos autos a instalação de câmeras de monitoramento no setor onde a autora trabalhava, fica configurado que houve desrespeito às regras básicas implícitas ao contrato de trabalho, uma vez que a relação entre as partes que o integram devem ser fundadas no respeito mútuo. A prática da ré também desrespeitou o direito à imagem e à intimidade da obreira, ultrapassando os limites do poder diretivo do empregador. Portanto, é devida a compensação por danos morais em razão do assédio moral. [TRT 12ªReg. RO 00786-2008-001-12-00-1 — (Ac. 1ª T., 12.5.09) — Redª Desig. Juíza Viviane Colucci — Disp. TRTSC /DOE 13.7.09 — Data de Publ. 14.7.09 — Apud LTr Sup. Jurisp. 039/2009, p. 307]

Dano moral. Assédio moral. Ociosidade forçada. Provas suficientes desse evento. Dever de reparação imposto ao empregador

Ementa: Assédio moral — Ociosidade forçada — Provas suficientes desse evento — Dever de reparação imposto ao empregador. À configuração do assédio moral nas relações de trabalho exige prova de que o assediador — superior hierárquico ou colega de trabalho — imprimiu cerco incansável ao trabalhador capaz de minar sua autoestima, seu poder de criação, sua capacidade de concentração e suas expectativas de melhorias profissionais. Trata-se, portanto, da ocorrência de atos repetitivos contra a vítima visando ao desequilíbrio físico e/ou mental desta, cujo resultado é sempre danoso, chegando em algumas situações pontuais extremas de haver suicídio. Enfim, trata-se de prática de ato que viola o saudável e equilibrado meio ambiente de trabalho, considerado pela doutrina como o estabelecimento de um verdadeiro terror psicológico no local onde são exercidas as atividades laborais. No caso em julgamento, ficou constatado, à saciedade, que o Reclamado forçou a Reclamante a permanecer na própria residência, impedindo-a de exercer suas atividades, violando de forma reiterada o direito ao trabalho que é inerente a todo contrato de atividade, e obstou que ela — trabalhadora — pudesse comparecer à agência bancária onde trabalhava e, assim, não manter contato com colegas de trabalho e clientes. Essa atitude patronal caracteriza a figura jurídica típica do assédio moral e os danos causados à Reclamante devem ser reparados pelo banco Reclamado em patamar financeiro compatível com a atitude deste. [TRT 23ª Reg. RO 01471.2005.009.23.00-0- (Ac. 1ª T., Sessão 24/09) — Rel. Des. Edson Bueno — DJe/TRT 23ª Reg. n. 3216/09, 15.9.09, p. 6 — Apud LTr Sup. Jurisp. 050/2009, p. 395]

Dano moral. Assédio moral. Ociosidade humilhante. Configuração

Ementa: Reintegração no emprego — Ociosidade humilhante — Assédio moral — Configuração. Exsurge dos autos a prática de assédio moral pelo reclamado, que, ilicitamente, além de não proporcionar nenhuma ocupação laboral ao empregado, sujeitando-o ao ócio humilhante, depreciação pública e à degradação de sua dignidade como pessoa, descumpriu ordem judicial que determinara a reintegração nas funções anteriormente exercidas, incorrendo, portanto, no dever de reparar os danos morais provocados. [TRT 3ª Reg.- RO 00261-2009-099-03-00-2 — (1ª Turma) — Rel.ª Desª. Maria Laura Franco Lima de Faria — Data de publicação 26.2.2010]

Dano moral. Assédio moral. Degradação das condições de trabalho. Tratamento grosseiro. Indenização. Cabimento

Ementa: Dano moral — Assédio moral — Indenização. Superior hierárquico que profere xingamentos contra empregados causa-lhes, sem dúvida, danos de ordem moral, já que estes são obrigados a trabalhar em ambiente desgastante e inóspito, ferindo a dignidade enquanto trabalhadores (art. 1º, inciso III, da Constituição Federal). A degradação das condições de trabalho, nas quais se incluem o tratamento grosseiro, faz com que o obreiro sinta-se humilhado perante os colegas, a família e o grupo social, gerando dor íntima que não se coaduna com o ambiente sereno e saudável pelo qual deve o empregador zelar (art. 7º, inciso XXII, do Diploma Maior). Este tipo de atitude gera direito ao pagamento de indenização, a qual, além de ostentar caráter pedagógico, pois tem por finalidade evitar que o empregador continue a cometer excessos no gerenciamento dos negócios, deve amenizar o dano direto e todas as suas consequências, não permitindo o enriquecimento sem causa nem placitando condutas assediantes. [TRT 9ª Reg. RO-468/2008-093-09-00.5 — (Ac. 2ª T.) — Rel.ª Rosemarie Diedrich Pimpão — DJe/TRT 9ª Reg. n. 483/10, 20.5.10, p. 165/6 — Apud LTr Sup. Jurisp. 33/2010, p. 259]

Contrato de trabalho. Regras de boa conduta. Expressões vulgares e de cunho sexual. Assédio moral. Configuração

Ementa: Assédio moral — Uso habitual de expressões vulgares e de cunho sexual dirigidas ao empregado pelo superior hierárquico — Caracterização. A dignidade constitucional representa a garantia de proteção dos valores inerentes à personalidade humana, a qual é violada e evidencia a presença de assédio moral em virtude de comportamento habitual do superior hierárquico direcionado aos empregados, no tocante ao uso de expressões chulas e de cunho sexual. As regras de boa conduta também devem ser observadas no âmbito do contrato de trabalho, o que impõe o dever de respeito à pessoa, ainda que esta esteja submetida ao poder diretivo do empregador. [TRT 5ª Reg. RO 53300-43.2009.5.05.0341 — (Ac. 2ª T.) — Rel. Des. Cláudio Mascarenhas — DJe 17.11.2010 — Apud Revista Síntese Trabalhista e Previdenciária n. 260, p. 114]

Dano moral. Assédio moral. Mobbing. Configuração

Ementa: Assédio moral — Caracterização. Mobbing (to mob = agredir) no trabalho é o assédio psicológico e moral, uma forma de intimidação, feita de forma sistemática e habitual, porém sutil e camuflada, que destrói a auto-estima, a segurança pessoal, o rendimento profissional, as relações interpessoais e familiares da vítima, que pode passar inclusive a sofrer sintomas físicos, tais como insônia, dores de cabeça, etc. Resulta na degradação das condições do ambiente de trabalho. Raramente denunciado pela vítima, inconsciente ou temerosa das ulteriores repercussões. O assédio moral é caracterizado por uma conduta abusiva, seja do empregador que se utiliza de sua superioridade hierárquica para constranger seus subalternos, seja dos empregados entre si, com a finalidade de excluir alguém indesejado do grupo. Desta forma, o assédio vertical é a utilização do poder de chefia, com abuso de direito do poder diretivo e disciplinar, comumente com o objetivo de furtar-se ao cumprimento de obrigações trabalhistas. Tal é o exemplo do empregador que, para não ter que arcar com as despesas de uma dispensa imotivada, tenta forçar o empregado a demitir-se, criando situações constrangedoras, como retirar sua autonomia no departamento, transferir todas suas atividades a outras pessoas, isolá-lo do ambiente, até que o esgotamento e a depressão o levem a desistir do emprego. Situações não demonstradas no caso em exame. [TRT 3ª Reg. RO 2084/2009-063-03-00.9 — (Ac. 9ª T.) — Rel.ª Juíza Conv. Denise Amâncio — DJe 17.11.2010 — Apud Revista Síntese Trabalhista e Previdenciária n. 260, p. 116]

Dano moral. Assédio moral horizontal ou gestão por estresse. Meio ambiente laboral sadio. Responsabilidade do empregador

Ementa: Assédio moral horizontal ou gestão por estresse. Meio ambiente laboral sadio. Responsabilidade do empregador. Se as condutas lesionadoras de direitos da personalidade da obreira foram reiteradas por colegas de trabalho, sob o olhar irrepreensível de prepostos da empregadora, institucionalizaram-se, enquadraram-se no conceito de 'gestão por estresse', tornando a empregadora responsável por eventual dano daí decorrente, mormente se esta se descuidou do dever contratual de zelo pela saúde e segurança da sua empregada, submetendo-a ao labor em condições pouco confortáveis, inseguras e 'penosas'. [TRT 16ª Reg. ROS-01124-2009-002-16-00-4 — (Ac. 1ª T.) — Rel. Luiz Cosmo da Silva Júnior — DJe/TRT 16ª Reg. n. 794/11, 16.8.11, p. 38/39 — Apud LTr Sup. Jurisp. 44/2011, p. 351]

Dano moral. Assédio moral. Rescisão indireta. Efeitos

Ementa: Assédio moral. Efeitos. Rescisão indireta. É consabido que o assédio moral tem sido reconhecido como causa de destruição das relações de trabalho, eis que reduz a produtividade, favorece a rotatividade e a demissão de empregados em virtude do desgaste psicológico e até físico do trabalhador. Nesse trilha, pode-se afirmar que seus efeitos extrapolam as relações estritamente trabalhistas, tendo como consequência as despedidas abusivas, as rescisões indiretas, como na hipótese dos autos, enfim. É certo afirmar que esses efeitos atingem direitos da personalidade do trabalhador, tendo como consequência a busca de indenização pelo dano sofrido. [TRT 8ª Reg. RO-0000350-25.2011.5.08.0011 — (Ac. 3ª T.) — Rel.ª Des.ª Francisca Oliveira Formigosa — DJe/TRT 8ª Reg. n. 852/11, 10.11.11, p. 35/36 — Apud LTr Sup. Jurisp. 08/2012, p. 60]

Dano moral. Assédio moral. Ato único. Configuração

Ementa: Recurso ordinário da reclamante. Assédio moral. Dano moral. Em que pese o assédio moral seja caracterizado como uma sucessão de atos, ele é espécie do gênero dano moral, não impedindo que, constatada a ocorrência de apenas uma ofensa à honra da trabalhadora, seja deferida indenização por danos morais, sem que reste afrontados os arts. 128 e 460 do CPC. Prova testemunhal no sentido de que a superior hierárquica causou dano moral à reclamante quando, ao saber de seu estado gravídico, insinuou inclusive na frente de outros funcionários que a trabalhadora havia engravidado de má-fé. Recurso provido. [TRT 4ª Reg. RO-00298-65.2010.5.04.0014 — (Ac. 8ª T.) — Rel.ª Des.ª Ana Rosa Pereira Zago Sagrilo — Publ. em 20.3.12 — (Revista Eletrônica do TRT 4ª Reg., ano VII, n. 138, 1ª Quinz./maio 2012) — Apud LTr Sup. Jurisp. 22/2012, p. 170/171]

Assédio sexual por intimidação

Ementa: Assédio sexual por intimidação. O assédio sexual tem apresentado novos problemas para o Direito do Trabalho, principalmente em face das atitudes culturais que se devem sopesar na elaboração desse conceito. O Código Penal Brasileiro, recentemente, no art. 216-A, tipificou como crime o assédio sexual por chantagem, assim considerado o comportamento que visa "constranger alguém com o intuito de obter vantagem ou favorecimento sexual, prevalecendo-se o agente de sua condição de superior hierárquico ou ascendência inerentes ao exercício de emprego, cargo ou função". Ocorre que, além do assédio sexual por chantagem enquadrado como crime, não se pode esquecer que existe também o assédio sexual por intimidação, conhecido, ainda, como assédio ambiental. Este último caracteriza-se, segundo a doutrina, "por incitações sexuais importunas, por uma solicitação sexual ou por outras manifestações da mesma índole, verbais ou físicas, com o efeito de prejudicar a atuação laboral de uma pessoa ou criar uma situação ofensiva, hostil, de intimidação ou abuso no trabalho". Situa-se nesta última hipótese a conduta do empregador que, além de dirigir galanteios e elogios à empregada, sugere-lhe que compareça ao trabalho mais decotada, repetindo por várias vezes que gostava dela e chegando até mesmo a convidá-la para morarem juntos, dizendo-lhe que assumiria sua filha. O comportamento do empregador, sem dúvida, revela assédio sexual por intimidação ou assédio sexual ambiental, acarretando para a empregada constrangimento no trabalho e transtorno em sua vida conjugal. A consequência do comportamento do empregador autoriza a rescisão indireta e a compensação por dano moral. [TRT 3ª Reg. RO 7126/01 — (Ac. 2ª T.) — Rel.ª Des. Alice Monteiro de Barros — DJMG 18.07.2001 — Apud Revista LTr 65-09/1119]

Dano moral. Assédio sexual. Conduta de conexão sexual indesejada

Ementa: Demonstrada a conduta de conotação sexual não desejada, praticada pelo chefe, de forma repetida, acarretando consequências prejudiciais ao ambiente de trabalho da obreira e atentando contra sua integridade física, psicológica e, sobretudo, a sua dignidade, resta caracterizado o assédio sexual, sendo devida a correspondente indenização por danos morais. [TRT 17ª Região RO 1118/97 — (Ac. 2.7.98) — Rel. Juiz José Carlos Rizk — Apud Revista LTr 63-0/373]

Dano moral. Assédio sexual

Ementa: Dano moral — Assédio sexual. A hipótese dos autos não pode ser confundida com a de assédio sexual, porquanto este se caracteriza pelo constrangimento provocado na vítima, na busca de favor sexual, mediante o uso de poderes concedidos por situação hierárquica superior, hipótese que não restou comprovada nos autos. Também não há prova de que a situação, ainda que constrangedora, tenha configurado verdadeiro atentado à dignidade da empregada, o que autorizaria o deferimento da indenização pleiteada [TRT 4ª Reg. — RO 01014.303/96.6 — (Ac. 4ª T.) — Rel. Juiz Juraci Galvão Júnior — Apud Revista LTr 63-05/690]

Assédio sexual. Caracterização

Ementa: Assédio sexual — Caracterização. A doutrina destaca dois conceitos básicos do assédio sexual. O primeiro deles, chamado de assédio sexual por chantagem, ocorre quando o agressor vale-se da sua posição hierárquica superior e comete verdadeiro abuso de autoridade ao exigir favor sexual sob ameaça de perda de benefícios. Quando esse tipo de assédio é praticado na relação de emprego, a coação resulta da possibilidade da vítima perder o emprego. A segunda hipótese de assédio sexual, chamada assédio por intimidação, ocorre quando se verifica a prática de incitações sexuais inoportunas, solicitações sexuais ou qualquer manifestação dessa mesma índole, verbal ou física, cujo efeito é prejudicar a atuação da vítima, por criar uma situação que lhe é hostil. A casuística dessa modalidade de assédio sexual é ampla e abrange abuso verbal, comentários sexistas sobre a aparência física do empregado; frases ofensivas ou de duplo sentido; alusões grosseiras, humilhantes ou embaraçosas; perguntas indiscretas sobre a vida privada do trabalhador; além de insinuações sexuais inconvenientes e ofensivas. O empregador que dirige à uma empregada insistentes manifestações de afeto, acompanhadas da oferta de bens materiais, vinculadas à aceitação de suas propostas amorosas, pratica assédio sexual nessa segunda modalidade, de molde a autorizar o rompimento indireto do contrato de trabalho. [TRT 3ª Reg. RT 01161-2006-081-03-00-2 — (Ac. 7ª Turma) — Rel.ª Juíza convocada Wilméia da Costa Benevides — DJ/MG, 17.5.07]

Assédio sexual. Caracterização. Exigência de comportamento reiterado

Ementa: Assédio sexual — Caracterização — Exigência de comportamento reiterado. Embora a doutrina registre precedente jurisprudencial que reconheceu a possibilidade de caracterização do assédio sexual por ato único, não está ele presente quando alguém, em festa de confraternização e de forma grosseira, revela a terceiro a sua intenção em manter relações sexuais com a vítima, fato que chega ao conhecimento público. Nesta hipótese, há violação ao direito subjetivo de proteção à dignidade constitucional e, portanto, autoriza o acolhimento de pleito de reparação de danos morais, mas não evidencia o assédio em si. A relevância do fato deve ser sopesada quando da fixação do valor devido. [TRT 5ª Reg. RO 00411-2004-463-05-00-5 — (Ac. 2ª T.) — Rel. Des. Claudio Brandão — DJ 21.08.07]

Assédio sexual. Configuração por meio de atos sub reptícios. Dificuldade de comprovação pela vítima. Prova indiciária. Validade

Ementa: Assédio sexual — Configuração por meio de atos sub reptícios — Dificuldade de comprovação pela vítima — Prova indiciária — Validade — É cediço que a prova acerca de assédio sexual é, na maioria das vezes, se não impossível, pelo menos muito difícil de ser produzida, na medida em que as práticas lesivas que configuram esse dano no ambiente de trabalho ocorrem sob as mais diversas formas sub reptícias, dissimuladas, em ambientes fechados, fora da presença de outras pessoas. Via de regra, o assédio sexual é praticado por superiores hierárquicos que, valendo-se da sua condição de chefe, deixa ainda mais fragilizada a vítima, como no caso dos presentes atos. Diante das dificuldades que normalmente a vítima tem para comprovar suas alegações, impõe-se que seja dada especial valoração à prova indiciária. [TRT 18ª Reg. RO-00952-2005-051-18-00-0 — Red. Desig. Juiz Elvécio Moura dos Santos. DJGO n. 14.847, 26.9.06, p. 61 — Apud LTr Sup. Jurisp. 43/2006, p. 340]

Assédio sexual. Caracterização. Elementos

Ementa: Assédio sexual — Caracterização — Elementos — São elementos caracterizadores básicos do assédio sexual: 1) Sujeitos: agente (assediador) e destinatário (assediado); 2) Conduta de natureza sexual; 3) Rejeição à conduta do agente; e 4) Reiteração da conduta. A relação de poder entre os sujeitos não é essencial para a caracterização do ilícito trabalhista, diferentemente do que ocorre com a figura penal, pois aquele, em tese, poderá ocorrer entre colegas de serviço, entre empregado e o cliente da empresa e entre o empregado e o seu empregador, este último figurando como agente passivo, dependendo, logicamente, do poder de persuasão do agente ativo, e.g., coação irresistível. O comportamento sexual reprovado é composto pelos atos da conduta do agente ativo, seja ele homem ou mulher, que, para satisfazer a sua libido, utiliza-se de ameaça direta ou velada para com a pessoa objeto do seu desejo, subjugando a sua resistência. Lembremo-nos que a vítima deve ter a chance de negar o pedido do agente ativo, pois, caso contrário, o ato sexual estará sendo praticado com violência (estupro e atentado violento ao pudor). O assédio sexual pressupõe sempre uma conduta sexual não desejada pela pessoa assediada, que inequivocamente manifesta a sua repulsa às propostas do assediante. Por isso a simples paquera ou flerte não é considerado como assédio sexual, pois não há uma conotação sexual explícita. Finalmente, o assédio sexual depende da reiteração da conduta tida por ilícita por parte do assediante. Todavia, em casos excepcionais, se a conduta do assediante se mostrar insuperável é possível o afastamento do requisito em comento. A falta de qualquer um destes *requisitos desfigura o ilícito de assédio sexual. Assédio Sexual — Culpa Concorrente — Deve ser levada em conta a existência de culpa concorrente da vítima que, ainda que não justifique a violência do ato, será uma atenuante ou, talvez, uma explicação para o comportamento do assediador. [TRT 15ª Reg. RO 01041-2005-024-15-00-4 — (Ac. 02804832006-PATR — 6ª T.) — Rel. Flávio Nunes Campos — DOESP 9.6.06, p. 87/94]*

Dano moral. Assédio sexual. Prova

Ementa: Assédio sexual — Dano moral — Prova — Em havendo fortes indícios e verossimilhança das alegações, impõe-se a inversão do ônus da prova, nas hipóteses de assédio moral e sexual, por integração analógica do art. 6, VIII do Código de Defesa do consumidor, como autoriza o art. 8º da CLT. O fato de o assédio efetivar-se em situações de intimidade e privacidade dificulta sobremaneira o ônus da prova do ofendido. [TRT 3ª Reg. RO 00832-2007-103-03-00-1 — (Ac. 1ª T.) — Red. Juiz Convocado Jose Eduardo de R. C. Junior — DJMG 22.2.08, p. 10 — Apud LTr Sup. Jurisp. 19/2008, p. 148]

Dano moral. Assédio sexual. CF, arts. 1º, III, e 5º, I, V e X. Ônus da prova

Ementa: Dano moral — Assédio sexual — CF, arts. 1º, III, e 5º, I, V e X — Ônus da prova — A par do entendimento reiteradamente perfilhado pela jurisprudência dominante, no sentido de que o direto à indenização por dano moral está condicionado à plena demonstração do ato ilícito, que deve ser provado de maneira sólida, cabal e incontestável, afigura-se imperioso reconhecer que o assédio sexual, no âmbito da empresa, é de difícil comprovação, vez que, normalmente, não é explicitado perante os demais empregados. Com efeito, a natureza de certos atos ilícitos obsta sejam eles demonstrados de modo eficiente e irretorquível. É o caso da violência verificada entre "quatro paredes", às escondidas, longe dos olhos alheios, enfim, da ofensa presenciada apenas pela vítima e agressor. Em tais situações, pretender que o ato seja provado de modo contundente seria o mesmo que retirar da vítima a garantia prevista no art. 5º, V e X, da CF-88, num monumento desrespeito à honra e à dignidade do trabalhador. Na hipótese em apreço, a prova oral confirma que a autora fora vítima do réu, que reiteradamente agia no intento de obter favores sexuais por parte de suas empregadas. Não é preciso tecer grandes lucubrações para que se perceba este tipo de ato, pela sua própria natureza, não foi praticado perante testemunhas. Destarte, reputa-se comprovada a violação à dignidade, honra e moral da empregada, assediada sexualmente, e a consequente violação, ainda, aos direitos fundamentais relativo à igualdade e intimidade (CF, arts. 1º, III, e 5º, I, V e X). [TRT 9ª Reg. RO 03768-2006-892-09-00-3 — (Ac. 2ª T. 10799/08) — Rel.ª Rosemarie Diedrichs Pimpão — DJPR 8.4.08, p. 361 — Apud LTr Sup. Jurisp. 30/2008, p. 235]

Dano moral. Assédio sexual. Conduta superior hierárquico. Conhecimento da empresa. Configuração

Ementa: Indenização por danos morais — Assédio sexual — O Código Penal Brasileiro define como crime prática de assédio sexual, consistente em "constranger alguém com intuito de obter vantagem ou favorecimento sexual, prevalecendo-se o agente da sua condição de superior hierárquico ou ascendência inerentes ao exercício de emprego, cargo ou função". Uma conduta como a descrita supra não é reprovável apenas no âmbito penal, mas também em todas as esferas do Direito. No âmbito da relação empregatícia, a prática de superior hierárquico que abusa de sua condição, para constranger outros empregados ou empregadas a obter favorecimento sexual, é absolutamente reprovável, gerando responsabilidade tanto do agente coator, quanto da empresa. Nesse sentido, havendo conhecimento por parte do empregador, de que um dos seus prepostos pratica assédio sexual em relação aos seus subordinados, não tomando a empresa nenhuma medida eficaz para elidir tais situações, nasce a sua responsabilidade em indenizar pelos danos morais. No caso dos autos, o sub-gerente do setor da Reclamante dirigia tanto à Autora, quanto às demais empregadas, propostas indecorosas, com fins libidinosos, oferecendo em troca, melhoria de cargos e salários. Tal situação provocava ofensa à integridade moral da trabalhadora. A conduta do superior hierárquico, além de inadequada, é considerada criminosa. Portanto, tendo a Reclamada conhecimento dos fatos e dirigindo ao agressor apenas uma advertência verbal, absolutamente ineficaz, tem-se que a Ré deve indenizar a Demandante pelos danos morais causados, eis que indubitável a presença da conduta culposa, dano e nexo de causalidade. [TRT 9ª Reg. RO 03892-2005-651-09-00-1 — (Ac. 4ª T. 10724/08) — Rel. Arnor Lima Neto — DJPR 8.4.08, p. 352 — Apud LTr Sup. Jurisp. 42/2008, p. 331]

Assédio sexual. Caracterização

Ementa: Assédio sexual — Lei 10.224/2001 — Artigos 1º, III, E 5º, X, da CF — Para a caracterização do assédio sexual afigura-se imperiosa a ocorrência dos elementos voltados à tentativa de obter favores sexuais da vítima, por superior hierárquico. Previsto como crime, por força da Lei n. 10.224/2001, que acrescentou o art. 216-A ao Código Penal Brasileiro, configura ato extremamente danoso, porquanto, além de causar constrangimento à vítima, atinge a honra e fere princípio constitucional de dignidade da pessoa humana (CF, arts. 1º, III, e 5º, X), tornando hostil o ambiente de trabalho. [TRT 9ª Reg. — RO 06592-2005-012-09-00-7 — (Ac. 25126/2008 — 2ª T.) — Rel.ª Des.ª Rosemarie Diedrichs Pimpão — DJPR 15.7.2008]

Dano moral. Ofensa. Constrangimento. Humilhação. Assédio sexual. Dano moral configurado

Ementa: Dano moral — Ofensa — Constrangimento — Humilhação — Assédio sexual. A vendedora submetida às situações constrangedoras decorrentes de assédio sexual e outras situações humilhantes, provocadas pelo supervisor de vendas no ambiente de trabalho, deve ser indenizada pelos danos de ordem moral, a ser paga pela empresa que, nos termos do art. 932, III, do Código Civil, responde pelos atos de seus empregados e prepostos, no exercício do trabalho que lhes competir ou em razão dele. [TRT 8ª Reg. RO 00511-2008-006-08-00-1 — (Ac. 1ª T.) — Rel. Des. Francisco Sergio Silva Rocha — DJe/TRT 8ª Reg.

n. 213/09, 16.4.09, p. 28 — Apud LTr Sup. Jurisp. 035/2009, p. 276]

Dano moral. Assédio sexual. Ambiente de trabalho. Caracterização

Ementa: Reparação civil — Dano moral — Assédio sexual — Ambiente de Trabalho — Caracterização. Diferentemente do campo penal, a caracterização do fato típico consistente no assédio sexual deve ser mitigada, podendo ocorrer o ato ilícito através de manifestações expressas ou sutis, por meio de insinuações escritas ou por gestos, por simples comentários, carícias, ou pedidos de favores, sempre de cunho sexual, ou seja, o "constranger" exigido no dispositivo penal pressupõe o perseguir com insistência, importunar, molestar, com perguntas ou pretensões insistentes, consumando-se independentemente da vítima ter-se submetido à proposta, sendo suscetível à reparação por dano moral. [TRT 15ª Reg. (Campinas/SP) RO 1258-2007-092-15-00-4 — (Ac. 46541 /09-PATR, 10 C.) — Rel.ª Elency Pereira Neves — DOE 24.7.09, p. 33 — Apud LTr Sup. Jurisp. 042/2009, p. 332]

Dano moral. Assédio sexual. Por intimidação. Configuração

Ementa: Assédio sexual por intimidação. O assédio sexual por intimidação, conhecido, ainda, como assédio ambiental, caracteriza-se, segundo a doutrina, por incitações sexuais importunas, por uma solicitação sexual ou por outras manifestações da mesma índole, verbais ou físicas, com o efeito de prejudicar a atuação laboral de uma pessoa ou criar uma situação ofensiva, hostil, de intimidação ou abuso no trabalho. Situa-se nesta última hipótese a conduta do empregador que, além de simular a prática de relações sexuais com sua namorada no local de trabalho, utiliza o banheiro ali encontrado, para se exibir às empregadas, chegando, ainda, ao extremo de tentar tocar-lhe o corpo. O comportamento descrito consubstancia assédio sexual por intimidação ou assédio sexual ambiental, acarretando para a empregada constrangimento no trabalho e transtorno em sua vida pessoal. Tal conduta produziu dano moral, impondo-se a compensação respectiva, na forma deferida em primeiro grau. [TRT 3ª Reg. RO 115/2009-054-03-00.6 — (Ac. 7ª T.) — Relª. Des. Alice Monteiro de Barros — Dje/TRT 3ª Reg. n. 287/09, 3.8.09, p. 104 — Apud LTr Sup. Jurisp. 043/2009, p. 339]

Dano moral. Assédio sexual. Uso abusivo do poder pelo preposto visando à obtenção de favores sexuais. Responsabilidade do empregador

Ementa: Assédio sexual — Uso abusivo do poder pelo preposto visando à obtenção de favores sexuais — Responsabilidade do empregador. Restando configurado, de forma incontroversa, que foi a Empregada vítima de constrangimento pelo seu superior hierárquico — gerente da Empresa, com o intuito de obter vantagem ou favorecimento sexual, inafastável a responsabilidade do Empregador pelos atos do seu preposto, por tê-lo escolhido mal e não vigiado as suas condutas, uma vez que tem o dever de assegurar a tranquilidade no meio ambiente de trabalho, prevenindo qualquer possibilidade de importunações ou agressões, principalmente as de caráter sexual — inteligência dos arts. 2º da CLT e 932, III, do Código Civil. [TRT 18ª Reg. RO 00986-2009-004-18-00-1 — (Ac. 1ª T.) — Rel.ª Des.ª Elza Cândida da Silveira — DJe/TRT 18ª Reg., ano IV, n. 03, 13.1.10, p. 23 — Apud LTr Sup. Jurisp. 15/2010, p. 115]

Assédio sexual e moral. Caracterização. Danos morais. Indenização devida. Responsabilidade civil do empregador

Ementa: Assédio sexual e moral — Caracterização — Danos morais — Indenização devida — Responsabilidade civil do empregador — Evidenciado pela prova oral que a superior hierárquica da trabalhadora dirigia-lhe comentários maliciosos a respeito de suas vestimentas e compleição física, convidando-a para participar de reuniões festivas em que apenas participariam pessoas do sexo feminino, tocando-a fisicamente contra sua vontade, e ante a recusa da trabalhadora dessas investidas, passando, como reprimenda, a vigiá-la de perto durante a execução do contrato de trabalho, colocando-a em uma mesa em frente à sua, é de se presumir a sensação de angústia e até mesmo temor, donde a caracterização da figura do assédio nas modalidades sexual e moral. Consequentemente, obriga-se o empregador a indenizá-la pelos danos morais que a impingiu, decorrentes da agressão, na forma do que previsto nos arts. 2 e 157 da CLT e 186 do Código Civil e das Convenções 155 e 161 da OIT, mormente por não haver adotado providências preventivas ou repressivas dessa conduta. Recurso empresarial desprovido no particular. [TRT 24ª Reg. Proc. 0067100-16.2007.5.24.0007-RO. — (Ac. 2ª T.) — Rel. Des. Francisco das C. Lima Filho — DJe/TRT 24ª Reg. n. 399/10, 14.1.10, p. 48/9 — Apud LTr Sup. Jurisp. 15/2010, p. 115]

Dano moral. Assédio sexual. Prova cabal do fato alegado. Ato de preposto. Responsabilidade objetiva da empregadora

Ementa: Assédio sexual — Indenização por danos morais — Prova cabal do fato alegado — Ato de preposto — Responsabilidade objetiva da Empregadora. O assédio sexual no local de trabalho caracteriza-se por chantagens ou intimidações praticadas por superior hierárquico visando obter da pessoa subordinada vantagens ou favores sexuais mediante promessas de benefícios profissionais ou materiais, e sob pena de perda do emprego em caso de recusa. Para que o assédio sexual renda ensejo à reparação por danos morais, é imprescindível que seja ele robustamente provado em juízo. In casu, a oitiva testemunhal provou, firme e convincentemente, o alegado assédio sexual, rendendo ensejo à reparação do dano extrapatrimonial. Veja-se, ademais, que a hipótese dos autos é de responsabilidade objetiva da empregadora por ato do seu preposto, nos termos dos arts. 932 e 933 do Código Civil de 2002, porquanto foi ele quem assediou sexualmente a empregada. [TRT 23ª Reg. RO 00412.2009.026.23.00-3 — (Ac. 1ª T. Sessão: 10/10) — Rel. Des. Roberto Benatar — DJe/ TRT 23ª Reg. n. 453/10, 7.4.10, p. 29/30 — Apud LTr Sup. Jurisp. 24/2010, p. 188]

Dano moral. Assédio sexual. Comportamento do preposto. Favor sexual em decorrência da sua situação hierárquica mais favorável

Ementa: Agravo de instrumento — Recurso de revista — Indenização por danos morais –Assédio sexual. O Tribunal Regional do Trabalho, a partir dos elementos fático-probatórios existentes nos autos e em estrita observância ao princípio do livre convencimento motivado (CPC, art. 131), concluiu, em decisão devidamente fundamentada, que a prova dos autos amparava o pedido de indenização por danos morais decorrentes de assédio sexual. Registrou que o comportamento do empregador, por meio de seu preposto, revelou que este buscou obter favor sexual em decorrência de sua situação hierárquica mais favorável, constrangendo a autora, o que deve ser reparado por força do ordenamento jurídico vigente. A argumentação dos reclamados jungida à premissa de que não restou comprovada a prática de assédio sexual reveste-se de contornos nitidamente fático-probatórios, cujo reexame é vedado nesta instância recursal de natureza extraordinária, nos moldes da Súmula n. 126 do TST. Ileso o art. 216-A do Código Penal, que trata da figura penal e, não, de ilícito civil. Agravo de instrumento a que se nega provimento. [TST-AIRR-13740-07.2006.5.04.0801 (AIRR-137/2006-801-04-40.2) — (Ac. 1ª T.) — Rel. Min. Walmir Oliveira da Costa — DJe/TST n. 459/10, 15.4.10, p. 170 — Apud LTr Sup. Jurisp. 27/2010, p. 212]

Dano moral responsabilidade do empregador pelos atos de seus prepostos

Ementa: Dano moral responsabilidade do empregador pelos atos de seus prepostos — Não pode o empregador, simplesmente, negar a sua responsabilidade quanto ao maltrato recebido pela reclamante, sob o argumento de que esta e sua colega exerciam as mesmas funções, não havendo qualquer superioridade hierárquica entre as mesmas, máxime porque restou comprovado que a autora do maltrato detém a função de chefia. Mesmo que se aceite que ocorreu por parte da empregada, detentora do cargo de chefia, abuso pelo exercício de um direito (no caso o direito de representação), sem qualquer benefício para o seu titular, e tendo como única consequência causar dano ou prejuízo a terceiro — no caso, à reclamante e ao empregador, cabe a este promover a busca da reparação, quanto ao comportamento adotado por sua preposta. Isto porque ao empregador cabe o poder diretivo da relação laboral, tendo o mesmo obrigação de se informar sobre as relações havidas entre os seus empregados e superiores hierárquicos. [TRT 3ª Reg. RO 8469/03 00275-2003-017-03-00-0 — (Ac. 8ª T.) — Rel. Juiz Heriberto de Castro. DJMG 02.8.03, pág. 17 — Apud LTr Sup. Jurisp. 42/2003, p. 323]

Assédio moral. Indenização. Danos morais e materiais

Ementa: Indenização — Danos morais e materiais. Evidenciando-se da prova dos autos que, no curso do contrato de trabalho, sofreu a Autora assédio moral por parte de superior hierárquico, com consequente acometimento patológico, restou claro que a doença, da qual é portadora, se manifestou em face da relação laboral, causando-lhe sequelas que necessitam de tratamento e acompanhamento médico psicológico. Caracterizado o dano à trabalhadora, de ordem moral, cabe à Reclamada arcar com o ressarcimento consoante arts. 186 e 927 do Código Civil. [TRT 6ª Reg. RO 02363-2002-143-06-00-3 — (Ac. 1ª T.) — Rel.ª Lígia Maria Valois Albuquerque de Abreu — DOE 8.4.04]

Danos morais. Indenização. Pressupostos

Ementa: Danos morais — Indenização. Para o deferimento de indenização por dano moral, mister a reunião dos três pressupostos: o dano, a ação ou omissão do lesionante e a relação de causalidade entre a ação ou omissão e o dano. Comprovada nos autos a existência de tais requisitos, há que ser mantida a indenização deferida. [TRT 3ª Reg. RO 00182-2005-099-03-00-8 — (Ac. 8ª T.) — Rel. Juiz Heriberto de Castro. DJMG 10.9.05, p. 15]

Assédio moral. Indenização

Ementa: Assédio moral — Indenização. A exposição da empregada a situações constrangedoras, humilhantes, em contexto de rigorosa pressão para o alcance de metas atinentes à venda de produtos e serviços bancários, por parte de superior hierárquico, constitui ofensa a direito fundamental concernente à dignidade da pessoa. Tal conduta, denota ainda abuso do exercício do poder diretivo do empregador (CLT, art. 2º, caput) ensejador de dano à honra e à integridade psíquica da empregada (CF/88, art. 5º, incisos V e X; Cód. Civil, arts. 11 e seguintes), uma vez, tipificada a figura do o assédio moral, pelo que é cabível o direito à correspondente indenização reparatória. [TRT 3ª Reg. RO 01761-2005-092-03-00-3 — (Ac. 3ª T.) — Rel. Juiz Convocado Antônio Gomes Vasconcelos — DJMG 26.08.2006]

Dano moral. Exposição do empregado a situação vexatória e humilhante. Indenização devida

Ementa: Dano moral — Exposição do empregado a situação vexatória e humilhante — Indenização devida. Não se nega à empresa o direito de apurar eventual prática de assédio sexual em suas dependências. Todavia, ao fazê-lo deve cercar-se de cautelas especiais, para preservar a imagem e direitos dos envolvidos, e bem assim, a imagem da própria instituição. In casu, ao indagar numa sessão pública com estagiários,de forma precipitada e até leviana, se algum deles já fora molestado pelo reclamante, o empregador maculou gravemente a imagem do autor, vez que sobre este passou a pairar, no mínimo, a sombra de uma grave desconfiança sobre a prática do crime de assédio sexual (Lei n. 10.224,de 15.5.01), ainda que nada tenha sido efetivamente apurado. Provada a exposição pública a situação humilhante e vexatória, indisfarçável o dano gravíssimo causado à sua integridade moral, imagem e personalidade do reclamante, de que resulta obrigação de reparar, à luz dos artigos 5º, incisos V e X, da Constituição Federal e 159, do Código Civil de 1916, vigente à época dos fatos(186 e 927, do C. Civil de 2002). Recurso do autor a que se dá provimento. [TRT 2ª Reg. RO 01787-2000-060-02-00-8 — (Ac. 2006011266 — 4ª T.) — Rel. Juiz Ricardo Artur Costa e Trigueiros — DOE, 10.3.2006]

Assédio sexual. Dano moral. Responsabilidade do empregador
Ementa: Assédio sexual — Dano moral — Responsabilidade do empregador — Art. 932, inc. III, do CC. Restando comprovada a ocorrência do assédio sexual, perpetrado por superior hierárquico, mister a condenação em danos morais do empregador que, tendo conhecimento dos fatos, demitiu o ofendido sem justa causa. [TRT 12ª Reg. RO 03819-2005-032-12-00-0 — (Ac. 10525/2007 — 2ª T.) — Rel.Juiz Geraldo José Balbinot — TRTSC/DOE, 23.7.2007]

Assédio sexual praticado por preposto do empregador. Dano moral. Indenização imposta ao empregador
Ementa: Recurso ordinário — Dano moral — Ofensa à honra, intimidade e liberdade sexual da reclamante por assédio sexual praticado por preposto do empregador. O assédio sexual atenta contra a intimidade, a dignidade pessoal e, principalmente,contra a liberdade sexual, caracterizando-se como uma conduta discriminatória, a qual é vedada pela lei (inciso X do art. 5º da CF). O representante da empresa que pratica ato libidinoso comete assédio sexual para fins justrabalhista, pois esse ato corresponde a uma insinuação sexual ofensiva, rude e grosseira capaz de atacar a dignidade e a liberdade sexual da trabalhadora. A gravidade do atoe a dor moral experimentada pela trabalhadora justificam a indenização imposta à empresa (art. 953 do Código Civil). [TRT 2ª Reg. RO 00620-2005-462-02-00-0 — (Ac. 20070846205 — 12ª T.) — Rel. Marcelo Freire Gonçalves — DOE, 19.10.07]

Assédio moral. Indenização por danos morais
Ementa: Assédio moral — Indenização por danos morais. O assédio moral caracteriza-se pela repetição de condutas que expõem o trabalhador a situações constrangedoras ou humilhantes. A violência psicológica sofrida implica lesão de um interesse extrapatrimonial, juridicamente protegido, gerando direito à reparação do dano moral. [TRT 12ª Reg. RO 008852-2006-049-12-00-1 — (Ac. 2ª T.) — Rel. Juiz Edson Mendes de Oliveira — Publicado em 25.3.08]

Assédio moral. Indenização
Ementa: Assédio moral — Indenização. O assédio moral, também denominado de mobbing ou bullying, pode ser conceituado, no âmbito do contrato de trabalho, como a manipulação perversa e insidiosa que atenta sistematicamente contra a dignidade ou integridade psíquica ou física do trabalhador, objetivando a sua exposição a situações incômodas e humilhantes caracterizadas pela repetição de um comportamento hostil de um superior hierárquico ou colega, ameaçando o emprego da vítima ou degradando o seu ambiente de trabalho. Não restando comprovado que a reclamante teve a sua honra violada pela má conduta de seu superior hierárquico, impossível a responsabilização do empregador pelo alegado dano sofrido. [TRT 3ª Reg. RO 00969-2007-114-03-00-0 — (Ac. 2ª T.) — Rel. Juiz Márcio Flávio Salem Vidigal — Publicação: 16.4.2008]

Dano moral configurado. Responsabilidade civil. Ato de terceiro preposto
Ementa: Constitucional — Competência em razão da matéria — Dano moral ou patrimonial — Acidente de trabalho — O art. 114, inciso VI, da CF, com a redação dada pela Emenda Constitucional nº 45/2004, cometeu à Justiça do Trabalho a competência para processar e julgar litígios envolvendo indenização por dano moral ou patrimonial, ainda que eles decorram de mera relação de trabalho, e não apenas de emprego. Ausência de antinomia ou necessidade de adequação da regra com o seu art. 7º, inciso XXVIII, que encerra clientela distinta. Responsabilidade civil. Ato de terceiro. Preposto. Dano moral. Nos termos dos arts. 186, 932, inciso III e 933, do Código Civil, o preponente responde por ato ilícito praticado por seu preposto, ainda que aquele não tenha participação direta no evento. Demonstrada a imprudência de condutor de veículo, o qual atuava nessa condição por ordem do tomador dos serviços, este é o responsável legal pelos danos causados ao prestador. Recurso conhecido e desprovido. [TRT 10ª Reg. RO 02020-2006-802-10-00-5 — (Ac. 2ª T./07) — Rel. Juiz João Amílcar — DJU. 18.01.08, p. 195 — Apud LTr Sup. Jurisp. 10/2008, p. 75].

Dano moral. Dispensa por justa causa. Indenização por danos morais. Descabimento
Ementa: Indenização por danos morais — Dispensa por justa causa — Descabimento — Alicerçado na responsabilidade civil, o direito à indenização pecuniária por danos morais oriundos da relação empregatícia pressupõe a verificação da efetiva ocorrência do dano, a relação de causalidade entre a lesão e o trabalho desenvolvido pelo empregado e a culpa do empregador. Ausente qualquer um deles, o delito civil não se configura, e a responsabilidade dele decorrente não se mostrará presente. Quando o ato, tido por ilícito, decorrer do exercício regular de um direito, a sua prática, desde que inserida dentro das limitações legalmente impostas, não acarreta a responsabilização do seu autor. Se, no caso dos autos, da análise de todo o processado, verifica-se que a Reclamada não agiu fora dos limites da lei, pois, na sua ótica, a conduta do Autor era passível de gerar a sua dispensa por justa causa, por desídia, nos termos da legislação celetista, não havendo evidências de excesso na sua conduta, não há de se cogitar na ocorrência de ato ilícito capaz de gerar o direito a qualquer reparação. Ademais, o fato de a empresa ter entendido que o Reclamante poderia ser dispensado motivadamente não autoriza a ilação segura de que uma ofensa de ordem moral foi produzida, requisito indispensável para o deferimento da reparação civil. Desse modo, não tendo sido evidenciada prática de ato ilícito pela empresa e nem a ofensa de ordem moral causada ao Obreiro, não há como se deferir a indenização pretendida. [TRT 3ª Reg. RO 00893-2007-055-03-00-0 — (Ac. 8ª T.) — Rel. Des. Marcio Ribeiro do Valle — DJMG 29.3.08, p. 23 — Apud LTr Sup. Jurisp. 24/2008, p. 187]

Responsabilidade civil. Configuração. Abuso de direito. Extropalamento do exercício do poder disciplinar. Prática de ato ofensivo à honra
Ementa: Responsabilidade civil — Configuração — Abuso de direito — Extropalamento do exercício do poder disciplinar — Prática de ato ofensivo à honra — Se por um lado é certo que o empregador, utilizando-se do seu poder disciplinar, a fim de manter a ordem e a harmonia do

ambiente de trabalho, tem a prerrogativa de impor sanções aos empregadores que infringirem os deveres aos quais estão sujeitos por força de lei, de norma coletiva ou do contrato, não menos certo é que este poder, assim como os outros poderes a ele conferidos, tais como o poder diretivo, regulamentar e de fiscalização, encontra limites internos e externos ao contrato de trabalho, dentre os quais destaca-se a observação da boa-fé contratual, da função social do contrato e da propriedade, do dever de urbanidade e de respeito mútuo e, principalmente, do princípio da dignidade da pessoa humana, consubstanciado, em uma das suas muitas vertentes, no respeito aos direitos e garantias fundamentais do trabalhador. Na hipótese, o Reclamado exorbitou os limites do seu poder disciplinar, pois, além de aplicar a penalidade devida, praticou ato ofensivo à honra do trabalhador ao dirigir-lhe palavras de baixo calão. Essa atitude, inexoravelmente, traduz-se em abuso de direito, por implicar afronta à honra e à dignidade do empregado, entre outros direitos fundamentais assegurados pela Carta Magna. Vislumbra-se, na espécie, dano de ordem moral, visto que os direitos afetados são inerentes à personalidade. Assim, presentes os pressupostos do ato ilícito, dano e nexo causal, resta configurado o instituto da responsabilidade civil, nos termos das dicções dos arts. 186, 187 e 927, caput, do CC, o que autoriza manter a indenização deferida na sentença. [TRT 23ª Reg. RO 00689.2008.001.23.00-9 — (Ac. 1ª T. Sessão: 6/09) — Rel. Des. Tarcísio Valente — DEJ/TRT 23ª Reg. n. 668/09, 20.3.09 (Div.), p. 25 — Apud LTr Sup. Jurisp. 029/2009, p. 226/227]

Dano moral. Agressão física praticada por empregado. Responsabilidade por fato de outrem

Ementa: Dano moral — Agressão física praticada por empregado — Responsabilidade por fato de outrem. A teor do art. 932, inciso III, do Código Civil, são também responsáveis pela reparação civil "o empregador ou comitente, por seus empregados, serviçais e prepostos, no exercício do trabalho que lhes competir, ou em razão dele". Trata-se de norma que consagra a responsabilidade por fato de outrem, atribuindo o dever de reparação a pessoa diversa do autor material do dano. Considera-se responsável pessoa que, embora sem ter concorrido diretamente para a ocorrência do dano, guarda algum vínculo jurídico com o autor do ato ilícito, em relação ao qual tem um dever de guarda, vigilância ou custódia. [TRT 3ª Reg. RO-87200-97.2009.5.03.0106 (RO-872/2009-106-03-00.4) — (Ac. 7ª T.) — Rel. Des. Paulo Roberto de Castro — DJe/TRT 3ª Reg. n. 472/10, 5.5.10, p. 63 — Apud LTr Sup. Jurisp. 32/2010, p. 253]

Dano moral. Ofensa a honra e a dignidade. Responsabilidade do empregador por atos de seus prepostos. Configuração

Ementa: Recurso ordinário — Dano moral — Responsabilidade do empregador por atos de seus prepostos. No caso em apreço, restou demonstrado nos autos, de forma cabal e contundente, que o autor foi exposto a tratamento vexatório no ambiente de trabalho, sendo ofendida, injustamente, a sua honra e dignidade, inclusive em relação à sua namorada. Restou incontroverso ainda, que o representante legal da reclamada tinha conhecimento dos fatos, conforme confessado no seu depoimento pessoal, todavia, a pretexto de que o tratamento era recíproco, optou por manter-se inerte, não adotando qualquer providência que viesse a coibir as ocorrências levadas ao seu conhecimento. O dano moral é flagrante, não havendo qualquer dúvida quanto à responsabilidade do empregador pelos danos sofridos pelo reclamante no ambiente de trabalho. [TRT 17ª Reg. RO 130200-20.2005.5.17.0003 (RO-1302/2005-003-17-00.4) — Rel. Des. Antonio de Carvalho Pires — DJe/TRT 17ª Reg. n. 452/10, 6.4.10, p. 28 — Apud LTr Sup. Jurisp. 34/2010, p. 267]

Dano moral. Responsabilidade da empresa pelo dano causado por um empregado a outro empregado. Inexistência de superioridade hierárquica

Ementa: Dano moral. Responsabilidade da empresa e inexistência de superioridade hierárquica. Proclamou a vigente Magna Carta, em seu artigo 5º, inciso X, que são invioláveis a intimidade, a vida privada, a honra e a imagem das pessoas, assegurado o direito a indenização pelo dano material ou moral decorrente de sua violação. Assim, o dano moral está correlacionado com os direitos da personalidade, sendo hoje uma imposição constitucional a irradiar-se no âmbito do Direito do Trabalho. No entanto, não há que se falar em reparação do dano moral se esse foi perpetrado por um empregado contra outro, sem que aquele exercesse função hierarquicamente superior a deste. [TRT 17ª Reg. RO-141800-27.2008.5.17.0005 — (Ac. 3ª T.) — Rel. Des. Carlos Henrique Bezerra Leite — DJe/TRT 17ª Reg. n. 599/10, 5.11.10, p. 32 — Apud LTr Sup. Jurisp. 15/2011, p. 117]

Dano moral. Dano praticado por empregado da empresa. Responsabilidade objetiva do empregador. Exegese dos arts. 932 e 933 do Código Civil

Ementa: Dano praticado por empregado da empresa. Responsabilidade objetiva do empregador. Exegese dos arts. 932 e 933 do Código Civil. Nos termos dos arts. 932 e 933 do Código Civil, responde o empregador, objetivamente, pelos atos danosos praticados pelos seus empregados a terceiros, inclusive a outros funcionários. [TRT 12ª Reg. RO-02714-2007-028-12-85-0 — (Ac. 1ª T. 22.6.11) — Relª Juíza Viviane Colucci — TRT-SC/DOE 27.7.11 Data de publ. 28.7.11 — Apud LTr Sup. Jurisp. 33/2011, p. 263]

Assédio sexual. Justa causa

Ementa: Assédio sexual. Justa causa. Constitui justa causa o assédio sexual entre colegas de trabalho quando a um deles causa constrangimento, é repelido, descambando o outro para a vulgaridade e as ameaças, em típica má conduta. [TRT 5ª Reg. RO OO9.89.2722-50 — (Ac. 3ª T. 4612/91/92, 7.7.92) — Rel. Juiz Ronaldo Souza — Apud Revista LTr 57-03/318]

Assédio sexual. Justa causa. Mau procedimento

Ementa: Justa causa. Mau procedimento. Provado o assédio sexual do reclamante à funcionária, seguido de atos de agressão sexual, nas dependências da empresa, configurada a hipótese capitulada na letra "b" do art. 482 da CLT. A alegação obreira de 'bom comportamento' não lhe escusa a conduta faltosa. [TRT 3ª Reg. — RO 4.705/92 — Relª Juíza Ana Etelvina Lacerda Barbato — DJMG de 27.4.93]

Assédio sexual. Incontinência de conduta. Requisitos

Ementa: Assédio sexual. Tipificação como incontinência de conduta. Requisitos. O assédio sexual grosseiro, rude e desrespeitoso, concretizado em palavras ou gestos agressivos, já fere a civilidade mínima que o homem deve à mulher, principalmente em ambientes sociais de dinâmica rotineira e obrigatória. É que, nestes ambientes (trabalho, clube etc.), o constrangimento moral provocado é maior, por não poder a vítima desvencilhar-se definitivamente do agressor. [TRT 3ª Reg. — RO 2211/94 (1ª T.) — Rel. Juiz Maurício José Godinho Delgado — Apud O. T. — SLJD-03/2010, p. 5]

Dano moral. Nexo causal entre os fatos ocorridos e a relação de trabalho. Inexistência

Ementa: Dano moral — Nexo causal entre os fatos ocorridos e a relação de trabalho — Inexistência — Constatado nos autos que a agressão sofrida pela empregada nas dependências da empresa decorreu de desavença pessoal entre ela e o agressor, sem que houvesse nexo de causalidade entre os fatos ocorridos e a relação de trabalho, ultrapassando os limites da responsabilidade do empregador, não fica caracterizado o dano moral ensejador de indenização por parte deste. [TRT 12ª Reg. — RO-V 00389-2002-021-12-00-9 — (Ac. 3ª T 14056/02) — Relª Juíza Lília Leonor Abreu. DJSC 16.12.02, p. 132. Apud LTr Sup. Jurisp., 07/2003, p. 50]

Resolução do contrato de Trabalho por justa causa do empregador. Assédio moral. Indenização por dano moral. Cabimento

Ementa: Assédio moral — Resolução do contrato de Trabalho por justa causa do empregador — Indenização por dano moral — Cabimento — O assédio moral, como forma de degradação deliberada das condições de trabalho por parte do empregador em relação ao obreiro, consubstanciado em atos e atitudes negativas ocasionando prejuízos emocionais para o trabalhador, face à exposição ao ridículo, humilhação e descrédito em relação aos demais trabalhadores, constitui ofensa à dignidade da pessoa humana e quebra do caráter sinalagmático do contrato de trabalho. Autorizando, por conseguinte, a resolução da relação empregatícia por justa causa do empregador, ensejando inclusive, indenização por dano moral. [TRT 15ª Reg. (Campinas/SP) — Proc. 20534/02 — (Ac. 2ª T. 5807/03-PATR) — Relª. Juíza Mariane Khayat Fonseca do Nascimento. DJSP 21.3.03, p. 85 — Apud LTr Sup. Jurisp. 23/2003, p. 177]

Assédio moral. Rescisão indireta. Danos morais

Ementa: Assédio moral — Rescisão indireta do contrato de trabalho — Danos morais. Demonstrada nos autos a prática de ato lesivo à honra e dignidade do reclamante, em face da existência de assédio moral por parte do empregador, plenamente justificável o motivo para rescisão indireta do contrato de trabalho e deferimento das verbas rescisórias pertinentes, bem como da indenização por danos morais. [TRT 3ª Reg. RO 00715-2005-070-03-00-0 — (Ac. 3ª T.) — Relª Lucilde D´Ajuda Lyra de Almeida — DJMG 08/12/2005]

Rescisão indireta. Assédio Sexual

Ementa: Assédio Sexual. Rescisão indireta. A empregada que sofre assédio sexual por superior hierárquico, registrando a ocorrência e sem que a administração empresarial tome quaisquer providências, tem autorizada a rescisão indireta do contrato de trabalho. [TRT12ª Reg. RO-V 6632/00 — (Ac. 02.896/01 1ª T.) — Rel. Juiz C. A. Godoy Ilha. DJSC 30.3.01]

Rescisão indireta do contrato de trabalho. Assédio sexual. Dano moral. Reparação civil. Procedência

Ementa: Assédio sexual. Rescisão indireta do contrato de trabalho. Dano moral. Reparação civil. Procedência. Pode-se inferir que assédio sexual é conduta, verbal ou física, de conotação sexual não desejada, repetida ou não, capaz de causar constrangimento à vítima e efeito desfavorável no ambiente de trabalho, atentando contra a dignidade e a integridade física ou moral da pessoa humana. Restando comprovado o assédio sexual de superior hierárquico durante o liame empregatício, procedente se revela o pedido de reconhecimento de rescisão indireta do contrato de trabalho por justa causa do empregador. [TRT 3ª Reg. RO 00560-2005-097-03-00-0 — (Ac. 8ª T.) — Rel. Juiz Paulo Maurício Ribeiro Pires. DJMG 8.10.05, p. 16]

Assédio moral. Resolução do contrato de trabalho por justa causa do empregador. Indenização por dano moral

Ementa: Assédio moral — Resolução do contrato de trabalho por justa causa do empregador — Indenização por dano moral — Cabimento. O assédio moral, como forma de degradação deliberada das condições de trabalho por parte do empregador em relação ao obreiro, consubstanciado em atos e atitudes negativas ocasionando prejuízos emocionais para o trabalhador, face à exposição ao ridículo, humilhação e descrédito em relação aos demais trabalhadores, constitui ofensa à dignidade da pessoa humana e quebra do caráter sinalagmático do Contrato de Trabalho. Autorizando, por conseguinte, a resolução da relação empregatícia por justa causa do empregador, ensejando inclusive, indenização por dano moral. [TRT 15ª Reg. — Proc. 01711-2001-111-15-00-0 — RO 20.534/2002 — Relª Juíza Mariane Khayat F. do Nascimento — Publ. 21.3.2003]

Dano moral. Agressão psicológica. Rescisão indireta do contrato de trabalho

Ementa: Dano moral — Agressão psicológica — Rescisão indireta do contrato de trabalho. A manifestação do assédio moral na empresa agrega, como elementos essenciais, o abuso de poder e a manipulação perversa. Enquanto o abuso de poder pode ser facilmente desmascarado, a manifestação insidiosa causa maior devastação, pois instala-se de modo quase imperceptível. A princípio, a própria vítima encara o fato como simples brincadeira, até que a repetição dos vexames e das humilhações ganha contornos de uma espécie de violência silenciosa, porém demolidora, e que evolui numa escalada destrutiva que só pode ser detida pela interferência de agente externo ao ambiente de trabalho. Se a vítima reage e tenta libertar-se, as hostilidades transformam-se em violência declarada e dão início à fase de aniquilamento moral, denominada de psicoterror. Atitudes veladas como a de manter recinto conhecido como 'senzala', onde os empregados recebem advertências em tom grosseiro, ou apelidar o empregado com termos humilhantes configuram assédio e provocam abalo moral que deve ser indenizado. Recurso a que se dá provimento para reconhecer o dano moral e impor indenização. [TRT 9ª Reg. RO 14267-2001-007-09-00-0 — (Ac. 05751/2005 — 2ª T.) — Relª Juíza Marlene T. Fuverki Suguimatsu — DJ, 8.3.2005]

AIDS. Dispensa arbitrária. Reintegração

Ementa: AIDS — Dispensa arbitrária — Reintegração. O direito à vida, à dignidade humana e ao trabalho, erigem presunção de que a dispensa, sem motivo ponderoso, de trabalhador contaminado com o vírus HIV é, em si, discriminatória, atentando contra os direitos humanos e indecliináveis princípios constitucionais e disposições legais (CF, arts. 1º, III e IV, 3º, IV, 5º, XLI, Convenção 111 da OIT; Lei n. 9.029/95, art. 1º). In casu, o reclamante encontrava-se gravemente enfermo, em contínuo tratamento de doença incurável (AIDS), e desse fato a empresa tinha manifesta ciência, de sorte que o ato de dispensa não pode subsistir pois atenta contra os princípios constitucionais que velam pela dignidade humana, pela vida e pela não discriminação. A dispensa arbitrária do empregado, gravemente enfermo, tem feição obstativa ao gozo do auxílio-doença previsto no art. 476,da CLT, sendo nulo o ato patronal, a teor do disposto no art. 9º consolidado. Outrossim, não podia a recorrida simplesmente dispensar o recorrente, sem que este pudesse pleitear os benefícios da Lei 7.670/88, que se estende aos portadores da Síndrome da Imunodeficiência Adquirida -SIDA/AIDS. Decisão por maioria. [TRT 2ª Reg. RO 03796-2003-201-02-00-5 — (Ac. 2007021989 — 4ª Turma) — Rel. Ricardo Artur Costa e Trigueiros — DOE/SP, 13.4.200

Assédio moral. Rescisão indireta do contrato de trabalho

Ementa: Assédio moral — Rescisão indireta do contrato de trabalho. Define-se o assédio moral ou mobbing como a atitude abusiva, de índole psicológica, que ofende repetidamente a dignidade psíquica do indivíduo, com o intento de eliminá-lo do ambiente laboral. Provando-se que os prepostos do empregador arquitetaram um plano para que o trabalhador, diante da perseguição de seus superiores, pedisse demissão ou cometesse algum deslize apto a atrair a aplicação do art. 482 da CLT, resta configurado o comportamento empresarial causador do assédio moral e da rescisão indireta do contrato de trabalho. Recurso conhecido e desprovido. [TRT 10ª Reg. RO 00687-2006-002-10-00-5 — (Ac. 3ª T.) — Rel. Juiz Grijalbo Fernandes Coutinho — DJ 11.05.07]

Assédio moral. Redução da indenização. Rescisão indireta

Ementa: 1. Assédio moral — Redução da indenização. Restou demonstrado, através de prova documental e oral, que o gerente do Banco reclamado desfez a equipe de trabalho da reclamante, tirou o seu poder de coordenar, deixou de lhe passar as decisões tomadas nas reuniões e tentou demiti-la. Tais condutas, caracterizadas como assédio moral, provocaram danos à dignidade e à imagem profissional da obreira, sendo devida, portanto, a respectiva indenização. No entanto, para assegurar à obreira justa reparação, sem incorrer em enriquecimento indevido, deve-se reduzir o valor indenizatório, fixado pela Vara de Origem em 100 vezes o valor da maior remuneração percebida pela reclamante (aproximadamente R$ 750.000,00), para R$ 90.000,00. 2. Rescisão indireta do contrato de trabalho. Ficando evidenciado nos autos que o reclamado tratou a reclamante com rigor excessivo, descumpriu obrigações contratuais e praticou ato lesivo da honra (assédio moral), faltas previstas no art. 483, alíneas "b", "d" e "e", da CLT, deve-se manter a sentença vergastada, que reconheceu a rescisão indireta do contrato de trabalho havido entre os litigantes. Recurso ordinário conhecido e parcialmente provido. [TRT 7ª Reg. RO 00751/2005-001-07-00-7 — Rel. Des. José Antônio Parente da Silva — Publicação: 22.12.2007]

Rescisão indireta do contrato de trabalho. Assédio moral. Ociosidade forçada. Configuração

Ementa: Rescisão indireta — Assédio moral — Ociosidade forçada — Configuração. Para a configuração da hipótese de rescisão indireta, a qual legitimaria a atitude do empregado de deixar o trabalho, mister se faz que a falta cometida pelo empregador seja de porte a justificar tal medida. Na situação concreta dos autos, a prova testemunhal confirmou que o autor, após retornar ao trabalho em virtude de acordo judicial, passou a ser perseguido por parte de seus superiores, os quais, em atitude reprovável, colocaram-no em ociosidade forçada, com vistas a forçá-lo a pedir demissão. Tal comportamento, outrossim, configura o malsinado assédio moral. Dessa feita, vislumbra-se na conduta patronal falta de porte a impossibilitar a continuidade da relação de emprego, havendo razão, portanto, para o autor considerar rescindido indiretamente o contrato de trabalho. [TRT 23ª Reg. RO 00997.2007.003.23.00-6 — (Ac. 1ª T.) — Rel. Des. Roberto Benatar — DJE/TRT 23ª Reg. ano 08, n. 509, 15.7.08, p. 14 — Apud LTr Sup. Jurisp. 44/2008, p. 352]

Agressão física do empregador contra o empregado. Rescisão indireta do contrato de trabalho

Ementa: Rescisão indireta do contrato de trabalho. Agressão física do empregador contra o empregado. Agressão física contra empregado, suficientemente comprovada nos autos, inviabiliza a manutenção do contrato de trabalho e representa falta suficientemente grave do empregador, tipificada na alínea "f" do art. 483 da CLT, autorizadora da rescisão indireta, com o acolhimento do pedido de verbas decorrentes da rescisão contratual, motivada por falta patronal. [TRT — 3ª Reg. — RO 00422-2009-109-03-00-0 — (6ª Turma) — Rel. Des. Emerson José Alves Lage — Data de publicação 23/11/2009]

Rescisão indireta do contrato de trabalho. Agressão moral. Xingamentos. Configuração

Ementa: Agressão moral — Xingamentos — Rescisão indireta. Comprovada a agressão moral ao empregado por gerente, ocorrida no ambiente do trabalho, é lícito ao empregado considerar rescindido o contrato de trabalho, conforme dispõe a alínea "e" do art. 483 da CLT. [TRT 9ª Reg. RO 11531/2005-014-09-00.4 — (Ac. 2ª T.) — Rel. Márcio Dionísio Gapski — DJe/TRT 9ª Reg. n. 243/09,1.6.09, p. 15 — Apud LTr Sup. Jurisp. 037/2009, p. 295]

Rescisão indireta do contrato de trabalho. Rigor excessivo. Pressão psicológica. Configuração

Ementa: Rescisão indireta — Rigor excessivo — Pressão psicológica. Constitui fundamento suficiente para o deferimento da rescisão indireta do contrato de trabalho, a comprovada imposição pelo empregador, de tratamento excessivamente rigoroso e vexatório, submetendo a empregada ao império do medo. Com efeito, caracterizam a culpa patronal a teor do artigo 483 da CLT, a cobrança contundente do trabalho na presença de colegas e sob constante ameaça de dispensa, a ponto de levar a trabalhadora às lágrimas e abalar seu equilíbrio emocional, com afastamentos provisórios atestados pelo Sistema Brasileiro de Saúde Mental. Verbas rescisórias devidas. Sentença mantida. [TRT 2ª Reg. RO 02692200804202007 — (Ac. 4ª T. 20090838038) — Rel. Ricardo Artur Costa e Trigueiros — DOe/ TRT 2ª Reg. 9.10.09, p. 14 — Apud LTr Sup. Jurisp. 051/2009, p. 408]

Rescisão indireta do contrato de trabalho. Assédio moral. Função social do contrato. Solidarismo. Boa-fé objetiva. Livre-iniciativa. Valorização do trabalho humano

Ementa: Rescisão indireta. Assédio moral. Função social do contrato. Solidarismo. Boa-fé objetiva. Livre-iniciativa. Valorização do trabalho humano. Ao lado das obrigações principais do contrato de trabalho (tal como pagamento de salário, depósitos do FGTS, etc., por parte do empregador e prestação de serviços, dever de fidelidade pelo empregado), subsistem obrigações acessórias, deveres colaterais de observância obrigatória, pois fulcrados nos princípios da função social do contrato, boa fé objetiva e no princípio do solidarismo contratual. O contrato de trabalho visto sob o viés do direito das obrigações deve ser analisado como sistema dinâmico, em que ambas as partes contratantes solidarizam esforços para uma consecução comum, com vistas, de um lado, na valorização do trabalho humano e, em outro, na livre-iniciativa, mas tendo como norte sempre a busca da garantia de uma existência digna (CF, art. 170). A partir do momento em que há a prática do assédio moral, esse aspecto obrigacional do solidarismo contratual dá espaço para um despotismo que deve ser arredado, mediante mecanismos jurídicos de compensação. Rescisão indireta reconhecida. [TRT 9ª Reg. RO-763500-32.2007.5.09.0663 — (RO-7635/2007-663-09-00.5) — (Ac. 2ª T.) — Relª Ana Carolina Zaina — DJe/TRT — Reg. n. 724/11, 9.5.11, p. 79/80 — Apud LTr Sup. Jurisp. 28/2011, p. 224]

Assédio moral. Empregado enviado para treinamento a outro país. Desamparo e discriminação. Configuração

Ementa: Assédio moral. Empregado enviado para treinamento a outro país. Desamparo e discriminação. Indenização por dano moral. Cabe ao empregador, ao enviar empregados para participarem de cursos e treinamentos em sede da empresa estabelecida em outro país, tomar todas as cautelas necessárias para garantir um ambiente de trabalho seguro e digno, sob pena de responder pelos danos oriundos do abalo moral imposto ao trabalhador. [TRT 15ª Reg. (Campinas/SP) — RO-85-90.2011.5.15.0152 — (Ac. n. 15244/2013-PATR) — Rel. Luis Antonio Lazarim — DJe/TRT 15ª Reg. n. 1.180/13, 7.3.13 — Apud LTr. Sup. Jurisp. 18/2013-139]

Dano moral. Professora de ensino religioso. Dispensa com opróbrio. Divórcio. Casamento. Configuração

Ementa: Divórcio. Casamento. Dano moral. Escola confessional que despede com opróbrio professora de Ensino Religioso que exerceu o direito de se divorciar e, três anos depois, o de casar, provoca sofrimento psicológico e dor moral e inflinge dano moral indenizável, de acordo com o direito e a lei do país, sendo inaplicáveis, pelo Estado-juiz, laico por definição, preceitos e princípios religiosos. [TRT 8ª Reg. — RO/0001595-40.2012.5.08.0010 — (Ac. 1ª T.) — Rel. Des. José Maria Quadros de Alencar — DJe/TRT 8ª Reg. 1.179/13.6.13, p. 7 — Apud LTr Sup. Jurisp. 20/2013, p. 156]

Dano existencial. Supressão de direitos trabalhistas. Não concessão de férias. Durante todo o período laboral. Dez anos. Direito da personalidade. Violação

Dano moral. Dano existencial. Supressão de direitos trabalhistas. Não concessão de férias. Durante todo o período laboral. Dez anos. Direito da personalidade. Violação. 1. A teor do artigo 5º, X, da Constituição Federal, a lesão causada a direito da personalidade, intimidade, vida privada, honra e imagem das pessoas assegura ao titular do direito a indenização pelo dano decorrente de sua violação. 2. O dano existencial, ou o dano à existência da pessoa, "consiste na violação de qualquer um dos direitos fundamentais da pessoa, tutelados pela Constituição Federal, que causa uma alteração danosa no modo de ser do indivíduo ou nas atividades por ele executadas com vistas ao projeto de vida pessoal, prescindindo de qualquer repercussão financeira ou econômica que do fato da lesão possa decorrer." (ALMEIDA NETO, Amaro Alves de. Dano existencial: a tutela da dignidade da pessoa humana. Revista dos Tribunais, São Paulo, v. 6, n. 24, mês out/dez, 2005, p. 68.). 3. Constituem elementos do dano existencial, além do ato ilício, o nexo de causalidade e o efetivo prejuízo, o *dano à realização do projeto de vida e o prejuízo à vida de relações. Com efeito, a lesão decorrente da conduta patronal ilícita que impede o empregado de usufruir, ainda que parcialmente, das diversas formas de relações sociais fora do ambiente de trabalho (familiares, atividades recreativas e extralaborais), ou seja que obstrua a integração do trabalhador à sociedade, ao frustrar o projeto de vida do indivíduo, viola o direito da personlaidade do trabalhador e constitui o chamado dano existencial. 4. Na hipótese dos autos, a reclamada deixou de conceder férias à reclamante por dez anos. A negligência por parte da reclamada, ante o reiterado descumprimento do dever contratual, ao não conceder férias por dez anos, violou o patrimônio jurídico personalíssimo, por atentar contra a saúde física, mental e a vida privada da reclamante. Assim, face à conclusão do Tribunal de origem de que é indevido o pagamento de indenização, resulta violado o art. 5º, X, da Carta Magna. Recurso de revista conhecido e provido, no tema. [TST-RR-727-76.2011.5.24.0002 — (Ac. 1ª T.) — Rel. Min. Hugo Carlos Scheuermann — DJe/TST n. 1.255/13, 27.6.13, p. 132/133 — Apud LTr Sup. Jurisp. 28/2013, p. 220/221]*

Dano existencial

Ementa: Dano existencial. Há dano existencial quando a prática de jornada exaustiva por longo período impõe ao empregado um novo e prejudicial estilo de vida, com privação de direitos de personalidade, como o direito ao lazer, à instrução, à convivencia familiar. Prática reiterada da reclamada em relação aos seus empregados que deve ser coibida por lesão ao princípio constituticional da dignidade da pessoa humana (art. 1º,. III, da Constituição Federal. [TRT 4ª Reg. — RO 0001113-16.2011.5.04.0015 — (Ac . 2ª T.) — Rel. Des. Raul Zoratto Sanvicente — Publicação em 25.4.13 — Apud LTr Sup. Jurisp. 30/2013]

Dano moral. Constrangimento de professora perante a comunidade escolar. Configuração. Indenização. Pagamento devido

Ementa: Dano moral. Constrangimento de professora perante a comunidade escolar. Configuração. A atitude de pôr a Reclamante frente a frente com os alunos, em sala de aula, para tratar de reclamação deles contra ela, revela o propósito da Reclamada de desautorizar a professora perante a comunidade escolar e ferir-lhe a auto estima. Configurando, assim, situação vexatória passível de reparação nos termos dos arts. 5º, X, da Constituição Federal e 186 do Código Civil. Rescisão indireta. Dano moral extinção contratual. O empregador que maltrata o seu trabalhador ofendendo-lhe a honra atrai contra si a rescisão indireta do contrato por iniciativa do ofendido. Assédio moral. Indenização. Quantum. Razoabilidade. Mitigação do valor. A indenização assédio moral deve ser fixada em termos razoáveis, não se justificando que a reparação venha a constituir-se em enriquecimento sem causa, com manifestos abusos e exageros, devendo o arbitramento operar-se com moderação, proporcionalmente ao grau de culpa e ao porte econômico das partes, orientando-se o juiz pelos critérios sugeridos pela doutrina e pela jurisprudência, com razoabilidade, valendo--se de sua experiência e do bom senso, atento à realidade da vida e às peculiaridades de cada caso. [TRT 14ª Reg. RO- 0001097-94.2012.5.14.0003 — (Ac. 2ª T.) — Rel. Des. Francisco José Pinheiro Cruz — DJe 04.06.2013 — Apud Revista Síntese Trabalhista e Previdenciária, n. 290, ementa 31042, p. 124/125]

Professor. Redução de carga horária no período pré--aposentadoria. Discriminação etária. Configuração. Indenização devida

Ementa: Discriminação etária. Professor. Redução da carga horária no período que antecedeu à aposentadoria. Atribuição das classes a professor mais novo, recém contratado. Danos morais. Indenização. A redução da carga horária de professor mais idoso, praticada no período que antecedeu a sua aposentadoria, com atribuição das classes a outro professor, mais novo e recém contratado, caracteriza atitude discriminatória pela idade, ensejadora de direito à indenização por danos morais. Toda a discriminação é odiosa. A discriminação dirigida contra um profissional com vários anos de serviço, em razão da idade, desprezando tanto sua experiência, quanto os serviços que prestou, é agravada pela ingratidão, que aumenta a sensação de injustiça e de ser apenas uma peça descartável da produção. [TRT 12ª Reg. RO-0003623-53.2011.5.12.0026 — (Ac. 5ªC.) — Rel. Des. José Ernesto Manzi — DJe 01.07.2013 — Apud Revista Síntese Trabalhista e Previdenciária, n. 290, ementa 31060, p. 130]

Capítulo XV

PROFESSOR E A TERCEIRIZAÇÃO — COOPERATIVAS DE TRABALHO

1. Terceirização. 1.1. Origem e finalidade. 1.2. Definição. 1.3. Lei especial sobre terceirização. 1.4. Modalidades de terceirização. 1.5. Classificação. 1.5.1. Terceirização legal ou lícita. 1.5.2. Terceirização ilegal ou ilícita. 1.6. Efeitos jurídicos da terceirização. 1.7. Jurisprudência. 2. Cooperativas de trabalho. 2.1. Considerações. 2.2. Cooperativas de trabalho — Conceito — Requisitos — Princípios — Tipos — Proibição de intermediação de mão de obra — Cooperativa de professores — Jurisprudência. 2.2.1. Cooperativas de trabalho. 2.2.2. Conceito. 2.2.3. Requisitos básicos. 2.2.4. Princípios. 2.2.5. Tipos de cooperativas de trabalho. 2.2.6. Proibição de intermediação de mão de obra. 2.2.7. Cooperativa de professores. 2.2.8. Jurisprudência.

1. TERCEIRIZAÇÃO

1.1. ORIGEM E FINALIDADE

No Brasil, o Código Civil de 1916 tratou sobre terceirização, ao disciplinar a locação de serviços, a empreitada, a parceria e o arrendamento.

No atual Código Civil, a prestação de serviços está inserida no Título VI, Capítulo VII, arts. 593 a 609, e a empreitada no Capítulo VIII, arts. 610 a 626.

A CLT (1943) cuida de terceirização na atividade-fim do empreiteiro, ao regulamentar o contrato de subempreitada (art. 455, *caput*).

No setor público, a figura da terceirização está disciplinada no Decreto-lei n. 200/1967 (art. 10, § 7º); Lei n. 5.645/1970 (art. 3º, parágrafo único); Decreto Federal n. 2.271/1997 (art. 1º, § 1º) e Lei Complementar n. 101/2000 (art. 18, § 1º).

São de relevância pública as ações e os serviços de saúde, cabendo ao Poder Público dispor, nos termos da lei, sobre sua regulamentação, fiscalização e controle, devendo sua execução ser feita diretamente ou através de terceiros e, também, por pessoa física ou jurídica de direito privado (CF/1988, art. 197).

A terceirização se faz presente no setor público na contratação de empresas para transporte público, serviços de conservação e limpeza, saúde, segurança, vigilância, informática, coleta de lixo, construção e manutenção de estradas etc.

No direito do trabalho, o instituto da terceirização começou a se destacar, através dos seguintes diplomas: Lei n. 5.764/1971 (sociedades cooperativas); Lei n. 6.019/1974 (trabalho temporário); Lei n. 7.102/1983 (serviços de vigilância e transportes de valores) e Lei n. 8.949, de 9.12.1994, que acrescentou o parágrafo único ao art. 442 da CLT, estabelecendo: *Qualquer que seja o ramo de atividade da sociedade cooperativa, não existe vínculo empregatício entre ela e seus associados, nem entre estes e os tomadores de serviços daquela.*

A CF/1988 preceitua que é assegurado a todos o livre exercício de qualquer atividade econômica, independentemente de autorização de órgãos públicos, salvo nos casos previstos em lei (art. 170, parágrafo único).

No campo da jurisprudência, o TST, por meio da Resolução n. 4/86, emitiu a Súmula n. 256: "Salvo os casos de trabalho temporário e de serviços de vigilância, previstos nas Leis ns. 6.019, de 3.1.74 e 7.102, de 20.6.83, é ilegal a contratação de trabalhadores por empresa interposta, formando-se o vínculo empregatício diretamente com o tomador de serviços".

Essa Súmula foi revisada pela de n. 331 (transcrita a seguir), admitindo a terceirização nas atividades de conservação, limpeza e serviços especializados ligados à atividade-meio do tomador de serviços.

A atual política econômica, ditada pela globalização,[1] tem levado os empregadores a repensar os seus custos e a procurar alternativas para reduzi-los. Por questões de mercado, as empresas têm buscado formas de flexibilização que lhes assegurem a possibilidade de competição. Dentre essas alternativas, encontra-se a chamada terceirização.

Ives Gandra da Silva Martins Filho indica como finalidade da terceirização: redução dos custos da produção pela especialização, com concentração da empresa principal na sua atividade produtiva fundamental, e subcontratação de empresas secundárias para a realização das atividades acessórias e de apoio.

Por sua vez, *Indalécio Gomes Neto* aponta como consequência imediata da terceirização: enxugamento da mão de obra, com simplificação administrativa, economia de recursos, investimento na especialização, aumento da produtividade e, até mesmo, uma qualidade superior no produto.[2]

1.2. DEFINIÇÃO

Em artigo publicado sob o título "Os Empresários e a Terceirização", *Roberto Ferraiuolo* apresenta as seguintes definições:

a) Terceirização — é o processo pelo qual se repassam algumas atividades para terceiros, com os quais se estabelece uma relação de parceria, ficando a empresa concentrada apenas em tarefas essencialmente ligadas ao negócio em que atua.

b) Terceirização — é o processo de transferência de funções e atividades não essenciais ou estratégicas, para serem realizadas por outras empresas.

c) Terceirização — é a agregação de uma atividade de uma empresa na atividade-meio de outra.

O Min. *Arnaldo Süssekind*, em considerações sobre terceirização, escreveu:

> Não basta, como se infere da precitada norma, que o objeto do contrato de prestação de serviços possa ser terceirizado. Imprescindível será que o trabalho seja executado sob o poder de comando dos dirigentes ou prepostos da firma terceirizada e não sob a direção do tomador dos serviços (somente no trabalho temporário como já assinalamos, a Lei n. 6.019/74 autoriza a delegação do poder de comando). Esse poder atribuído ao empregador, por assumir o risco do empreendimento (art. 2º da CLT), desdobra nos poderes diretivo, hierárquico e disciplinar.
>
> Se o trabalhador registrado como empregado da firma contratada prestar serviços à contratante sob o poder de comando desta, configurada estará a relação de emprego com esta última, fundada no princípio da primazia da realidade, que é amplamente admitido no direito do trabalho (cf. os arts. 9º e 442 da CLT).[3]

Na lição de *Francisco Tavares Noronha Neto*, a terceirização trabalhista se caracteriza pela criação de uma relação jurídica trilateral em que o empregado é inserido no processo produtivo do tomador de serviços, sem que este assuma a posição de em-

---

(1) O fenômeno da globalização resulta da conjunção de três forças poderosas: a terceira revolução tecnológica (tecnologia unida a busca, processamento, difusão e transmissão de informações; inteligência artificial; engenharia genética); à formação de área de livre-comércio e blocos econômicos integrados (como a União Europeia e o Nafta); à crescente interligação dos mercados físicos e financeiros, em escala planetária. (*Eduardo Gianetti*, citado por *Adenir Alves da Silva Carruesco* — Apud Revista LTr 69-10/1195)

(2) GOMES NETO, Indalécio. *Terceirização — Relações triangulares no direito do trabalho*. Apud Revista LTr 70-09/1033.

(3) SÜSSEKIND, Arnaldo. A terceirização de serviços e as cooperativas de trabalho. Apud Revista do Tribunal Superior do Trabalho, vol. 68, n. 3, p. 16.

pregador, mantendo-se os laços justrabalhistas formalmente fixados entre o trabalhador e a empresa prestadora de serviços.[4]

A terceirização deve ser realizada com pessoa jurídica e o contrato feito entre a empresa prestadora (locadora) e a tomadora dos serviços denomina-se contrato de locação de serviços e tem natureza civil, consequentemente regido pelo Código Civil.

Portanto, na terceirização há dois contratos de natureza distinta, um contrato de emprego entre o trabalhador e a empresa locadora de serviços, e outro entre a empresa prestadora e a tomadora de serviços, denominado contrato de locação de serviços.

1.3. LEI ESPECIAL SOBRE TERCEIRIZAÇÃO

Não há, entre nós, lei especial regulamentando a terceirização, mas existem leis que a propiciam: subempreitada de obra (CLT, art. 455); trabalho temporário (Lei n. 6.019/74); serviços de vigilância (Lei n. 7.102/83); sociedade cooperativa (CLT, art. 442, parágrafo único — com redação dada pela Lei n. 8.949, 9.12.94) etc.

Na falta de legislação específica, regulamentando a terceirização, as controvérsias sobre o tema vêm sendo solucionadas pela Súmula 331 do TST.

A mencionada Súmula veda a terceirização nas atividades essenciais ou atividades-fins da empresa, considerando ilícita a intermediação de mão de obra nessas atividades empresariais.

Segundo *Süssekind* (Rev. cit., p. 15), o conceito de atividade-meio, que contrapõe ao da atividade-fim, tem gerado controvérsias, sobretudo na doutrina, a qual, tendo em vista o direito comparado, pondera que algumas atividades-fim poderiam ser terceirizadas, enquanto que certas atividades-meio (p. ex.: serviço de pessoal ou de recursos humanos) não deveriam ser objeto de terceirização.

1.4. MODALIDADES DE TERCEIRIZAÇÃO

Há duas modalidades de terceirização: a) de produção; e b) de serviços.

Na terceirização de produção, a empresa tomadora transfere etapas do processo produtivo para a empresa prestadora de serviços. Esse tipo de terceirização é comum na indústria automobilística, como no caso das montadoras de peças produzidas por terceiros.

Na terceirização de serviços, a empresa tomadora utiliza a mão de obra dos empregados contratados pela empresa prestadora de serviços. Exemplo: trabalho temporário (Lei n. 6.019/74).

1.5. CLASSIFICAÇÃO

No que diz respeito aos seus efeitos, a terceirização pode ser: a) legal ou lícita; e b) ilegal ou ilícita.

1.5.1. Terceirização legal ou lícita

É considerada legal, segundo critério jurisprudencial, a terceirização que se efetiva conforme os casos previstos em lei e para a realização de atividades-meio da empresa tomadora de serviços, desde que inexistente a pessoalidade e a subordinação direta.

Nas atividades-meio, havendo os pressupostos (pessoalidade e subordinação), forma-se o vínculo empregatício com a empresa tomadora dos serviços.

Na terceirização não há subordinação jurídica (controle de horário, jornada de trabalho, férias, produção, aplicação de penalidades etc), mas existe subordinação técnica dos empregados da empresa prestadora à empresa tomadora de serviços.

É da empresa terceirizante que emanam as ordens técnicas de como os serviços devem ser executados.

São consideradas como atividades-meio as atividades acessórias ou intermediárias necessárias para que a empresa alcance seu objetivo principal ou essencial. Exemplos: serviços de vigilância, de conservação, de limpeza, de cobrança, de entrega de mercadorias etc.

O Ministro aposentado do TST *Indalécio Gomes Neto* afirma que o princípio da terceirização significa que tudo o que não constitui atividade essencial de uma empresa pode ser confiado a terceiros.[5]

Na terceirização legal, os trabalhadores são empregados da empresa prestadora, e não da empresa tomadora de serviços.

---

(4) *LTr Sup. Trab.* 010/07, p. 038.

(5) *Apud Revista LTr* 70-09/1031.

1.5.2. Terceirização ilegal ou ilícita

A terceirização é ilegal quando não forem observados os casos disciplinados em lei e quando houver contratação, com empresa interposta, para realização de atividade-fim da empresa tomadora de serviços, dando ensejo a fraudes e prejuízos aos trabalhadores. Considera-se atividade-fim a atividade principal, vocacional, específica e essencial, justificadora da constituição da empresa. A empresa poderá desenvolver mais de uma atividade-fim. A distinção entre atividade-fim e atividade-meio de uma empresa nem sempre se constitui em tarefa fácil. Pelo objeto do contrato social ou estatuto da empresa, pode-se identificar a principal atividade desenvolvida como sua atividade-fim.

É o caso de um estabelecimento de ensino, em que o seu estatuto indica como objeto (atividade-fim) o ensino, sendo que os serviços de conservação, limpeza e vigilância são serviços de apoio, constituindo-se em atividades-meio.

O Enunciado n. 331 da Súmula do TST, que revisou o de n. 256, estabelece a distinção entre terceirização legal e ilegal. *Verbis*:

> I — A contratação de trabalhadores por empresa interposta é ilegal, formando-se o vínculo diretamente com o tomador dos serviços, salvo no caso de trabalho temporário (Lei n. 6.019, de 3.1.1974).
> II — A contratação irregular de trabalhador, mediante empresa interposta, não gera vínculo de emprego com os órgãos da administração pública direta, indireta ou fundacional (art. 37, II, da CF/1988).
> III — Não forma vínculo de emprego com o tomador a contratação de serviços de vigilância (Lei n. 7.102, de 20.6.1983) e de conservação e limpeza, bem como a de serviços especializados ligados à atividade-meio do tomador, desde que inexistente a pessoalidade e a subordinação direta.
> IV — O inadimplemento das obrigações trabalhistas, por parte do empregador, implica a responsabilidade subsidiária do tomador dos serviços quanto àquelas obrigações, desde que haja participado da relação processual e conste também do título executivo judicial.
> V — Os entes integrantes da Administração Pública direta e indireta respondem subsidiariamente, nas mesmas condições do item IV, caso evidenciada a sua conduta culposa no cumprimento das obrigações da Lei n. 8.666, de 21.06.1993, especialmente na fiscalização do cumprimento das obrigações contratuais e legais da prestadora de serviço como empregadora. A aludida responsabilidade não decorre de mero inadimplemento das obrigações trabalhistas assumidas pela empresa regularmente contratada.
> VI — A responsabilidade subsidiária do tomador de serviços abrange todas as verbas decorrentes da condenação referentes ao período da prestação laboral.

1.6. EFEITOS JURÍDICOS DA TERCEIRIZAÇÃO

O processo de terceirização produz efeitos jurídicos específicos, conforme se trate de terceirização legal ou ilegal.

No caso de terceirização ilegal ou ilícita, o vínculo de emprego se forma com a empresa tomadora, e não com a prestadora de serviços (devido à ilegalidade), salvo quando se tratar da Administração Pública Direta, Indireta ou Fundacional, devido à exigência de concurso público (CF/88, art. 37, II, § 2º e Enunciado n. 331, II do TST). Consequentemente, é da empresa tomadora de serviços a total responsabilidade pelos direitos trabalhistas assegurados aos trabalhadores.[6]

Quando se tratar de terceirização legal ou lícita, o vínculo de emprego se forma com a empresa prestadora dos serviços, devendo ser solidária a responsabilidade do tomador dos serviços (CC/02: arts. 932, III; 933 e 942, parágrafo único).[7]

Entretanto, o TST entende que é subsidiária a responsabilidade do tomador dos serviços pelos créditos trabalhistas, conforme previsto no item IV, da Súmula n. 331, transcrito anteriormente.

1.7. JURISPRUDÊNCIA

Súmula n. 282 do TST

Ao serviço médico da empresa ou ao mantido por ela mediante convênio compete abonar os primeiros 15 (quinze) dias de ausência ao trabalho.

---

(6) Os bens do responsável pela ofensa ou violação do direito de outrem ficam sujeitos à reparação do dano causado; e, se a ofensa tiver mais de um autor, todos responderão solidariamente pela reparação (CC/02 — art. 942, *caput*).

(7) O CC/2002 estabelece:
Art. 932. São também responsáveis pela reparação civil: (...) III — o empregador ou comitente, por seus empregados, serviçais e prepostos, no exercício do trabalho que lhes competir, ou em razão dele;..
Art. 933. As pessoas indicadas nos incisos I a V do artigo antecedente, ainda que não haja culpa de sua parte, responderão pelos atos praticados pelos terceiros ali referidos.
Art. 942. Os bens do responsável pela ofensa ou violação do direito de outrem ficam sujeitos à reparação do dano causado; e, se a ofensa tiver mais de um autor, todos responderão solidariamente pela reparação.
Parágrafo único. São solidariamente responsáveis com os autores os co-autores e as pessoas designadas no art. 932.

Orientações Jurisprudenciais da SBDI-1 do TST

191. Contrato de empreitada. Dono da obra de construção civil. Responsabilidade. Diante da inexistência de previsão legal específica, o contrato de empreitada de construção civil entre o dono da obra e o empreiteiro não enseja responsabilidade solidária ou subsidiária nas obrigações trabalhistas contraídas pelo empreiteiro, salvo sendo o dono da obra uma empresa construtora ou incorporadora.

321. Vínculo empregatício com a administração pública. Período anterior à CF/1988 (nova redação, DJ 20.4.2005)

Salvo os casos de trabalho temporário e de serviço de vigilância, previstos nas Leis ns. 6.019, de 03.01.74, e 7.102, de 20.06.83, é ilegal a contratação de trabalhadores por empresa interposta, formando-se o vínculo empregatício diretamente com o tomador dos serviços, inclusive ente público, em relação ao período anterior à vigência da CF/88.

383. Terceirização. Empregados da empresa prestadora de serviços e da tomadora. Isonomia. art. 12, "a", da Lei n. 6.019, de 03.01.1974. (Mantida — Res. 175/2011, DEJT divulgado em 27, 30 e 31.05.2011)
A contratação irregular de trabalhador, mediante empresa interposta, não gera vínculo de emprego com ente da Administração Pública, não afastando, contudo, pelo princípio da isonomia, o direito dos empregados terceirizados às mesmas verbas trabalhistas legais e normativas asseguradas àqueles contratados pelo tomador dos serviços, desde que presente a igualdade de funções. Aplicação analógica do art. 12, "a", da Lei n 6.019, de 3.1.1974.

Ementas diversas

Terceirização. Fraudes não caracterizadas

Ementa: Terceirização. Fraudes não caracterizadas. O fenômeno da terceirização consiste em transferir para outrem atividades consideradas secundárias, de suporte, atendo-se a empresa à sua atividade-fim, ou seja, a empresa se concentra na sua atividade-fim, transferindo as atividades-meio. Segundo José Augusto Rodrigues Pinto, o que parece importante na terceirização, em crescente expansão, é saber contê-la dentro dos limites convenientes à índole e ao papel do Direito do Trabalho nas relações jurídicas que regula, de um lado, pela flexibilização do Direito do Trabalho e, de outro, pela fraude à lei trabalhista (Curso de Direito Individual do Trabalho, 3ª ed., São Paulo: LTr, 1997, p. 142-5). Restando evidenciado nos autos que as funções exercidas pelo reclamante, como ajudante de pedreiro e porteiro, não se confundem com a atividade-fim da tomadora, que é uma empresa do ramo de telecomunicações, deve ser afastada a alegação de fraude. A licitude do processo de terceirização fica ainda mais evidente quando se constata que o próprio autor admite que, nos períodos em que foi contratado por empresas interpostas, era fiscalizado pelos encarregados destas e não pelo encarregado da tomadora dos serviços. O só fato de o empregado ter prestado serviços por todo o período nas dependências da tomadora não configura fraude, demonstrando, ao revés, que o seu ambiente de trabalho não sofreu degradação com o processo de terceirização. [TRT, 3ª Reg. — RO n. 37/03 — (Ac. 2ª T.) — Relª Juíza Alice Monteiro de Barros — DJMG 12.2.03, p. 15 — Apud LTr Sup. Trab. 048/03, p. 224]

Terceirização ilícita. Empresa pública. Diferenças salariais devidas

Ementa: Terceirização ilícita — CEF — Empresa pública — Diferenças salariais devidas — Aplicação do princípio da isonomia — Ainda que o reconhecimento do vínculo de emprego encontre óbice no artigo 37, II, da CF/88, a ausência de prévia aprovação em concurso público não impede o deferimento de diferenças salariais à trabalhadora que, mediante terceirização ilícita, prestou serviços como caixa em atividade-fim da empresa pública, em igualdade de condições com os empregados desta. De se aplicar à hipótese o princípio da isonomia insculpido no caput do artigo 5º da Lei Maior. O contrário seria premiar a empresa de terceirização e a tomadora dos serviços, copartícipes da fraude à legislação do trabalho. [TRT 15ª R. — Proc. 25.099/03 — (32.782/04 — PATR) — 6ª T. — Rel. Juiz Hélio Grasselli — DOESP 27.08.2004. Apud Revista Síntese Trabalhista, n. 186, ementa 21292, p. 77]

Fraude na contratação de empregados. Formação do vínculo de emprego diretamente com a tomadora dos serviços

Ementa: Fraude na contratação de empregados. Formação do vínculo de emprego diretamente com a tomadora dos serviços. Comprovado, de forma inequívoca, que a reclamante prestou serviços à recorrente, de forma pessoal e não eventual, evidenciando efetiva contratação de mão de obra por interposta empresa, em atividade não terceirizável, e por isto em inequívoca tomada ilícita de serviços, conclui-se que o vínculo de emprego formou-se diretamente com a tomadora dos serviços. (TRT 18ª Reg. — RO-00108-2005-121-18-00-6 — Relª Juíza Káthia Maria Bomtempo de Albuquerque — DJGO n. 14.571, de 9.8.2005, p. 46)

Terceirização. Ilicitude

Ementa: Terceirização — Ilicitude — A terceirização lícita é aquela cujo objeto do contrato transfere as atividades-meio da empresa tomadora de serviço para empresas que as desenvolvam como sua atividade-fim, ou seja, é uma espécie de delegação de atribuições da empresa tomadora para a prestadora de serviços. Nesse passo, a terceirização lícita se distingue da ilícita precisamente porque o objeto da transferência não se confunde com sua atividade-fim e a ilícita se configura justamente por transferir à empresa prestadora de serviço atribuições que deveriam ser assumidas pela tomadora. [TRT 12ª Reg. RO 00122-2006-034-12-00-1 — (Ac. 1ª T., 9.10.07) — Relª Juíza Viviane Colucci. Disp. TRT-SC/DOE 14.11.07. Data de Publ. 16.11.07. Apud LTr Sup. Jurisp. 01/2008, p. 8]

Relação de emprego. Instituição de ensino. Terceirização de atividade-fim. Reconhecimento

Ementa: Vínculo de emprego. Instituição de ensino. Terceirização de atividade-fim. Reconhecimento. A intermediação exercida pela cooperativa e pela sociedade constituída pelos professores, inclusive o Reclamante, em atividade de ensino, que é a da Reclamada, mostra-se irregular. Daí o reconhecimento do vínculo de emprego com a tomadora, nos termos da Súmula n. 331/TST. [TRT 18ª Reg. — RO 00595-2007.241.18.00.1 — (Ac. 1ª T.) — Rel. Juiz Marcelo Nogueira Pedra — DJE/TRT 18ª Reg. ano I, n. 204, 6.12.07, p. 9 — Apud LTr Sup. Jurisp. 09/2008, p. 71]

Terceirização de serviços. Não é precarização dos direitos trabalhistas

Ementa: Terceirização de serviços não é sinônimo de precarização dos direitos trabalhistas — Ao contratar empresa interposta para a prestação de serviços que se consubstanciam na atividade-meio do tomador, obriga-se este a fiscalizar a execução do trabalho e o cumprimento das obrigações trabalhistas e previdenciárias pela empresa prestadora de serviços, uma vez que poderá vir a ser responsabilizado pelo inadimplemento das verbas trabalhistas, rescisórias e/ou indenizatórias devidas ao empregado pela sua real empregadora. A terceirização não pode ser vista pelas empresas tomadoras como um salvo-conduto para lesar os empregados das empresas prestadoras de serviços; quando muito, deve ser encarada como um fator de flexibilização da atividade empresarial ou pública, conforme o caso. O Direito Constitucional, o Direito do Trabalho e a Justiça do Trabalho não toleram a terceirização irresponsável, sinônimo de precarização injusta dos direitos dos trabalhadores, pois importaria em tergiversar os princípios e as normas constitucionais e legais que regem a matéria, e que visam, em última análise, preservar a dignidade da pessoa humana, os valores sociais do trabalho, a valorização do trabalho humano, assegurando a todos uma existência digna. O primado do trabalho constitui base da ordem social, imprescindível para a consecução do bem-estar e justiça sociais. Aplicação dos arts. 1º, III e IV, 37, § 6º, 170 e 193, da Constituição Federal; do art. 186 do Código Civil e da Súmula n. 331, IV, do C. TST. Recurso da parte ré ao qual se nega provimento. [TRT 9ª Reg. RO 00707-2007-664-09-00-0 — (Ac. 1ª T. 01167/08) — Rel. Edmilson Antonio de Lima. DJPR 18.1.08, p. 835 — Apud LTr Sup. Jurisp. 14/2008, p. 112]

Responsabilidade subsidiária. Terceirização. Diversos tomadores de serviços

Ementa: Responsabilidade subsidiária — Terceirização — Período contratual único perante real empregador — Diversos tomadores com distintos e específicos períodos de fruição dessa força de trabalho entre eles — Incomunicabilidade da responsabilidade entre os tomadores. Nos serviços de vigilância, onde há possibilidade da presença de múltiplos tomadores de serviços em distintos períodos frente ao contrato único mantido pelo empregado diante de sua real empregadora, a terceirizada, deve a responsabilidade subsidiária limitar-se ao período específico onde cada um dos tomadores se beneficiou da força de trabalho do laborista, porquanto não há na lei ou em norma extravagante previsão de comunicabilidade dessa responsabilidade entre tais beneficiários, pelo tempo integral do contrato do trabalhador. [TRT, 15ª Reg. (Campinas/SP), RO n. 02.038-2000-122-15-00-9 — (Ac. 5ª T. 27.980/2003-PATR) — Rel. Juiz Valdevir Roberto Zanardi. DJSP 19.9.02, p. 84 — Apud LTr Sup. Jurisp. 49/2003, p. 384]

Terceirização. Empresa tomadora

Ementa: Terceirização. Empresa tomadora. O princípio da proteção ao trabalhador permite responsabilizar subsidiariamente a empresa tomadora de serviços, diante da inadimplência da empresa interposta, pelo prejuízo causado aos empregados, cuja força de trabalho foi usada em seu benefício. Mesmo não caracterizada a má-fé, a responsabilidade subsidiária se impõe por ter a empresa, tomadora de serviços, negligenciado na escolha da empresa com a qual efetivou a terceirização. [TRT — 3ª Região — RO 16.520/95 — 2ª T. — Relª.: Juíza Alice Monteiro de Barros — julgado em 27.2.96 — DJMG 15.3.96. BARROS (2005, p. 427)]

Ação civil públicca. Liberdade de contratar. Terceirização. Licitude

Ementa: Ação civil públicca — Liberdade de contratar — Terceirização — Licitude — A terceirização é forma usual de flexibilização no campo do direito laboral. Vedar sua prática implica em ingerência na administração dos negócios empresariais, em detrimento ao princípio da livre-iniciativa assegurada pela Carta Constitucional, inserto no capítulo que disciplina a ordem econômica, além de representar ofensa ao princípio da legalidade. (TRT — 15ª Reg. — 1ª T. — RO 010862/1999-SP — Rel. Juiz Luiz Antonio Lazarim — j. 19.10.1999 — Citado por Cláudio Urenha Gomes, in Revista LTr 69-11/1378)

Terceirização. Responsabilidade subsidiária

Ementa: Terceirização — Responsabilidade subsidiária — A responsabilidade da empresa contratante, na terceirização de serviços que poderiam ser executados com mão de obra própria, é questão, simplesmente, de justiça e, mais que isso, impede a exploração do trabalho humano, atendendo, portanto, ao elevado princípio, universal e constitucional, que é o da dignidade humana. A terceirização não permite que a contratante lave as mãos diante da angústia daqueles que trabalharam em prol dos seus interesses, ainda que através de outro empregador, que em regra ou desaparece ou não tem como satisfazer as obrigações trabalhistas. Escolher bem e fiscalizar a satisfação dessas obrigações das empresas contratadas não só é uma exigência ética, como também uma decorrência da abrangente função social da empresa. [TRT 2ª Reg. — RO 01038199831502005 — (Ac. 3ª T. 20050673143) — Rel. Juiz Eduardo de Azevedo Silva — DJSP 11.10.05, p. 4 — Apud LTr Sup. Jurisp. 02/2006, p. 16]

Terceirização de serviços. Remuneração equivalente

Ementa: Terceirização de serviços — Remuneração equivalente — Mesmo nas hipóteses de terceirização lícita, ligados às atividades-meio (desde que ausente a pessoalidade e subordinação jurídica, diretamente, com o tomador dos serviços), os princípios constitucionais impõem a isonomia no tratamento daqueles trabalhadores, não se admitindo o tratamento desigual de trabalhadores, na mesma situação, exclusivamente, por terem sido contratados, por outro empregador. Em razão da existência de lacunas normativas, quanto ao fenômeno da terceirização, faz- se necessário o emprego da analogia (art. 8º, da CLT), alcançando os trabalhadores que, através de empresa interposta, prestam serviços ao tomador (art. 12, da Lei 6.019/74). Tratando de terceirização de atividade-fim do tomador, restaria autorizado o reconhecimento de vínculo, diretamente, com a tomadora — se houvesse pedido, neste sentido -, sendo muito mais injustificada a prática remuneratória aos empregados da empresa prestadora de serviços. [TRT 3ª Reg. — RO 00422-2007-021-03-00-4 — (Ac. 1ª T.) — Rel. Des. Manuel Cândido Rodrigues — DJMG 5.10.07, p. 7 — Apud LTr Sup. Jurisp. 52/2007, p. 416]

Terceirização ilícita. Reconhecimento do vínculo de emprego diretamente como o tomador dos serviços

Ementa: Terceirização ilícita. Reconhecimento do vínculo de emprego diretamente como o tomador dos serviços. Aplicação da Súmula n. 331, I, do C. TST. A prestação pessoal de serviços, mediante subordinação jurídica, em atividade essencial para a consecução das finalidades econômicas do tomador de serviços acarreta a ilicitude da terceirização, autorizando o reconhecimento do vínculo empregatício do trabalhador diretamente com a empresa que se beneficiou de sua força de trabalho. Recurso a que se nega provimentgo [TRT 9ª Reg. — RO 962-70.2011.5.09.0322 — (1ª T.) — Rel. Des. Cássio Colombo Filho — DEJTPR 5.2.2013 — Apud Revista Magister de Dieito do Trabalho n. 52, p. 183, ementa 52/88]

Terceirização ilícita. Sonegação de direitos trabalhistas. Rescisão indireta. Aplicabilidade

Ementa: Terceirização ilícita. Sonegação de direitos trabalhistas. Descumprimento de obrigações contratuais. Rescisão indireta do contrato de trabalho. A ilicitude da terceirização autoriza a rescisão indireta do contrato de trabalho, nos termos do artigo 483, "d", da CLT, pois configura a prática de fraude trabalhista (artigo 9º/CLT) e evidencia o descumprimento de obrigações contratuais por parte do empregador, através da sonegação de direitos do trabalhador. [TST 3ª Reg. — RO 1516-67.2012.5.03.0053 — Rel. Des. Fernando Luiz G. Rios Neto — Dje 07.05.2013 — Apud Revista Síntese Trabalhista e Previdenciária n. 289, p. 159, ementa 30984]

2. COOPERATIVAS DE TRABALHO

2.1. CONSIDERAÇÕES

A respeito de sociedades cooperativas, destacam-se os seguintes diplomas legais: a) CF/88 (artigos: 5º, XVIII; 146, III, c; 174, §§ 2º, 3º e 4º; 187, VI e 192, VIII); b) Lei n. 5.764, de 16 de dezembro de 1971, que define a Política Nacional de Cooperativismo c) Código Civil (Lei n. 10.406/2002, em vigor a partir de janeiro de 2003), arts. 1.093 a 1096; d) Lei n. 12.690, de 19.07.2012, que dispõe sobre a organização e o funcionamento das Cooperativas de Trabalho; e e) Recomendação n. 193 da OIT.

A Lei n. 5.764/71 estabelece o conceito de cooperativa, ao preceituar que celebram contrato de sociedade cooperativa as pessoas que reciprocamente se obrigam a contribuir com bens ou serviços para o exercício de uma atividade econômica, de proveito comum, sem objetivo de lucro (art. 3º).

Há vários tipos de cooperativa: de produção agropecuária, de consumo, de pesca, de crédito, de trabalho, de transporte, de médicos, agrícola, habitacional, industrial etc.

Na doutrina, o saudoso *Valentin Carrion* conceitua a cooperativa como a associação voluntária de pessoas que contribuem com seu esforço pessoal ou suas economias, a fim de obter para si as vantagens que o agrupamento possa propiciar.[8]

O Min. *João Batista* observa que o objeto da sociedade cooperativa é viabilizar a atividade socioeconômica de seus associados, sem se voltar para a exploração de qualquer atividade econômica específica, enquanto estrutura organizacional. Sua estrutura, pois, está voltada para o atendimento de seus associados. A cooperativa tem por finalidade a prestação de serviços a seus associados, de modo a possibilitar o exercício de uma atividade econômica comum que, na oferta de bens e serviços, minimize custos, elimine o intermediário etc. Portanto, uma união de esforços sem objetivo de lucro.[9]

A Lei n. 5.764/71 já previa que, qualquer que seja o tipo de cooperativa, não existe vínculo empregatício entre ela e seus associados (art. 90).

Por sua vez, a Lei n. 8.949, de 9 de dezembro de 1994, acrescentou o parágrafo único ao art. 442 da CLT, preceituando que qualquer que seja o ramo de atividade da sociedade cooperativa, não existe vínculo empregatício entre ela e seus associados, nem entre estes e os tomadores de serviços daquela.

Com o advento da Lei n. 8.949/94, proliferaram as falsas cooperativas de serviços, sem autonomia, sem independência e sem liberdade de filiação, com alteração de sua verdadeira finalidade, que é a

---

(8) CARRION Valentin. *Cooperativa de trabalho* — Autenticidade e falsidade. *Revista LTr*, vol. 63, n. 02, p. 167.
(9) PEREIRA, João Batista Brito. *Da sociedade cooperativa*. *Revista do TST*, vol. 69, n. 2, p. 42 e 45.

de prestar serviços aos próprios cooperados, numa autêntica fraude, condenável pelo art. 9º da CLT, que dispõe serem nulos de pleno direito os atos praticados com o objetivo de desvirtuar, impedir ou fraudar a aplicação dos preceitos contidos na presente Consolidação.

O Min. *Ives Gandra Martins Filho*, expondo sobre a Recomendação n. 193 da OIT, argumenta que "os dois marcos fundamentais, distintivos, que a Recomendação n. 193 dá para que possamos delinear o que é verdadeira cooperativa estão logo no inciso I, item 2, que diz quais são as finalidades da cooperativa.

Eu diria que os dois marcos principais são: O primeiro é a autonomia da criação da cooperativa. Que haja independência, que ela surja naturalmente como a vontade dos trabalhadores de aglutinarem os seus esforços para atingir novos mercados de trabalho, que haja essa gestão democrática. A recomendação fala da propriedade conjunta da cooperativa, por um lado. Então, essa autonomia, independência, gestão democrática, é um dos marcos. Um outro marco, ou pilar seria a liberdade de filiação, esse intuito de beneficiar-se da soma de esforços para obter a colocação no mercado de trabalho".[10]

2.2. COOPERATIVAS DE TRABALHO — CONCEITO — REQUISITOS — PRINCÍPIOS — TIPOS — PROIBIÇÃO DE INTERMEDIAÇÃO DE MÃO DE OBRA — COOPERATIVA DE PROFESSORES — JURISPRUDÊNCIA

2.2.1. Cooperativas de trabalho

A Lei n. 12.690/2012, de 19 de julho de 2012 (DOU de 20.7.2012), dispõe sobre a organização e o funcionamento das Cooperativas de Trabalho.

O art. 1º preceitua que a Cooperativa de Trabalho é regulada por esta Lei e, no que com ela não colidir, pelas Leis n. 5.764, de 16 de dezembro de 1971, e n. 10.406, de 10 de janeiro de 2002 — Código Civil.

---

(10) MARTINS FILHO, Ives Gandra da Silva & SALABERRY FILHO, Miguel. (Coordenadores). *Cooperativas de Trabalho*. São Paulo: LTr 2004. p. 60/61.

2.2.2. Conceito

Considera-se Cooperativa de Trabalho a sociedade constituída por trabalhadores para o exercício de suas atividades laborativas ou profissionais com proveito comum, autonomia e autogestão para obterem melhor qualificação, renda, situação socioeconômica e condições gerais de trabalho (Lei n. 12.690/2012 — art. 2º).

2.2.3. Requisitos básicos

Pelo dispositivo transcrito anteriormente, a sociedade para ser considerada como cooperativa de trabalho tem que atender a três requisitos básicos:

a) *proveito comum* — isto é, distribuição igualitária, entre os associados, dos resultados obtidos pela cooperativa;
b) *autonomia* — significa organização e fixação de regras de funcionamento da cooperativa pelos próprios cooperados, sem qualquer ingerência externa;
c) *autogestão* — em que os próprios associados definem as diretrizes para o funcionamento e as operações da cooperativa e a forma de execução dos trabalhos.

2.2.4. Princípios

Na dicção da Lei n. 12.690/2012, art. 3º, a cooperativa de trabalho rege-se pelos seguintes princípios e valores:

I — adesão voluntária e livre;
II — gestão democrática;
III — participação econômica dos membros;
IV — autonomia e independência;
V — educação, formação e informação;
VI — intercooperação;
VII — interesse pela comunidade;
VIII — preservação dos direitos sociais, do valor social do trabalho e da livre-iniciativa;
IX — não precarização do trabalho;
X — respeito às decisões de assembleia, observado o disposto nesta Lei;
XI — participação na gestão em todos os níveis de decisão de acordo com o previsto em lei e no Estatuto Social.

2.2.5. Tipos de cooperativas de trabalho

São dois os tipos de cooperativa de trabalho (Lei n. 12690, art. 4º):

I — de *produção*, quando constituída por sócios que contribuem com trabalho para a produção em comum de bens e a cooperativa detém, a qualquer título, os meios de produção; e

II — de *serviço*, quando constituída por sócios para a prestação de serviços especializados a terceiros, sem a presença dos pressupostos da relação de emprego.

2.2.6. Proibição de intermediação de mão de obra

A cooperativa de trabalho não pode ser utilizada para intermediação de mão de obra subordinada (Lei n. 12.690/2012, art. 5º).

As cooperativas prestadoras de serviços se assemelham, mas não se confundem com as empresas locadoras de mão de obra. Nas cooperativas, os trabalhadores associados prestam serviços ao tomador de forma autônoma (sem os requisitos da relação de emprego: pessoalidade, habitualidade e subordinação); nas empresas fornecedoras de mão de obra, os trabalhadores são seus empregados. As primeiras (cooperativas) são *intermediadoras* de serviços, as segundas são *fornecedoras* de mão de obra (prestadoras de serviços).

2.2.7. Cooperativa de professores

As cooperativas de mão de obra ou de trabalho somente serão regulares se o trabalho ofertado for do tipo autônomo, praticando-se com real e inquestionável autonomia, sob pena de configurar-se o vínculo empregatício, seja com a própria cooperativa, seja com o tomador de serviços.[11]

O estabelecimento de ensino (escola) tem como atividade essencial ou atividade-fim o ensino.

No magistério particular, como visto anteriormente, os professores são profissionais da educação, habilitados junto ao Ministério da Educação, sujeitos ao regime celetista, constituídos em categoria diferenciada e que exercem atividades profissionais correspondentes às atividades econômicas de ensino regular.

O ensino, como atividade-fim ou atividade vocacional da escola, é ministrado por professor empregado.

A própria Lei n. 12.690/2012 é taxativa ao preceituar, que a cooperativa de trabalho não pode ser utilizada para intermediação de mão de obra subordinada (art. 5º).

É sabido que a atividade de professor é indispensável ao funcionamento da atividade normal dos estabelecimentos educacionais, devendo o vínculo se formar diretamente com este último em favor de quem a força de trabalho é aproveitada.[12]

Por sua vez, Gérson Marques (2009:48) salienta que é irrefutável a ilegalidade de contratação de professores por *cooperativas de trabalho* ou a exigência prévia de os professores se organizarem em fraude cooperativas.

2.2.8. Jurisprudência

Cooperativa — Vínculo laboral

Ementa: O vínculo cooperativo foge dos caracteres do pacto laboral e sua existência deve ser cumpridamente provada, demonstrado-se a existência de sociedade cooperativa nos moldes da Lei n. 5.764, de 16.12.91, que define a Política Nacional de Cooperativismo, com o preenchimento dos requisitos: espontaneidade para a criação da cooperativa e para o trabalho prestado; independência e autonomia dos seus cooperados, que obedecem apenas às diretrizes gerais e comuns estabelecidas nos estatutos da cooperativa; objetivo comum que une os associados pela solidariedade; autogestão e liberdade de associação e desassociação, nela apontados. Na análise da natureza jurídica da relação entre as partes, o fio condutor é o princípio da primazia da realidade, pelo qual o factual se sobrepõe ao formal, na lição de Plá Rodriguez que, no caso redunda na configuração da relação empregatícia, dada a subordinação revelada pela direção das atividades pelos dirigentes da cooperativa, determinando a jornada de trabalho a ser cumprida, o valor de cada peça e da remuneração, as metas de produção de cada grupo, impondo a submissão a horário, o desconto das faltas e dos atrasos e a aplicação de penas disciplinares. Recurso a que se dá provimento. [TRT 21ª Região — RO 19-01646-00-2 — (Ac. 37.800, 6.9.01) — Apud Revista LTr 65-11/1386)

Vínculo empregatício — Sociedade cooperativa

Ementa: Não havendo prova de fraude às normas de tutela ao trabalho (uma vez que na relação societária foram observados os requisitos exigidos pelo art. 4º, incisos I a XI, da Lei n. 5.764, de 16 de dezembro de 1971), aplica--se ao caso em concreto o disposto no artigo 442, parágrafo único, da CLT, segundo o qual 'qualquer que seja o ramo de atividade da sociedade cooperativa, não existe vínculo empregatício entre ela e seus associados, nem entre estes e os tomadores de serviço daquela'. Recurso ordinário não acolhido. [TRT 6ª Região — RO 4.908/00 — (Ac. 1ª T., 20.2.01) — Rel.Juiz Nelson Soares Júnior — Apud Revista LTr 65-09/1134]

---

(11) TST-AIRR n. 163900-40.2007.5.02.0033 — Rel. Min. Mauricio Godinho Delgado.

(12) BARROS (2001:306).

Cooperativa de trabalho. Relação de emprego. Fraude configurada

Ementa: Relação de emprego. Cooperativa de trabalho. Multiplicidade de profissões. Fraude configurada. Segundo a Convenção 169 da OIT, o objetivo fundamental do cooperativismo é o desenvolvimento socioeconômico e profissional do cidadão, incentivando sua qualificação profissional e o aumento de renda. Daí em concluir que o êxito do real espírito cooperativista depende da forma como é implantado. Para que exista uma autêntica cooperativa são necessários os seguintes requisitos: aninus/ espontaneidade quanto à criação da cooperativa e do trabalho prestado; independência e autonomia dos seus cooperados, que obedecem apenas às diretrizes gerais e comuns estabelecidas nos estatutos da cooperativa; objetivo comum que une os associados pela solidariedade; autogestão; liberdade de associação e desassociação e não-flutuação dos associados no quadro cooperativo. Cooperar significa trabalhar junto. Assim, para trabalhar junto, é necessário que exista, no mínimo, uma identidade profissional ou econômica entre os cooperados. Ou seja, fazendeiros cooperam com fazendeiros, industriais com industriais, médicos com médicos (por exemplo, a Unimed), engenheiros com engenheiros. Mas no caso sub analisis, não há identidade social. Veja-se a ata de constituição da cooperativa, com sede em Porto Alegre, às fls. 62/64, que foi fundada por: comerciário, economista, bancário, psicóloga, administrador de empresas, universitária, tecnólogo de processamento de dados, funcionária pública federal, engenheiro, industriário, arquiteto, isto é, não tem nenhum associado sequer de profissão similar à da reclamante (copeira). Dessa forma, quando existe essa gama de profissões nos quadros da cooperativa, ela é, com certeza, fraudulenta. Logo, a reclamante não vendia trabalho, mas sim, a sua força de trabalho. Responsabilidade subsidiária. CEF. Tomadora de serviços. Art. 71, da L. 8.666/93. A matéria está pacificada pelo En. 11 do TRT da 4ª Região. A norma do art. 71, § 1º, da L. 8.666/93, não afasta a responsabilidade subsidiária das entidades da administração pública, direta e indireta, tomadoras de serviços. Portanto, a Caixa Econômica Federal (sendo a única beneficiada da mão de obra da reclamante), responde subsidiariamente, com base no inciso IV, do En. 331, do TST. [TRT 4ª R. — RO 00721.771/99.8 — (3ª T.) — Rel.Juiz Manuel Cid Jardon — DOERS 20.05.2002 — Apud Revista Síntese Trabalhista n. 161, ementa 18611, p. 89]

Cooperativa — Inexistência de fraude

Ementa: Cooperativa de mão de obra — Ausência de vínculo de emprego entre cooperado e cooperativa ou entre aquele e o tomador de serviços. Não cabe na hipótese da prestação de serviços através de cooperativa de mão de obra, o argumento da ilegalidade de intermediação de mão de obra por interposta pessoa, para caracterizar fraude. Quando a intermediação se deu entre cooperativa regularmente criada e o tomador dos serviços e estes foram executados por cooperado admitido regularmente ao quadro associativo com observância dos dispositivos estatutários, não há falar em fraude à legislação trabalhista. Inteligência da Lei n. 5.764/71, combinado com o disposto no parágrafo único do art. 442 , CLT. [TRT 15ª R. — Proc. 15893/00 — (47200/01) — 2ª T. — Rel. Juiz Jorge Lehm Müller — DOESP 14.01.2002 — Apud Revista Síntese Trabalhista n. 154, ementa 17860, p. 104]

Cooperativa educacional. Intermediação de mão de obra

Ementa: Cooperativa Educacional. Desvirtuamento de propóssitos. Intermediação de mão de obra. Implica em reconhecimento do vínculo direto entre tomador e prestador de serviços o fato de cooperativa educacional servir apenas para mascarar o trabalho regular dos docentes de colégio que nenhum professor contratado possui. [TRT 12ª Reg. — (Ac. n. 6.620/2000 — 1ª T.) — Rel. Juiz Luiz Fernando Cabeda — DJSC 21.7.2000, p. 227 — BARROS (2001:306)]

Cooperativa. Ilicitude

Ementa: Terceirização. Intermediação de mão de obra por meio de cooperativas. Ilicitude. A terceirização é essencialmente ilícita, sendo raros os casos em que a sua efetivação se opera dentro dos rigores legislativos, sobretudo se a tomadora dos serviços vale-se da contratação de cooperativas de trabalho não especializadas, verdadeiras empresas interpostas para o arregimento de mão de obra, em franca atividade ilegal, conforme prevê o inciso I da Súmula 331 do c. TST. [TRT 10ª Reg. — RO 00664-2005-001-10-00-3 — (1ª T.) — Rel. Juiz Pedro Luis Vicentin Foltran — DJU 3 17.02.2006]

Cooperativa. Vínculo de emprego

Ementa: Cooperativa. Vínculo de emprego. Não pode ser considerada válida e livre de vícios de vontade a adesão de trabalhador a cooperativa, com vistas à prestação de serviços na atividade-fim do tomador, pois a premente necessidade de obter colocação no mercado de trabalho restringe sua vontade, motivo pelo qual a teoria das nulidades do Código Civil deve ser aplicada às lides trabalhistas com ressalvas e com observância deste contigenciamento da vontade obreira. [TRT 2ª Reg. — RO 04408-2006-087--02-00-6 — (12ª T.) — Rel. Adalberto Martins — Julgamento: 15.5.2008 — Publicação: 30.5.2008]

Cooperativa de mão de obra. Vínculo empregatício

Ementa: Vínculo empregatício. Cooperativa de mão de obra. Incompatibilidade com o exercício de trabalho subordinado, com os pressupostos da relação de emprego. Prevalência do vínculo empregatício. Imperatividade do princípio constitucional da valorização do trabalho e do emprego e da efetividade dos direitos sociais fundamentais. Decisões do Juiz do Trabalho e do TRT mantidas pelo TST. [TST-RR n. 73600-28.2007.5.01.0011 — (Ac. 3ª T.) — Rel. Maurício Godinho Delgado — Apud Revista Síntese Trabalhista e Previdenciária n. 286, ementa 30307, p. 88]

Cooperativa. Fraude. Vínculo de emprego reconhecido

Ementa: Cooperativa. Fraude. Vínculo de emprego reconhecido. Em tendo a cooperativa atuado como intermediadora de mão de obra, com o evidente intuito de fraudar a aplicação dos preceitos contidos na CLT, impõe-se a declaração de nulidade da adesão obreira e, consequentemente, o reconhecimento do liame de emprego com o beneficiário dos serviços. Apelo patronal improvido. [TRT 1ª Reg. — RO 0113800-16.2009.5.01.0041 — (10ª T.) — Relª Desª Rosana Salim Villela Travesedo — DORJ 4.4.2013 — Apud Revista Magister de Direito do Trabalho n. 53, p. 166]

Professora contratada por cooperativa. Vínculo empregatício. Simulação e fraude. Terceirização ilícita

Ementa: Agravo de instrumento. Recurso de revista. Vínculo empregatício. Cooperativa. Professora de entidade de ensino. Simulação e fraude. Terceirização ilícita também configurada. Reconhecimento, pela instância ordinária da Justiça do Trabalho, do vínculo empregatício, corrigindo a irregularidade e restaurando o império da constituição e da CLT. Decisão denegatória. Manutenção. O Direito do Trabalho, classicamente e em sua matriz constitucional de 1988, é ramo jurídico de inclusão social e econômica, concretizador de direitos sociais e individuais fundamentais do ser humano (art. 7º, CF). Volta-se a construir uma sociedade livre, justa e solidária (art. 3º, I, CF), erradicando a pobreza e a marginalização e reduzindo as desigualdades sociais e regionais (art. 3º, IV, CF). Instrumento maior de valorização do trabalho e especialmente do emprego (art. 1º, IV, art. 170, caput e VIII, CF) e veículo mais pronunciado de garantia de segurança, bem-estar, desenvolvimento, igualdade e justiça às pessoas na sociedade econômica (Preâmbulo da Constituição), o Direito do Trabalho não absorve fórmulas diversas de precarização do labor, como a parassubordinação e a informalidade. Registre-se que a subordinação enfatizada pela CLT (arts. 2º e 3º) não se circunscreve à dimensão tradicional, subjetiva, com profundas, intensas e irreprimíveis ordens do tomador ao obreiro. Pode a subordinação ser do tipo objetivo, em face da realização, pelo trabalhador, dos objetivos sociais da empresa. Ou pode ser simplesmente do tipo estrutural, harmonizando-se o obreiro à organização, dinâmica e cultura do empreendimento que lhe capta os serviços. Presente qualquer das dimensões da subordinação (subjetiva, objetiva ou estrutural), considera-se configurado esse elemento fático-jurídico da relação de emprego. No caso concreto, o TRT consigna que a segunda Reclamada, sob o manto de uma cooperativa, agiu de maneira a dissimular o vínculo empregatício existente entre a Reclamante e a primeira Reclamada, uma vez que a relação cooperativa não se configurou válida. Nesse sentido, assinala o Órgão Judicial a quo a total inconsistência da alegação de que o trabalho da Reclamante se dava de forma autônoma e livre, tendo em vista a inevitável subordinação inerente à natureza da relação entre instituição de ensino e professor, o qual deve seguir as diretrizes educacionais daquela e cumprir horário estrito concernente às lições aos alunos da instituição. Além disso, despontou claro que a primeira Reclamada terceirizou serviços irregularmente, pois o magistério é atividade primordial e essencial, função finalística da instituição de ensino, constatando-se, por isso, a ilegalidade destacada pela Súmula 331, I/TST e a necessidade de reconhecimento do vínculo empregatício. Assim, não há como assegurar o processamento do recurso de revista quando o agravo de instrumento interposto não desconstitui os fundamentos da decisão denegatória, que subsiste por seus próprios fundamentos. Agravo de instrumento desprovido. [TST-RR 132800-24.2007.5.02.0015 — (Ac. 3ª T.) — Rel. Min. Maurício Godinho Delgado — Julgamento em 19.7.2013]

Capítulo XVI

PROFESSOR E A CESSAÇÃO DO CONTRATO DE EMPREGO

1. Denominação. 2. Classificação — Cessação normal — Cessação anormal. 2.1. Classificação 2.2. Cessação ou extinção normal do contrato. 2.3. Cessação ou extinção anormal do contrato — Resilição — Resolução — Caducidade — Rescisão. 2.3.1. Cessação ou extinção anormal do contrato. 2.3.2. Resilição do contrato de emprego — Dispensa sem justa causa — Demissão — Distrato. 2.3.2.1. Resilição do contrato de emprego. 2.3.2.2. Dispensa ou despedida do empregado sem justa causa — Situações equiparadas. 2.3.2.2.1. Dispensa ou despedida do empregado sem justa causa. 2.3.2.2.2. Situações equiparadas à dispensa sem justa causa. 2.3.2.3. Demissão (pedido de desligamento). 2.3.2.4. Distrato ou acordo das partes. 2.3.3. Resolução do contrato de emprego — Culpa do empregado — Culpa do empregador — Culpa recíproca. 2.3.3.1. Resolução do contrato de emprego. 2.3.3.2. Cessação do contrato por culpa do empregado (dispensa por justa causa). 2.3.3.3. Cessação do contrato por culpa do empregador (rescisão indireta). 2.3.3.4. Culpa recíproca. 2.3.4. Caducidade — Morte do empregado — Força maior. 2.3.4.1. Caducidade. 2.3.4.2. Morte do empregado. 2.3.4.3. Força maior. 2.3.5. Rescisão.

1. DENOMINAÇÃO

Como visto no Capítulo III, o contrato de trabalho, quanto à duração, poderá ser por prazo determinado e/ou por prazo indeterminado. Qualquer que seja a modalidade do contrato de trabalho, um dia ele findará. Há divergência quanto à denominação da terminação do contato de emprego. Para uns, deve ser usada a denominação *cessação* do contrato; para outros, *extinção* do contrato. Já terceiros preferem a denominação *dissolução* do contrato. A CLT adota o termo *"Da rescisão"*, para nominar o Capítulo V do Título IV, mas também usa outras denominações, como *extinção* do contrato de trabalho.

Aos professores aplica-se a regra geral dos modos de cessação do contrato de emprego, como será visto a seguir.

2. CLASSIFICAÇÃO — CESSAÇÃO NORMAL — CESSAÇÃO ANORMAL

2.1. CLASSIFICAÇÃO

Há várias formas de se classificar o término do contrato de trabalho. Considerando-se o contrato quanto à sua duração, sua cessação ou extinção poderá ser *normal* ou *anormal*.

2.2. CESSAÇÃO OU EXTINÇÃO NORMAL DO CONTRATO

A cessação ou extinção é considerada normal nos casos de contrato de trabalho por prazo determinado que chega ao seu término após a execução dos seus objetivos.

Nestes casos, na apuração das verbas rescisórias, não há aviso-prévio ou qualquer tipo de indenização legal, podendo o empregado levantar os depósitos do FGTS sem a multa fundiária de 40% e receber outras verbas, como: 13º salário; férias (vencidas e/ou proporcionais) acrescidas do terço constitucional; saldo de salário; adicionais (noturno, horas extras, insalubridade, periculosidade etc.); gratificações; outras verbas previstas em regulamento da empresa, convenção e/ou acordo coletivo de trabalho; multa por atraso do pagamento das verbas rescisórias (CLT, art. 477, §§ 6º e 8º) etc.[1]

Ao empregado rural não se aplicava o regime do FGTS (Lei n. 5.107/1966, regulamentada pelo Decreto n. 59.820/1966). A Constituição de 1988 determinou a extensão do FGTS aos trabalhadores rurais. A Lei n. 8.036/1990, que regulamenta o regime único do FGTS, abrange os trabalhadores rurais (art. 15, § 2º). Dessa forma, deixou de existir a indenização para os safristas prevista no art. 14 da Lei n. 5.889/1973.[2] Esse entendimento não é pacífico: para alguns, há coexistência da referida indenização com os depósitos do FGTS, como ilustra a decisão:

> *Ementa: Indenização do art. 14 da Lei n. 5.889/73. Incompatibilidade com o regime do FGTS. Não configurada. A indenização prevista no art. 14 da Lei n. 5.889/73 é um benefício adicional concedido ao trabalhador safrista, em virtude da temporariedade do contrato. Nesse sentido, já se manifestou a SDI do C. TST, cuja exegese é de que o regime do FGTS não substitui a indenização do empregado safrista, sendo com ela compatível, não se podendo falar em bis in idem (in TST — RR — 324800-40.2008.5.03.0063, Data de Julgamento: 26.4.2011, Relator: Ministro Emmanoel Pereira, 5ª Turma, Data de Publicação: DEJT 06/05/2011). [TRT 18ª Reg. — RO 0002181-62.2011.5.18.0001 — (1ª Turma, 15.8.2012) — Rel. Aldon do Vale Alves Taglialegna]*

O Precedente Administrativo n. 65 da SIT/MTE prevê:

> *Rurícola. Contrato de safra. Indenização ao término do contrato. FGTS. Compatibilidade. O art. 14 da Lei n. 5.889, de 8 de junho de 1973, foi recepcionado pela Constituição Federal de 1988, devendo tal indenização ser cumulada com o percentual do FGTS devido na dispensa. No contrato de safra se permite uma dualidade de regimes, onde o acúmulo de direitos corresponde a um plus concedido ao safrista. Não há que se falar, portanto, em bis in idem ao empregador rural.*

2.3. CESSAÇÃO OU EXTINÇÃO ANORMAL DO CONTRATO — RESILIÇÃO — RESOLUÇÃO — CADUCIDADE — RESCISÃO

2.3.1. Cessação ou extinção anormal do contrato

A cessação ou extinção é considerada anormal quando ocorrer a dissolução do contrato por prazo determinado (antes do seu termo prefixado) e/ou do contrato por prazo indeterminado, o que se dará por uma das seguintes formas: *resilição, resolução, caducidade* e *rescisão*.

2.3.2. Resilição do contrato de emprego — Dispensa sem justa causa — Demissão — Distrato

2.3.2.1. Resilição do contrato de emprego

Haverá resilição do contrato de trabalho quando uma ou ambas as partes, sem justa causa, põem fim à relação empregatícia. A resilição do contrato poderá ser unilateral ou bilateral. São casos de resilição unilateral a dispensa ou despedida sem justa causa do empregado pelo empregador e a demissão (pedido de desligamento) do empregado. Constitui resilição bilateral o distrato ou acordo das partes, pondo fim ao contrato de trabalho.

2.3.2.2. Dispensa ou despedida do empregado sem justa causa — Situações equiparadas

2.3.2.2.1. Dispensa ou despedida do empregado sem justa causa

A dispensa ou despedida do empregado sem justa causa pelo empregador é espécie do gênero resilição. O empregador, regra geral, goza do direito potestativo de resilir o contrato de trabalho quando julgar conveniente. Assim, quer se trate de contrato por prazo determinado ou indeterminado, o empregador pode dispensar o empregado sem justa causa, pondo fim ao contrato, salvo se o empregado gozar de algum tipo de garantia ou estabilidade no emprego, como visto no Capítulo XIII.

Quando se tratar de contrato por prazo indeterminado e o empregado for dispensado sem justa

---

(1) Para a efetivação dos cálculos das verbas rescisórias, consultar: CORTEZ, Julpiano Chaves. *Prática Trabalhista — Cálculos*. 16. ed. São Paulo: LTr, 2012.

(2) O professor Amauri Mascaro Nascimento, em Conferência proferida na seção de abertura do III Congresso Brasileiro de Direito de Trabalho Rural, promovido pelo TRT/15ª Região, em Ribeirão Preto, em setembro de 1995, afirmou: "Outra questão é a indenização do safrista no término do contrato. A Lei n. 5.889 estabelece que será de 1/12 do salário mensal, por mês de serviço ou fração. A Constituição de 1988 transformou a indenização em Fundo de Garantia do Tempo de Serviço. Nesse caso, no término do contrato de safra, devido é o levantamento dos depósitos do FGTS e não a indenização em duodécimos" (*Apud Revista LTr* 59-10/1.308).

causa, ele poderá receber, dentre outras, as seguintes verbas trabalhistas: os valores dos depósitos do FGTS, acrescidos da multa fundiária de 40%; aviso-prévio; 13º salário (vencidos e proporcionais); férias (vencidas e proporcionais) acrescidas do terço constitucional; saldo de salário; adicionais (noturno, horas extras, insalubridade, periculosidade etc.); gratificações; indenização adicional (Lei n. 7.238/84); outras verbas previstas em regulamento da empresa, convenção e/ou acordo coletivo de trabalho; valor do recesso escolar (no caso de professor); multa por atraso do pagamento das verbas rescisórias (CLT, art. 477, §§ 6º e 8º) etc.[3]

Em relação ao contrato por prazo determinado, na sua dissolução antecipada, por iniciativa do empregador e sem justa causa, o empregado não terá direito ao aviso-prévio, mas haverá pagamento de indenização atípica (CLT, art. 479)[4] e levantamento do FGTS, com a multa fundiária de 40%, podendo o empregado receber outras verbas, como: saldo de salário; 13º salário; férias acrescidas do terço constitucional; indenização adicional (Lei n. 7.238/1984); adicionais; gratificações; outras verbas previstas em regulamento da empresa; convenção e/ou acordo coletivo de trabalho; multa por atraso do pagamento das verbas rescisórias etc.

Se o contrato por prazo determinado contiver cláusula assecuratória do direito recíproco de rescisão antes de expirado o termo ajustado, aplicam-se os princípios que regem a rescisão dos contratos por prazo indeterminado (CLT, art. 481).[5] Nessa situação, não haverá indenização atípica, mas terá aviso-prévio (Súmula n. 163 do TST); saldo de salário; 13º salário; férias acrescidas do terço constitucional; adicionais, gratificações, multa por atraso do pagamento das verbas rescisórias (CLT, art. 477, §§ 6º e 8º) etc. Ainda, o empregado poderá levantar os depósitos do FGTS, acrescidos da multa fundiária de 40%, se a iniciativa da rescisão for do empregador.

Jurisprudência uniformizada

Súmulas do TST

125. Contrato de trabalho. Art. 479 da CLT
O art. 479 da CLT aplica-se ao trabalhador optante pelo FGTS admitido mediante contrato por prazo determinado, nos termos do art. 30, § 3º, do Decreto n. 59.820, de 20 de dezembro de 1966.

163. Aviso-prévio. Contrato de experiência
Cabe aviso-prévio nas rescisões antecipadas dos contratos de experiência, na forma do art. 481 da CLT. Ex-prejulgado n. 42.

Orientação Jurisprudencial da SDI-1 do TST

42. FGTS. Multa de 40% (nova redação em decorrência da incorporação das Orientações Jurisprudenciais ns. 107 e 254 da SBDI-1) — DJ 20.04.2005
I — É devida a multa do FGTS sobre os saques corrigidos monetariamente ocorridos na vigência do contrato de trabalho. Art. 18, § 1º, da Lei n. 8.036/90 e art. 9º, § 1º, do Decreto n. 99.684/90. (ex-OJ n. 107 da SDI-1 — inserida em 1º.10.1997)
II — O cálculo da multa de 40% do FGTS deverá ser feito com base no saldo da conta vinculada na data do efetivo pagamento das verbas rescisórias, desconsiderada a projeção do aviso-prévio indenizado, por ausência de previsão legal. (ex-OJ n. 254 da SDI-1 — inserida em 13.03.2002)

2.3.2.2.2. *Situações equiparadas à dispensa sem justa causa*

Algumas situações de cessação do contrato de emprego são equiparadas à dispensa sem justa causa, como nos casos de *extinção da empresa sem ocorrência de força maior, factum principis* (cessação do contrato por ato de autoridade pública)[6], *falência,*

---

(3) Indenização de antiguidade — A Lei n. 8.036/1990 preceitua: O tempo do trabalhador não optante do FGTS, anterior a 5 de outubro de 1988, em caso de rescisão sem justa causa pelo empregador, reger-se-á pelos dispositivos constantes dos arts. 477, 478 e 497 da CLT (art. 14, §º). A respeito, consultar o Capítulo XII.
(4) Art. 479. Nos contratos que tenham termo estipulado, o empregador que, sem justa causa, despedir o empregado, será obrigado a pagar-lhe, a título de indenização, e por metade, a remuneração a que teria direito até o termo do contrato.
Parágrafo único. Para a execução do que dispõe o presente artigo, o cálculo da parte variável ou incerta dos salários será feito de acordo com o prescrito para o cálculo da indenização referente à rescisão dos contratos por prazo indeterminado.
(5) Aos contratos por prazo determinado, que contiverem cláusula assecuratória do direito recíproco de rescisão antes de expirado o termo ajustado, aplicam-se, caso exercido tal direito por qualquer das partes, os princípios que regem a rescisão dos contratos por prazo indeterminado (CLT, art. 481).

(6) Ementa: Hodiernamente, vem se inclinando a jurisprudência, o que encontra respaldo na doutrina, para o entendimento de se ter como esvaziado o instituto do *factum principis*, haja vista, de qualquer sorte, se atribuir ao risco empresarial, por inteiro, todos os ônus que lhe advêm do pacto laboral, quer decorrentes de fatos que deu causa ou não (sem sua culpa), inclusive os imprevisíveis e aqueles originários de força maior. [TRT 6ª Reg. — RO n. 824/99 — (Ac. 1ª T., 23.11.99) — Rel. Juiz Milton Gouveia — *Apud* Revista LTr 64-06/767]

aposentadoria compulsória do empregado e *morte do empregador pessoa física*.[7]

Como estas situações equiparam-se à dispensa sem justa causa, ficam assegurados aos empregados todos os direitos da dispensa imotivada, como mostrado anteriormente.

Jurisprudência uniformizada

Súmulas do TST

44. Aviso-prévio. Cessação da atividade da empresa
A cessação da atividade da empresa, com o pagamento da indenização, simples ou em dobro, não exclui, por si só, o direito do empregado ao aviso-prévio.

173. Salário. Empresa. Cessação de atividades
Extinto, automaticamente, o vínculo empregatício com a cessação das atividades da empresa, os salários só são devidos até a data da extinção. (ex-Prejulgado n. 53)

388. Massa falida. Arts. 467 e 477 da CLT. Inaplicabilidade (Res. n. 129 — DJ 20.4.2005)
A massa falida não se sujeita à penalidade do art. 467 e nem à multa do § 8º do art. 477, ambos da CLT. (ex-OJs ns. 201 e 314)

2.3.2.3. Demissão (pedido de desligamento)

O contrato de trabalho por prazo indeterminado poderá cessar por ato unilateral do empregado, quando este pedir demissão do emprego. O término do contrato, por iniciativa do empregado e sem motivo, constitui espécie do gênero resilição.

Verbas rescisórias. Na cessação do contrato de trabalho, a pedido, o empregado não levanta os valores do FGTS depositados em sua conta vinculada, salvo no caso de aposentadoria espontânea, e não tem direito à multa fundiária de 40%, podendo receber as seguintes verbas trabalhistas rescisórias: 13º salário (vencidos e proporcionais); férias (vencidas e proporcionais) acrescidas do terço constitucional; saldo de salário; adicionais (noturno, horas extras, insalubridade, periculosidade etc.); gratificações;

___

(7) Pelo princípio da despersonalização do empregador, o empregado está vinculado à empresa, e não aos empresários (proprietários). No caso de morte de um deles e se a empresa continuar com as suas atividades, subsiste o contrato do empregado. Entretanto, há uma exceção, quando o contrato for realizado em atenção à pessoa do *de cujus*, em que é facultado ao empregado rescindir o contrato de trabalho no caso de morte do empregador constituído em empresa individual, ou seja, do empregador pessoa física (CLT, art. 483, § 2º).

outras verbas previstas em regulamento da empresa, convenção e/ou acordo coletivo de trabalho; multa por atraso do pagamento das verbas rescisórias (CLT, art. 477, §§ 6º e 8º) etc. Em caso de demissão, o não cumprimento do aviso-prévio, por parte do empregado, poderá acarretar-lhe o desconto correspondente ao valor correspondente.

Nos contratos de trabalho por prazo determinado, o empregado que deixar o emprego, sem justa causa, antes de findar o contrato, não levanta os depósitos do FGTS e não tem direito à multa fundiária de 40%, ficando obrigado a indenizar o empregador dos prejuízos causados. Todavia, há um limite para o pagamento do valor da indenização, que será igual à metade da remuneração que o empregado teria direito de receber até o final do contrato e só haverá pagamento se o empregador comprovar que levou prejuízos com a saída do empregado.[8]

Verbas rescisórias. Na cessação do contrato de trabalho por prazo determinado, a pedido do empregado, ele poderá receber como verbas rescisórias: 13º salário; férias acrescidas do terço constitucional; saldo de salário; adicionais; gratificações; outras verbas previstas em regulamento da empresa, convenção e/ou acordo coletivo de trabalho; multa por atraso do pagamento das verbas rescisórias (CLT, art. 477, §§ 6º e 8º) etc.

2.3.2.4. Distrato ou acordo das partes

As partes, por meio de acordo, podem desfazer o contrato de trabalho. É o que se denomina de resilição bilateral do contrato.

Nesse caso de cessação do contrato de trabalho, as partes negociam os direitos trabalhistas, respeitados os resultantes de normas de ordem pública, por serem cogentes, imperativas. Exemplos: salários, férias, aviso-prévio etc.

Há um tipo de acordo entre empregado e empregador que põe fim ao contrato de emprego e que na prática recebeu o apelido de dispensa ou demissão voluntária. É o conhecido Programa de Demissão Voluntária — PDV, em que há incentivo à adesão do empregado ao plano de dispensa voluntária.

___

(8) Havendo termo estipulado, o empregado não se poderá desligar do contrato, sem justa causa, sob pena de ser obrigado a indenizar o empregador dos prejuízos que desse fato lhe resultarem. A indenização, porém, não poderá exceder àquela a que teria direito o empregado em idênticas condições (CLT — art. 480, § 1º).

O empregador, tendo em vista certos motivos, poderá criar, unilateralmente, ou por meio de negociação coletiva (convenção ou acordo coletivo), por prazo determinado, o PDV, em que são estabelecidas condições e vantagens para os empregados que queiram deixar a empresa. Essas vantagens devem suplantar os direitos que o empregado normalmente teria se o seu contrato fosse resilido unilateralmente pelo empregador.

O Programa de Demissão Voluntária, como forma de cessação do contrato de emprego, não tem previsão legal, mas tem sido aceito pela jurisprudência. O PDV, não é forma de demissão, mas acordo, em que o empregado, mediante certa vantagem, aceita ser dispensado sem justa causa. Essa vantagem ou incentivo, geralmente, traduz-se numa indenização.

Na dispensa voluntária, o empregador, para não ter surpresas futuras, deverá efetuar o pagamento de todas as verbas trabalhistas a que faz jus o empregado em caso de dispensa imotivada (aviso-prévio, 13º salário, férias, saldo de salário, adicionais, gratificações, indenização adicional etc.) e mais o incentivo à adesão do trabalhador ao PDV, que tem natureza indenizatória, consequentemente, não havendo incidência de imposto de renda (OJ n. 207 da SDI-1-TST).

Jurisprudência uniformizada

Orientação Jurisprudencial da SDI-1 do TST

270. Programa de incentivo à demissão voluntária. Transação extrajudicial. Parcelas oriundas do extinto contrato de trabalho. Efeitos. A transação extrajudicial que importa rescisão do contrato de trabalho ante a adesão do empregado a plano de demissão voluntária implica quitação exclusivamente das parcelas e valores constantes do recibo.

2.3.3. Resolução do contrato de emprego — Culpa do empregado — Culpa do empregador — Culpa recíproca

2.3.3.1. Resolução do contrato de emprego

A resolução do contrato de emprego ocorre quando uma ou ambas as partes do contrato praticam um ato faltoso previsto em lei, que seja considerado como justa causa determinante da cessação do contrato. Os arts. 482 e 483 da CLT, regra geral, enumeram, respectivamente, as situações que poderão constituir os atos faltosos cometidos pelo empregado e/ou pelo empregador. A resolução do contrato por culpa do empregador (CLT, art. 483) também é conhecida como despedida ou rescisão indireta. Ainda poderá ocorrer a resolução do contrato em caso de culpa de ambos; é a chamada culpa recíproca (CLT, art. 484).

2.3.3.2. Cessação do contrato por culpa do empregado (dispensa por justa causa)

O contrato de trabalho poderá cessar por culpa do empregado quando este cometer certos atos que sejam considerados como causa justificadora da resolução da relação de emprego. A justa causa, para ser fator determinante da cessação do contrato, tem que ser prevista em lei. Nesse aspecto, o direito do trabalho se inspirou no princípio da reserva legal, previsto no direito penal (*nullum crimen nulla poena sine lege*). Não haverá justa causa se não houver previsão legal (sistema taxativo adotado pelo Brasil)[9] e, no direito do trabalho, as situações de justa causa cometida pelo empregado estão, na sua maioria, enumeradas no art. 482 da CLT.

Na dissolução do contrato individual de trabalho, por justa causa cometida pelo empregado, ele poderá receber como verbas rescisórias: 13º salário vencido; férias vencidas acrescidas do terço constitucional; saldo de salário; outras verbas previstas em regulamento da empresa, convenção e/ou acordo coletivo de trabalho; multa por atraso do pagamento das verbas rescisórias (CLT, art. 477, §§ 6º e 8º) etc.

Na dispensa por justa causa, o empregado não recebe nem aviso-prévio nem multa fundiária de 40%, (13º salário e férias) proporcionais, e não pode levantar os depósitos do FGTS da sua conta vinculada, salvo se for aposentado.

2.3.3.3. Cessação do contrato por culpa do empregador (rescisão indireta)

O contrato de trabalho poderá cessar por culpa do empregador quando este cometer certos atos que sejam considerados como causa justificadora da resolução do contrato. Nesse caso, o empregado

---

(9) Segundo o professor Amauri Mascaro Nascimento (2004:766), o direito do trabalho conhece três sistemas fundamentais de justa causa: o *genérico*, o *taxativo* e o *misto*.

poderá considerar o contrato desfeito por culpa do empregador, ocorrendo o que se chama de despedida ou rescisão indireta do contrato, que é a provocada pelo empregador, isto é, quando ele dá motivo para a cessação da relação empregatícia. Os motivos dados pelo empregador pelos quais o empregado poderá considerar o contrato desfeito estão, em sua maioria, enumerados no art. 483 da CLT.

O direito do empregado ao recebimento das verbas rescisórias, na despedida ou rescisão indireta, é igual ao da dispensa sem justa causa, como visto no item 2.3.2.2.1.

Ao lado dos direitos materiais ou patrimoniais existem os direitos da personalidade, também denominados direitos fundamentais, que são direitos não patrimoniais e têm por finalidade resguardar a dignidade e integridade da pessoa no que diz respeito ao nome, à privacidade, à igualdade, ao trabalho, à vida, à saúde, à intimidade, à reputação, à imagem, à liberdade, à honra, à moral, à autoestima etc.

Qualquer conduta ilícita, violadora dos direitos da personalidade (direitos fundamentais), constitui causa justificadora da resolução do contrato de trabalho por ofensa ao princípio da dignidade da pessoa humana.

Quando o ofendido for o empregado, ele poderá considerar o contrato desfeito. É a denominada despedida ou rescisão indireta do contrato por culpa do empregador, a exemplo do que disciplina o art. 483 da CLT, fazendo jus ao recebimento das verbas trabalhistas, como visto anteriormente, além do direito de receber indenização por danos morais e/ou materiais (danos emergentes ou lucros cessantes — art. 950 do CC), junto à Justiça do Trabalho, que tem competência para processar e julgar as ações de indenização por dano moral ou patrimonial, decorrentes da relação de trabalho (CF/1988, art. 114, VI, com redação dada pela EC n. 45/2004).

O ofendido poderá ser o empregador, surgindo a possibilidade da dispensa direta do empregado por justa causa, como assegura o art. 482 da CLT, podendo pleitear o recebimento de indenização por danos materiais e morais.

Jurisprudência

Assédio moral. Resolução do contrato de trabalho por justa causa do empregador. Indenização por dano moral. Cabimento

Ementa: O assédio moral, como forma de degradação deliberada das condições de trabalho por parte do empregador em relação ao obreiro, consubstanciado em atos e atitudes negativas ocasionando prejuízos emocionais para o trabalhador, face à exposição ao ridículo, humilhação e descrédito em relação aos demais trabalhadores, constitui ofensa à dignidade da pessoa humana e quebra do caráter sinalagmático do contrato de trabalho. Autorizando, por conseguinte, a resolução da relação empregatícia por justa causa do empregador, ensejando, inclusive, indenização por dano moral. [TRT, 15ª Reg. (Campinas/SP) — Proc. 20534/2002 — (Ac. 2ª T. 5807/03-PATR) — Relª Juíza Mariane Khayat Fonseca do Nascimento — DJSP 21.3.2003, p. 85 — Apud LTr Sup. Jurisp. 23/2003, p. 177]

Assédio moral. Indenização por dano moral. Vedação de participação da reclamante como paraninfa de turma

Ementa: Recurso de revista interposto pela reclamada. Assédio moral. Indenização por dano moral. Vedação de participação da reclamante como paraninfa de turma. reexame de fatos e provas. A Corte Regional, valorando fatos e provas, firmou sua convicção acerca do assédio moral sofrido pela empregada, porquanto os procedimentos adotados pela reclamada, notadamente a vedação de participação da reclamante como paraninfa da turma que a escolhera, denegriram sua imagem, configurando conduta incompatível com o que se espera na relação de emprego e transgressão à honra capaz de ensejar à correspondente indenização por dano moral. Nessa perspectiva, incabível recurso de revista em que, sob a assertiva de que não houve ato ilícito ou prova de dano moral, a reclamada objetiva o reexame de fatos e provas, atraindo o óbice da Súmula n. 126 desta Corte Superior. [TST-RR 74500-45.2009.5.03.0153 — (Ac. 1ª Turma) — Rel. Min. Walmir Oliveira da Costa]

2.3.3.4. Culpa recíproca

A legislação trabalhista não define a culpa recíproca. A doutrina e a jurisprudência, no entanto, têm firmado critérios para que se configure a compensação de culpas. Assim, as faltas devem ser *concorrentes*, isto é, *concomitantes e determinantes* da rescisão contratual. E, além disso, devem ser *equivalentes*, de modo que se uma das faltas for excessiva em relação à outra, estará desconfigurada a culpa recíproca.[10]

Quando o contrato de trabalho for dissolvido por culpa recíproca, o que, geralmente, só ocorre em reconhecimento judicial, o empregado pode levantar os depósitos do FGTS feitos em sua conta vinculada, acrescidos da multa fundiária de 20%, além de receber outras verbas, como: (aviso-prévio,

---

(10) SAMPAIO, Aluysio. *Dicionário de direito individual do trabalho*. 2. ed. São Paulo: LTr, 1972. p. 79.

13º salário e férias proporcionais, pela metade); saldo de salário; adicionais; gratificações; outras verbas previstas em regulamento da empresa, convenção e/ou acordo coletivo de trabalho; indenização atípica (CLT, art. 479) reduzida pela metade (CLT, art. 484) etc.

Jurisprudência

Súmula do TST

14. Culpa recíproca (nova redação) — Res. n. 121/2003, DJ 19, 20 e 21.11.2003

Reconhecida a culpa recíproca na rescisão do contrato de trabalho (art. 484 da CLT), o empregado tem direito a 50% (cinquenta por cento) do valor do aviso-prévio, do décimo terceiro salário e das férias proporcionais.

Ementa: Culpa recíproca — Configuração — Dos fatos delineados pelo acórdão regional, infere-se que o ato de insubordinação do autor ocorreu após as suspeitas de furto e o procedimento de revista pessoal, considerados ofensivos à sua honra e boa fama. Configura-se a culpa recíproca, pois, se é verdade que o empregado não atendeu à determinação de voltar ao trabalho, caracterizando-se a hipótese de justa causa prevista no art. 482, h, da CLT, deve-se reconhecer que o ato praticado pelo empregador subsumi-se à hipótese do art. 483, e, da CLT. [TST — RR 529/2002-902-02-00-9 — (3ª T.) — Relª. Min. Maria Cristina Irigoyen Peduzzi — DJU 24.9.2004 — Apud Revista Síntese Trabalhista, n. 186, p. 69]

2.3.4. Caducidade — Morte do empregado — Força maior

2.3.4.1. Caducidade

Caducidade, como termo jurídico, significa extinção ou perda de um direito.[11]

Caducidade é a forma de cessação do contrato de trabalho pela ocorrência de um acontecimento natural, como no caso de morte do empregado e por motivo de força maior.[12]

2.3.4.2. Morte do empregado

A morte do empregado é causa da cessação do contrato de emprego. Nesta situação, os seus dependentes ou sucessores, além do levantamento dos depósitos do FGTS (Lei n. 8.36/1990 — art. 20, IV), sem a multa fundiária de 40%, poderão receber outras verbas rescisórias, como: 13º salário (vencidos e/ou proporcionais); férias (vencidas e proporcionais) acrescidas do terço constitucional; saldo de salário; adicionais; gratificações; outras verbas previstas em regulamento da empresa, convenção e/ou acordo coletivo de trabalho; multa por atraso do pagamento das verbas rescisórias (CLT, art. 477, §§ 6º e 8º) etc.

O procedimento para a quitação dos créditos trabalhistas resultantes da cessação do contrato de trabalho, por morte do empregado, encontra-se disciplinado pela Lei n. 6.858, de 24.11.1980 (DOU 25 e 26.11.1980), que dispõe sobre o pagamento, aos dependentes ou sucessores, de valores não recebidos em vida pelos respectivos titulares.

Ementa Normativa da SRT/MTE (Portaria n. 1 do MTE/SRT, de 25.05.)

3. Homologação. Empregado falecido. No caso de falecimento de empregado é devida a homologação e a assistência na rescisão do contrato de trabalho aos beneficiários habilitados perante o órgão previdenciário ou assim reconhecidos judicialmente, porque a estes se transferem todos os direitos do de cujus.

Jurisprudência

Ementa: Ruptura contratual em razão do falecimento do trabalhador. Aviso-prévio e multa sobre o FGTS. Improcedência. 1. A morte do trabalhador, fato inevitável, não é motivo apto a ensejar o aviso-prévio, o qual somente é cabível à parte que, sem justo motivo, quiser rescindir o contrato de trabalho (art. 487 da Consolidação das Leis Trabalhistas). 2. A multa de 40% sobre o saldo do Fundo de Garantia do Tempo de Serviço também é indevida, pois, da mesma forma, só tem direito o empregado que é dispensado pelo empregador sem justa causa (art. 18, § 1º, da Lei n. 8.036/1990). Recurso a que se nega provimento por unanimidade. [TRT 24ª Reg. RO-64200-31.2009.5.24.0091 (RO-642/2009-091-24-00.6) — (Ac. 1ª T.) — Rel. Des. Amaury Rodrigues Pinto Junior — DJe/TRT 24ª Reg. 598/10, 4.11.2010, p. 38/9 — Apud LTr Sup. Jurisp. 07/2011, p. 55]

2.3.4.3. Força maior

Entende-se como força maior todo acontecimento inevitável, em relação à vontade do empregador, e para a realização do qual este não concorreu, direta ou indiretamente (CLT, art. 501, *caput*).

A força maior caracteriza-se pela imprevisibilidade e inevitabilidade do acontecimento, podendo acarretar a cessação do contrato de emprego.

---

(11) HOUAISS, Antônio. *Dicionário eletrônico*.
(12) GOMES, Orlando & GOTTSCCHALK, Elson. *Curso de direito do trabalho*. 7. ed. Rio de Janeiro: Forense, 1978, vol. II, p. 514.

Na dissolução do contrato de trabalho por prazo indeterminado, em caso de extinção da empresa ou de um dos seus estabelecimentos, por motivo de força maior, o empregado levanta os depósitos do FGTS, acrescidos da multa de 20% (Lei n. 8.036/1990 — art. 18, § 2º), e poderá receber as verbas trabalhistas rescisórias, como: 13º salário (vencido e proporcional); férias (vencidas e proporcionais) acrescidas do terço constitucional; adicionais; gratificações; outras verbas previstas em regulamento da empresa, convenção e/ou acordo coletivo de trabalho; multa por atraso do pagamento das verbas rescisórias (CLT, art. 477, §§ 6º e 8º) etc.

Quando se tratar da dissolução antecipada do contrato por prazo determinado, por motivo de força maior (CLT, art. 501), não há aviso-prévio e o empregado levanta os depósitos do FGTS, acrescidos da multa fundiária de 20%, podendo receber as verbas rescisórias, como: saldo de salário; 13º salário; férias acrescidas do terço constitucional; adicionais; gratificações; outras verbas previstas em regulamento da empresa, convenção e/ou acordo coletivo de trabalho; multa por atraso no pagamento das verbas rescisórias (CLT, art. 477, §§ 6º e 8º); indenização atípica (CLT, art. 479) reduzida pela metade (CLT, arts. 502, III).

2.3.5. *Rescisão*

Rescisão é a cessação do contrato de trabalho que se verifica no caso de nulidade. A CLT usa o termo *rescisão* indistintamente para todos os casos de cessação do contrato de emprego.

Na lição de *Aluysio Sampaio*: "Empregamos a palavra rescisão, pois, como dissolução, terminação ou cessação das relações de trabalho, quer resulte de ato de uma ou de ambas as partes ou de fato estranho a essa vontade. O que importa, objetivamente, é se fixarem as várias causas de rescisão do contrato, pois estas é que determinarão os direitos e obrigações consequentes da rescisão".[13]

Segundo *José Affonso Dallegrave Neto*, a expressão rescisão do contato de trabalho pode ser utilizada em sentido amplo ou restrito. Na acepção *lato sensu* é toda e qualquer cessação contratual, independente do motivo, modo ou espécie. Já a rescisão *stricto sensu* refere-se tão-somente ao término do contato por motivo de nulidade.[14]

---

(13) SAMPAIO, Aluisio. *Fundo de Garantia do Tempo de Serviço e Estabilidade com Indenização*. São Paulo: RT, 1971, p. 182.
(14) DALLEGRAVE NETO, José Affonso. *Rescisão do Contrato de Trabalho*. São Paulo: LTr, 2001, p. 88.

Capítulo XVII

PROFESSOR E A HOMOLOGAÇÃO NA RESCISÃO DO CONTRATO DE EMPREGO

1. Homologação — Finalidade. 1.1. Homologação. 1.2. Finalidade da homologação. 2. Rescisão do contrato de emprego. 3. Recibo de quitação — Eficácia da quitação — Validade do recibo de quitação — Necessidade de homologação — Competência para homologar. 3.1. Recibo de quitação. 3.2. Eficácia da quitação. 3.3. Validade do recibo de quitação. 3.4. Necessidade de homologação — Dispensa de homologação. 3.4.1. Necessidade de homologação. 3.4.2. Dispensa de homologação. 3.5. Competência para homologar. 4. Recusa na homologação. 5. As partes na homologação. 6. Formas de pagamento na homologação — Parcelamento — Desconto. 6.1. Formas de pagamento na homologação. 6.2. Parcelamento na homologação. 6.3. Desconto ou compensação na homologação. 7. Prazo para pagamento das parcelas rescisórias — Inexistência de prazo para homologação — Multas. 7.1. Prazo para pagamento das parcelas rescisórias. 7.2. Inexistência de prazo para homologação. 7.3 Multas por falta de pagamento no prazo legal. 8. Gratuidade da homologação.

1. HOMOLOGAÇÃO — FINALIDADE

1.1. HOMOLOGAÇÃO

Segundo o *Dicionário Houaiss da Língua Portuguesa*, homologação significa aprovação, ratificação ou confirmação, por autoridade judicial ou administrativa, de certos atos particulares, a fim de que possam se investir de força executória ou se apresentar com validade jurídica.

Homologação é o poder que tem o sindicato ou a autoridade competente de certificar o que ocorreu, o que viu, o que lhe foi apresentado, atestar que o empregado assinou em sua presença (ou confirmou haver assinado) sabendo o que assinava, que foi pago o que consta no documento.[1]

1.2. FINALIDADE DA HOMOLOGAÇÃO

A finalidade da homologação, além de dar validade ao pedido de demissão e/ou ao recibo de quitação da rescisão contratual, é prestar assistência às partes, principalmente ao empregado, na hora do recebimento das parcelas rescisórias a que tem direito.[2]

A Instrução Normativa SRT/MTE n. 15/2010 estabelece procedimentos para assistência e homologação na rescisão de contrato de trabalho. Esclarece que a assistência na rescisão de contrato de trabalho tem por objetivo orientar e esclarecer empregado e empregador acerca do cumprimento

---

(1) MALHADAS, Júlio Assumpção. "Homologação" de Rescisão de Contrato de Trabalho. *Apud LTr Supl. Trab.* 117-567/88.

(2) O presente Capítulo corresponde, em parte, ao APÊNDICE de nosso livro *Manual das rescisões trabalhistas*. 4. ed. São Paulo: LTr, 2002. p. 281.

da lei, bem como zelar pelo efetivo pagamento das parcelas rescisórias (art. 4º, *caput*).

> **Ementa Normativa n. 6 da SRT/MTE**
> *Homologação. Meios de prova dos pagamentos*
> *A assistência ao empregado na rescisão do contrato de trabalho compreende os seguintes atos: informar direitos e deveres aos interessados; conciliar controvérsias; conferir os reflexos financeiros decorrentes da extinção do contrato; e zelar pela quitação dos valores especificados no Termo de Rescisão do Contrato de Trabalho. Dada a natureza de ato vinculado da assistência, o agente somente deve admitir os meios de prova de quitação previstos em lei ou normas administrativas aplicáveis, quais sejam: o pagamento em dinheiro ou cheque administrativo no ato da assistência; a comprovação da transferência dos valores, para a conta-corrente do empregado, por meio eletrônico, por depósito bancário, ou ordem bancária de pagamento ou de crédito.*

2. RESCISÃO DO CONTRATO DE EMPREGO

Rescisão é a terminologia usada pela Consolidação das Leis do Trabalho para designar, no sentido mais abrangente, todas as formas de cessação do contrato de emprego. O campo da legislação trabalhista é extenso, envolvendo a grande massa dos trabalhadores, razão por que usaremos a palavra *rescisão*, empregada pela CLT, sem a preocupação com as discussões acadêmicas.

Como escreveu *Aluysio Sampaio*:

> Empregamos a palavra *rescisão*, pois, como *dissolução*, *terminação* ou *cessação* das relações de trabalho, quer resulte de ato de uma ou de ambas as partes ou de fato estranho a essa vontade. O que importa, objetivamente, é se fixarem as várias causas de rescisão do contrato, pois estas é que determinarão os direitos e obrigações consequentes de rescisão.[3]

3. RECIBO DE QUITAÇÃO — EFICÁCIA DA QUITAÇÃO — VALIDADE DO RECIBO DE QUITAÇÃO — NECESSIDADE DE HOMOLOGAÇÃO — COMPETÊNCIA PARA HOMOLOGAR

Os dispositivos especiais de tutela do trabalho dos docentes (CLT, arts. 317 a 323) são omissos no que diz respeito à homologação do termo de rescisão do contrato de emprego do professor, razão de se recorrer à regra geral prevista no art. art. 477 da CLT e legislação pertinente. A respeito, a CLT prevê:

> O pedido de demissão ou recibo de quitação de rescisão, do contrato de trabalho, firmado por empregado com mais de 1 (um) ano de serviço, só será válido quando feito com a assistência do respectivo Sindicato ou perante a autoridade do Ministério do Trabalho e Previdência Social (CLT — art. 477, § 1º).
>
> O instrumento de rescisão ou recibo de quitação, qualquer que seja a causa ou forma de dissolução do contrato, deve ter especificada a natureza de cada parcela paga ao empregado e discriminado o seu valor, sendo válida a quitação, apenas, relativamente às mesmas parcelas (art. 477, § 2º).
>
> Quando não existir na localidade nenhum dos órgão previstos neste artigo, a assistência será prestada pelo Representante do Ministério Público ou, onde houver, pelo Defensor Público e, na falta ou impedimento destes, pelo Juiz de Paz (CLT, art. 477, § 3º).

3.1. RECIBO DE QUITAÇÃO

O § 1º do art. 477 determina que o pedido de demissão ou recibo de quitação de rescisão do contrato de trabalho, firmado por empregado com mais de 1 (um) ano de serviço, só será válido quando feito com a assistência do respectivo sindicato ou perante a autoridade competente.

Para o dispositivo em análise, pouco importa que o contrato seja por prazo determinado ou indeterminado; a exigência é a de que o contrato tenha mais de um ano de duração.

À autoridade administrativa competente cabe instituir os modelos (recibos), que devem ser utilizados como instrumentos de quitação das verbas rescisórias, para os contratos com mais de um ano de duração, sendo que a Portaria n. 1.621, de julho de 2010, aprova os modelos de Termos de Rescisão de Contrato de Trabalho — TRCT e Termos de Homologação, e que devem ser utilizados como instrumentos de quitação das verbas devidas nas rescisões de contrato de emprego.

Esses modelos são adquiridos em qualquer papelaria fiscal, sendo que o TRCT indica de forma discriminada as parcelas rescisórias às quais o empregado tem direito.

---
(3) SAMPAIO (1971:182).

A Portaria MTE n. 1.620, de 14.7.2010 — Instituiu o Sistema Homolognet para autenticação e assinatura das transações de geração, quitação e homologação das rescisões de contrato de trabalho.

Se na rescisão contratual for adotado o Sistema Homolognet (forma eletrônica facultativa), será utilizado o Termo de Rescisão do Contrato de Trabalho — TRCT previsto na Portaria MTE n. 1.621/2010, em seu Anexo II.

A Portaria MTE n. 855, de 14.6.2013, dispõe, a partir de 16.9.2013, o acesso com certificado digital ICP — Brasil ao Sistema Homolognet, instituído pela Portaria n. 1.620/2010, para autenticação e assinatura das transações de geração, quitação e homologação das rescisões de contrato de trabalho.

A Instrução Normativa SRT n. 17, de 13 de novembro de 2013 — (DOU 14.11.13) — Estabelece procedimentos e cronograma para utilização do Sistema HomologNet pelas entidades sindicais de trabalhadores, para a assistência e homologação de rescisão de contrato de trabalho. (In: *Revista LTr* 77-12/1501)

Ementas Normativas da SRT/MTE

13. Homologação. TRCT
Os comandos, determinações e especificações técnicas referentes ao Termo de Rescisão do Contrato de Trabalho, aprovado pela Portaria n. 302, de 26 de junho de 2002, não comportam alterações ou supressões, ressalvadas as permitidas na própria regulamentação.

14. Homologação. TRCT. Identificação do órgão homologador
Devem constar, no campo 63 do TRCT, o nome, endereço e telefone do órgão que prestou assistência ao empregado na rescisão do contrato de trabalho. Tratando-se de entidade sindical, deverá ser informado também o número de seu registro no Ministério do Trabalho e Emprego.

17. Homologação. Empresa em processo de Recuperação judicial
As empresas em processo de recuperação judicial não têm privilégios ou prerrogativas em relação à homologação das rescisões de contrato de trabalho. Portanto, devem atender a todas as exigências da legislação em vigor.

18. Homologação. Extinção da empresa
Não compete aos órgãos do Ministério do Trabalho e Emprego a homologação de rescisão de contrato de trabalho de empregado com garantia de emprego cuja dispensa se fundamente em extinção da empresa, diante da dificuldade de comprovação da veracidade dessa informação.

3.2. EFICÁCIA DA QUITAÇÃO

A eficácia da quitação não é absoluta, e sim relativa. Em outras palavras, a quitação trabalhista, homologada pelo sindicato profissional ou pelas autoridades competentes, vale apenas em relação à importância de cada parcela especificada no Termo de Rescisão do Contrato de Trabalho. Caso os valores das parcelas não estejam corretos ou não conste do recibo de quitação alguma verba rescisória a que faz jus o empregado, este poderá recorrer ao Poder Judiciário.

Neste sentido, preceitua a CLT, que o instrumento de rescisão ou recibo de quitação, qualquer que seja a causa ou forma de dissolução do contrato, deve ter especificada a natureza de cada parcela paga ao empregado e discriminado o seu valor, sendo válida a quitação, apenas, relativamente às mesmas parcelas (art. 477, § 2º).

A Lei n. 8.036/1990 (FGTS), com alteração da Lei n. 9.491/1997, é taxativa ao eximir o empregador, exclusivamente, quanto aos valores discriminados no recibo de quitação de rescisão do contrato de trabalho (art. 18, § 3º).

Súmulas do TST

91. Salário complessivo — Res. n. 121/2003, DJ 19, 20 e 21.11.2003
Nula é a cláusula contratual que fixa determinada importância ou percentagem para atender englobadamente vários direitos legais ou contratuais do trabalhador.

330. Quitação. Validade — Res. n. 121/2003, DJ 19, 20 e 21.11.2003
A quitação passada pelo empregado, com assistência de entidade sindical de sua categoria, ao empregador, com observância dos requisitos exigidos nos parágrafos do art. 477 da CLT, tem eficácia liberatória em relação às parcelas expressamente consignadas no recibo, salvo se oposta ressalva expressa e especificada ao valor dado à parcela ou parcelas impugnadas.

I — A quitação não abrange parcelas não consignadas no recibo de quitação e, consequentemente, seus reflexos em outras parcelas, ainda que estas constem desse recibo.

II — Quanto a direitos que deveriam ter sido satisfeitos durante a vigência do contrato de trabalho, a quitação é válida em relação ao período expressamente consignado no recibo de quitação.

3.3. VALIDADE DO RECIBO DE QUITAÇÃO

O recibo de quitação só tem validade quando, nos casos previstos, for homologado e com obediência à ordem preferencial para fazer a homologação.

Neste sentido, o dispositivo em análise estabelece que o pedido de demissão ou recibo de quitação de rescisão do contrato de trabalho, firmado por empregado com mais de 1 (um) ano de serviço, *só será válido quando feito com a assistência do respectivo Sindicato ou perante a autoridade do Ministério do Trabalho e Previdência Social* (grifou-se).

A respeito da falta de homologação do recibo de quitação, *José Ribamar da Costa* destaca:

> Se o ato não for homologado e o empregado negar o recebimento, o empregador é obrigado a pagar novamente.
>
> Pode acontecer, entretanto, que o ato não tenha sido homologado, mas o pagamento foi feito com cheque e fica comprovado que o empregado recebeu a importância correspondente.
>
> Em tal hipótese, é evidente que a Justiça levará em conta esse pagamento, tendo em vista que a consciência jurídica internacional moderna repele o que se chama 'locupletamento ilícito' (obter vantagem de maneira irregular tão-somente porque a Lei estabelece que o ato deve ser homologado).[4]

Ementas:

Rescisão contratual. Validade

Ementa: O não cumprimento dos requisitos legais indispensáveis para a validade da rescisão contratual torna-a inválida. Agravo de instrumento provido. [TST — AI 5.388/83 — (Ac. 1ª T. 1.154/84) — Rel. Min. Coqueijo Costa — DJU 1.6.84 — Apud RDT n. 51, p. 78]

Falta de formalidade essencial do ato relitivo. Nulidade

Ementa: O não preenchimento de formalidade essencial do ato resilitivo contratual induz à sua nulidade que, contudo, não autoriza a repetição de pagamento de valores consignados no recibo comprovado o efetivo recebimento, sob pena de favorecer-se a locupletação ilícita. [TRT 10ª Reg. — RO 0408/83 — (Ac. TP 734/84) — Relª. Juíza Heloisa Pinto Marques — DJU 18.6.84 — Apud RDT n. 52, p. 115]

---
(4) COSTA, José Ribamar da. Quitação — Limites e modalidades. Apud Revista LTr 52-4/396.

Pedido de Demissão. Validade. Ausência de Homologação

Ementa: Pedido de Demissão. Validade. Ausência de Homologação. Empregado com mais de 01 ano de trabalho — O art. 477, § 1º da CLT — preceito de ordem pública — consagra de forma taxativa que o pedido de demissão firmado por empregado com mais de 1 (um) ano de serviço, somente será válido quando feito com a assistência do respectivo Sindicato ou perante a autoridade do Ministério do Trabalho. Trata-se de condição de validade que, quando desatendida, torna imprestável o documento firmado pelo empregado, não comportando exceções. Até porque tem o citado artigo por finalidade equilibrar as partes envolvidas na relação, dando maior proteção ao empregado, hipossuficiente em relação a força do capital, representado pelo empregador. Certo também que a proteção alcança a própria deficiência do trabalhador quanto ao desconhecimento de legislação. [TRT 2ª Reg. (SP) — RO 01795005520085020231 — (Ac. 4ª T. 20130103700) — Relª Juíza Ivani Contini Bramante — DJe/TRT 2ª Reg., 1º.3.13, p. 503 — Apud LTr Sup. Jurisp. 24/2013, p. 190]

3.4. NECESSIDADE DE HOMOLOGAÇÃO — DISPENSA DE HOMOLOGAÇÃO

3.4.1. Necessidade de homologação

Só há necessidade de homologação do pedido de demissão ou recibo de quitação nos casos de rescisão do contrato de trabalho com mais de um ano de duração.

A CLT determina que o pedido de demissão ou recibo de quitação de rescisão do contrato de trabalho, firmado por empregado *com mais de 1 (um) ano de serviço*, só será válido quando feito com assistência... (art. 477, § 1º — grifou-se).

Ementas Normativas da SRT/MTE

2. Homologação. Aposentadoria

É devida a assistência prevista no § 1º, do art. 477, da CLT, na ocorrência da aposentadoria espontânea acompanhada do afastamento do empregado. A assistência não é devida na aposentadoria por invalidez.

3. Homologação. Empregado falecido

No caso de falecimento de empregado, é devida a homologação e a assistência na rescisão do contrato de trabalho aos beneficiários habilitados perante o órgão previdenciário ou assim reconhecidos judicialmente, porque a estes se transferem todos os direitos do de cujus.

11. Homologação. Aviso-prévio

O período do aviso-prévio, mesmo indenizado, é considerado tempo de serviço para todos os efeitos legais. Dessa forma se, quando computado esse período, resultar mais de um ano de serviço do empregado, deverá ser realizada a assistência à rescisão do contrato de trabalho prevista no § 1º, do art. 477, da Consolidação das Leis do Trabalho.

12. Homologação. Contagem do prazo

O prazo de um ano e um dia de trabalho, a partir do qual se torna necessária a prestação de assistência na rescisão do contrato de trabalho, deve ser contado pelo calendário comum, incluindo-se o dia em que se iniciou a prestação do trabalho. A assistência será devida, portanto, se houver prestação de serviço até o mesmo dia do começo, no ano seguinte.

3.4.2. Dispensa de homologação

Nos termos do Decreto-lei n. 779/69, constitui privilégio da União, dos Estados, do Distrito Federal, dos Municípios e das autarquias ou fundações de direito público federais, estaduais ou municipais que não explorem atividade econômica; não há necessidade de homologação do recibo de quitação das rescisões dos contratos de trabalho, por existir a presunção relativa de validade (art. 1º, inciso I).

Não é devida a assistência na rescisão de contrato de trabalho em que são partes a União, os estados, os municípios, suas autarquias e fundações de direito público, e empregador doméstico, ainda que optante do Fundo de Garantia do Tempo de Serviço — FGTS (art. 5º, da IN SRT/MTE n. 15/2010, da SRT/MTE).

Precedente Administrativo n. 27 da SIT/MTE

Rescisão contratual. Homologação. Entidades públicas. A União, os Estados e os Municípios, as autarquias e as fundações de direito público que não explorem atividade econômica não estão sujeitos à assistência mencionada no art. 477 da CLT, face à presunção de legitimidade de seus atos.

3.5. COMPETÊNCIA PARA HOMOLOGAR

São competentes para homologar, prestando assistência na rescisão do contrato de trabalho, o sindicato do empregado ou a autoridade local do Ministério do Trabalho.

Assim, determina a CLT que o pedido de demissão ou recibo de quitação de rescisão do contrato de trabalho, firmado por empregado com mais de 1 (um) ano de serviço, só será válido quando feito com a assistência do respectivo Sindicato ou perante a autoridade do Ministério do Trabalho (art. 477, § 1º).

Na falta do sindicato, a federação ou a confederação profissional poderão prestar a referida assistência (CLT — art. 611, § 2º).

Inexistindo as entidades anteriormente citadas, a assistência será prestada pelo Representante do Ministério Público ou, onde houver, pelo Defensor Público e, na falta ou impedimento destes, pelo Juiz de Paz[5] (CLT, art. 477, § 3º).

Quando se tratar de empregado estável (estabilidade decenal), a CLT estabelece que o pedido de demissão do empregado estável só será válido quando feito com a assistência do respectivo sindicato e, se não o houver, perante autoridade local competente do Ministério do Trabalho ou da Justiça do Trabalho (art. 500).

A Instrução Normativa SRT/MTE n. 15/2010, arts. 6º e 7º, disciplina sobre a competência para prestar a assistência na rescisão do contrato de trabalho.

Ementas Normativas da SRT/MTE

8. Homologação. Assistência. Competência residual

A assistência na rescisão de contrato de trabalho será prestada preferencialmente pela entidade sindical representativa da categoria profissional, restando ao Ministério do Trabalho e Emprego competência para atender os trabalhadores quando a categoria não tiver representação sindical na localidade ou quando houver recusa ou cobrança indevida de valores pelo sindicato para prestar a assistência, incluindo-se a exigência do pagamento de contribuições de qualquer natureza.

9. Homologação. Federação de trabalhadores. Competência

As federações de trabalhadores são competentes para prestar a assistência prevista no § 1º, do art. 477, da CLT, nas localidades onde a categoria profissional não estiver organizada em sindicato.

10. Assistência. Rescisão. Competência dos servidores

A assistência e a homologação de rescisão do contrato de trabalho somente poderão ser prestadas por servidor não integrante da carreira de auditor-fiscal do trabalho quando devidamente autorizado por portaria específica do Delegado Regional do Trabalho. Servidores cedidos de outros órgãos públicos, trabalhadores terceirizados e estagiários não poderão ser autorizados a prestar assistência e homologação de rescisão de contrato de trabalho.

28. Capacidade sindical. Comprovação

A capacidade sindical, necessária para a negociação coletiva, para a celebração de convenções e acordos coletivos do trabalho, para a participação em mediação coletiva no âmbito do Ministério do Trabalho e Emprego e para a prestação de assistência à rescisão de contrato de trabalho,

---

(5) É considerado Juiz de Paz o Juiz não togado ou casamenteiro, de investidura temporária, competente para habilitação de casamentos e outros atos previstos em lei.

é comprovada, exclusivamente, por meio do registro sindical no Cadastro Nacional de Entidades Sindicais deste Ministério.

Rescisão de contrato de trabalho. Homologação Judicial. Inexistência de coisa julgada

Ementa: Em que se pese o pomposo nome dado à curiosa "Ação de Rescisão de Contrato de Trabalho e Homologação de Transação Trabalhista", a mesma é, nada mais nada menos, que mero procedimento administrativo, embora efetuado pelo Juiz, de pura e simples assistência à rescisão de contrato de trabalho, não tendo os requisitos e a eficácia de sentença, e dela não advém a coisa julgada, quer formal, quer material [TRT 9ª Reg. — RO 1.033/86 — (Ac. 2ª T. 2.955/86, 9.10.86) — Rel. Juiz Bento de Oliveira Silva — Apud Revista LTr 52-5/593]

4. RECUSA NA HOMOLOGAÇÃO

As autoridades que têm competência para homologar não devem se furtar a fazê-lo, a pretexto de incorreções ou omissões de parcelas rescisórias. Como já mostrado anteriormente, a homologação é prestação de assistência, orientação e esclarecimento; é apenas um ato administrativo. Quem homologa não tem o poder de exigir e de julgar. O assistente não pode se recusar a proceder a homologação; que a faça com ressalvas, orientando a parte no que se refere à busca das reparações junto ao Poder Judiciário Trabalhista ou através de outro meio legal que solucione a questão.

Na lição de *Júlio Assumpção Malhadas*, não cabe ao agente da assistência examinar direitos ou seu cumprimento ou descumprimento, mas, tão somente, examinar o documento de pedido de demissão e/ou quitação para verificar seus elementos intrínsecos, conferir o valor nele consignado com o que está sendo pago, verificar se o empregado está agindo sabendo o que faz e sem sofrer nada que vicie sua vontade.[6]

A respeito dos procedimentos e dos impedimentos, na homologação, a serem observados pelo assistente, consultar a Instrução Normativa SRT/MTE n. 15/2010, arts. 8º a 12.

Ementas Normativas da SRT/MTE

4. Homologação. Impedimentos

As seguintes circunstâncias, se não sanadas no decorrer da assistência, impedem o assistente do Ministério do Trabalho e Emprego de efetuar a homologação, ainda que o empregado com ela concorde:

---
(6) LTr *Supl. Trab.* 117-569/88.

I — a irregularidade na representação das partes;

II — a existência de garantia de emprego, no caso de dispensa sem justa causa;

III — a suspensão contratual;

IV — a inaptidão do trabalhador declarada no atestado de saúde ocupacional (ASO);

V — a fraude caracterizada;

VI — a falta de apresentação de todos os documentos necessários;

VII — a falta de apresentação de prova idônea dos pagamentos rescisórios;

VIII — a recusa do empregador em pagar pelo menos parte das verbas rescisórias.

5. Homologação. Falta de pagamento de verba rescisória devida

O agente que estiver prestando a assistência rescisória deverá informar o trabalhador quanto à existência de irregularidades. Após a ciência, se o empregado concordar com a rescisão, exceto nas circunstâncias relacionadas na Ementa n. 4, o agente não poderá obstá-la. Tanto a irregularidade quanto a anuência do trabalhador deverão estar especificamente ressalvadas no verso do Termo de Rescisão de Contrato de Trabalho — TRCT. Se o assistente for Auditor-Fiscal do Trabalho, deverá lavrar o auto de infração cabível, consignando que o mesmo foi lavrado no ato homologatório. Se o assistente não for Auditor Fiscal do Trabalho, deverá comunicar a irregularidade ao setor de fiscalização para os devidos fins.

Recibo de quitação. Assistência de sindicato

Ementa: Não cabe ao Sindicato fiscalizar a legalidade dos itens constantes do recibo de quitação, mas, tão-só os seus valores numéricos. O Sindicato é apenas colaborador do Poder Público e não seu fiscal. A quitação ampla a qualquer título e o compromisso prévio de não mais reclamar, feito pelo empregado, não se ajustam aos princípios protecionistas do Direito do Trabalho, principalmente porque o empregado não pode acordar contra seus próprios interesses. Os títulos não liberados no recibo de quitação podem, sempre, ser objeto de reclamação [TST-RR 2.381/84 — (Ac. 2ª T. 2.964/84, 28.9.84) — Rel. Min. Marcelo Pimentel — Apud Revista LTr 49-5/556]

5. AS PARTES NA HOMOLOGAÇÃO

Empregador e empregado são as partes assistidas no ato de homologação da rescisão de contrato de trabalho, sendo obrigatória a presença de ambos.

A Consolidação das Leis do Trabalho estabelece que é lícito ao menor firmar recibo pelo pagamento dos salários. Tratando-se, porém, de rescisão do contrato de trabalho, é vedado ao menor de 18 anos dar, sem assistência dos seus responsáveis legais, quitação ao empregador pelo recebimento de indenização que lhe for devida (art. 439).

No ensinamento de *José Ribamar da Costa*, usando o art. 439 a palavra salário, devemos adotar um entendimento elástico.

O entendimento deve ser no sentido de que o menor relativamente incapaz pode assinar recibo de pagamento de tudo que recebe a título remuneratório.

Assim, por exemplo, férias, horas extras, adicionais eventuais, gratificações etc.

A única restrição existente consiste na impossibilidade de o menor dar quitação, sem assistência, quando da rescisão do contrato e, mesmo assim, é bom frisar, somente nos casos de pagamento de indenização por despedimento imotivado.

Todas as demais verbas podem ser quitadas pelo menor, sem qualquer assistência.[7]

Pelo visto, tratando-se de empregado menor, o termo de rescisão contratual será assinado por ele e por seu representante legal (pai, mãe, tutor ou curador).

É considerado menor, para os efeitos da legislação trabalhista, o trabalhador de 16 (dezesseis) a 18 (dezoito) anos, salvo quando se tratar de menor aprendiz (CF/88, art. 7º, XXXIII). Nesta idade, o menor é tido no Direito do Trabalho como relativamente incapaz.

A IN SRT/MTE n. 15/2010 da SRT/MTE regulamenta:

> Art. 13. É obrigatória a presença de empregado e empregador para que seja prestada a
> assistência à rescisão contratual.
> § 1º Tratando-se de empregado comidade inferior a dezoito anos, será obrigatória a presença e a assinatura de seu representante legal no Termo de Homologação, exceto para os emancipados nos termos da lei civil.
> § 2º O empregador poderá ser representado por procurador legalmente habilitado ou preposto designado por carta de preposição em que conste referência à rescisão a ser homologada e os poderes para assinatura dos documentos na presença do assistente.
> § 3º O empregado poderá ser representado, excepcionalmente, por procurador legalmente constituído em procuração com poderes expressos para receber e dar quitação e com firma reconhecida em cartório.

---

(7) Revista cit., p.398.

Art. 14. No caso de morte do empregado, a assistência na rescisão contratual será prestada aos beneficiários habilitados perante o órgão previdenciário, reconhecidos judicialmente ou previstos em escritura pública lavrada nos termos do art. 982 do Código de Processo Civil, desde que dela constem os dados necessários à identificação do beneficiário e à comprovação do direito, conforme o art. 21 da Resolução n. 35, de 24 de abril de 2007, do Conselho Nacional de Justiça, e o art. 2º do Decreto n. 85.845, de 26 de março de 1981.

Ementa Normativa n. 1 da SRT/MTE

Homologação. Empregado emancipado

Não é necessária a assistência por responsável legal, na homologação da rescisão contratual, ao empregado adolescente que comprove ter sido emancipado.

6. FORMAS DE PAGAMENTO NA HOMOLOGAÇÃO — PARCELAMENTO — DESCONTO

O pagamento a que fizer jus o empregado será efetuado no ato da homologação da rescisão do contrato de trabalho, em dinheiro ou em cheque visado, conforme acordem as partes, salvo se o empregado for analfabeto, quando o pagamento somente poderá ser feito em dinheiro (CLT, art. 477, § 4º).

Qualquer compensação no pagamento de que trata o parágrafo anterior não poderá exceder o equivalente a um mês de remuneração do empregado (CLT, art. 477, § 5º).

6.1. FORMAS DE PAGAMENTO NA HOMOLOGAÇÃO

A CLT preceitua que o pagamento a que fizer jus o empregado será efetuado no ato da homologação da rescisão do contrato de trabalho, em dinheiro ou em cheque visado, conforme acordem as partes, salvo se o empregado for analfabeto, quando o pagamento somente poderá ser feito em dinheiro (CLT, art. 477, § 4º).

O pagamento das verbas salariais e indenizatórias, constantes do Termo de Rescisão de Contrato de Trabalho, será efetuado no ato da rescisão assistida, preferencialmente em dinheiro ou em cheque administrativo, ou mediante comprovação de depósito bancário em conta-corrente do empregado, ordem bancária de pagamento ou ordem bancária de crédito, desde que o estabelecimento bancário esteja situado na mesma cidade do local de trabalho. O pagamento das verbas rescisórias será efetuado somente em dinheiro na assistência à rescisão contratual de empregado não alfabetizado, ou na realizada pelos Grupos Especiais de Fiscalização Móvel, instituídos pela Portaria MTE n. 265, de 6 de junho de 2002.

A respeito, consultar a Instrução Normativa da SRT/MTE n. 15/2010 — art. 23, §§.

Para maior segurança, caso o empregado, no ato da quitação, seja representado por procurador legalmente constituído, é aconselhável que o empregador não faça o pagamento em dinheiro, e sim por uma das outras formas acima indicadas.

A quitação do empregado analfabeto será feita mediante a sua impressão digital, ou, não sendo esta possível, a seu rogo (CLT, art. 464); isto é, uma pessoa assina o recibo de quitação perante duas testemunhas que comprovam que o empregado recebeu a importância indicada no recibo rescisório.

6.2. PARCELAMENTO NA HOMOLOGAÇÃO

Em caso de reclamação trabalhista é comum haver acordo entre as partes, com pagamento parcelado do valor ajustado. Entretanto, administrativamente, no ato da homologação da rescisão do contrato de trabalho, a CLT não prevê esta forma de pagamento. O § 4º, do art. 477 é incisivo, ao preceituar que o pagamento a que fizer jus o empregado será efetuado no ato da homologação da rescisão do contrato.

Com o advento da Lei n. 7.855/89, que acrescentou os §§ 6º, 7º e 8º ao art. 477 da CLT, tornou-se mais difícil a possibilidade de acordo para pagamento parcelado dos valores das verbas rescisórias. Estabelece o § 6º:

> O pagamento das parcelas constantes do instrumento de rescisão ou recibo de quitação deverá ser efetuado nos seguintes prazos:
> a) até o primeiro dia útil imediato ao término do contrato; ou
> b) até o décimo dia, contado da data da notificação da demissão, quando da ausência do aviso-prévio, indenização do mesmo ou dispensa de seu cumprimento.

É regra constitucional que ninguém será obrigado a fazer ou deixar de fazer alguma coisa senão em virtude de lei (art. 5º, II).

A lei não deixou espaço para que as partes façam acordo para parcelamento; o empregador é obrigado a efetuar o pagamento dos valores rescisórios no prazo estabelecido na CLT.

Parcelamento. Inadmissibilidade
Ementa: Uma vez reconhecido pela decisão recorrida que a resilição contratual ocorreu por iniciativa do empregador, sem motivo, tanto que foram deferidas as parcelas a isso vinculadas, é de se dar como cabível a multa convencional aqui discutida e que se refere ao atraso no pagamento dessas aludidas parcelas. Perante o sindicato de classe ou o Ministério do Trabalho, o que cabe é efetivação do pagamento, com o recibo de quitação discriminando todas as parcelas pagas ao empregado, não o estabelecimento de ajuste para pagamento posterior e parcelado, conforme foi feito aqui (ver os termos dos §§ 1º e 2º do art. 477 da CLT). [TRT 8ª Reg. — Proc. RO 1.377/85 — (Julgamento 19.2.86) — Relª Juíza Lygia Oliveira]

6.3. DESCONTO OU COMPENSAÇÃO NA HOMOLOGAÇÃO

Qualquer compensação no pagamento de que trata o parágrafo anterior não poderá exceder o equivalente a um mês de remuneração do empregado (CLT, art. 477, § 5º).

A respeito dos descontos nos salários, a CLT disciplina:

> Art. 462. Ao empregador é vedado efetuar qualquer desconto nos salários do empregado, salvo quando este resultar de adiantamentos, de dispositivos de lei ou de contrato coletivo (atualmente convenção coletiva).
> § 1º Em caso de dano causado pelo empregado, o desconto será lícito, desde que esta possibilidade tenha sido acordada ou na ocorrência de dolo do empregado.

Na rescisão contratual, do total dos valores das verbas rescisórias podem ser efetuados os descontos para terceiros e compensação.

Os descontos para terceiros são aqueles que o empregador tem a obrigatoriedade de efetuar e repassar para quem de direito; são os débitos do empregado para terceiros, como Previdência Social, Imposto de Renda, Pensão Alimentícia etc.

Como visto anteriormente, na compensação, o desconto não poderá exceder o equivalente a um mês de remuneração do empregado.

Na lição de *Orlando Teixeira da Costa*, por ocasião do pagamento, o patrão poderá compensar quantias adiantadas ao empregado, em razão do emprego. Como se sabe, a compensação é uma modalidade especial de extinção das obrigações.

Na compensação as partes são simultaneamente credora e devedora. No caso do § 5º do art. 477, no entanto, o trabalhador devedor do patrão só pode ter compensada a sua dívida com os créditos trabalhistas a receber até o equivalente a um mês da sua remuneração. Nunca mais do que isso.[8]

Súmulas do TST

18. Compensação
A compensação, na Justiça do trabalho, está restrita a dívidas de natureza trabalhista.

342. Descontos salariais — Art. 462 da CLT.
Descontos salariais efetuados pelo empregador, com a autorização prévia e por escrito do empregado, para ser integrado em planos de assistência odontológica, médico-hospitalar, de seguro, de previdência privada, ou de entidade cooperativa, cultural ou recreativa associativa dos seus trabalhadores, em seu benefício e dos seus dependentes, não afrontam o disposto pelo art. 462 da CLT, salvo se ficar demonstrada a existência de coação ou de outro defeito que vicie o ato jurídico.

Orientação Jurisprudencial da SDI-1 do TST

160. Descontos salariais. Autorização no ato de admissão. Validade. É inválida a presunção de vício de consentimento resultante do fato de ter o empregado anuído expressamente com descontos salariais na oportunidade da admissão. É de se exigir demonstração concreta do vício de vontade.

Orientação Jurisprudencial da SDC doTST

18. Descontos autorizados no salário pelo trabalhador. Limitação máxima de 70% do salário base. Os descontos efetuados com base em cláusula de acordo firmado entre as partes não podem ser superiores a 70% do salário base percebido pelo empregado, pois deve-se assegurar um mínimo de dinheiro ao trabalhador.

7. PRAZO PARA PAGAMENTO DAS PARCELAS RESCISÓRIAS — INEXISTÊNCIA DE PRAZO PARA HOMOLOGAÇÃO — MULTAS

O pagamento das parcelas constantes do instrumento de rescisão ou recibo de quitação deverá ser efetuado nos seguintes prazos: a) até o primeiro dia útil imediato ao término do contrato; ou b) até o décimo dia, contado da data da notificação da demissão, quando da ausência do aviso-prévio, indenização do mesmo ou dispensa de seu cumprimento (§ 6º, do art. 477, da CLT).

A inobservância do disposto no § 6º deste artigo sujeitará o infrator à multa de 160 BTN, por trabalhador, bem assim ao pagamento da multa a favor do empregado, em valor equivalente ao seu salário, devidamente corrigido pelo índice de variação do BTN, salvo quando, comprovadamente, o trabalhador der causa à mora (§ 8º, do art. 477, da CLT).

7.1. PRAZO PARA PAGAMENTO DAS PARCELAS RESCISÓRIAS

A Consolidação das Leis do Trabalho não previa prazo para pagamento das verbas rescisórias ao empregado. Essa omissão, que acarretava grandes transtornos aos trabalhadores, era solucionada, por algumas categorias, através de convenção ou acordo coletivo que, ainda, continuam sendo aplicados se mais favoráveis aos empregados.

A Lei n. 7.855/89 veio preencher a lacuna, acrescentando ao art. 477 do diploma consolidado:

> § 6º O pagamento das parcelas constantes do instrumento de rescisão ou recibo de quitação deverá ser efetuado nos seguintes prazos:
> a) até o primeiro dia útil imediato ao término do contrato; ou
> b) até o décimo dia, contado da data da notificação da demissão, quando da ausência do aviso-prévio, indenização do mesmo ou dispensa de seu cumprimento.

A Instrução Normativa SRT/MTE n. 15/2010 disciplina:

> Art. 20. O prazo de trinta[9] dias correspondente ao aviso-prévio conta-se a partir do dia seguinte ao da comunicação, que deverá ser formalizada por escrito. Parágrafo único. No aviso-prévio indenizado, quando o prazo previsto no art. 477, § 6º, alínea "b" da CLT recair em dia não útil, o pagamento poderá ser feito no próximo dia útil.
>
> Art. 21. Quando o aviso-prévio for cumprido parcialmente, o prazo para pagamento das verbas rescisórias ao empregado será de dez dias contados a partir da dispensa de cumprimento do aviso-prévio, salvo se o termo final do aviso ocorrer primeiramente.

---

(8) COSTA, Orlando Teixeira da. Eficácia da quitação no direito do trabalho brasileiro. *Apud Revista de Direito do Trabalho*, 1980, ns. 24/25, p. 125.

(9) Pela Lei n. 12.506/2011, o prazo do aviso-prévio pode ser de até 90 dias.

Ementas da SRT/MTE

20. Homologação. Aviso-prévio cumprido em casa. Falta de previsão legal. Efeitos

Inexiste a figura jurídica do "aviso-prévio cumprido em casa". O aviso-prévio ou é trabalhado ou indenizado. A dispensa do empregado de trabalhar no período de aviso--prévio implica a necessidade de quitação das verbas rescisórias até o décimo dia, contado da data da notificação da dispensa, nos termos do § 6º, alínea "b", do art. 477, da CLT.

21. Homologação. Aviso-prévio. Contagem do prazo

O prazo do aviso-prévio conta-se excluindo o dia da notificação e incluindo o dia do vencimento. A contagem do período de trinta dias será feita independentemente de o dia seguinte ao da notificação ser útil ou não, bem como do horário em que foi feita a notificação no curso da jornada.

22. Homologação. Aviso-prévio indenizado. Prazo para pagamento

No aviso-prévio indenizado, o prazo para pagamento das verbas rescisórias deve ser contado excluindo-se o dia da notificação e incluindo-se o do vencimento.

23. Homologação. Aviso-prévio. Dispensa do cumprimento. Prazo

No pedido de demissão, se o empregador aceitar a solicitação do trabalhador de dispensa de cumprimento do aviso-prévio, não haverá o dever de indenização pelo empregador, nem de cumprimento pelo trabalhador. A quitação das verbas rescisórias será feita até o décimo dia, contado do pedido de demissão ou do pedido de dispensa do cumprimento do aviso-prévio.

24. Homologação. Aviso-prévio. Dispensa do empregado durante o cumprimento do aviso. Prazo para pagamento

Quando, no curso do aviso-prévio, o trabalhador for dispensado pelo empregador do seu cumprimento, o prazo para o pagamento das verbas rescisórias será o que ocorrer primeiro: o décimo dia, a contar da dispensa do cumprimento, ou o primeiro dia útil após o término do cumprimento do aviso-prévio.

25. Homologação. Aviso-prévio. Contrato por prazo determinado

Nos contratos por prazo determinado, só haverá direito a aviso-prévio quando existir cláusula assecuratória do direito recíproco de rescisão antecipada, uma vez que, neste caso, aplicam-se as regras da rescisão dos contratos por prazo indeterminado.

7.2. INEXISTÊNCIA DE PRAZO PARA HOMOLOGAÇÃO

O empregador, agindo na forma exposta anteriormente e dentro dos prazos estabelecidos no § 6º do art. 477 da CLT, atende aos preceitos vigentes, sendo que a homologação do recibo de quitação poderá ser feita posteriormente, pois o que a lei estabeleceu foi o prazo para pagamento das parcelas rescisórias, e não para o ato de homologação.

Em nenhum momento a lei fixa prazo para homologação, mas, sim, para pagamento dos valores das parcelas rescisórias.

O § 8º, do art. 477, da CLT, introduzido pela Lei n. 7.855/89, que cuida das penalidades, preceitua que a inobservância do disposto no § 6º (prazos para o pagamento das parcelas constantes do instrumento de rescisão ou recibo de quitação) sujeitará o infrator a duas multas.

Portanto, as multas resultam da falta de pagamento das parcelas rescisórias no prazo legal, e não pela falta de homologação do Termo de Rescisão do Contrato de Trabalho.

Orientação Jurisprudencial n. 162 da SDI-1 do TST

Multa. Art. 477 da CLT. Contagem do prazo. Aplicável o art. 132 do Código Civil de 2002. (atualizada a legislação e inserido dispositivo, DJ 20.04.2005). A contagem do prazo para quitação das verbas decorrentes da rescisão contratual prevista no artigo 477 da CLT exclui necessariamente o dia da notificação da demissão e inclui o dia do vencimento, em obediência ao disposto no artigo 132 do Código Civil de 2002 (artigo 125 do Código Civil de 1916).

Jurisprudência
Verbas rescisórias. Prazo. Vencimento

Ementa: Verbas rescisórias. Prazo. Vencimento. Recaindo o vencimento do prazo para pagamento das verbas rescisórias em dia de feriado, cabe ao empregador providenciar para que a quitação seja feita até o último dia útil do aludido prazo, já que não se cuida, na espécie, de prazo processual, não havendo falar em prorrogação do vencimento da obrigação para o primeiro dia útil subsequente; assim procedendo, restam obedecidas as disposições legais pertinentes e se propicia ao obreiro melhor aproveitamento do referido feriado. [TRT 15ª Reg. — Proc. 23867/99 — (Ac. 2ª T., 16727/01) — Rel. Juiz Francisco Alberto da Motta Peixoto Giordani — DJSP 8.5.01, p. 44]

Multa do art. 477 da CLT. Prorrogação do prazo

Ementa: Multa do art. 477 da CLT — Prorrogação do Prazo — Término no dia em que o Órgão que dá assistência não funciona — Prorrogação do prazo para o dia seguinte. Multa do art. 477/CLT — Quando o órgão incumbido da assistência à rescisão de contrato de trabalho de empregado com mais de um ano não funciona num dia que seria o termo dos dez dias, objeto de previsão contida no § 6º do art. 477, da CLT, e no dia útil seguinte tem atividade e neste é prestada aquela assistência, não é imputável ao empregador a multa disposta no § 8º do referido dispositivo legal. Ato de terceiro não é imputável à parte.

[TRT 3ª Reg. — RO 21102/99 — (Ac. 2ª T.) — Rel. Juiz Alaor Satuf Rezende — DJMG 12.4.00, p. 19]

Aviso-prévio. Cumprimento em casa. Multa
Ementa: Aviso-prévio — Cumprimento em casa — Multa. Ao determinar que o empregado cumpra o aviso-prévio em casa, mas continue à disposição da empresa, o empregador não o está dispensando do cumprimento, aplicando-se o art. 477, § 6º, 'a', excluída a multa do § 8º do art. 477, do mesmo artigo. [TST — (Ac. 4587/94, 1ª T.) — Rel. Min. Ursulino Santos — DJ 25.11.94, p. 32.433]

7.3 MULTAS POR FALTA DE PAGAMENTO NO PRAZO LEGAL

O não pagamento dos valores das parcelas rescisórias nos prazos estabelecidos (§ 6º, do art. 477, da CLT) poderá sujeitar o empregador a duas multas: uma para o tesouro nacional e outra para o próprio trabalhador.

Por sua vez, o § 8º do art. 477 da CLT disciplina, que a inobservância do disposto no § 6º deste artigo sujeitará o infrator à multa de 160 BTN, por trabalhador, bem assim ao pagamento da multa a favor do empregado, em valor equivalente ao seu salário, devidamente corrigido pelo índice de variação do BTN, salvo quando, comprovadamente, o trabalhador der causa à mora.

Quando, comprovadamente, o empregado der causa à mora, o empregador ficará isento das multas. Por isso, é aconselhável que, na Carta de Aviso-prévio do empregador ao empregado, se faça constar o dia e a hora do comparecimento do empregado à empresa ou ao local da assistência (Sindicato, Ministério do Trabalho, Procuradoria etc.). Caso o empregado não compareça no dia e no horário previamente estabelecidos, o empregador ou seu preposto, para se resguardar, deverá pegar uma declaração do responsável pela homologação, o que pode ser feito no verso do próprio Termo de Rescisão do Contrato de Trabalho. Caso haja negativa por parte do responsável pela homologação, o empregador deverá providenciar, incontinenti, o depósito dos valores em conta-corrente do trabalhador ou fazê-lo judicial ou extrajudicialmente, através da denominada ação de consignação em pagamento.

Ementas Normativas da SRT/MTE
7. Homologação. Depósito bancário. Multas
Não são devidas as multas previstas no § 8º, do art. 477, da CLT quando o pagamento integral das verbas rescisórias, realizado por meio de depósito bancário em conta--corrente do empregado, tenha observado o prazo previsto no § 6º, do art. 477, da CLT. Se o depósito for efetuado mediante cheque, este deve ser compensado no referido prazo legal. Em qualquer caso, o empregado deve ser, comprovadamente, informado desse depósito. Este entendimento não se aplica às hipóteses em que o pagamento das verbas rescisórias deve ser feito necessariamente em dinheiro, como por exemplo, na rescisão do contrato do empregado analfabeto ou adolescente e na efetuada pelo grupo móvel de fiscalização.

33. Comissão de conciliação prévia — CCP e núcleo intersindical de conciliação trabalhista — NINTER. Descumprimento de prazo para pagamento das verbas rescisórias
I — Os prazos para pagamento das verbas rescisórias são determinados pelo § 6º, do art. 477, da Consolidação das Leis do Trabalho.
II — A formalização de demanda, pelo empregado, nos termos do § 1º, do art. 625-D, da CLT, após os prazos acima referidos, em virtude da não quitação das verbas rescisórias, implica a imposição da penalidade administrativa prevista no § 8º, do art. 477, da CLT, independentemente do acordo que vier a ser firmado.

Precedentes Administrativos da SIT/MTE

28. Rescisão contratual. Pagamento de verbas fora do prazo legal. O pagamento da multa em favor do empregado não exime o autuado da multa administrativa, uma vez que são penalidades distintas: a primeira beneficia o empregado, enquanto a segunda destina-se ao Poder Público.

87. Rescisão. Multas pelo atraso. Duas consequências decorrem da inobservância ao § 6º do art. 477 da CLT, quais sejam, uma multa a título de penalidade pela irregularidade e outra multa em favor do empregado lesado, equivalente ao seu salário. Estatuindo a própria lei duas consequências pecuniárias, absolutamente distintas em termos de natureza jurídica, finalidade e destinatário, completamente descabida é a tese de improcedência do auto de infração por já ter sido recolhida a multa de um salário em favor do empregado.

Súmula n. 388 do TST
Massa falida. Arts. 467 e 477 da CLT. Inaplicabilidade (conversão das Orientações Jurisprudenciais ns. 201 e 314 da SBDI-1 — Res. 129/2005, DJ 20, 22 e 25.04.2005)
A Massa Falida não se sujeita à penalidade do art. 467 e nem à multa do § 8º do art. 477, ambos da CLT. (ex-Ojs da SBDI-1 ns. 201 — DJ 11.08.2003 e 314 — DJ 08.11.2000)

Orientação Jurisprudencial n. 238 da SDI-1 do TST
Multa. Art. 477 da CLT. Pessoa jurídica de direito público. Aplicável (inserido dispositivo) — DJ 20.4.2005
Submete-se à multa do art. 477 da CLT a pessoa jurídica de direito público que não observa o prazo para pagamento das verbas rescisórias, pois nivela-se a qualquer particular, em direitos e obrigações, despojando-se do "jus imperii" ao celebrar um contrato de emprego.

Pedido de demissão. Empregado que não comparece para homologação

Ementa: Se o empregado, com mais de 1 (um) ano de serviço, se recusa a comparecer para homologar o pedido de demissão, incumbe à empresa propor contra ele ação cominatória ou ação de consignação em pagamento, ou ainda, protesto cautelar, na Justiça do Trabalho. (TRT 8ª Reg. — RO 739/87 — (Ac. 1.156/87, 24.7.87) — Rel. Juiz Rev. Vicente José Malheiros da Fonseca — Apud Revista LTr 51-9/1.112)

Multa do art. 477 da CLT. Ausência do pagamento das verbas rescisórias devido a impasse criado pelo sindicato. Cabimento

Ementa: Multa do art. 477 da CLT. Ausência do pagamento das verbas rescisórias devido a impasse criado pelo sindicato. A Lei põe à disposição de devedor os meios necessários à quitação de sua dívida por meio de ação de consignação em pagamento (arts. 890 a 900 do CPC). Se ficou evidenciada a impossibilidade de quitação das verbas que a empresa entendia cabíveis tendo em vista impasses criados pelo sindicato do reclamante, caberia à devedora diligenciar para se desonerar de sua obrigação no prazo legal, assim não procedendo, deve arcar com a multa do art. 477, § 8º, da CLT. Recurso de revista conhecido e desprovido. [TST-RR-630.747/2000.9 — (Ac. 5ª T.) — 2ª Reg. — Rel. Min. Rider Nogueira de Brito — DJU 6.2.04, p. 829 — Apud LTr Sup. Jurisp. 14/2004, 112]

8. GRATUIDADE DA HOMOLOGAÇÃO

Nada deve ser cobrado pelo ato de homologação; proibição que já constava da Lei n. 4.725/65, em seu art. 11[(10)]. Todavia, a Lei n. 7.855/89 disciplinou o assunto, introduzindo o § 7º no art. 477 da CLT: O ato da assistência na rescisão contratual (§§ 1º e 2º) será sem ônus para o trabalhador e empregador.

Orientação Jurisprudencial n. 16 da SDC-TST

Taxa de homologação de rescisão contratual. Ilegalidade. (Inserida em 27.3.1998)

É contrária ao espírito da lei (art. 477, § 7º, da CLT) e da função precípua do Sindicato a cláusula coletiva que estabelece taxa para homologação de rescisão contratual, a ser paga pela empresa a favor do sindicato profissional.

---

(10) A assistência aos trabalhadores prevista no art. 500 da Consolidação das Leis do Trabalho aprovada pelo Decreto-lei n. 5.452, de 1º de maio de 1943, e na Lei n. 4.066, de 28 de maio de 1962, será gratuita, vedada aos órgãos e autoridades a quem for solicitada a cobrança de qualquer importância para o atendimento de custas, taxas, emolumentos, remuneração ou a qualquer título.

Referências Bibliográficas

ALMEIDA, Amador Paes de. *Manual das sociedades comerciais — Direito de empresa*. 13. ed. São Paulo: Saraiva, 2003.

_____ . *CLT Comentada*. 6. ed. São Paulo: Saraiva, 2009.

AMARAL, Júlio Ricardo de Paula. Os direitos fundamentais e a constitucionalização do Direito do Trabalho. *Revista do Ministério Público do Trabalho*, ano XX, n. 40, setembro 2010.

ARAÚJO JÚNIOR, Francisco Milton. Organização sindical no Brasil. *Revista Síntese Trabalhista* n. 165.

BARRETO, Amaro. *Tutela especial do trabalho*. Guanabara: Edições Trabalhistas, 1967.

BARROS, Alice Monteiro de. *Curso de direito do trabalho*. São Paulo: LTr, 2005.

_____ . *Contratos e regulamentações especiais de trabalho — peculiaridades, aspectos controvertidos e tendências*. São Paulo: LTr, 2001.

_____ . *A mulher e o direito do trabalho*. São Paulo: LTr, 1995.

BELMONTE, Alexandre Agra. *Curso de responsabilidade trabalhista*. São Paulo: LTr, 2008.

BOUCINHAS FILHO, Jorge Cavalcanti. Limites à dispensa de professores universitários. *Revista IOB Trabalhista e Previdenciária* n. 233, novembro/2008.

CARRION, Valentin. *Comentários à Consolidação das Leis do Trabalho*. São Paulo: Saraiva, 1998.

_____ . *Comentários à Consolidação das Leis do Trabalho*. 26. ed. São Paulo: Saraiva, 2001.

CASSAR, Vólia Bomfim. *Direito do trabalho*. 3. ed. Rio de Janeiro: Impetus, 2009.

CORTEZ, Julpiano Chaves. *Direito do trabalho aplicado*. 2. ed. São Paulo: LTr, 2004.

_____ . *Prática trabalhista — Cálculos*. 16. ed. São Paulo: LTr, 2012.

_____ . *Efeitos do acidente do trabalho no contrato de emprego*. São Paulo: LTr, 2011.

_____ . *Trabalho escravo no contrato de emprego e os direitos fundamentais*. São Paulo: LTr, 2013.

_____ . *Manual das rescisões trabalhistas*. 4. ed. São Paulo: LTr, 2002.

COSTA, Armando Casimiro; MARTINS, Melchíades Rodrigues; CLARO, Sonia Regina da S. *CLT — LTr*. 41. ed. São Paulo: LTr, 2013, vol. II — Jurisprudência.

COSTA, José Ribamar da. Quitação — limites e modalidades. *Revista LTr*, 1988, vol. 52, n. 4.

COSTA, Orlando Teixeira da. Eficácia da quitação no direito do trabalho Brasileiro. *Revista de Direito do Trabalho*, 1980, ns. 24/25.

CRUZ, José Alcimar de Oliveira. *Direito do trabalho — Profissões regulamentadas sistematizado*. São Paulo: LTr, 2012.

DALLEGRAVE NETO, José Affonso. *Rescisão do contrato de trabalho*. São Paulo: LTr, 2001.

DELGADO, Mauricio Godinho. *Curso de direito do trabalho*. São Paulo: LTr, 2002.

DINIZ, Maria Helena. *Direito civil brasileiro — Responsabilidade civil*. 17. ed. São Paulo: Saraiva, 2003, vol. 7.

FERRARI, Irany. Convenção e/ou acordo coletivo de trabalho. Alteração contratual. São Paulo: LTr. *Suplemento Trabalhista*, 1977 n. 036.

FERRAZ, Sérgio. *Duração do trabalho e repouso remunerado*. São Paulo: RT, 1977.

GIGLIO, Wagner D. *Alteração do cotrato de trabalho*. São Paulo: *Revista LTr*, 1983, vol. 47, n. 11.

GOMES NETO, Indalécio. Terceirização — Relações triangulares no direito do trabalho. *Revista LTr*, 2006, vol. 70, n. 09.

GOMES, Orlando; GOTTSCCHALK, Elson. *Curso de direito do trabalho*. 7. ed. Rio de Janeiro: Forense, 1978.

GONÇALVES, Emílio. *O magistério particular e as leis trabalhistas*. 2. ed. São Paulo: LTr, 1975.

HOUAISS, Antônio. VILLAR, Mauro de Salles; FRANCO, Francisco Manoel de Mello. *Dicionário Houaiss da Língua Portuguesa*. Rio de Janeiro: Objetiva, 2009.

LOPES, Miguel Maria de Serpa. *Curso de direito civil*. 2. ed. São Paulo: Saraiva, 1995, vol. 5.

LORENTZ, Lutiana Nacur. *A luta do direito contra a discriminação no trabalho*. Revista LTr, 2001, vol. 65, n. 05.

MAGANO, Octavio Bueno. *Dicionário jurídico-econômico das relações de trabalho*. São Paulo: Saraiva, 2002.

_____ . *Contrato de prazo determinado*. São Paulo: Saraiva, 1984.

MALHADAS, Júlio Assumpção. Homologação de Rescisão de Contrato de Trabalho. *LTr Suplemento Trabalhista*, 1988, n. 117.

MARANHÃO, Délio. *Direito do trabalho*. 16. ed. Rio de Janeiro: FGV, 1992.

MARQUES, Gérson. *O professor no direito brasileiro* — Orientações fundamentais do Direito do Trabalho. São Paulo: Método, 2009.

MARTINS, Ney Frederico Cano. *Estabilidade provisória no emprego*. São Paulo: LTr, 1995.

MARTINS, Sérgio Pinto. *Comentários à CLT*. São Paulo: Atlas, 1998.

_____ . Férias do professor. *IOB — Suplemento de Legislação, Jurisprudência e Doutrina* n. 1, janeiro de 2007.

MELO, Raimundo Simão de. *Direito ambiental do trabalho e a saúde do trabalhador*. São Paulo: LTr, 2004.

MORAES, Maria Celina Bodin de. *Danos à pessoa humana*: uma leitura civil-constitucional dos danos morais. 4. tiragem. Rio de Janeiro: Renovar, 2009.

NASCIMENTO, Amauri Mascaro. *Curso de direito do trabalho*. 19. ed. São Paulo: Saraiva, 2004.

_____ . O novo registro de sindicatos. *Revista LTr*. vol. 72, n. 5, maio de 2008.

_____ . *Teoria jurídica do salário*. São Paulo: LTr, 1994.

NICÁCIO, Antônio. Sindicato das Categorias Econômicas — Aparente Conflito de Competência para Julgar se o Sindicato Representa ou Não Determinada Categoria — Competência da Justiça do Trabalho. São Paulo: *LTr Suplemento Trabalhista*, 1998, n. 195.

OLIVEIRA, Francisco Antônio de. *Consolidação das Leis do Trabalho*. 2. ed. São Paulo: RT, 2000.

OLIVEIRA, José Geraldo de Santana. *Hora-Atividade Docente: Relevância e Alcance Social*. In: PEREIRA, José Luciano de Castilho (coord.). Professores: *Direitos Trabalhistas e Previdenciários dos trabalhadores no ensino privado*. São Paulo: LTr, 2008.

OLIVEIRA, Sebastião Geraldo de. *Indenização por acidente do trabalho ou doença ocupacional*. 4. ed. São Paulo: LTr, 2008.

PEREIRA, Caio Mário da Silva. *Responsabilidade Civil*. 8. ed. Rio de Janeiro: Forense, 1996.

PRADO, Roberto Barreto. *Curso de direito sindical*. 2. ed. São Paulo: LTr, 1985.

RODRIGUEZ, Américo Plá. *Princípios de direito do trabalho*. São Paulo: LTr, 1978.

SAAD, Eduardo Gabriel. *CLT comentada*. 31. ed. São Paulo: LTr, 1999.

SADY, João José. *Reflexões sobre a parte final do art. 313 da CLT*. In: PEREIRA, José Luciano de Castilho (coord.). Professores: *Direitos Trabalhistas e Previdenciários dos trabalhadores no ensino privado*. São Paulo: LTr, 2008.

_____ . *Direito do trabalho do professor*. São Paulo: LTr, 1996.

SAMPAIO, Aluysio. *Contrato de trabalho por prazo determinado*. São Paulo: RT, 1973.

_____ . *A nova lei de férias*. São Paulo: Revista dos Tribunais, 1977.

_____ . *Fundo de Garantia do Tempo de Serviço e estabilidade com indenização*. São Paulo: Revista dos Tribunais, 1971.

_____ . *Dicionário de direito individual do trabalho*. 2. ed. São Paulo: LTr, 1972.

SARLET, Ingo Wolfgang. *Dignidade da pessoa humana e direitos fundamentais na Constituição de 1988*. Porto Alegre: Livraria do Advogado, 2001.

SILVA, José Afonso da. *Curso de direito constitucional positivo*. 9. ed. São Paulo: Malheiros, 1993.

SILVA, Márcia Adriana de Oliveira. Jornada de trabalho e remuneração do professor do ensino superior da rede privada — CLT verso LDB. *Revista LTr*, 2013, vol. 77, n. 04.

SOARES JÚNIOR, Abelar. Professor. In: SCHWARZ, Rodrigo Garcia (org.). *Dicinonário de Direito do Trabalho, de Direito Processual do Trabalho e de Direito Previdenciário Aplicado ao Direito do Trabalho*. 1. ed. 2. tiragem. São Paulo: LTr, 2012.

SÜSSEKIND, Arnaldo. *Curso de direito do trabalho*. Rio de Janeiro: Renovar, 2002.

_____ . *Comentários à nova lei de férias*. São Paulo: LTr, 1977.

_____ . A terceirização de serviços e as cooperativas de trabalho. *Revista do Tribunal Superior do Trabalho*, vol. 68, n. 3.

VARELA, João de Matos Antunes. *Direito das obrigações*. Rio de Janeiro: Forense, 1977.

VECCHI, *Ipojucan Demétrius*. A eficácia dos direitos fundamentais nas relações privadas: o caso da relação de emprego. *Revista do TST*, vol. 77, n. 3.

Produção Gráfica e Editoração Eletrônica: GRAPHIEN DIAGRAMAÇÃO E ARTE
Projeto de Capa: GRAPHIEN DIAGRAMAÇÃO E ARTE
Impressão: PAYM GRÁFICA